高职高专计算机系列规划教材

管理信息系统实用教程

倪 靖 主编
乔 洁 副主编

電子工業出版社
Publishing House of Electronics Industry
北京 · BEIJING

内容简介

本书在借鉴国内外多种最新教材、专著的基础上，结合信息技术的最新发展，增添了大量信息管理方面的新概念和新技术，并用一个选自典型行业的信息系统应用的完整案例贯穿全书。本书第 1 章介绍了管理信息系统的基本知识和概念，包括信息与信息技术、系统与信息系统、管理与管理信息系统以及管理信息系统的开发方法。第 2～6 章介绍了管理信息系统开发的生命周期的各个阶段的内容，包括管理信息系统的规划、系统的调查及可行性研究、系统分析、系统设计及系统实施等内容。第 7、8 章主要介绍了管理信息系统上线运行后的管理和维护工作。第 9～11 章分别介绍了管理信息系统的实际应用：ERP、CRM 及电子商务。

本书可作为高等职业院校计算机、经管专业的教材使用。

图书在版编目（CIP）数据

管理信息系统实用教程/倪靖主编.—北京：电子工业出版社，2014.8
高职高专计算机系列规划教材
ISBN 978-7-121-23404-0

Ⅰ. ①管… Ⅱ. ①倪… Ⅲ. ①管理信息系统－高等学校－教材 Ⅳ. ①C931.6

中国版本图书馆 CIP 数据核字（2014）第 116744 号

策划编辑：吕 迈
责任编辑：吕 迈 文字编辑：靳 平
印 刷：三河市鑫金马印装有限公司
装 订：三河市鑫金马印装有限公司
出版发行：电子工业出版社
北京市海淀区万寿路 173 信箱 邮编 100036
开 本：787×1 092 1/16 印张：23 字数：589 千字
版 次：2014 年 8 月第 1 版
印 次：2014 年 8 月第 1 次印刷
印 数：3 000 册 定价：46.00 元

凡所购买电子工业出版社图书有缺损问题，请向购买书店调换。若书店售缺，请与本社发行部联系，联系电话及邮购电话：（010）88254888。

质量投诉请发邮件至 zlts@phei.com.cn，盗版侵权举报请发邮件至 dbqq@phei.com.cn。

服务热线：（010）88258888。

前 言

当代信息技术的发展，信息处理的理念、技术与方式方法的改变，正在改变着人们的生活方式、社会关系、组织的经营模式和竞争手段。目前，各行各业的经营管理工作，甚至是人们的日常生活，都与信息技术和信息系统有紧密的关系。由于计算机的广泛应用及网络的普及，人们能够高效率地开发并利用信息，信息对社会的作用得以有效发挥，并逐步超过原材料和能源成为人类社会发展的重要支柱。因此，如何通过现代信息技术来及时有效地获取和利用信息，支持组织的管理和决策，是保持组织竞争优势和持续发展的一个重大问题，管理信息系统的知识对于当代人们的重要性是不言而喻的。

管理信息系统是一个社会技术系统，它对技术有极高的要求，并要求对组织管理有深刻的理解，反映了科学与人融合的特点。这种交叉和融合正是管理信息系统最重要的特征，是别的课程难以取代和涵盖的。管理信息系统是一门融合多种学科、与管理理念创新、新价值创造、业绩思维方式组织和战略思想提升休戚相关的全新学科。

本书采用一种循序渐进，由浅入深的整体编排思路，让读者从一些基本概念入手，逐步了解信息系统在实际工作中的应用，熟悉并初步掌握系统开发的基本方法，最终获得对整个管理信息系统的认识。在编写过程中，作者力求贴近实际，在参考、借鉴国内外多种最新教材、专著的基础上，结合信息技术的新发展，增添了大量信息管理方面的新概念和新技术，引入的案例也多选自典型行业的信息系统应用，这既能激发新生代学生的学习兴趣，也对学生的学习起到更好的样板和辅助作用。

本书由南京信息职业技术学院副教授倪靖任主编，乔洁任副主编。第 1～8 章由倪靖编写；第 9～11 章由乔洁编写；本教材课后练习及答案由周霞编写。全书由倪靖统稿和定稿。本书的编写，得到了南京信息职业技术学院计算机与软件学院的大力支持，得到学院徐绕山老师、卞小梅老师的推荐和支持，在此表示衷心的感谢。参加本书编写与相关系统设计的还有：章春梅、孙仁鹏、马秀芳、朱敏、雷雁、周亚凤、韩金华、张永、王莉，郑磊、张月、徐芳、刘剑，在此一并表示感谢。

本书编写过程中参考了管理信息系统领域的相关教材和国内外有关的专著、论文和期刊，在此，谨向原作者致以诚挚的谢意。本书的出版得到了电子工业出版社的大力支持和帮助，是他们的辛勤工作才能使本书与读者见面，在此表示由衷的感谢。

鉴于信息技术发展迅猛，加之编者水平所限，遗漏疏忽之处在所难免，还望读者阅读之余不吝斧正(作者 QQ501967680)。

与本书配套的教学资料可从电子工业出版社华信教育资源网下载（www.hxedu.com.cn）。

编 者

2014 年 4 月

目 录

CONTENTS

第 1 章

管理信息系统概述

1.1 信息、信息技术与信息化

信息系统是处理信息的系统。那么信息（Information）是什么？信息有什么价值？能起什么作用？信息是管理信息系统的最重要成分，管理信息系统能发挥多大作用，都取决于有没有足够的、高质量的信息，而这又取决于我们对信息的充分认识。管理信息系统的根本目的是利用信息技术，实现信息资源的开发利用，从而实现信息的价值。

1.1.1 信息的定义

对于“信息是什么”的问题，现在有很多种说法或定义。

信息论创始人香农（C. E. Shannon）认为信息是用以消除不确定性的东西。当人们对某事物的认识处于不清楚或吃不准的状态时，得到有关该事物的一些信息，那么对于该事物的认识就会从不确定状态变为确定或比较确定的状态，因此信息具有消除不确定性的作用。例如，在商场购物时，销售员对顾客所做的产品特点及与其他产品的异同介绍就是信息，这些信息可以消除顾客对所购产品认识的不确定性。

诺贝尔经济学奖获得者西蒙（Herbert. A. Simon）认为“管理就是决策”，“信息支持决策”。在信息系统领域，他认为“信息会对接受者的行为和决策产生影响，对决策者增加知识具有现实的或潜在的价值”。例如：当一个企业获得市场信息、同行信息和客户偏好等信息后，管理者就会分析这些信息，加深对企业环境的认识，进而影响他们的决策。

我国信息论专家钟义信教授在《信息与信息化》中指出：信息是有层次的，即本体论层次和认识论层次。本体论层次指“信息是事物运动的状态及其改变的方式”，认识论层次是指“主体感知或主体所表述的事物运动的状态及其改变的方式”。受人的认识能力的限制，认识论层次的信息总是少于本体论层次的信息。在认识论层次的信息定义中再引入认识深度这一约束条件，认识论信息就可以进一步扩展为三个层次：语法信息、语义信息、语用信息。语法信息是信息的外在形式，由主体感知；语义信息是信息的逻辑涵义，由主体理解；语用信息是信息的效用，由主体根据目的来判断。例如交通红绿灯的信息，红灯信号点亮，是关于交通的语法信息；让人们停止前进的涵义是语义信息；为保证正常运行和安全是语用信息。

对信息的定义不同，关键在于对信息的理解角度不同。从广义角度来看，信息普遍存在于自然界、人类社会和思维领域中，信息是客观事物的反映，它提供了有关现实世界事物的消息和知识。从经济管理领域讨论信息的概念，我们可以将信息定义为：信息是经过加工处理后的数据，它对接收者有用，对接收者的决策或行为有现实或潜在的价值。

在我们日常生活和工作中，常常将数据和信息混淆使用，严格来说，这两者之间是有区别的。达文波特（Thomas. H. Davenport）和普勒塞克（L. Prusak）认为数据是有关事件的离散的客观事实，是反映客观实体的属性值，它可以用数字、文字、声音、图形或图像等形式表示。数据本身无特定含义，只是记录事物的性质、形态、数量特征的抽象符号，是中性概念。信息则是被赋予一定含义的、经过加以背景、分类、计算、更正和精简等具有价值意义的处理后（加工处理以后）产生的数据。知识是相关信息，以及经验、价值观和洞察力等的动态组合，是对信息的理解。中国工程院院士王众托在《知识系统工程》一书中界定数据为：数据本身是不具备意义的事物属性的抽象表示；信息是有目的、有意义和有用途的数据，能形成或改变人对事物的看法；知识则是对信息进行深加工，经过逻辑或非逻辑思维，认识事物本质而形成的经验与理论，与信息相比，对事物能形成更加深刻的认识。例如报表、账册和图纸等都是经过对数据加工处理后产生的信息。数据和信息是相对概念，例如发货单上的数据是发货部门工作人员的信息，但对于负责库存事务的副总经理来说，它仅仅是原始数据。区分数据和信息在信息系统开发中十分重要，如果说数据是原材料，而信息则是产成品，信息比数据更有价值、更高级、用途更广大。在一些不很严格的场合或不易区分的情况下，人们也把它们当做同义词，笼统地给予称呼，如数据处理和信息处理、数据管理和信息管理等。

特别要说明的是，在信息系统领域所指的数据不仅仅是数字，还包括文字、图片、图像、语音等多种形式。另外，无论怎样解释信息的含义，计算机内存和外存设备中存储的依然是数据，因为信息终究是由数据来表达的。

信息具有多种特性，信息的特性主要表现在以下几个方面。

（1）真伪性。信息有真信息与假信息。真实、准确和客观的信息是真信息，可以帮助管理者做出正确的决策，否则将做出错误的决策。在收集信息时要保证信息的正确性，在传送、贮存和加工处理信息时要保证不失真。

（2）层次性。系统、决策、管理、控制等都涉及层次问题，信息的层次性是对其的反映。比如，管理有层次性，不同层次的管理者有不同的职责，需要的信息也不同，因而信息也是分层的。与管理层次相对应，可人为地将信息分为战略级信息、战术级信息和作业级信息三个层次。

（3）可加工性。可加工性亦称可处理性。人们可以对信息进行加工处理，把信息从一种形式变换为另一种形式，并保持一定的信息量。信息系统是对信息进行处理的系统，应注重对信息的分析与综合、扩充或浓缩。

(4) 可存储性。信息的可存储性是指信息存储的可能程度，即存储信息时内容不失真，存储安全而不丢失，能在较小的空间中存储更多的信息，能在不同形式和内容之间很方便地进行转换和连接，对已存储的信息可随时随地以最快的速度进行检索。计算机技术为信息的可存储性提供了条件。

(5) 易传性与共享性。信息可通过各种各样的手段进行传输。信息传输要借助于一定的物质载体，称为信息媒介。一个完整的信息传输过程必须具备信源（信息的发出方）、信宿（信息的接收方）、信道（媒介）、信息四个基本要素。信息可以共享，可以复制，信息可以反复利用而没有损耗，双方交换信息后使各方的信息都增加而不减少。信息的生产要花费较大的成本，但一旦生产出来，其复制的成本非常低。在利用信息易传性与共享性时，要做好信息安全保密和合法使用等工作，以防止信息受到盗用和滥用。

(6) 价值性。信息作为一种资源是有使用价值的。信息的使用价值必须经过转换才能得到。鉴于信息存在生命周期，转换必须及时。如企业得知要停电的信息，就可及时备足柴油安排发电，在这里信息资源就转换为物质财富。反之，事已临头，知道了也没有用，转换已不可能，信息也就没有什么价值了。管理者要善于转换信息，去实现信息的价值。

信息的价值有两种衡量方法。一种是按所花的社会必要劳动时间来计算；另一种按信息的使用效果来计算。

前一种方法称为内在方法，用于生产信息的单位。计算公式为：

$$V=C+P$$

其中：V 为信息产品或服务价值，C 为生产信息所花成本，P 为利润。

后一种方法称为外延价值，用于信息单位。其计算方式为在决策中用了信息所增加的收益减去所花的费用（即信息成本）。

(7) 动态性与时效性。事物变化使信息处于动态之中，过时的信息尽管仍有一定的价值，但会逐步减弱。信息的动态性表现为时效性，只有充分重视与发挥信息的时效性，才能将信息转化为有形价值。信息的异步性反映在滞后性与超前性两个方面。信息效用的发挥是一个输入、处理、传递和输出的过程，总是滞后于所反映事物的当前状态的，也即这些信息总有一定的“过时”性。另一方面，根据反映事物变化方式的信息，推测和预测未来的状态，表示这些未来状态的信息即是超前于现实的信息，能为我们计划安排等决策活动提供依据而产生有益的作用。

(8) 相对性。由于人们的认识能力、认识目的及其所储备的经验各不相同，他们从同一事物中获取的信息及信息量也不同，对相同信息的理解也不同，产生的作用也不同。信息的相对性也告诉我们，信息的传递讲究在适当的时间送往正确的地方，送到真正需要的人。

1.1.2　信息的分类与度量

信息是重要的资源，对企业具有重要的开发和利用价值。但不同的企业部门、不同层次的管理人员所需要的信息不尽相同。信息系统要为企业各个管理部门和管理人员提供相适配的信息，在他们的管理工作中也会产生不同类别的信息。因此，在信息系统的建设中有必要分门别类地组织信息。信息的度量就是从数量关系上把握信息。通过度量，我们可以知道信息数量的多少，进而在一定程度上衡量其价值的大小。信息度量的思路和方法还能为我们开发、管理和利用信息提供富有启示意义的参考。

1. 信息的分类

对信息进行分类是为了更有针对性地开发和利用信息。分类是建立在某一能区分差异性的评判尺度基础上的。就企业信息而言，从不同的角度来看待和区分，就有不同的划分方法。一般较常见的企业信息大致有按管理部门、按管理层次和按来源等多种划分的方法，这些划分方法能划分不同类别的信息，将各种划分方法加以组合，则能得出更多的信息类别。

（1）按管理部门的信息划分。企业按管理职能划分可以形成若干职能部门，或按产品、按地区划分可以形成若干事业部门或分支机构。企业中各个部门所处理和应用的信息与所负责的工作内容有关，如财务部门主要有财务信息，营销部门主要有市场信息和客户信息等。按管理部门划分出的信息由专门的企业部门负责收集、处理、管理和利用，与部门的利益和职责密切相关，因此这种划分比较明确，在信息系统中也大多如此。按部门划分的信息重在部门之间的信息交流与共享上，一个部门的信息输出，就是另一部门的信息输入，或以业务流程、或以管理规程为主线，使信息在各部门之间流动，通过信息的交流与共享，各部门协作开展管理工作，实现企业的战略目标。而哪些信息出现了问题或流动不畅，能及时地被发现和找到责任部门，并予以及时解决。

（2）按管理层次的信息划分。企业通常划分有战略层、战术层和作业层等管理层面，不同管理层面具有不同的管理任务，使用和处理不同的信息，由此可以划分出战略信息、战术信息和作业信息等信息类别。

战略信息包括有关企业战略目标，及其制定和实施的信息，有关为达到目标的资源水平以及针对资源获得和分配的决策的信息。例如，整体经济或行业经济的统计数据和发展预测数据，人财物可用资源状况，历年经营状况，中长期发展规划等都是企业的战略信息。战略信息大多来自于企业外部的信息，在精度上比较粗略，有效时间比较长久，结构性较差，管理和处理难度也较大。

战术信息是管理控制信息，是关于计划执行情况和资源利用情况的信息，是如何采取措施更有效地分配资源的信息，例如，销售计划、生产计划及其落实情况等。战术层次的信息主要是企业内部信息，也是名副其实的管理信息。

作业信息是与组织日常活动相关，保证切实完成任务的相关信息。例如，库存进出明细账、生产台账、会计日记账等。作业层次的信息主要是内部信息，但随着以生产和产品为中心转向以服务和客户为中心，作业信息中越来越多地包括有关销售和采购的客户信息和供应商信息。作业信息大都是非常精确，反映具体事务的，结构化程度很高，管理也相对较容易的信息。按管理层次划分的信息一般具有自下而上地归集的关系，上层的信息由下层统计汇总产生。例如，生产日报的月度汇总产生的月度生产统计表，会计日记账的月度汇集产生的会计报表等，成为战术层的控制信息，进一步归集产生的历年生产统计和资金运作情况等信息成为企业的战略信息。

不同层次的信息在系统中所表现出来的特征也有所不同，见表1.1。

表 1.1　不同层次信息的特征

类型/属性	信息来源	信息寿命	加工方法	使用频率	加工精度	保密要求
战略级信息	大多外部	长	灵活	低	低	高
战术级信息	内外都有	中	适中	中	中	中
作业级信息	大多内部	短	固定	高	高	低

在信息系统开发中明确系统中信息的级别，从而根据各级别的信息特征开发信息系统，才能满足不同层次管理人员的管理要求。

（3）按来源的信息划分。按信息来源划分，可以分企业内部信息与企业外部信息两类。企业内部信息是在内部产生的，反映企业经营活动的细节和总体状态的信息。企业外部信息是来源于外部的有关政策法规、国家和行业经济统计数据、市场信息、客户信息、同行信息、供货商信息与科技情报等信息。企业内部信息一般有预先设计的结构，体系完整规范统一，易于管理和应用；企业外部信息则源于外界，结构性差而形式多样，处理难度很大，但对企业的生存与发展，对于企业高层的战略决策是必不可少的。目前，我国企业的信息化建设已取得较大的进展，总体上，对内部信息开发和利用的重要性已有很好的认识，取得的成效也不错，但在外部信息的开发和利用方面尚有很大的差距，企业之间也很不平衡。一些先进的企业非常重视对外部信息的收集和处理，尤其是在市场信息和竞争对手信息方面，设立专门的机构加以开发、分析和利用，然而大部分企业还难以顾及或不予重视，因此，在市场竞争中就常处于被动地位。

对信息分类进行组合能更好地了解企业中信息的分布和差异。按管理部门和管理层次两个尺度的信息划分，可以从纵向和横向两个维度来考察企业内部信息的格局，如图 1.1 所示。

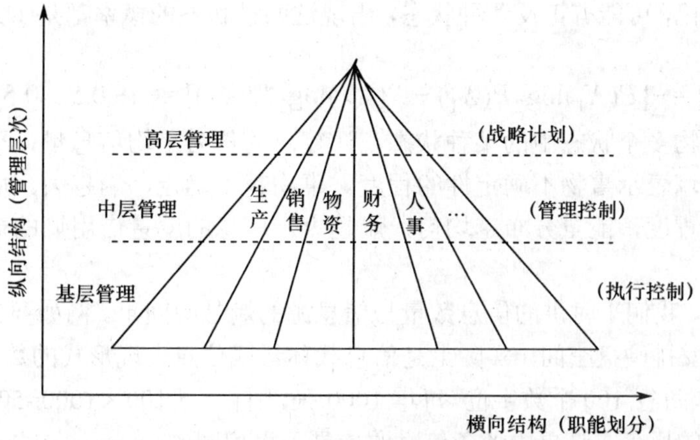

图 1.1　信息的层次结构示意图

企业各管理部门的信息也有战略、战术和作业层次的区分。例如有关“在一年内要研发和推出两个新产品”既是研发部门的研发战略信息，也是营销部门的品牌战略信息。又如，有关“月度销售统计表”中产品销售情况和客户需求情况可用来调整和控制下一轮销售活动的控制信息。

从来源和管理层次两个尺度来考察企业信息，可以发现不同管理层次所涉及的企业外部信息和内部信息的差异性。一般来说，企业作业层主要处理和产生企业内部信息，而战略层主要利用和处理企业的外部信息。

信息的度量或信息的测度源于选择自由度的信息度量公式的推导，成熟于香农概率熵信息度量公式的确立。香农的信息度量公式为信息论乃至信息科学的出现奠定了坚实的理论基础。其基本思路是将收到某消息的信息量定义为：

获得的信息量=收到信息前关于某事件发生的不确定性

−收到信息后关于某事件发生的不确定性

=不确定性的减少量

信息量的单位叫比特（bit）。1 比特的信息量是指含有两个独立均等概率状态的事件所具有的不确定性能被全部消除所需要的信息。设事物 A 有两种等概率出现的状态，用一位二进制数 0、1 即可表示，当我们得知 A 处于某状态，我们即获得了 1 bit 的信息。例如，经理问销售员，某客户洽谈订货了吗？是订了还是未订，1 个 bit 的信息量即能表达清楚。设事物 B 有四种可能的等概率的状态，则要用二位二进制数 00、01、10、11 来表示，当我们得知 B 处于某种状态后，我们即获得了 2 个 bit 的信息。例如，有四种产品，明确客户订了哪种产品的信息，即为 2 个 bit 的信息量，依此类推。又如，某产品有 8 种颜色，每种颜色被选中的概率相等，则以某一种颜色被选中的信息量有 3 个 bit。

当有 n 种可能状态，各种状态出现的概率为 P（i）时，香农的信息度量公式为：

$$H(x) = -\sum P(X_i)\log_2 P(X_i) \qquad i = 1, 2, 3, \cdots, n$$

这里 X_i 代表第 i 个状态（总共有 n 个状态），$P(X_i)$代表出现第 i 个状态的概率，$H(X)$ 就是用以消除这个系统不确定性所需的信息量。

当事物的状态有许多种或无穷多时，可用概率分布函数来计算信息量。

例如，硬币下落可能有正反两种状态，出现这两种状态的概率都是 1/2，即 $P(X_i)=0.5$。这时，

$$H(x) = -[P(X_1)\log_2 P(X_1) + P(X_2)\log_2 P(X_2)] = -(-0.5-0.5) = 1$$

信息描写事物多个状态中的某种状态，计算出的量为平均信息量，平均信息量被称为信息源的熵，熵表示事物不确定性的程度。事物越不确定，熵越大。熵本来用于表示能量分布的均匀程度，能量分布越均匀，熵越大。信息的度量借用熵的概念，但必须用负熵。

要注意的是，我们平时讲的信息数量与信息源的熵是两回事。例如要计算 1 年订单的信息数量，以便安排硬盘空间，实际上是信息载体量或信息表现形式的数据量。例如，设每张订单有 5 行，每行 100 个数字位，每年 1000 张，则有 5×100×1000=500000B=500KB。但根据信息的熵的概念，订单中各条信息的熵是不尽相同的。

信息度量的概念对信息的开发和利用是有所启示的。以下是从信息的选择和信息的设计角度给出的可供参考的启示。

（1）表示信息的数据越多，其表达的信息量就越大，但数据量的大小并不能完全决定信息量的大小，同样的数据量所表达的信息量可能差别很大。在仅有两种可能状态的情况下，能明确其一的信息，信息量最小。这意味着一些信息能消除很多的不确定性，而一些

信息只能消除很少的不确定性。对于管理上的多因素复杂问题，为分析其原因或后果，往往需要很多的信息量，为此不仅要收集很多的形式上的信息——数据，也需要收集和选用信息量较大的信息。一般情况下，与问题越直接的，越接近的信息源，信息的量越大，这也就是在产品研发和营销策划等管理上为什么越来越重视客户（或者最终消费者）信息的主要原因之一。

（2）信息能消除不确定性，信息量越大，就能消除越多的不确定性。将这一原理应用到信息的选择，有助于提高信息的效用。例如，企业广告的实质是向潜在的客户传递有关产品和服务的信息，要在极有限的时间内达到尽可能好的广告效果，广告信息的设计和选择极为关键。同样一句话，不同的内容有不同的效果。广告的效果不仅在于客户所获信息量的多少，而且在于客户消除不确定性的程度的大小。

1.1.3 信息的生命周期

信息的生命周期由信息的收集、传输、加工、存储、维护、使用等环节组成。

（1）信息的收集。信息的收集首先要解决信息的识别，即从现实世界千变万化的大量信息中识别出所需的信息。信息识别的方法有三种。

① 由管理者识别。管理者最清楚系统的目标和信息的需求。向管理者调查可采用交谈或发调查表的方法。

② 信息系统分析人员识别。信息系统分析人员亲自参加业务实践活动，通过调研、观察和了解信息的需要。

③ 由管理者、系统分析人员共同识别。管理者提出信息需求，系统分析人员首先进行识别，然后再将识别出的信息交与管理人员共同讨论，进一步补充信息，采用这种方法了解的信息更真实、全面。

信息识别以后，下一步是信息的收集。信息的收集通常采用三种方法。

① 自下而上广泛收集。如全国人口普查是自下而上进行的。

② 有目的的专项收集。根据特定的目的需要，围绕决策主题收集相关信息。如某企业了解老产品和新产品的市场销售情况。

③ 随机积累法。没有明确目标，或是很宽的目标，只要是“新鲜”的，就把它积累下来，以备后用（今后是否有用，现在还不是很清楚）。

信息收集的最后一个问题是如何将收集到的信息表达出来。常规的信息表达有文字、数字、图形、表格等形式。文字表达要简练、确定、不漏失主要信息，避免使用过分专业化的术语，避免使用含有双关或二义词的语句，避免使人误解；数字表述要比较严密，但是要注意数字的正确性，注意数字表达方式可能引起的误解；图形表达方式是目前信息表达的趋势，具有整体性、直观性、可塑性等特点，可以反映出发展的趋势，使人容易做出判断。图形表达的主要缺点是准确性相对较差；表格表达能给出确切的总数和项目之间的比较。

（2）信息的传输。信息传输的理论最早是在通信中研究的，它一般遵守香农模型，如图 1.2 所示。

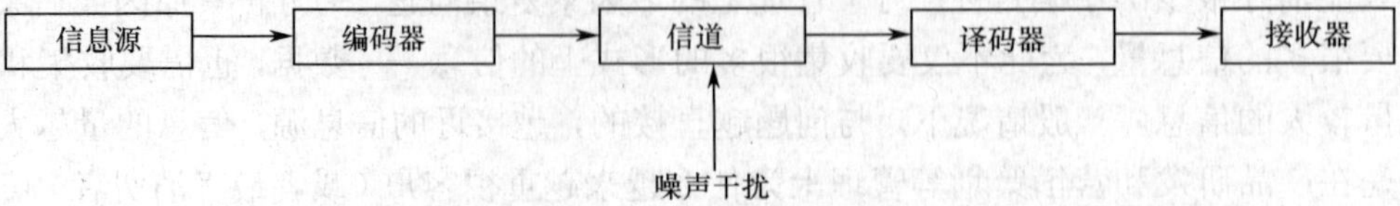

图 1.2　信息的传输的香农模型

从图中可以看出，从信息源出发的信息要经过编码器变成信道容易传输的形式，通过信道发送到目的地，然后经过译码器进行解码将信号转化为信息，由接收器负责接收。由于信道中的噪声干扰可以将正确的信号变成错误的信号，因此在信息传输过程中要注意提高传输的抗干扰能力。

在信息传输过程中主要考虑信道的传输速率和抗干扰能力、编码和译码、变换（调制、解调）等几个主要问题。目前的信息系统大都是基于计算机网络的，信息是在网络上进行传输，因此在网络的选型上主要是从信道容量、抗干扰能力、传输时间、能否进行双向传输及保密性等方面来考虑。信息传输是信息系统的重要一环，也是衡量信息系统效率的一个重要尺度。

（3）信息的加工处理。信息处理不仅包括对已录入的数据进行加工，获得信息，而且包括对加工过的信息进行选择、查询、排序、归并，直到复杂模型调试及预测等。

数据需要经过加工以后才能成为人们所需要的信息，信息加工的一般模式如图 1.3 所示：

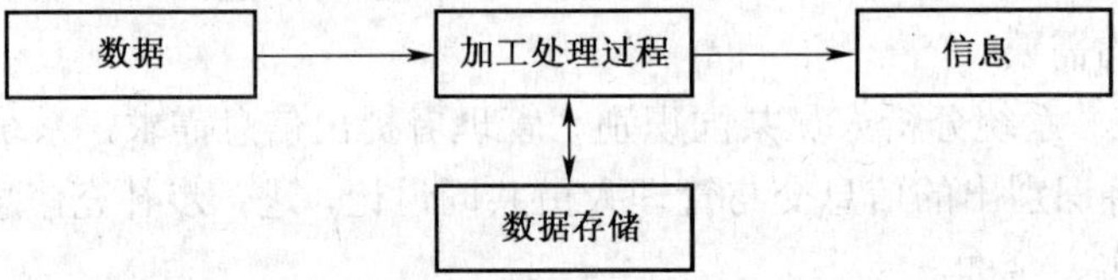

图 1.3　信息加工的一般模式

信息的加工处理在时间上不可避免地会产生延迟，出现信息的滞后。

在批处理和实时处理方式中，信息的滞后情况是不相同的。根据需要，选取适当方式，缩短处理的延迟，提高信息的“新度”（信息和现实间的时间差）。使用数学、运筹学、系统动态学、经济学、管理学等知识，根据大量的数据资料，建立各种模型，通过计算和模拟技术求得某些模拟和预测结果，给管理者，尤其是高层管理者提供必要的信息。为了实现这些功能，要求信息系统必须配备标准的软件包，如统计包、数学规划软件包、模拟软件包等。现在许多的系统为了有效地产生决策信息都备有数据库、方法库、模型库。数据库存放大量的二次信息，方法库存放许多标准的算法，而模型库中存放了针对不同问题的模型，应用起来十分方便。另外，人工智能技术的发展，为提高数据和信息的处理能力开辟了广阔的前景。

计算机、人工智能等技术的不断发展和应用，大大缩短了信息加工处理时间，满足了管理者的需求，同时也将人们从烦琐的手工处理方式中摆脱出来。

（4）信息的存储。信息存储的概念十分广泛，包括：为什么要存储这些信息，以什么方式存储这些信息，存在什么介质上，存储多长时间等。

存储介质主要有三种：纸、胶片和计算机存储器。纸介质具有存量大、经济、保存期长、不易涂改，与数字、文字和图像一样容易存储的优点，但传送信息慢，检索不方便。胶片存储密度大，查询容易，但人阅读必须通过专门的接口设备，不方便且价格昂贵。计算机存储器的形式很多，按其功能主要分为内存和外存。外存由磁盘、磁带、光盘等组成。计算机存储器允许存储大量的信息，检索方便，并且可以通过网络快速地传输以实现信息的共享。随着计算机存储器存储信息的单位成本不断下降，无纸的信息系统将会得到极大推广。

什么信息存储在什么介质上比较合适？总的来说凭证文件应当用纸介质存储；业务文件用纸或磁带存储；而主文件，如企业中产品结构、人力资源方面的档案材料、设备或材料的库存账目，应当存于磁盘，以便联机检索和查询。

存储什么信息、存多长时间、用什么方式存储主要由系统目标确定。在系统目标确定以后，根据支持系统目标的数学方法和各种报表的要求确定信息存储的要求。如为了预测国家长远的经济发展，我们要存储几十年里每年的经济信息，而要了解仓库物品的数量则要存储每种产品现在数量的数据。信息的层次性表明，战略级信息的存储时间较长，有的长达十几年甚至几十年，而作业级信息的存储时间相对很短。不同的信息有不同的存储方式，在考虑信息存储方式的同时还要考虑信息的可维护性。集中存放的信息可以减少冗余，且可维护性好。对于公用的信息，在有能力提供共享设备的支持下应集中存放。如图书馆的过期书籍就可以只存一份，应用电子数据库技术更可以减少存储信息的冗余量。分散存放的信息有冗余且共享性、可维护性差，但使用起来方便。在没有设备和非公用的数据情况下，分散存储是合理的。系统中的信息存储既有集中也有分散，确定合理的集中与分散的关系是信息存储研究的重要内容。

信息存储是信息系统的重要方面，但要注意并不是存储的信息越多越好，只有正确地舍弃信息，才能正确地使用信息。即使在将来存储技术高度发展的时代也应记住这一点。

（5）信息的维护。信息维护的目的是保证信息的准确、及时、安全和保密。

保证信息的准确性，首先要保证数据更新的状态，数据要在合理的误差范围内，同时要保证数据的唯一性，应用数据库，容易保证数据唯一性。要保证数据的正确性，一方面，要严格操作规程，对输入数据进行正确性检查，避免把一种数据放到另一种数据的位置，或者把错误的数据放进去；另一方面，在录入计算机时，系统应采用检验技术，以保证数据的准确性。

保证信息的及时性，把常用信息放在易取的位置，各种设备状态良好，操作人员技术熟练，能及时提供信息。

安全性是防止信息受到破坏，要采取一些安全措施，在万一受到破坏后，较容易地恢复数据。为了保证信息的安全，首先要保证存储介质的环境质量，要防尘，要干燥，并要维持在一定的温度上。为了防止信息的丢失，要保持备份，如软盘要定期复制。其次，一旦信息丢失或遭到破坏，应有补救的措施。如可以根据前几天的总账和今天的原始凭证恢复现在的总账。为了考虑特殊情况的发生，如水灾、火灾、地震等，对于一些重要的信息应双备份，并分处存放。

信息是一种资源，也是无形财富，人们越来越重视信息的保密性问题。而目前信息被盗或者被非法用户查阅的事件越来越多，防止信息失窃是信息维护的重要问题。机器内部可采用口令（password）等方式实现信息的保密。在机器外部也应采取一些措施，如应用严格的手续，实行机房的严格管理，加强人员的保密教育等。

信息的维护是信息管理的重要一环，没有好的信息维护，就没有好的信息使用，要克服重使用、轻维护的倾向，强调信息维护的重要性。

（6）信息的使用。

信息的使用包括技术和信息价值转化两个方面。技术方面，通过一定的手段，高速高质量地把加工的有用信息提供给使用者。现代信息技术的发展，使信息提供已由过去的定期报告发展为实时检索，由报表形式到图形图像、直至声音。人机对话方式也有了很大发展，使得非专业的管理人员也可以直接和机器对话。

信息价值转化是信息使用概念上的深化、信息内容使用深度上的提高。信息使用深度大体上可分为三个阶段，即提高效率阶段、及时转化价值阶段和寻找机会阶段。提高效率阶段即提升数据处理效率，使手工事务处理现代化，节省人力；及时转化阶段指把信息及时用于管理控制，提高管理水平，实现价值转化；寻找机会阶段，利用信息系统的信息能力并借助预测决策技术，从信息的“汪洋大海”中寻找机会，这是信息使用的高级阶段，这个阶段目前远未成熟。

1.1.4 信息技术与信息化

大部分人听到或说起信息系统，就会联想到信息技术（Information Technology，IT），进而再联想到计算机。当代的信息系统以计算机为基础，计算机是信息系统的主要组成部分，但非最关键的组成。计算机技术是一类主要的信息技术，但信息技术不全是计算机。

从最一般的也是最基本的观点出发，钟义信将信息技术定义为：能够延长或扩展人类信息器官功能的技术。根据这一定义，信息技术可以按照人的信息器官（或信息功能）种类来划分，对应于人的感觉器官、神经器官、思维器官和效应器官，信息技术划分有获取信息的感测技术、传递信息的通信技术、处理信息的计算机技术和使用信息的控制技术。根据各类信息技术的作用来看待其角色，计算机技术与通信技术是信息技术的核心，感测技术与控制技术是核心同外部世界的信源与信宿相联系的接口。四类信息技术的英文首字母都是C（感测：Collection、通信：Communication、计算机：Computer、控制：Control），因此有所谓的“4C”技术，或者强调后三者的“3C”技术。

在信息系统领域，一般按照信息技术的不同作用来加以区分，如此就有如图1.4所示的信息技术分类。现代计算机技术的发展引发了半个世纪以来伟大的技术革命。信息技术可分为硬件技术和软件技术。数据库技术是迎合计算机储存和管理数据的需要而发展起来的信息技术，具体包括数据模式、数据库、数据仓库和数据存取技术等。通信技术的产生早于计算机，但更为重要的数字通信技术则是后来才出现的，通信技术细分有通信标准技术、有线通信和无线通信技术等。网络技术是最新发展起来的信息技术，也是使计算机得到广泛应用并能够相互连接产生聚集效应的信息技术，具体分有网络协议、局域网、内部网和互联网技术等。

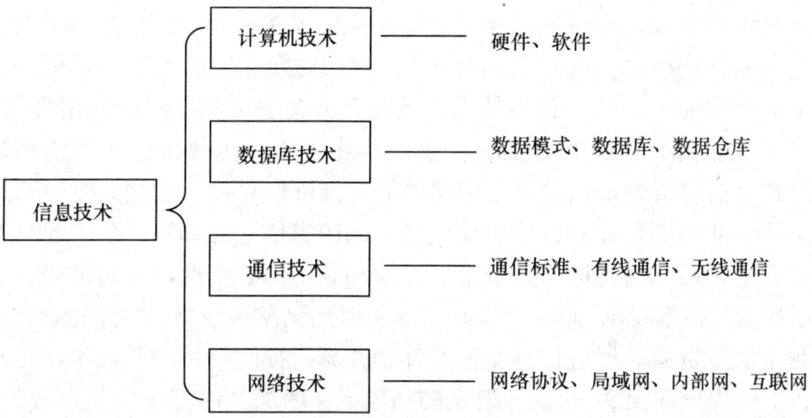

图 1.4　信息技术的分类

各类信息技术具有不同的作用，但在实际中这些信息技术往往要相互组合起来才能发挥作用。如在互联网上查找信息，至少要用到计算机技术、通信技术和网络技术等三类信息技术，如果查找到信息还要保存起来的话，那么数据库技术也是不能或缺的。各类信息技术的组合，在信息技术的发展及应用的提升中显得越来越突出，越来越重要。

需要说明的是，信息技术不是有了计算机之后才出现的。古代的纸张、印刷术、指南针等都能够延长或扩展人类信息器官的功能，因此也是信息技术，只是与计算机和网络技术比起来，它们是传统的信息技术，后者则是现代的信息技术。计算机是一种设备，是一种有形的实物，因此称其为物化了的信息技术。诸如望远镜、电视机等也是物化了的信息技术。这种界定实质上的含义是这些实物嵌入了或体现了高含量的信息技术。

自 1946 年发明电子计算机以来，信息技术的发展异常迅速。关于信息技术的发展已有多种角度的研究，得出了相关的规律性或描述性结论，其中著名的有莫尔（Gordon Moore）定律、梅尔卡夫（Bob Metcalfo）法则和麦克法兰（F. Warren McFarlan）等人提出的信息技术环境三时期变化的表述等。

信息化的概念起源于 20 世纪 60 年代的日本，西方社会普遍使用“信息社会”和“信息化”的概念是 20 世纪 70 年代后期才开始的。1993 年，美国在其强大的信息技术优势基础上，率先提出国家信息基础建设 NII（National Information Infrastructure，通常称为“信息高速公路”，Information Superhighway）计划，其目的是要保持和发展已有的信息技术和经济实力的绝对优势。信息基础设施主要是数字通信网络，它对信息化建设的成败起着关键的作用。之后，欧共体、日、英、法、德也紧随着纷纷提出各自的类似计划。欧共体建设“欧洲信息空间”，日本实施“研究信息流通新干线”，英、法、德等国则同美国一样建起了“高速信息公路”。几乎同时，新加坡、韩国、巴西等国家也积极开展了各自的信息化基础建设，新加坡的“国家信息基础设施”旨在使只有 300 万人口的新加坡变成由计算机连接所有家庭、机关、工厂和学校的“智能岛”，韩国的“超高速信息通信网”要实现各部局的信息联网。1995 年，西方七国首脑聚会布鲁塞尔，讨论全球信息基础建设——GII 计划，提出了建设全球信息社会的目标。从而，兴起于美、日等少数发达国家的信息化建设浪潮开始波及全世界各个角落。

关于信息化的表述，在中国学术界和政府内部做过较长时间的研讨。1997 年召开的首届全国信息化工作会议，对信息化和国家信息化定义为：“信息化是指培育、发展以智能化工具为代表的新的生产力并使之造福于社会的历史过程。国家信息化就是在国家统一规划和组织下，在农业、工业、科学技术、国防及社会生活各个方面应用现代信息技术，深入开发广泛利用信息资源，加速实现国家现代化进程。实现信息化就要构筑和完善 6 个要素（开发利用信息资源，建设国家信息网络，推进信息技术应用，发展信息技术和产业，培育信息化人才，制定和完善信息化政策）的国家信息化体系。”信息化是一个长期过程，主要内容是普遍应用先进信息技术，开发和利用信息资源，其目的是大大提高劳动生产率和生活质量。根据我国 2006～2020 年国家信息化发展战略，信息化是充分利用信息技术，开发利用信息资源，促进信息交流和知识共享，提高经济增长质量，推动经济社会发展转型的历史进程。在 1997 年在 6 要素的基础上又增加“信息安全”为第 7 要素。

在国家信息化战略方针引导下，我国的信息化建设有计划地逐步开展起来，经过 20 余年的努力，取得了一系列的重要进展。综观我国信息化的过程，大致经历了三个阶段。

第一阶段：国家倡导和起步阶段（20 世纪 80 年代中期至 90 年代初期）。

1986 年我国批准建设国家经济信息系统，全国从中央到省、市地方陆续成立了信息中心，启动了全国性的信息化建设。该阶段的信息化概念和建设尚处于酝酿和探索层面，开发了包括国家经济信息系统、电子数据交换系统、银行电子化业务系统、铁路运输管理系统和公安信息系统等一批大型应用信息系统。

第二阶段：有序组织实施重大基础工程阶段（20 世纪 90 年代中期）。

1993 年成立全国电子信息系统推广办公室，同年，“金”字号国民经济信息化工程（金桥、金卡、金关、金税等）。该阶段相继建成了公用分组交换网（CHINAPAC）、数字数据网（CHINADDN）、公用计算机互联网（CHINANET）等三大骨干网络组成的公用数据通信网。

第三阶段：全面推进阶段（20 世纪 90 年代后期至今）。

据《2013～2017 年中国信息化产业深度调研与投资战略规划分析报告》统计，“十一五”期间，我国电子信息产业规模继续壮大，在世界电子信息产业竞争格局中，产业规模地位不断得以巩固。2010 年，我国规模以上电子信息产业销售收入规模 7.8 万亿元，同比增长 29.5%，其中软件产业收入 1.3 万亿元，同比增长 31.3%。我国电子信息产业领域的技术创新带动产业快速发展。“十一五”以来，中国信息技术专利申请比例超过总量的 32%，以计算机、通信为代表的技术领域专利申请数量保持了持续高速增长的趋势。

此外，“十一五”期间，我国信息化应用逐步深入，经济和社会效益明显提高。数据显示，我国医疗信息化、政务信息化和物流信息化市场规模持续扩大。

在国家的大力支持和推动下，我国政务信息化取得了较大进展，市场规模持续扩大。2006 年，我国的政务信息化市场规模为 550 亿元，同比增长 16.4%。至 2010 年，我国的政务信息化市场规模为 1014 亿元，同比增长 17.5%。

我国医疗信息化市场的投资规模持续扩大，已经连续 5 年保持 20%左右的增长率，远高于全球市场 5.1%的年均复合增长率。截至 2010 年，我国医疗整体 IT 市场投资规模达到 120 多亿元。预计到 2014 年，中国的医疗信息化市场规模将达到 286.5 亿元，年均复合增长率为 25.9%。

2010 年，我国物流信息化解决方案市场规模达到 18.12 亿元。未来几年是物流信息化大发展的几年，物流信息化市场需求增长幅度将超过 20%，后几年增长速度更快，2015 年增长速度将达到 30%以上，保守估计 2011～2015 年的年均增长率为 26.44%。前瞻网预测到 2015 年中国物流信息化市场规模达到 51.12 亿元。（以上数据出自《2013～2017 年中国信息化产业深度调研与投资战略规划分析报告》前瞻产业研究）。

此外，电力信息化、金融信息化、酒店信息化等也取得了显著进展。信息化对人们的工作、生活、学习和文化传播方式产生了深刻影响，促进了国民素质的提高和人的全面发展。在行业快速发展的同时，仍存在着突出的问题。在社会信息化、政务信息化与信息安全建设领域仍有不同程度的不足。相信随着我国政策的支持和产业问题的解决，我国信息化将进一步向着纵深方向发展。

1.2　系统与信息系统

1.2.1　系统

系统（system）指一群有相互关联的个体组成的集合。系统一词最早出现于古希腊语中，意为“部分组成的整体”。一般系统论创始人贝塔朗菲（L. V. Bertalanffy）定义：“系统是相互联系相互作用的诸元素的综合体。”这个定义强调元素间的相互作用以及系统对元素的整合作用。可以表述为：如果对象集 S 满足下列两个条件：S 中至少包含两个不同元素，S 中的元素按一定方式相互联系，则称 S 为一个系统，S 的元素为系统的组分。

这个定义指出了系统的三个特性：一是多元性，系统是多样性的统一，差异性的统一。二是相关性，系统不存在孤立元素组分，所有元素或组分间相互依存、相互作用、相互制约。三是整体性，系统是所有元素构成的复合统一整体。这个定义说明了一般系统的基本特征，将系统与非系统区别开来，但它对于定义复杂系统有着局限性。另外在严格意义上，现实世界的“非系统”是不存在的，构成整体的而没有联系性的多元集是不存在的。下面列举的是一些思想家和未来学家对系统的概念描述（来源于维基百科）。

- 系统是一个动态和复杂的整体，相互作用结构和功能的单位。
- 系统是由能量、物质、信息流不同要素所构成的。
- 系统往往由寻求平衡的实体构成，并显示出震荡、混沌或指数行为。
- 一个整体系统是任何相互依存的集或群暂时的互动部分。

我们认为第 4 种概念描述比较合理性。“部分”又是由系统本身和其他部分所组成，这个系统又同时是构成其他系统的部分或“子整体”。既归纳了系统的一般特征，又引入了时空与动态观念，也就是说任何系统都不是永恒的，而是暂时的、动态的。

系统是由若干部分（要素）组成的。这些要素可能是一些个体、元件、零件，也可能本身就是一个系统（称为子系统）。销售、生产、财务、人事、后勤等元素组成了企业管理系统。而这些元素本身又都是一个系统，如财务管理子系统中包含资金、出纳、账务、成本等部分。另外，企业管理系统本身又是企业的一个子系统。这就说明系统和子系统是相对的。

系统具有一定的结构。所谓结构是指系统的各要素之间相对稳定地保持某种秩序，是系统组成各要素间相互联系、相互作用的内在方式。例如，钟表系统是由齿轮、发条、指针等零部件按一定方式装配而成的，把它们随意堆放在一起却不能构成钟表。企业系统中的人、财、物等各种资源必须按照某种秩序协调动作，才能保证生产活动的正常进行。

结构是系统之间相互区别的一个重要标志，即使系统的构成要素完全相同，但其组合方式存在区别，那么它们也会呈现出不同的特征和属性。比如，拥有同样数量的工人、设备等资源条件的企业，会因人员结构、设备布置等分工协作的方式不同，呈现出不同的生产和竞争能力；同样数目的棋子和同样形式的棋盘，不同的棋手去利用，会形成不同的布局。

系统有一定的功能。要实现某一目的，就需要一定的“功能”。功能是指系统在存在和运动过程中所表现的功效、作用和能力。从某种意义上讲，功能是系统存在的社会理由。在自然界和社会中，某一系统之所以能存在，或更准确地说，能够被允许存在，是因为它（他）表现出某种功能，对自然界或社会的其他系统发挥着某种作用。可以认为，没有功能的系统是不存在的。如呼吸系统的功能是进行体内外的气体交换；管理信息系统的功能是进行信息收集、传递、储存、加工、维护和使用，辅助管理和决策，帮助企业实现目标。

系统可被更抽象地认为是由若干要素及要素之间的关系构成的，如图 1.5 所示。不同的要素可能有相同的要素关系，相同的要素也可能有不同的要素关系。例如，茅草房和钢筋水泥房的要素相差很大，但要素之间的关系基本相同；又如，家族型企业和社会型企业的要素基本相同，但要素关系却不同。研究还发现，系统中的要素关系比要素复杂，要素关系比要素更重要，要素关系处于更重要的地位。

系统由输入、处理、输出、反馈和控制五个部分组成，如图 1.6 所示。

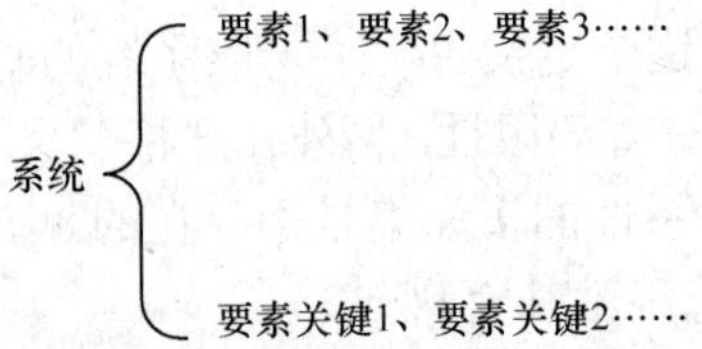

图 1.5 系统的要素及其关系

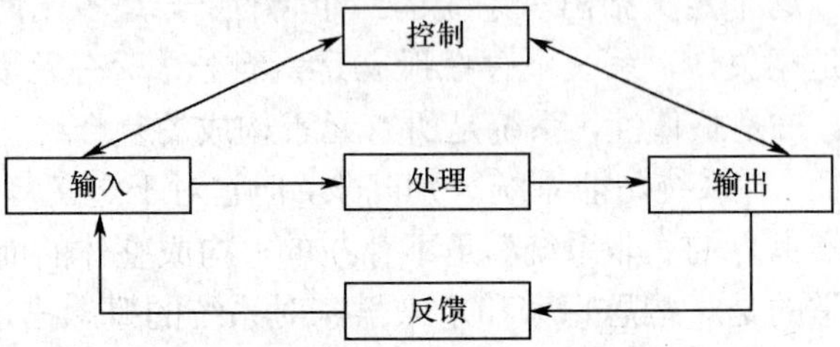

图 1.6 系统的组成部分

- 输入：提供处理所需要的内容和条件（受输出制约）。
- 处理：根据条件对输入的内容进行加工和转换。
- 输出：处理后得到的结果。
- 反馈：将输出结果的一部分内容再返回到输入，以供控制使用。
- 控制：指挥和监督系统的其他四个基本要素的正常工作。

系统具有整体性、目的性、关联性、环境适应性和层次性等一般的属性，了解系统的属性能更好地分析和设计、管理和应用系统。

整体性是系统最本质的属性，系统由两个或两个以上的要素结合而成，具有整体功能不等于各组成部分的功能之和的原则。考虑系统与要素的某些可比的特性，即有以下系统整体性的基本原则：整体不等于部分之和，或 1＋1！=2；当要素关系优化时，整体大于部分之和，或 1＋1＞2；当要素关系劣化时，整体小于部分之和，或 1＋1＜2；当要素无关时，整体等于部分之和，或 1＋1=2，即不成为系统。“三个臭皮匠，赛过一个诸葛亮”体现了系统的整体大于部分之和的整体性属性；“一个和尚挑水吃，两个和尚抬水吃，三个和尚没水吃”则表现为系统的要素关系劣化，整体小于部分之和。

任何一个系统均有明确的目的性，不同系统的目的可以不同，但系统的结构都是按系统的目的建立的。人造系统有预期的目的，系统必然具有特定的功能，通过这些功能的发挥实现预定的目的。因此在建设系统的过程中，首先要明确系统目的，然后选取达到它的若干途径，从中找出一种最好的途径，实施并监控、修正，最后达到目的。企业系统的目的是创造财富和获取利润，为实现这一目的，企业的组成和组成之间的关系要经过刻意的设计和选择。

关联性是指系统要素之间相互制约、相互影响、相互依存的关系。这种关系是系统的特性，也是系统的基本内容。这里所说的关联性包括结构联系、功能联系、因果联系等。整个系统的目标正是通过各部分的功能及它们之间合理的、正确的协调而达到的。系统的整体性建立在系统的关联性之上，没有关联性也就没有整体性。分析系统的关联性是构筑一个系统的基础，在实现一个系统的过程中不仅要考虑如何将系统分解成若干子系统，而且要考虑这些子系统之间的制约关系。

任何系统是由若干部分所组成，同时又从属于更大的系统，大系统的其他部分就是该系统的环境。广义地讲，一切不属于系统的部分统称为环境。任何一个系统的存在和运行都受到环境的约束和限制，同时系统又通过对环境的输出而对环境施加影响。系统与环境的影响是交互的，适应性应该是双向的，但一般情况下，环境对系统的影响更大。

系统功能由系统要素、系统结构、系统环境三方面决定，三个决定因素中结构是内在的、最为关键的决定性因素，环境是外在的作用性的决定因素。系统与环境之间有物质、能量和信息的交互，有相互的影响，因而存在环境适应性问题。系统与环境的关系如图 1.7 所示。系统功能作用于环境，作用结果反馈回系统，系统据此调节要素，必要时甚至更改系统结构来改善功能，以期实现预定的目的。系统与环境有交互，那么系统对环境是开放的，否则就是封闭的。所有的系统几乎都是开放系统，没有绝对的封闭系统。图 1.7 的系统的输出有反馈，如此形成一个回路，构成闭环系统。相对地，没有回路的系统是开环系统。凡要素或结构随时间而变的系统称为动态系统，反之称为静态系统。绝大多数的系统为开放的动态的闭环系统。

系统的边界是指系统与环境的分界线，它把系统与环境分开。其实系统与环境间并无明显的分界线。确定边界，只是为了研究的方便，对系统的范围、规模及所要解决的问题加以限制。如在企业管理系统中，也必须建立各子系统的边界。销售经理职责是负责管理、监督并考核企业销售活动，这种职责范围就是销售管理系统的边界。

系统有大有小，任何复杂的系统都有一定的层次结构。一方面，系统是上一级的子系统（元素），而上一级系统又是更上一级系统的元素；另一方面，系统可进一步分成由若干个子系统（元素）所组成，以此类推，可以将一系统逐层分解，体现出系统的层次性如图 1.8 所示。

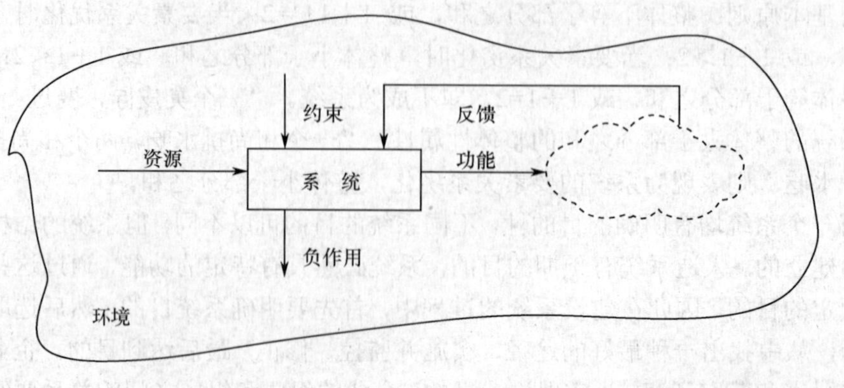

图 1.7 系统与环境的关系

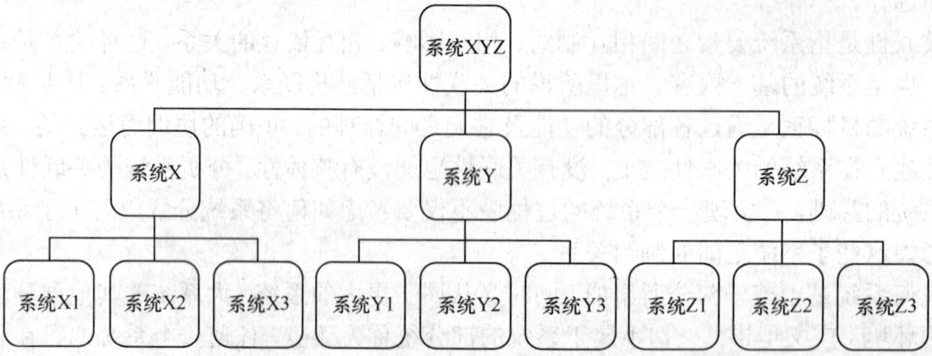

图 1.8 系统的层次

由于系统的层次性，使得人们在实现一个系统中可以采用系统分解的方法，先把一个系统合理、正确地划分为若干层次。从较高层进行分析可以了解一个系统的全貌，从较低层分析，则可以深入到一个系统的每一个部分的细节。系统的层次性还表现在系统各层次功能的相对独立性和有效性上，破坏各层次的独立性和有效性，最终会降低系统的效率。

1.2.2 信息系统

所谓信息系统，是一个对信息进行采集、处理、存储、管理、检索，必要时能向有关人员提供有用信息的系统。

广义上说，任何系统中可进行信息加工处理的系统都可视为信息系统，如生命信息系统、企业信息系统、文献信息系统等。本书讨论的信息系统是狭义概念，它是一个专门的系统，是基于计算机、通信技术等现代化信息技术手段且服务于管理决策领域的系统。

信息系统由许多部分所组成，这些部分相互作用以达到提供信息的目的，目前的信息系统虽然五花八门，但这些基于计算机为主要工具的信息系统，在组成形式上有相同之处。从这一点上说，信息系统的构成可以用图 1.9 表示。

系统资源是信息系统的基础。其中硬件部分包括支持信息处理、通信处理的计算机装置和其他与计算机有关的设备。操作系统、数据库管理系统、程序语言、网络软件、通用工具等属系统软件。信息系统应用软件由支持特定管理功能的程序构成。

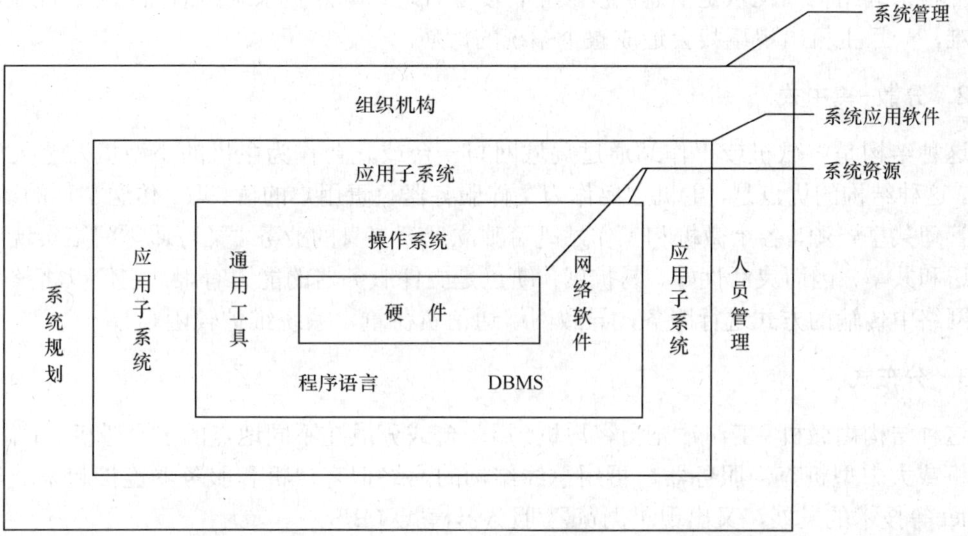

图 1.9　信息系统的构成

系统管理是保证信息系统正常运行的重要条件之一。它由一系列的有关规章制度、组织机构、人员管理、系统规划、人工处理、相应设计文件等组成。

也可以从逻辑功能的角度考虑信息系统的构成。一个信息系统一般都具有信息的输入、处理、存储、检索、传输、管理、输出等功能。

信息系统本身也是一个系统，它具有系统的一般特征，其整体性表现在信息系统是一个组织的内部的神经系统，具有整体效应；目的性在于提供各种管理决策所需的信息。信息系统是可以分解的，通常把一个组织的信息系统分解成若干子系统，而各个子系统又可以划分为若干个模块，为了需要，每个功能模块又可以分成若干子功能模块，表现了信息系统的层次性；整个信息系统内部各部分（子系统）之间又存在着各种形式的联系体，现出其相关性；信息系统是整个组织系统中的一个子系统，因此它又依赖于组织内部的其他部分的变化，依赖于组织外部环境的影响，一个好的信息系统应具有良好的环境适应性。信息系统除了具有系统的一般特征之外，还具有自身的一些特点，在信息系统的开发建设中，不仅涉及计算机的软硬件技术、通信技术、数学、运筹学、控制论、信息等方面的学科知识，还涉及社会科学领域中的有关政治、经济、管理、法律、组织行为学、人际关系学等许多方面。由此可见，信息系统本身是一个复杂的、大型的系统。

信息系统的物理结构一般有三种类型。

1．集中式

集中式是由一台主机带若干终端、运行多用户操作系统供多个用户使用的系统。早期的信息系统，由于计算机和通信技术等水平的限制，都采用这种集中式结构。在这种结构方式下，主机承担系统的所有数据处理、存储及应用管理，因此必须是大容量、高速度的，一般由小型机甚至中大型机承担；终端无信息处理能力，仅负责输入和输出信息；多用户操作系统很多，不同的机器应配备能在其上运行的多用户操作系统。

这种系统结构的优点是信息高度集中，便于管理；缺点是系统灵活性、可靠性差，维护困难，一旦主机出现事故会造成整个系统的瘫痪。

2．分散-集中式

这种结构是将微机或工作站通过局域网与一台或几台作为主机的小型机乃至大型机相连。这种结构的优点是，主机主要作为文件服务器负责用户的读、取、传送文件的请求，集中管理共享资源，各个微机和工作站既可独立处理自身的业务，又可通过网络实现信息的传送和共享，因而灵活性好，易扩展；缺点是文件服务器的能力有限，它仅以将整个文件在网络中传输的方式进行服务，导致网络通信负荷重，系统维护较困难。

3．分布式

这种结构由微机、工作站充当客户机，用一台或分散在不同地点的多台微机、工作站、小型机或大中型机充当服务器，再用总线结构的网络把客户机和服务器连接起来。随着Internet等技术的发展，又出现了浏览器/服务器模式（B/S）。

分布式与分散-集中式的区别在于：客户机承担每个用户专有的外围应用功能，负责处理用户的应用程序。而服务器承担数据库系统的数据服务功能，负责执行数据库管理软件，这样，两种设备功能明确，可以优化系统的功能。数据库服务器处理客户的请求，然后返回结果。这就大大减少了网络的负担，避免网络堵塞。这种结构还有任务分布合理、资源利用率高、扩展性好、维护方便、可靠性高等优点。

信息系统的发展与计算机技术、通信技术和管理科学等的发展紧密相关。目前常见的信息系统如下。

（1）电子数据处理系统（Electronic Data Processing Systems，EDPS）。计算机主要用于对具体业务的简单处理，如产量统计、成本计算、库存记录等。目标是能迅速、及时、正确地处理大量数据，提高数据处理的效率。具体又分为单项业务数据处理阶段和综合业务数据处理阶段。

（2）管理信息系统（Management Information Systems，MIS）。它是在电子数据处理系统的基础上发展起来的，一方面支持日常业务的数据处理工作（业务信息系统或事物处理系统）；另一方面又能将组织中的数据和信息集中起来，进行综合处理，统一使用，为管理者执行计划、组织、指挥和控制职能提供所需信息。运用一些确定的决策模型进行自动求解，为中层管理者做决策提供支持。管理信息系统的主要特征是：信息集中统一，具备辅助事务管理、辅助决策的功能，有一个中心数据库及网络系统。

（3）决策支持系统（Decision Support Systems，DSS）。这是管理信息系统的更高一层，运用数据库、模型库、知识库、方法库等技术，为高层管理者提供决策支持。决策支持系统的特点在于以交互方式支持决策者，以半结构化决策为主，是对管理人员决策的支持而不是代替。

（4）办公自动化系统（Office Automation System，OAS）。此系统的目的是有效应用信息技术，提高工作效率。主要内容包括文字处理、电子邮件、电视会议、档案储存、桌面排版等。

（5）群体决策支持系统（Group Decision Support System,GDSS）。这是一个会话型的计算机系统，将计算机和群体成员融为一体，支持群体对非结构化问题进行共同决策。具体地说，就是以计算机网络通信技术为基础的人机系统。它利用人工智能（AI）、心理学、行为科学、决策科学、网络技术、数据库等技术为群体决策者或决策分析人员提供一个决策分析和决策形成的环境。

（6）专家系统（Expert System，ES）。此系统是依据知识法则，运用推理规则来解决某类问题的信息系统。其特点是：能对复杂情况做出诊断，能处理不确定的情况，并能对方案做出解释。

（7）智能决策支持系统（Intelligent Decision Support System，IDSS）。它是在决策支持系统与专家系统的基础上形成的系统，通过定性分析辅助决策的专家系统与以定量分析为主辅助决策的决策支持系统的结合，进一步提高了辅助决策能力，智能决策支持系统是决策支持系统发展的一个新阶段。

（8）总裁信息系统（Executive Information Systems，EIS）。此系统又称经理信息处理系统或高层管理信息系统，EIS 是面向组织高层管理者的，能支持管理者的管理工作，提高效率和改善有效性的信息系统。主要目标是帮助企业高层管理者规划、控制企业的运作，获得整个企业内部和外部信息，以辅助决策。

（9）战略信息系统（Strategic Information Systems，SIS）。这是一种支持企业赢得或保持竞争优势，制定企业中长期发展战略规划的信息系统。SIS 利用企业外部信息及企业内部信息，借助市场分析预测与战略决策等模型，以人机对话的方式在计算机上做出供高层管理者决策的企业中长期战略发展方案。

（10）计算机集成制造系统（Computer Integrated Manufacturing System，CIMS）。它是现代信息技术、自动控制、机器人和管理科学为一体的综合性很强的技术。该系统包括计算机辅助设计（CAD）、计算机辅助制造（CAM）、管理信息系统（MIS）或制造资源计划（MRP II）、决策支持系统（DSS）等。以最终达到一体化生产，使企业走向高度集成化、自动化、智能化的生产技术与组织方式。

1.3　管理信息系统

1.3.1　管理的基本概念

1．管理的定义与实质

管理活动自古就有，但什么是“管理”，从不同的角度出发，可以有不同的理解。关于管理的定义，至今仍未得到公认和统一。长期以来，许多中外学者从不同的研究角度出发，对管理做出了不同的解释，其中较有代表性的如下。

管理学家赫伯特·A·西蒙（Herbert A Simon）认为："管理就是决策。"

当前，美国、日本以及欧洲各国的一些管理学著作或管理教科书中，也对管理有不同的定义，例如：

"管理就是由一个或者更多的人来协调他人的活动，以便收到个人单独活动所不能收到的效果而进行的活动。"

"管理就是计划、组织、控制等活动的过程。"

"管理是筹划、组织和控制一个组织或一组人的工作。"

"给管理下一个广义而又切实可行的定义，可把它看成是这样的一种活动，即它发挥某些职能，以便有效地获取、分配和利用人的努力和物质资源，来实现某个目标。"

"管理就是通过其他人来完成工作。"

上述定义可以说是从不同的侧面，不同的角度揭示了管理的含义，或者是揭示管理某一方面的属性。

能够全面概括管理的内涵和外延的定义是：

"管理是为了某种目标，应用一切思想、理论和方法去合理地计划、组织、指挥、协调和控制他人，调度各种资源，如人、财、物、设备、技术和信息等，以求最小的投入去获得最好或最大的产出目标。"

要素是指构成事物的必要因素。管理要素是指构成管理活动的必要因素。目前，管理界对管理要素的认识倾向于八大要素，即观念、目标、组织、人员、资金、信息、技术、物资。另外，自20世纪80年代起，新增了时间和环境这两个管理要素。

对于这十大要素，结合现代市场经济发展状况，可以把它分成三大层次。

第一层次：基本要素层次，包括人员、资金、技术、物资四大要素。

第二层次：关键要素层次，包括观念、组织、信息、目标四大要素。

第三层次：新增要素层次，包括时间、环境两大要素。

管理的实质就是变无把握为有把握，是计划、组织、指挥、协调、控制等活动过程的总和。

- 计划：管理者应当预见未来，所以计划是一个要十分强调的要素。
- 组织：包含有关组织结构、活动和相互关系的规章制度，以及职工的招聘、评估和训练。以后的管理学家把这项组织要素分解为组织和人事（人力资源管理）两项。
- 指挥：社会组织建立以后，问题在于要让这些组织发挥出作用，这就是指挥的任务。
- 协调：协调就是指企业的一切工作都要和谐地配合，以便企业的经营顺利地进行，并有利于企业获得成功。
- 控制：就是检验每一件事情是否同所拟定的计划、发出的指示和确定的原则相符合，其目的就是发现、改正和防止重犯错误。

2. 管理的组织

组织是指为了实现既定的目标，按一定规则和程序而设置的多层次岗位及其有相应人员隶属关系的权责角色结构，是一个由人和其他各种资源所组成，为达到某一个目标的集合体，同时组织又是权力、特权、义务和责任的集合。

组织结构（Organizational Structure）是指组织的各个单元及其与整个组织的连接方式，表明组织各部分排列顺序、空间位置、聚散状态、联系方式以及各要素之间相互关系的一种模式，是整个管理系统的“框架”。

企业组织的类型是多种多样的，传统的有直线制、职能制、直线职能制、直线职能参谋制；现代的有事业部制、矩阵制、多维立体制、控股型组织结构，等等。在这么多形式当中，最基本、最普遍的是直线职能制和事业部制两种。正如钱德勒所说：“虽然人们在组织结构的类型方面，又发展出许多变种，而且在近几年里，偶尔也有一些变种混合而成为一种模型的形式，但是在大型工业企业的管理上仅仅只有两种基本的组织结构，即集中的、按职能划分为部门的类型和多分支机构的、分权化的结构。”

（1）直线职能制（U 形结构）。最初的企业组织结构是直线制，如厂长管主任，车间主任管班长，班长管工人，管理人员很少，没有科室。随着人员的增多，管理工作增加了，开始有了职能科室，出现了职能制。这两者的结合，就形成了直线职能制，如图 1.10 所示。

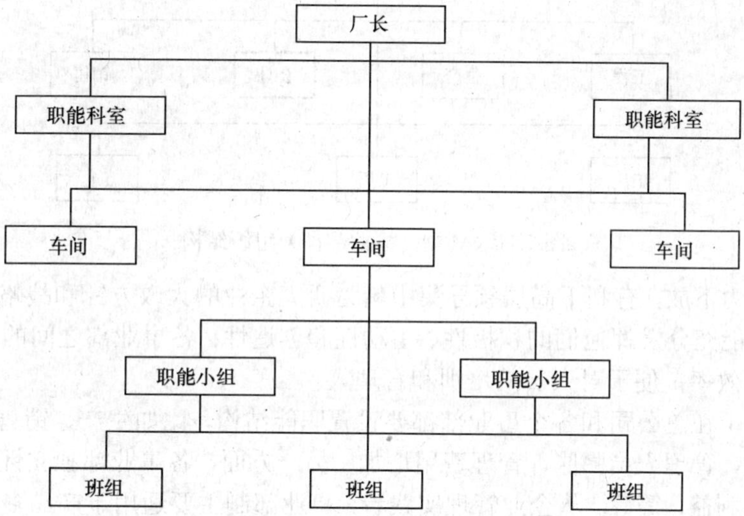

图 1.10　U 型（直线型）组织结构

特征：直线职能制又称为 U 型结构，它属于权力集中于高层的组织结构，其基本特征是：企业的生产经营活动，按照功能划分为若干个职能部门，每一个部门又是一个垂直管理系统，每个部门或系统由企业最高层领导直接进行管理。

优点：有利于企业集中有限的资源，按总体设想，投到最有效的项目上去；还有利于产供销各个环节之间的紧密协调。直线职能制最早由美国的通用电气公司发展起来，至 1917 年，美国制造业 236 家公司有 80%采用了这种结构。目前，我国大多数企业及非营利组织还经常采用这种组织形式。

缺点：高层领导者陷于日常经营活动，疏于考虑企业长远的发展战略；由于行政机构越来越庞大，各部门之间的协调也越来越困难，造成体制僵化，管理成本上升。

（2）事业部制（M 型结构）。

特征：也可称之为项目式组织结构，其结构图是 M 形的，如图 1.11 所示。最早设立事业部的是美国通用汽车公司，其发明者是管理学家斯隆和杜邦。这是一种分权式结构，它是在总公司之下设立多个事业部，事业部可以按产品、或按市场、或按地区划分，每一个事业部都有自己的产品和市场；事业部是总公司下面的一个利润中心，实行独立核算，自主经营。

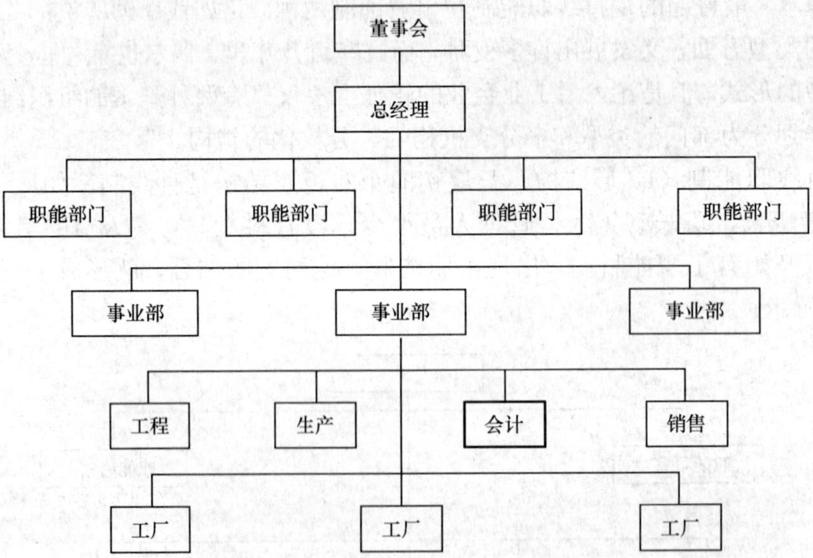

图 1.11　M 型（事业部型）组织结构

优点：权力下放，有利于高层领导集中精力研究企业的大政方针和战略问题；各事业部独立核算，能充分发挥他们的积极性、主动性和创造性；各事业部之间的竞争有利于提高公司的整体效率；便于对人员的培训和管理人。

缺点：由于在总公司和各个事业部都要设置职能结构，比如生产、销售、财务，容易造成机构重叠，管理人员膨胀，管理费用增加；另一方面，各事业部独立性强，考虑问题容易忽视整体利益，等等。从企业管理实践看，事业部制主要适用于产品多样化和从事多元经营的组织，也适用于面临市场环境多变或所处地理位置分散的大型企业和巨型企业。20 世纪 60 年代以来，西方国家的大型企业普遍向多样化的经营方向发展，事业部这种组织形式被广泛运用。

（3）矩阵制。

特征：矩阵制组织结构把按职能划分的部门和按产品划分的小组结合起来组成一个矩阵，一名管理人员既同原职能部门保持组织业务上的联系，又参加项目小组的工作。职能部门是固定的组织，项目小组是临时组织，项目任务完成之后就解散了，其成员回原职能部门工作，如图 1.12 所示。

优点：将企业的横向与纵向关系相结合，有利于协作生产；针对特定任务进行人员配置有利于发挥个体优势；有利于各部门人员的信息交流，提高管理水平。

缺点：项目组是临时性的组织，容易使人员产生短期行为；小组成员的双重领导问题会造成工作中的矛盾。这种形式适用于一些需要集中多方面专业人员集体攻关的项目或企业。

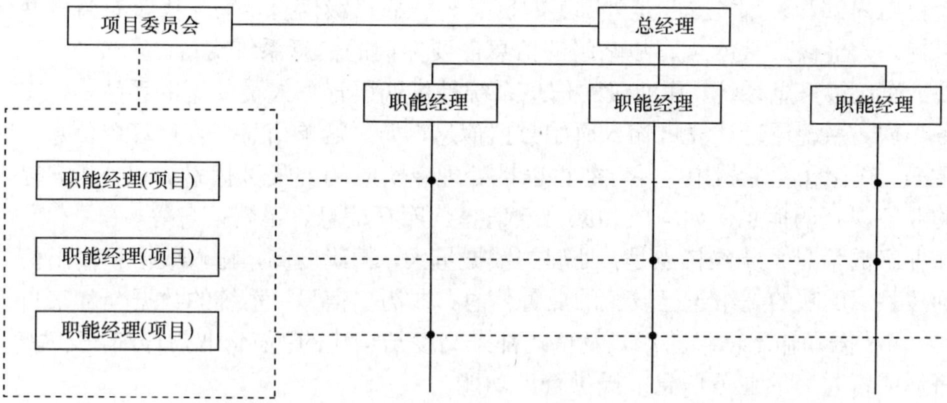

图 1.12 矩阵制组织结构

现代企业组织结构，除了我们上面所讲的这些（直线制、职能制、直线职能制、事业部制、矩阵制），还有控股制（H 型组织结构）、多维立体制等。

M 型和 H 型组织结构的异同是：M 型结构是一种分权式结构，即事业部制是在总公司领导下按产品、按地区或按市场划分的统一进行产品设计、采购、生产和销售的相对独立经营、单独核算的部门化分权结构。H 型组织结构是实行公司分权的一种形式。H 型结构中的事业部门由独立的子公司或分公司替代，公司总部持有子公司或分公司中的部分或全部股份。子公司是独立的法人，具有更大的独立性，总公司对子公司的投资承担有限责任。

相同点：事业部和子公司都是独立经营的。

不同点：子公司是独立法人，事业部不是独立法人；M 型结构公司总部对事业部进行战略协调，H 型结构则注重风险和人事控制，缺乏战略协调。

3．管理与信息系统

信息系统与组织之间的关系是互动的。一方面，信息技术的应用带来了组织结构和行为上的变化，它使得组织结构趋于扁平，促使领导职能和管理职能发生转变，并改变了员工完成日常工作的基本手段，形成了更高程度的流程化和规范化，同时，信息技术带来的劳动生产率的提高也会导致组织中人力资源结构的变化和调整。另一方面，组织及其管理模式也影响着信息技术和信息系统。组织重组、人员调整、业务转型、协调关系和机制变化等无疑将对系统结构和系统功能诸方面产生影响。

组织和信息技术之间是相互影响的，一方面，组织对于是否引进信息系统，引入什么样的信息系统，由谁来提供信息技术服务等问题具有决策权，并且信息系统的开发设计必须以现存的组织结构为依据，从这个意义上来看，组织影响着信息系统。另一方面，信息系统的建立促使组织结构变化和业务流程改革，因此信息系统又影响着组织。

管理需要信息，需要信息系统的支持。

管理过程包括计划、组织、决策和控制人员与活动。不同的管理层为完成这些任务所担负的职责也不一样。高层管理者负责确立整个组织的目标群，中层管理者组织和控制企业的资源来达到这些目标，而低层管理者则监督管理日常的业务活动。这三个层次上的管理者对信息的需求并不完全相同。低层管理者需要日常业务的反馈信息——作业级信息；中层管理者需要能使他们有效地分配资源来达到组织的目标的信息——战术级信息；高层管理者使用内部和外部（主要是外部）的信息——战略级信息，来寻找新的商机并建立组织的目标。作业级、战术级、战略级的信息需要专门的信息系统支持。

（1）作业级信息系统。作业级的信息系统是供低层管理人员使用的系统，它支持日常的业务处理。系统通过计算机输入原始数据信息，如采购单信息、客户订单信息、职工考勤信息等，存储在存储器中，并对数据以批处理或实时的方式进行累加和分析，提供反映组织的业务现状的信息，如应收和应付款信息、库存信息、工资信息等。

作业级的信息系统的特点是：处理的数据量大，精确度高，输入数据和输出信息均经过仔细校验；反映的是组织已发生的业务信息，即历史信息；系统的数据全部来自于组织内部；输入数据和输出信息的形式及格式都是高度结构化的；信息非常详细，反映每笔（每日、每周或每月）的业务信息；提供查询功能。

（2）战术级信息系统。战术级的信息系统是供中层管理人员使用的系统。本层系统主要对业务信息进行概括、集中、比较和分析，为中层管理人员监督和控制业务活动、有效地分配资源提供所需的信息。作业系统的输入信息是战术系统的数据来源，因此战术级的信息系统必须建立在作业级的信息系统基础上。

战术级的信息系统产生预测类信息，通过预测来防止问题的出现。如系统被用来预测收入和企业活动，确定资金的最佳来源和用途；系统支持计划的职能，通过收集历史的和当前的数据，分析和研究变化的趋势和预测未来，选择合适计划模型，进行反复试算，产生各种计划方案，供管理者使用；系统通过进行各种定额、计划指标信息与当前企业实际运营信息的比较，产生各种反馈信息和警示信息，帮助管理人员的管理控制和决策活动，帮助人们何时何地采取行动。如反馈信息表明某种存货的库存水平正在不断下降，那么，管理者就可以利用它来决定订购更多的该种存货。

战术级的信息系统产生一系列报表、报告，一般有定期报告、总结报告、比较报告、例外报告等。定期报告是按照预先确定的时间间隔产生的报告。可以是每天、每周、每月、每年；总结报告是指那些以某种方法汇总信息的报告，如按销售人员汇总的销售情况，按产品种类汇总的次品返修情况报告等；比较报告显示两个或更多相似的信息集，以阐明它们彼此的关系，如产量与成本的关系；例外报告主要提供异常情况的信息，如导致应收账款迅速增加的欠款对象的评估信息。

（3）战略级信息系统。战略级的信息系统提供辅助高层管理人员制定企业长期策略的信息。战略系统与战术系统的区别通常不够明确，因为这两类系统可能使用某些相同的数据。例如，如果当中层管理者利用预测和计划信息来分配资源以达到最佳的组织目标时，该预测和计划类信息就是战术级的信息；而当被高层管理人员用来制定企业长期活动计划时，就是战略级的信息。

战略级的信息系统的特点主要有：

① 随机性。即战略级信息的产生在多数情况下具有时间不确定性，是随机产生的，是根据临时决策需要产生的。

② 预测性。由于企业长期计划决策通常会对未来一段时期（3～5 年）产生影响，因此战略级信息系统的信息不仅能描述过去的事件，更要能预测未来发生的事件。例如，未

来经济状况的预测、产品市场状况的预测等。

③ 概要性。战略级信息是关系企业未来长远发展的信息，而影响企业未来发展的因素较多，十分复杂，因此，该类信息并不要求十分精确，通常是概括性的。

④ 数据来源的外部性。大部分战略级信息的主要数据来源于企业外部环境。

⑤ 非结构化。战略级信息系统的输入数据通常是非结构化的。例如，对未来市场销售趋势预测可能会用到从偶然谈话中得知的信息，如批发商、销售人员和市场分析员的观点。

1.3.2 管理信息系统的概念、特点、功能和分类

管理信息系统（Management Information Systems，MIS）是一门横跨计算机、管理学和行为科学等学科的交叉学科，是一类有关组织和管理的以计算机为工具的信息系统。

随着管理信息系统学科的发展，出现了不少关于管理信息系统的定义或解释，其中比较重要的有：

- 管理信息系统是一个能够提供过去、现在和将来预期信息的一种有条理的方法，这些信息涉及内部业务和外部情报。它按适当的时间间隔供给格式相同的信息，支持一个组织的计划、控制和操作，以便辅助决策。
- 管理信息系统是一个利用计算机硬件和软件，手工作业，分析、计划、控制和决策模型，以及数据库的用户-机器系统。它能提供信息，支持企业或组织的运行、管理和决策。
- 管理信息系统是一个具有高度复杂性、多元性和综合性的人机系统，它全面使用现代计算机技术、网络通信技术、数据库技术及管理科学、运筹学、统计学、模型论和各种最优化技术，为经营管理和决策服务。
- 管理信息系统是一个由人、计算机等组成的能进行信息的收集、传递、储存、加工、维护和使用的系统。它能实测企业的各种运行情况，利用过去数据预测未来，从企业全局出发辅助企业进行决策；利用信息控制企业的行为；帮助企业实现其规划目标。
- 管理信息系统是一个以人为主导，利用计算机硬件、软件、网络通信设备以及其他办公设备，进行信息的收集、传输、加工、储存、更新和维护，以企业战略竞争优势，提高效益和效率为目的，支持企业高层决策、中层控制、基层运作的集成化的人机系统。

从这些定义，容易归纳出管理信息系统的基本特征：以计算机为代表的信息技术为工具，有人参与的人机系统，开发、处理和利用企业内部与外部信息，以模型、程序和规则体现先进管理思想和方法，帮助分析管理问题，支持企业或组织的运行、管理和决策，提供应对环境挑战的解决方案。

管理信息系统是一门多学科交叉的科学，基本学科主要包括管理科学、系统科学、运筹学、统计学、社会学、心理学、政策科学、计算机技术、通信技术。从一个交叉学科的角度看，管理信息系统的三要素为系统的观点、数学的方法、计算机的应用。

管理信息系统不仅具有一般系统的特征，而且具有其本身的特点。管理信息系统最大的特点如下。

面向管理决策：管理信息系统是继管理学的思想方法、管理与决策的行为理论之后的一个重要发展，它是一个为管理决策服务的信息系统，它必须能够根据管理的需要，及时提供所需要的信息，帮助决策者做出决策。

综合性：从广义上说，管理信息系统是一个对组织进行全面管理的综合系统。一个组织在建设管理信息系统时，可根据需要逐步应用个别领域的子系统，然后进行综合，最终达到应用管理信息系统进行综合管理的目标，管理信息系统综合的意义在于产生更高层次的管理信息，为管理决策服务。

人机系统：管理信息系统的目的在于辅助决策，而决策只能由人来做，因而管理信息系统必然是一个人机结合的系统。在管理信息系统中，各级管理人员既是系统的使用者，又是系统的组成部分。以计算机为基础的管理信息系统并不意味着一切都自动化。人机系统的概念说明有些任务最好由人完成，而另一些任务由机器代替。系统设计者应当很好地分析，哪些工作交给人做比较合适，哪些工作交给机器做比较合适，充分发挥人和机器的特长，组成一个和谐的、有效的系统。这就要求系统设计者不仅要懂得计算机，而且要懂得人。

一体化或集成系统：它从企业管理的总体出发，综合考虑，保证各种职能部门共享数据，减少数据的冗余度，保证数据的兼容性和一致性。因此具有集中统一规划的数据库及功能完善的数据库管理系统是管理信息系统成熟的重要标志。

用数学模型分析数据，辅助决策：为了提供管理者决策所需的信息，往往需要利用数学模型，例如联系于资源消耗的投资决策模型，联系于生产调度的调度模型等。模型可以用来发现问题，寻找可行解、非劣解和最优解。

现代管理方法和手段相结合的系统：人们在管理信息系统应用的实践中发现，只简单地采用计算机技术提高处理速度，而不采用先进的管理方法，管理信息系统的应用仅仅是用计算机系统仿真手工管理系统，充其量只是减轻了管理人员的劳动，其作用的发挥十分有限。管理信息系统要发挥其在管理中的作用，就必须与先进的管理手段和方法结合起来，在开发管理信息系统时，要融进现代化的管理思想和方法。

管理信息系统首先是一个信息处理系统，其次它是一个为管理者实现管理职能提供支持的系统。管理的基本职能包括计划、组织、领导和控制。因此，管理信息系统主要有如下功能。

信息处理：即对内源和外源数据进行收集、输入、传输、存储、加工处理、输出、管理和维护的系统。这是管理信息系统的首要任务和最基本功能。

预测功能：预测是管理计划和管理决策的前提。所谓预测功能是指它能根据历史数据，运用数学方法、管理方法和统计预测模型等对未来可能发生的结果进行预测的工作。

计划功能：是指对各种具体工作进行科学合理的安排，并以文字和指标等形式为管理者提供所需的计划报告。如物资供应计划、生产计划、产品销售计划、利润计划等。通过制订计划，监督企业经营活动中的各项工作的按时完成。

控制功能：是指通过对实际情况的监测、检查和分析，并将实际情况与有关标准进行比较，衡量差异和分析差异，辅助管理者及时采取各种方法施加控制。根据时机、目的的不同，控制可分为事前控制、事中控制和事后控制。

辅助决策功能：决策是企业管理的核心。所谓决策功能，是指管理信息系统能根据有关决策问题，运用数学模型，推导出问题的最优解，从而辅助管理者进行科学决策。

管理信息系统是一个广泛的概念，至今尚无统一的分类方法。管理信息系统的应用五花八门，到处可见管理信息系统的身影。为了加深对管理信息系统的理解，可以从以下几个方面进行分类。

从提高信息的层次上进行分类。不同层次的信息系统为不同层次的管理者提供信息支持。企业或组织的管理层次分为低层、中层、高层，支持低层的是业务处理系统；支持中层的是管理信息系统；支持高层的是决策支持系统（广义地管理信息系统也将 DSS 作为其一部分）。

从组织的职能角度进行分类。一般企业或组织均有市场、生产或服务、财务、人力资源四大职能。不同的职能有不同的应用系统，组织中的管理信息系统按职能划分为市场管理信息系统、生产或服务信息系统、财务管理信息系统、人力资源管理信息系统等不同的职能系统。

从服务的组织对象上进行分类。不同的系统服务于不同的组织，具有不同的功能，可分为国家经济信息系统、企业管理系统、事务型管理信息系统、行政机关办公型管理信息系统、专业型管理信息系统等。企业复杂的管理活动给管理信息系统提供了典型的应用环境和广阔的应用舞台，大型企业的管理信息系统都很大，人、财、物、供、产、销以及质量、技术应有尽有，同时技术要求也很复杂，因而常被作为典型的管理信息系统进行研究。

1.3.3　管理信息系统的结构与生命周期

1. 管理信息系统的结构

管理信息系统是企业信息系统的核心，它贯穿于企业管理的全过程，同时又覆盖了管理业务的各个层面，因而其结构也必然是一个包含各种子系统的广泛结构。

管理信息系统的功能结构描述了管理信息系统的功能组成以及各子功能之间的联系。

从信息技术的角度来看，信息系统无非是信息的输入、处理和输出等功能。因此，管理信息系统的功能结构从技术上看可以表示成如图 1.13 所示的形式，所以，在开发信息系统时必须考虑这些具体的功能如何实现的问题。

从用户的角度来看，信息系统应该支持整个组织在不同层次上的各种功能。各种功能之间又有各种信息联系，构成一个有机的整体及系统的业务功能结构。例如，一个企业的内部管理系统可以是如图 1.14 所示的结构。企业的信息系统划分为 7 个子系统，除了完成各自的特定功能外，这 7 个子系统又有着大量的信息交换关系，其子系统之间的主要数据交换关系构成子系统之间的信息流，使得企业中的各类信息得到充分的共享，从而为企业的生产活动和管理、决策活动提供支持。

通过管理信息系统的功能结构，可以知道，信息系统的实现不是一朝一夕的事情，必须经过长期的努力才能得以实现。因此，在信息系统的建设过程中必须首先进行总体规划，划分出子系统，规划出各子系统的功能及其相互之间的联系，然后逐步予以实现，其中特别要重视子系统之间的联系。只有这样才能实现信息的共享，发挥信息是资源的重要作用。

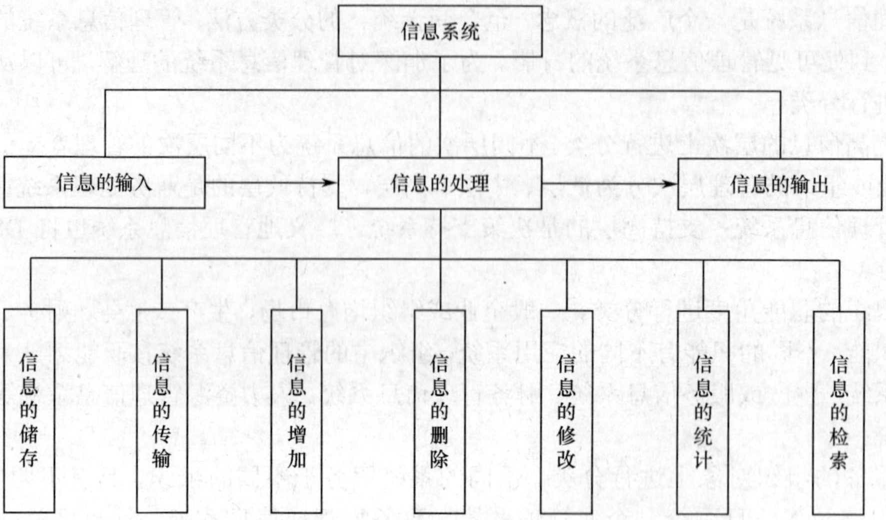

图 1.13　从技术角度看管理信息系统的功能结构

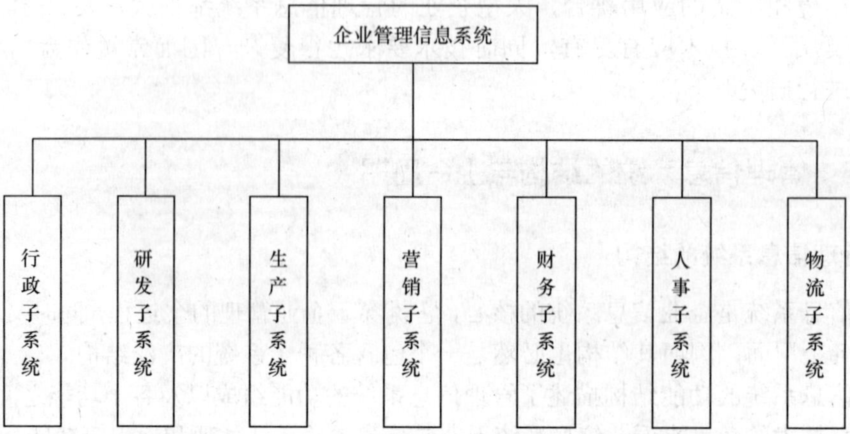

图 1.14　从业务角度看管理信息系统的功能结构

从管理层次来看，分布于战略层、战术层和作业层的各类管理信息系统，在目的上和功能上有所不同。管理信息系统在战略层的目的是支持企业的战略性的决策，系统的功能主要为全局性、方向性或关系企业竞争能力的重要问题的分析与决策服务。战术层和作业层的主要目的分别是提高工作效用和工作效率，管理信息系统为战术层提供资源配置、运作绩效等经营状态的分析评估和计划落实的控制优化等功能，为作业层提供准确便捷的数据收集处理功能。图 1.15 描述了管理信息系统在各个管理层次上的目的、功能及其相互关系。

管理信息系统的应用和发展从附和企业组织结构，到促使改造组织结构，其自身的构成也随之发生变化。目前，实际中的信息系统越来越多地出现跨层次、多职能的产品及其应用，以至还有横跨企业大部分职能，包括战术层和作业层管理的企业级的信息系统。例如 ERP 系统就是此类系统的典型代表。管理信息系统的功能必须包括支持、处理和替代企业组织各个管理层次各类职能，与以前的人工管理或简易设施帮助下的管理相比，应该更有效、更便捷，甚至在本质上不同。

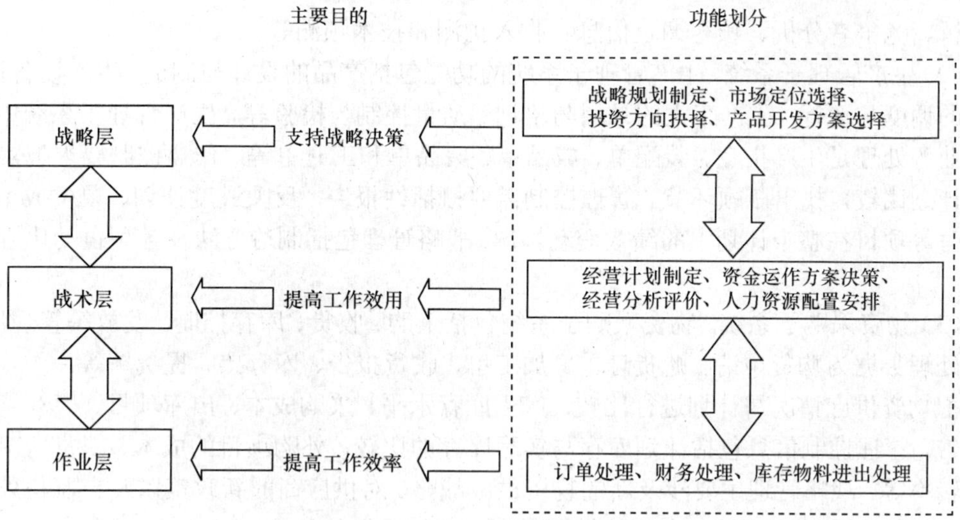

图 1.15　管理信息系统在各层次上的目的、功能及其相互关系

一个组织是通过组织结构设计从而进行组织职能的划分的。由于设计出的组织结构并不是唯一的，所以组织职能的划分也不是唯一的。对于组织内部的每一个职能部门，都有各自的信息需求，因此都需要为它设计一个信息系统。这就意味着可以按照需要使用信息的组织职能来建立管理信息系统，根据组织职能来划分管理信息系统的子系统。基于组织职能的管理信息系统结构是以组织的职能和组织活动层次矩阵描述的。某企业的管理信息系统的职能结构如图 1.16 所示。

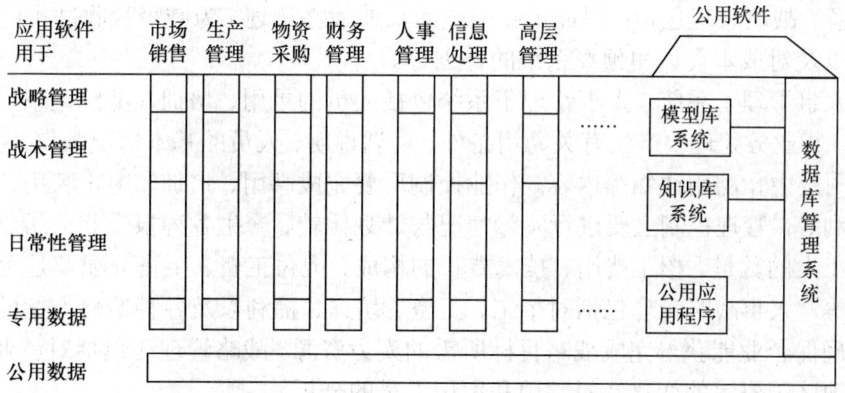

图 1.16　某企业管理信息系统的职能结构

在图 1.16 中，每一列代表一种组织管理职能，每一行代表一个组织活动层次，行列交叉表示组织的一种管理职能在四种组织活动层次的信息处理需求，每一组织活动层次包括了所有的组织管理职能。

（1）市场销售子系统。市场销售功能通常包括产品的销售和推销以及售后服务的全部活动。其中业务处理有销售定单、推销订单的处理。作业控制活动包括雇用和培训销售人员、编制销售计划和推销工作的各项目，以及按区域、产品、顾客的销售量定期分析。管理控制涉及总的成果与市场计划的比较，它要用到有关客户、竞争者、竞争产品和销售力量等方面的数据。在战略管理方面包括新市场的开拓和新市场的战略，它使用的信息有顾客分析、竞争者分析、顾客调查信息、收入预测和技术预测等。

（2）生产管理子系统。生产管理子系统的功能包括产品的设计与制造、生产设备计划、作业的调度与运行、生产工人的录用与培训、质量控制与检验等。生产管理子系统中，典型的业务处理是生产指令、装配单、成品单、废品单和工时单等。作业控制要求把实际进度和计划比较，找出瓶颈环节。管理控制需要概括性报告，反映进度计划、单位成本、所用工时等项目在整个计划中的绩效变动情况；战略管理包括制造方法及各种自动化方案的选择。

（3）物资采购子系统。物资采购子系统包括采购、收货、库存控制、发放等管理活动。业务处理数据为购货申请、购货订单、加工单、收货报告、库存票、提货单等；作业控制要求把物资供应情况与计划进行比较，产生库存水平、采购成本、出库项目、库存营业额等报告。管理控制信息包括计划库存与实际库存的比较、外购项目的成本、缺货情况及库存周转率等。战略管理主要涉及新的物资供应战略、对供应商的新政策以及自制与外购的比较分析等。此外，可能还有新的供应方案、新技术等信息。

（4）财务管理子系统。财务会计有着不同的目标和工作内容，但它们之间有着密切的联系。财务的职责是在尽可能低的成本下，保证企业的资金运转，包括托收管理、现金管理和资金筹措等。会计则是把财务工作分类、编制财务报表、制定预算及对成本数据的分类与分析。对管理控制报告来说，预算和成本是输入数据，也就是说，会计要为管理控制各种功能提供输入信息。与财务有关的业务处理有赊欠申请、销售、开单据、收账凭证、支付凭证、支票、转账传票、分类账和股份转让等。财会作业使用日报表、例外情况报告、延误处理记录、未处理事项报告等。管理控制利用财务资源成本、会计数据处理成本及差错率等信息。战略管理包括：保证足够资金的长期战略计划，为减少税收冲击的长期税收会计政策以及对成本会计和预算系统的计划等。

（5）人事管理子系统。人事管理子系统包括人员的录用、培训、考核记录、工资和中止聘用等。其业务处理要产生有关聘用条件、培训说明、人员的基本情况数据、工资变化、工时、福利及中止聘用通知等内容。作业控制层要完成聘用、培训、中止聘用、改变工资和发放福利等。管理控制主要进行实际情况与计划比较、产生各种报告和分析结果，用以说明在岗工人的数量、招工费用、技术专长的构成、应付工资、工资分配及是否符合政府就业政策等。人事战略管理包括对招工、工资、培训、福利以及各种策略方案的评价，这些策略将确保企业能获得完成战略目标所需的人力资源。战略管理还包括对就业制度、教育情况、地区工资率的变化及对聘用和留用人员的分析。

（6）信息处理子系统。信息处理子系统的作用是保证各职能部门获得必要的信息资源和信息处理服务。该子系统典型的业务处理有工作请求、采集数据、改变数据和请求、软硬件情况的报告以及设计方面的建议。信息处理的作业控制包括日常任务的调度、差错率和设备故障信息等。对于新项目的开发，还需要程序员的工作进展情况和调试时间的安排。管理控制层对计划情况和实际情况进行比较，如设备费用、程序员的能力、项目开发的实施计划等情况的比较。战略管理层则主要关心功能的组织，如采用集中式还是分散式，信息系统的总体规划，硬件和软件的总体结构等。

（7）高层管理子系统。每个组织都有一个最高领导层，如公司总经理和各职能领域的副总经理组成的委员会。高层管理子系统为高层领导服务，它的业务处理活动主要是信息的查询和决策的支持，处理的文件常常是信函和备忘录以及高层领导向各职能部门发送的指示等。作业控制层次主要是会议安排、信函管理和会晤记录文档。管理控制层次要求各功能子系统执行计划的当前综合报告情况。最高层的战略管理活动包括组织的经营方针和必要的资源计划等，它要求综合外部和内部的信息。这里的外部信息可能包括：竞争者信息、区域经济指数、顾客偏好、提供服务的质量等。

2. 管理信息系统的构成

从概念上看，管理信息系统由四大部分构成，即信息源、信息处理器、信息用户和信息管理者，如图 1.17 所示。

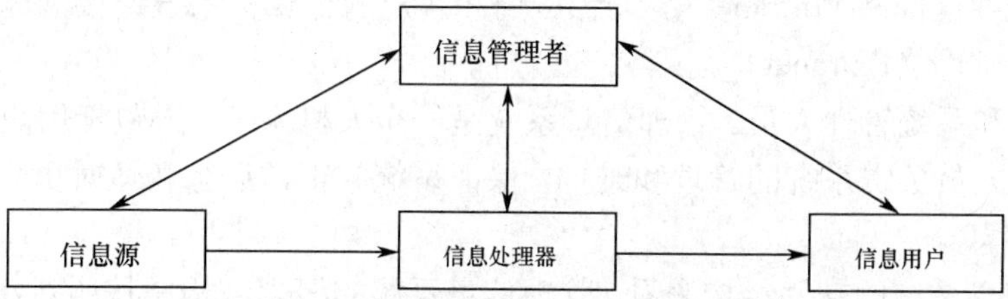

图 1.17 管理信息系统的构成（1）

信息源是信息的产生地，包括组织内部和外界环境的信息，这些信息通过信息处理器的传输、加工、存储，为各类管理人员即信息用户提供信息服务，而整个的信息处理活动由信息管理者进行管理和控制，信息管理者与信息用户一道依据管理决策的需求收集信息，并负责进行数据的组织与管理、信息的加工、传输等一系列信息系统的分析、设计与实现，同时在信息系统的正式运行过程中负责系统的运行与协调。

信息用户是目标用户，信息系统的一切设计和实现都要围绕信息用户的需求而做。另一方面，信息管理者由于深谙信息系统的开发规律，则起到了一个明确需求、协调资源和分配资源的角色，显而易见，信息管理者的角色很重要。

从实际应用来看，管理信息系统是由应用系统、计算机系统、通信与网络系统、数据库系统、用户和系统管理人员五个部分构成的，如图 1.18 所示。

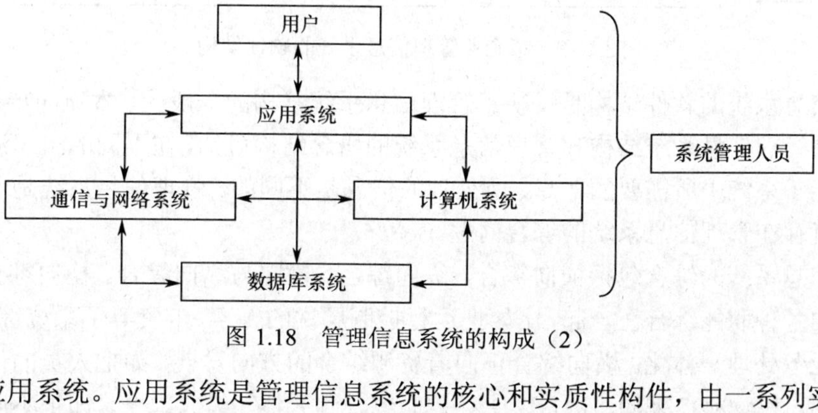

图 1.18　管理信息系统的构成（2）

（1）应用系统。应用系统是管理信息系统的核心和实质性构件，由一系列实现管理职能和支持管理职能的应用软件构成，软件通过购置或自行开发等方式获得。应用系统主要安装在由用户直接使用的客户端，也有部分装在后台的服务器上，共享的数据库系统基本上都安装在服务器上（数据库服务器）。

（2）计算机系统。计算机系统是管理信息系统的工具构件，负责具体解释和执行应用系统的程序指令。构成包括计算机硬件和系统软件，通过购置方式获得。

（3）数据库系统。数据库系统是存储、管理、提供与维护系统数据或信息的基础性构件，一般安装于数据库服务器。数据库系统包括数据库管理系统和被储存的数据两大部分。数据库管理系统需购置。

（4）通信与网络系统。通信网络系统是企业信息化的基础设施，两者与计算机系统结合构成计算机网络系统。企业一般以租用公用通信线路的方式连接分布于异地的计算机，构建自己的企业内部网（Intranet），与供应商和客户的计算机系统连接则能构建合作伙伴之间的企业外部网（Extranet）。

（5）用户和系统管理人员。管理信息系统是一个人机系统，人包括用户和系统管理人员。系统管理人员负责系统的管理和维护，保证系统的正常运行和适时更新，而用户则使用并且提供信息。

从管理信息系统的软件结构来看，管理信息系统的概念结构是按照对决策的支持、管理活动和组织的职能描述的，将关于这三方面的研究综合到管理信息系统的结构中，形成一个基本的概念框架。图 1.19 描述了某企业管理信息系统软件的结构。

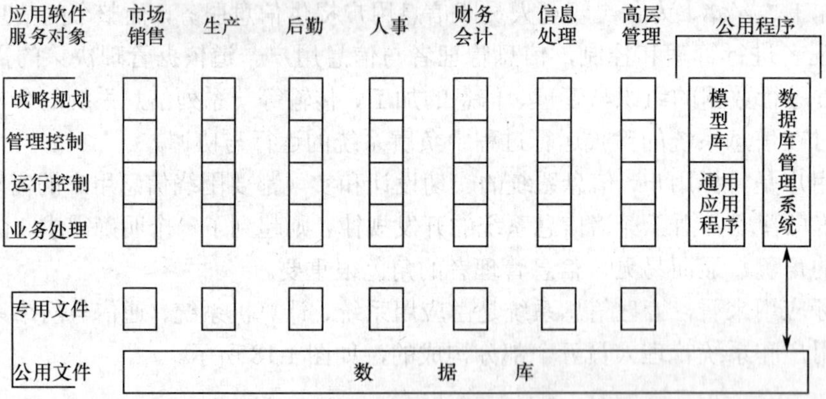

图 1.19 某企业管理信息系统的软件结构

管理信息系统的软件结构是反映了管理信息系统结构的一般的、本质的特征。从基于组织职能的管理信息系统结构和管理信息系统的概念结构可知，在不同的组织活动层次和不同的职能子系统中所需要的信息、所处理的信息是不同的。管理信息系统是一个集成的系统，这就存在管理信息系统的综合问题。

管理信息系统的综合包括横向综合、纵向综合、横向与纵向综合。横向综合，就是把同一层次的各种职能综合在一起，比如把运行控制层次的人事、工资等子系统综合在一起，使基层的业务处理一体化。横向综合正向着资源综合的方向发展，如把人员的信息综合到一个系统中，按物料把采购、进货、库存控制综合到一体。纵向综合，即把不同层次的管理业务按职能综合起来。这种综合沟通了上下级之间的关系，便于决策者掌握情况，进行正确分析。如可以将各部门和总公司的各级财务系统综合起来，构成综合财务子系统。纵横综合是一个完全一体化的系统，能够做到信息集中统一，程序横向共享，各子系统功能无缝集成。

从管理信息系统的硬件结构来看，管理信息系统的硬件结构描述了管理信息系统的硬件系统组成以及各硬件设备之间的相互连接关系。某企业管理信息系统的硬件结构如图 1.20 所示。

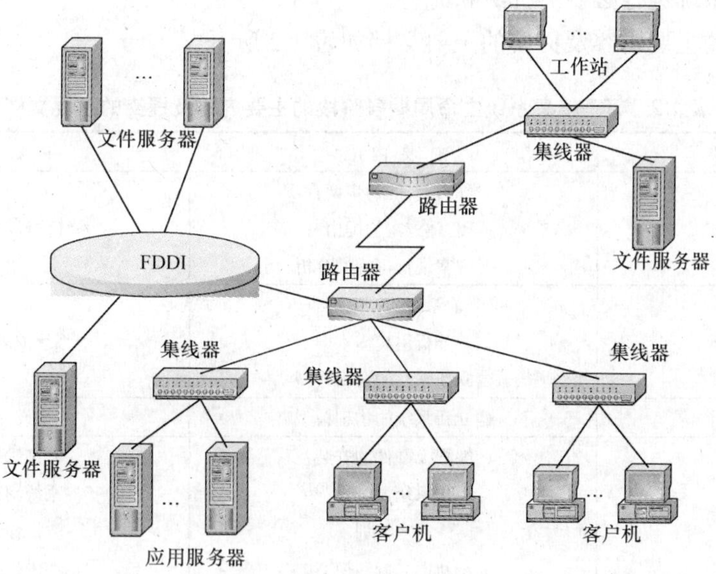

图 1.20　某企业管理信息系统的硬件结构

现代的企业一般都设有信息管理部门，承担管理信息系统的规划、建设、管理和维护等工作。信息管理部门是向企业其他部门提供信息服务的机构，由于掌管着几乎全部的数据和信息资源，在企业中具有重要的地位和作用。现在许多国内外的企业和组织都设立首席信息主管（Chief Information Officer，CIO）一职，既反映了企业对信息资源的重视，也反映了企业开始重视信息系统的开发和运行。

为有效地进行系统开发与管理，将管理信息系统的生命期划分为总体规划、系统分析、系统设计、系统实施和运行维护五个阶段，其中每个阶段都有明确的任务，并产生一定规格的文档交付给下一阶段，而下阶段则在上阶段所交付的文档的基础上继续进行开发。

（1）系统规划阶段。系统规划阶段的主要任务是建立信息系统发展规划；对具体的系统需求进行分析和调查；对系统建设的可行性和必要性进行分析；完成系统建设的可行性报告，并编写系统设计任务书。即：“为何要做、能不能做、是否做。”

（2）系统分析阶段。系统分析阶段主要是对系统要满足的业务需求进行需求调研，完成系统需求说明书，该说明书详细描述了业务需求，是系统建设的指南。系统需求说明书是信息系统建设阶段较为重要的文档之一，即“做什么”。

（3）系统设计阶段。系统设计阶段根据系统说明书中规定的功能要求，设计逻辑模型以及实现的技术方案，完成系统设计说明书，即“如何去做”。

（4）系统实施阶段。系统实施阶段是对设计好的系统进行实施的过程，包括：硬件的部署、程序的编写、安装与调试、人员的培训等。系统实施阶段应由系统实施计划并分阶段完成，每阶段应写出实施进度报告；系统测试以后应写出系统测试报告。

（5）系统运行和维护阶段。运行和维护阶段，维护人员需要做系统维护和评价记录，并根据需求对系统进行必要的升级和完善。

每个阶段的主要内容及提交的主要文档如表 1.2 所示。

表 1.2 管理信息系统生命周期各阶段的主要内容及提交的主要文档

阶　段	主 要 内 容	主 要 文 档
系统规划	当前系统的初步调查 总体方案的提出 对方案进行可行性分析	系统建设可行性报告
系统分析	当前系统的详细调查 分析用户需求 建立新系统的逻辑模型	系统需求说明书
系统设计	建立新系统的物理模型	系统设计说明书
系统实施	编程及硬件的安装 系统调试 用户培训 新旧系统转换	实施进度报告 系统测试报告 操作手册 维护手册
系统运行和维护	系统的运行 系统的各类维护 对系统进行评价	系统维护记录 系统评价报告

1.3.4 管理信息系统的应用

1. 企业作业级信息系统的应用

作业级信息系统产生描述过去活动的事务性数据，具有重复性、描述性、可预测性及客观性等特点。系统通常有规律地产生详细的、高结构化的准确信息，这些信息来自企业内部信息源。在一定程度上，对必须完成系统工作的员工而言，这些系统工作纯粹是单调、乏味的。而信息系统技术在作业级信息系统中的应用，大大地减少了这种单调性，并给管理者提供了很多有利条件。

降低成本：信息技术从实质上降低了作业级信息系统的成本。为确定每一名员工的工时和薪酬，大公司需要人工读入计时卡，累计每天和每周总工作时间，并计算正常薪酬、加班薪酬、总薪酬和应扣款等。多数公司通过应用信息技术，从实质上减少了产生周工资及相关记录的工作量。实际上，应用到作业级信息系统的信息技术有助于企业提高竞争地位，成为同行业中低成本的带头人。

提高速度：信息技术还极大地提高了企业作业级任务的完成速度，从而提高了对顾客和客户的服务水平。例如，信息技术加速销售订单的录入及处理，允许公司在收到订单的当天完成货物装运。由于库存数据未更新，向客户销售已没有库存的产品，会导致订单撤销并令客户不满。货物一经装运，就将发票寄出以加速资金流动。

提高准确度：从一个记录往另一个记录中抄写数据，如从订货单上往销售发票中抄录数据，经常会产生错误。手工计算订货总量和折扣可能会在客户发票中出现错误，进而令客户不满。按工人开始工作及离开工作的汇报数，实现员工工作时间电算化，在应用上述数据计算总工时、总薪酬、应扣款和净薪酬时，可以减少错误。

提高服务水平：信息技术的应用，也提高了企业满足每一位客户或顾客对特殊产品和服务要求的能力。计算机系统可以帮助企业记录、处理并跟踪许多细节信息。利用这些信息，企业可以在客户需要的时候，以客户需要的方式提供客户需要的产品。信息技术还能帮助企业跟踪发送给顾客的货物，使企业能够掌握顾客货物的信息，并能尽快地回答顾客的询问。

增加辅助决策的数据：作业级信息系统产生的数据，不仅反映了大多数组织的基本活动，也可作为战术和战略信息系统的原始资料。通过比较、推断及其他方法处理作业级数据而形成的报告，能够帮助管理者制定战术或战略决策。对那些未建立运行良好的作业级信息系统的企业，建立战术或战略信息系统是很难的。

（1）作业级会计和财务信息系统。通常，企业计算机化的第一个应用就是作业层的财务会计系统。作业级财务会计系统通常是面向任务的，着重处理财会业务，产生重复性的事务信息输出。这些信息对每个企业都很重要，包括工资、供货商的支票、顾客的发票、采购订单、库存报表以及其他常规表格和报表。

企业作业级财务信息系统的核心是财会系统。电算化的财会系统是由一系列软件模块或子系统组成的，可以单独使用这些模块和子系统，也可以将它们集成后使用。

（2）作业级的营销信息系统。所有的组织，包括营利性和非营利性的制造、建筑、金融、教育和服务组织，均有营销功能。组织中营销职能的基本目标是满足顾客的需求和要求。为了达到这个目标，营销人员从事各种活动，如计划和研制新产品；广告、促销、销售、保存、分发货物和服务；允许客户赊购，同时进行市场调查。

作业级营销信息系统包括销售系统、广告系统、促销系统、仓库系统和价格系统。上述系统收集反映市场运作的数据，处理这些数据，并生成辅助管理者制定决策的市场信息。为了更有效地运行，营销系统必须与企业的其他信息系统，如采购系统、生产系统、库存系统、顾客信誉系统和订货输入系统等协同工作。

（3）作业级生产制造信息系统。生产制造系统的设计目的是生产产品和提供服务以满足营销系统的计划。生产制造信息系统为生产资源的作业、分配和计划提供决策辅助。

作业级生产系统是多种多样的，包括持续流动生产、大量生产、批量订货生产和项目生产。此外，作业级生产系统还包括服务性生产和耐用品生产。生产系统的用途是采购原材料和外购件；检测原材料的质量；分配合适的人力资源、工作空间和设备；安排原材料、人力资源、空间和设备；制造产品和提供服务；检测产成品和服务；并监控各类资源的使用及其成本。

（4）作业级人力资源信息系统。人力资源部门负责人力资源管理的许多方面，包括招聘、评估、挑选、安置、培训、工作表现评价、补贴金和救济金管理、职业健康和安全、员工服务、服从合法约束、帮助管理者解决人力资源问题、为高层管理者提供战略计划信息。

作业层人力资源信息系统为管理者提供辅助企业进行人力资源管理中常见的、重复性人事决策的数据。有多种作业层人力资源信息系统，包括辅助管理者跟踪企业的职位和员工的系统，指导工作评估的系统，提供可选的或灵活的时间安排表的系统，招聘、安置、培训、重新分配、解聘员工的系统，为职工提供福利及向政府机构提供报告的系统。人力资源信息系统与企业其他信息系统的集成能促进该系统更有效地运行。

2. 企业战术级信息系统的应用

战术级信息系统通过为管理者提供定期总结报告、定期异样报告、专题报告和其他一些能帮助他们控制他们的职责范围，为实现组织目标分配他们的资源信息，来支持管理决策。当作业级信息系统的焦点集中于任务的完成时，战术级信息系统的焦点集中于资源分配，也就是说，应如何分配员工可得到的资源来实现组织的目标。

（1）战术级会计和财务信息系统。财务会计系统的计算机化改变了管理者审查账目信息的方式。大型的信息数据库以计算机化的形式可供使用，其中的数据比传统的硬盘复制的形式更易查看和操作。于是管理者开始把这些信息作为制定战术规划的资源。转瞬之间管理者便能够快速、方便地获得重要的摘要数据和财务会计的比较数据。这样，管理者开始把财务会计系统不仅仅看做是一个交易处理系统，一张支票、发票、财务报表的制造机，它已经成为在战术决策和长期战略规划中辅助管理的重要数据的仓库。预算系统、现金管理系统、资本预算系统和投资管理系统都是战术级会计和财务信息系统常见的例子。

（2）战术级营销信息系统。市场营销的功能就在于满足用户当前以及潜在的需要和要求。营销主管在实现营销功能的过程中要进行许多规划活动，如图 1.21 所示。这些规划活动导致了产品、服务、广告、促销、价格以及最终提供给公司产品运送方法等诸多因素的综合。

战术级营销信息系统不同于业务营销信息系统。因为除了提供普通的信息之外，它还生成专题报表、建立预期输出和非预期输出、生成比较信息和描述性信息、提供细节性数据和总结性信息，既包括内部信息源也包括外部信息源，既处理主观数据也处理客观数据。

战术级营销信息系统使用的大量数据是由财务运作信息系统收集的。战术级营销信息系统通常将业务层的财务数据与其他数据结合起来，为营销主管提供战术决策支持。战术决策通常是由经理在准备和实施营销计划时做出的。通过战术决策，他们希望达到高层管理部门的销售目标和利润目标。例如，有关来年市场焦点的战术决策将部分源于销售订单登记系统的营销部门的销售历史记录。这一信息然与那些从组织外部资源所收集来的那些相同的营销部门竞争成功的信息相比较。

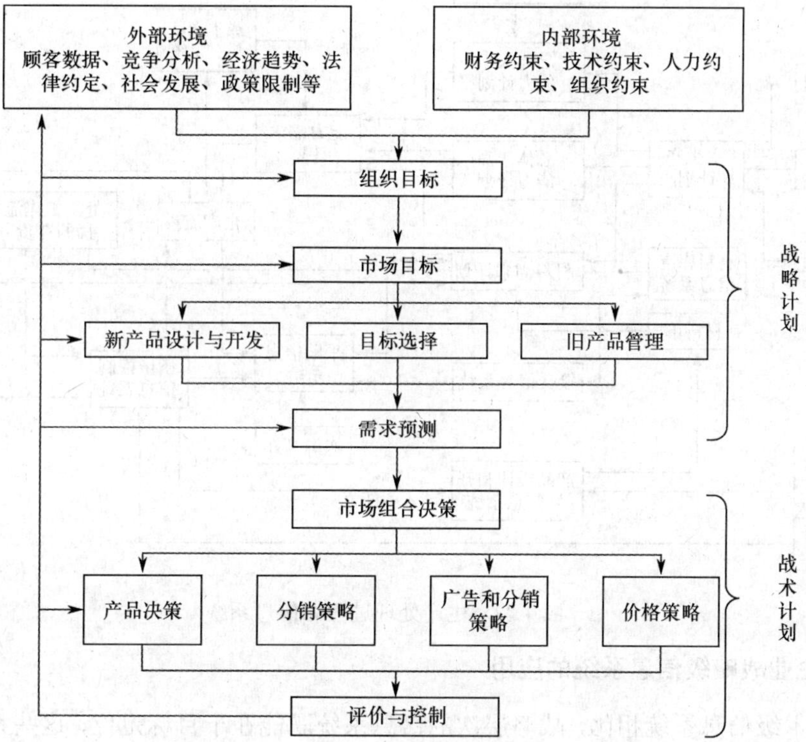

图 1.21　市场营销管理的规划模型

（3）战术级生产信息系统。生产系统包括所有为确保产品或服务的生产所必需的活动。为了履行其职能，生产系统必须确定生产地点，规划这些场所的布局并制定生产规划。生产系统必须要获取在计划中所描述的产品和服务所必需的原材料、零部件，并要确定每一类型需要多少工人。接着这个系统必须分配或获取具备相当技能的工人，确保具有足够的工作空间和生产设备，并安排进度综合利用这些资源，仅在标准的时间生产出标准数量的商品用以满足在营销系统所预测的市场需求。在生产进行的过程中，该系统还必须监督那些资源的使用和支出。

生产系统提供的数据对计划、组织、营运、监督、控制和其他管理生产系统十分重要，如图 1.22 所示。生产系统在所使用的输入输出设备的种类以及系统所主要包含的数据属性等方面都与其他的信息系统有所不同。

（4）战术人力资源信息系统。人力资源信息系统包含了有关组织员工的个人信息，保护这些信息免遭非法和未授权的访问、使用和分发，对于涉及的个体来说是极为重要的。未经授权的访问、使用或分发可能违背现行法律，并且会使组织承担严重的法律责任。战术级的人力资源信息系统包括工作分析和设计、吸引新成员、培训、提拔和人员调整等。

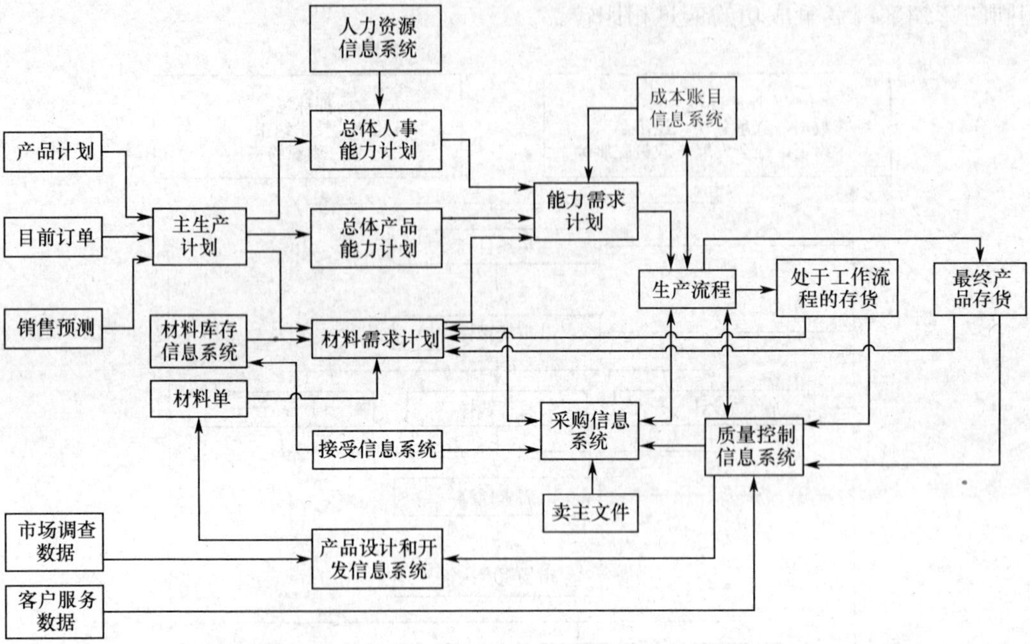

图 1.22 生产处理过程和信息系统

3．企业战略级信息系统的应用

与战术级信息系统相比，战略层次的信息系统职能在于目标定位，这些系统是被设计用以支持组织目标和方向的定位。有时，很难将某些信息系统明确地划分为战术级信息系统还是战略级信息系统。例如，某些市场营销信息系统，像市场调研系统和竞争对手追踪信息系统，很明显既支持战术规划决策又支持战略规划决策，有时将决策划分为战术决策还是战略取决于该决策可能影响组织的时间长短。这也就是说，影响组织 1 年或少于 1 年时间的决策通常被视做是战术的，而影响组织的时间超过 1 年的通常被视做是战略的。

（1）战略级财务会计信息系统。战略财务会计信息系统主要包括以下几种信息：内部生成的财务状况分析数据，描述组织的状况。外部生成的有关经济、人口统计和社会数据，描述组织当前和未来的外部环境。组织在那些环境中的未来预测。

财务战略规划的两个主要结果是设定组织的财务目标及组织的发展方向。前者包括设定投资目标及投资回报目标，后者指对新的投资机会进行决策，并为组织的积累而融资。

有关组织当前和未来状况的电子化信息的一个主要来源是组织自身的财务会计数据库。有关组织运营所在的当前和未来环境电子化信息的主要来源是联机数据库。联机数据库中包含有关经济、社会、人口、技术和政治的信息。利用这两种信息为组织规划出在可能的前景上预测的技巧。战略决策的主要目的是通过长期预测来减少重要的组织决策所承担的风险。

（2）战略级营销信息系统。要想制定一个全面的营销计划，一个组织必须要进行各种战术和战略上的规划活动。战略活动可以包括基于用户共同的特征要求或需求将市场细分成潜在用户的目标群体，选择组织希望达到的市场区域、规划产品和服务以满足用户的需求，以及预报市场区域和产品的销售。

（3）战略级生产信息系统。战略生产信息系统为高层管理生产决策提供支持，例如：选择厂址；建造工厂的附属设施；建设新工厂；设计和布置生产设施；选择用于生产流程的技术；选择生产流程的任务——制定垂直集成和外源方面的基本方针。这些重大决策需要大量资本和其他资源长期的支持，因此就其本质而言是战略性的决定，很明显，这些决策不能轻率地做出。

（4）战略级人力资源信息系统。人力资源计划确保组织有恰当类型和恰当数量的人员在恰当的时间、恰当的地点来实现组织的目标。如图 1.23 所示，几种类型的人力资源计划在本质上是战略的，这包括劳动力计划和劳资谈判。

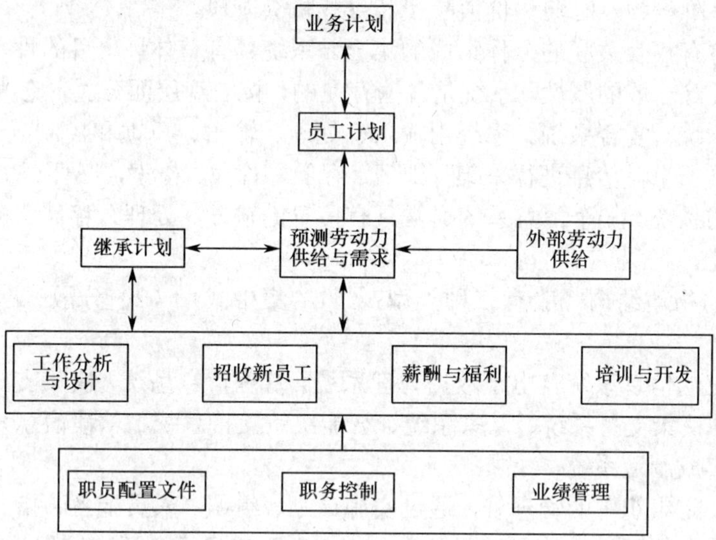

图 1.23　人力资源信息系统模型

本 章 小 结

本章介绍了信息、系统、管理及管理信息系统的概念。

信息是经过加工处理后的数据，它对接收者有用，对接收者的决策或行为有现实或潜在的价值。数据是本身不具备意义的事物属性的抽象表示。信息是有目的、有意义和有用途的数据，能形成或改变人对事物的看法。知识则是对信息进行深加工，经过逻辑或非逻辑思维，认识事物本质而形成的经验与理论，与信息相比，对事物能形成更加深刻的认识。

企业通常划分有战略层、战术层和作业层等管理层面，不同管理层面具有不同的管理任务，使用和处理不同的信息，由此可以划分出战略信息、战术信息和作业信息等信息类别。按信息来源的划分，可以分出企业内部信息与企业外部信息两类。

信息主要有真伪性、层次性、可加工性、可存储性、易传性与共享性、价值性、动态性与时效性及相对性等特性。

信息和其他资源一样是有生命周期的，从产生到消亡，经历需求、获得、服务、退出四个阶段。

信息识别的方法有三种：由管理者识别；信息系统分析人员识别；由管理者、系统分析人员共同识别。信息的收集通常采用三种方法：自下而上广泛收集，有目的的专项收集，以及随机积累。

信息处理不仅包括对已录入的数据进行加工，获得信息，而且包括对加工过的信息进行选择、查询、排序、归并，直到复杂模型调试及预测等。信息存储是将信息保存起来以便需要时使用。为了保证信息的准确、及时、安全和保密等，还需要对信息进行维护。

信息的使用包括技术方面的和信息价值转化问题。信息使用深度大体上可分为三个阶段，即提高效率阶段、及时转化价值阶段和寻找机会阶段。

系统指一群有相互关联的个体组成的集合。系统具有整体性、目的性、关联性、环境适应性和层次性等一般的属性。系统是普遍存在的，按宏观层面分类，它大致可以分为自然系统、人工系统、复合系统。系统由输入、处理、输出、反馈和控制五个部分组成。

信息系统是一个对信息进行采集、处理、存储、管理、检索，必要时并能向有关人员提供有用信息的系统。一个信息系统通常具有信息的输入、处理、存储、检索、传输、管理、输出等功能。

信息系统的物理结构一般有三种类型：（1）集中式；（2）分散-集中式；（3）分布式。

组织中常见的信息系统有电子数据处理系统、管理信息系统、决策支持系统、办公自动化系统、群体决策支持系统、专家系统、智能决策支持系统、总裁信息系统、战略信息系统和计算机集成制造系统。

管理是指一定组织中的管理者，通过实施计划、组织、人员配备、指导与领导、控制等职能来协调他人的活动，使别人同自己一起实现既定目标的活动过程。

组织是指为了实现既定的目标，按一定规则和程序而设置的多层次岗位及其有相应人员隶属关系的权责角色结构，是一个由人和其他各种资源所组成，为达到某一个目标的集合体，同时组织又是权力、特权、义务和责任的集合。信息系统与组织之间的关系是互动的。一方面，信息技术的应用带来了组织结构和行为上的变化，另一方面，组织及其管理模式也影响着信息技术和信息系统。

企业组织结构的形式一般分为三种：直线职能制（U 型结构）、事业部制（M 型结构）及矩阵制（H 型组织结构）。组织功能决定信息系统功能，业务流程影响信息系统数据流程。

管理过程包括计划、组织、决策和控制人员与活动。不同的管理层为完成这些任务所担负的职责不一样，对信息的需求也不完全相同。低层管理者需要日常业务的反馈信息——作业级信息。中层管理者需要能使他们有效地分配资源来达到组织目标的信息——战术级信息。高层管理者使用内部和外部（主要是外部）的信息——战略级信息来寻找新的商机并建立组织的目标。作业级、战术级、战略级的信息需要专门的信息系统支持。

管理信息系统是一个以人为主导，利用计算机硬件、软件、网络通信设备以及其他办公设备，进行信息的收集、传输、加工、储存、更新和维护，以企业战略竞争优势，提高效益和效率为目的，支持企业高层决策、中层控制、基层运作的集成化的人机系统。

管理信息系统的三要素为系统的观点、数学的方法、计算机的应用。

管理信息系统最大的特点是面向管理决策、综合性、管理信息系统是一个人机系统、一体化或集成系统、用数学模型分析数据、现代管理方法和手段相结合的系统。

管理的基本职能包括计划、组织、领导和控制。因此，管理信息系统主要有信息处理、预测、计划、控制、辅助决策等功能。

管理信息系统的生命期划分为总体规划、系统分析、系统设计、系统实施和运行维护等五个阶段。

习 题

一、选择题

1．对于校园物管中心值班人员来讲，以下哪项不是信息____。

A．课表 B．天气预报 C．来访者姓名 D．值班制度

2．造成信息分享复杂性的根源在于____。

A．信息的等级性 B．信息的增殖性 C．可压缩性 D．信息的非零和

3．信息使用深度最高阶段是____。

A．提高工作效率阶段 B．提高经济效率阶段

C．寻找机会阶段 D．及时转化价值阶段

4．关于信息、数据和载体的关系，叙述正确的是____。

A．信息与载体性质有关 B．数据是信息的含义

C．信息是数据的表现形式 D．数据的具体形式取决于载体的性质

5．数据____。

A．就是信息 B．经过解释成为信息

C．必须经过加工才成为信息 D．不经过加工也可以称做信息

6．信息____。

A．不是商品 B．就是数据 C．是一种资源 D．是消息

7．计算机输入的是____。

A．数据，输出的还是数据 B．信息，输出的还是信息

C．数据，输出的是信息 D．信息，输出的是数据

8．系统内部的元素一般是____。

A 不可控的 B 随机的 C 可控的 D 半结构化的

9．下列系统中最抽象的是____。

A 逻辑系统 B 概念系统 C 物理系统 D 封闭系统

10．系统区别于环境和另一系统的界限为____。

A．系统结构 B．系统的输入 C．系统的功能 D．系统的边界

11．判断一个系统性能的根据是____。

A．目标明确，结构清楚，接口合理，能控能观
B．目标明确，结构合理，接口清楚，能观能控
C．目标一致，结构耦合，接口内聚，能控能观
D．目标一致，结构内聚，接口耦合，能观能控

12．不属于联机实时处理方式的情况是____。
A．需要反应迅速的数据处理　　B．负荷易产生波动的数据处理
C．数据收集费用较高的数据处理　　D．固定周期的数据处理

13．____是保证管理目标实现的重要手段，是管理的重要问题。
A．组织　　B．信息　　C．人　　D．计算机

14．一般说来，战略管理层的决策活动属于____。
A．结构化　　B．非结构化　　C．半结构化

15．下列说法正确的是____。
A．信息可以被众多用户所共享　　B．信息与知识在内涵上是一致的
C．知识是各种信息的简单叠加　　D．信息与数据是不能转换的

16．按照信息的用途可将企业信息分为以下三类____。
A．市场信息、劳资信息、财务信息
B．经营决策信息、管理决策信息、业务信息
C．数字信息、文字信息、图像信息
D．状态信息、目标信息、决策信息

17．具有管理层次少，管理幅度大特点的管理组织结构是____。具有“管理层次较多，管理幅度较小”特点的结构是____。
A．高型结构　　B．扁型结构　　C．直线结构　　D．分支结构

18．对管理组织进行等级的划分从而形成____。
A．管理部门　　B．管理幅度　　C．管理层次　　D．管理人员

19．将标准的业务操作程序做进一步的精简和改造，消除明显瓶颈，使自动化的效率更高的组织变化方式是____。
A．流程合理化　　B．自动化　　C．异化　　D．业务再造

二、填空题

1．信息的中心价值是____________。
2．信息是关于客观事实的____________的知识。
3．信息按重要性可以分为战略信息、__________和__________。
4．信息范围极广，气温变化属于______信息，遗传密码属于______信息。
5．信息按照加工顺序可分为一次信息、二次信息和__________信息等。
6．数据经过处理仍然是数据，只有经过__________才有意义。
7．战略信息是关系到_______和_______问题决策的信息。
8．信息的时效是指从信息源发送信息，经过接收、加工传递和利用所经历的_______及其_______。
9．作业级决策大多具有_______性和_______性。

10．信息被列为与_____和________相并列的人类社会发展的三大资源之一。

11．作业级的信息大部来自内部，信息的精度_______，使用频率_______，使用寿命短。

12．管理的五大职能是指____、____、____、____、____。

13．构成一个管理系统的两个基本部分是_____、______，而建立它们之间联系的纽带是____。

14．通常把管理分成三个层次，即_________、_________、_________。

15．管理组织按层次和幅度的关系，可分为_________、_________。

16．信息的处理过程主要包括____、____、____、____、____、使用等几个阶段。

17．系统可以是______、______，可以是_____或______。

18．系统是由若干互相联系的事物结合的具有________、________的统一体。

19．系统内各元素的关系有些是________的，有些是________的。

20．系统从外界接受的物质、能量和信息称作系统的________。

21．相对于系统内部而言的系统外部环境，简称系统的________。

三、简答题

1．简述系统的特性及分类。

2．简要说明什么是信息系统，其典型的数据处理有哪些。

3．管理信息系统的基本功能。

4．请说明管理层次与幅度的含义。

5．什么是组织？简述组织的特征。

6．请简要说明管理信息系统的主要功能。

7．请说明管理信息系统的金字塔式结构的含义。

第2章 管理信息系统规划与开发

计算机应用到一个组织的管理中，一般要经历从初级到不断成熟的成长过程。美国管理信息系统专家诺兰（NOLAN）通过对二百多家公司、部门发展信息系统的实践和经验的总结，提出了著名的信息系统进化的阶段模型，即诺兰模型，如图2.1所示。诺兰强调，任何组织在实现以计算机为基础的信息系统时都必须从一个阶段发展到下一个阶段，不能实现跳跃式发展。诺兰模型的六个阶段分别是：初始阶段、普及阶段、控制阶段、集成阶段、数据管理阶段和成熟阶段。

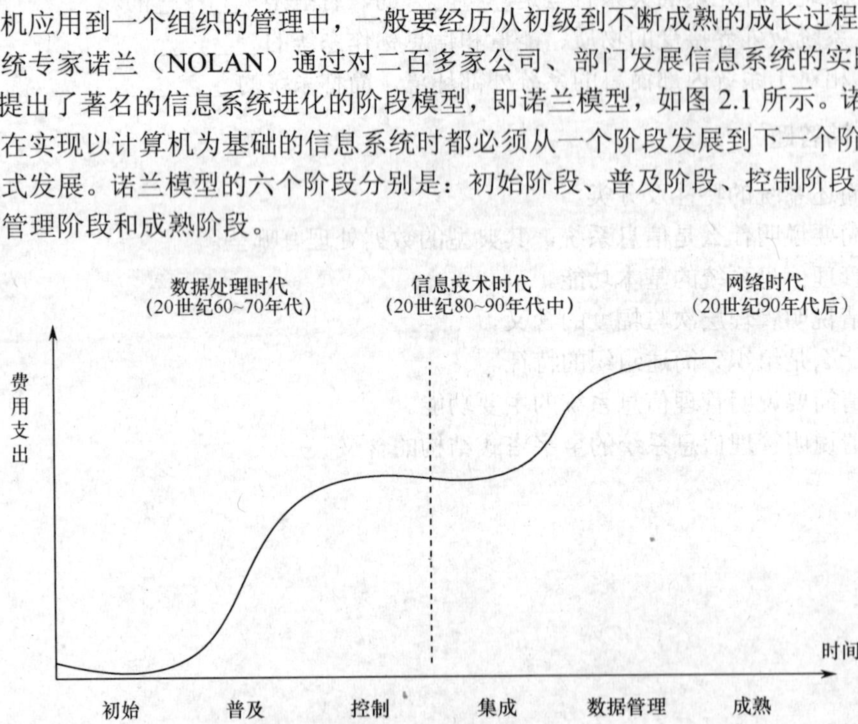

图2.1　诺兰阶段模型

初始阶段：组织引入了像管理应收账款和工资这样的数据处理系统，各个职能部门（如财务）的专家致力于发展他们自己的系统。在这一阶段，人们对数据处理费用缺乏控制，信息系统的建立往往不讲究经济效益，用户对信息系统也是抱着敬而远之的态度。

普及阶段：信息技术应用开始扩散，数据处理专家开始在组织内部鼓吹自动化的作用。这时，组织管理者开始关注信息系统方面投资的经济效益，但是实质的控制还不存在。

控制阶段：出于控制数据处理费用的需要，管理者开始召集来自不同部门的用户组成委员会，以共同规划信息系统的发展。管理信息系统成为一个正式部门，以控制其内部活动，启动了项目管理计划和系统发展方法。目前的应用开始走向正规，并为将来的信息系统发展打下基础。

集成阶段：这时，组织从管理计算机转向管理信息资源，这是一个质的飞跃。从第一阶段到第三阶段，通常产生了很多独立的实体。在第四阶段，组织开始使用数据库和远程通信技术，努力整合现有的信息系统。

数据管理阶段：信息系统开始从支持单项应用发展到在逻辑数据库支持下的综合应用。组织开始全面考察和评估信息系统建设的各种成本和效益，全面分析和解决信息系统投资中各个领域的平衡与协调问题。

成熟阶段：中上层和高层管理者开始认识到，管理信息系统是组织不可缺少的基础，正式的信息资源计划和控制系统投入使用，以确保管理信息系统支持业务计划。信息资源管理的效用被充分体现出来。

诺兰阶段模型总结了发达国家信息系统发展的经验和规律。一般认为模型中的各阶段都是不能跨越的。因此，无论在确定开发管理信息系统的策略或者在制定管理信息系统规划的时候，都应首先明确本单位当前处于哪一生长阶段，进而根据该阶段特征来指导管理信息系统的建设。

2.1　管理信息系统战略规划

信息系统的战略规划是组织战略规划的一个主要部分。信息系统被紧密地同一个组织集成在一起，以至于几乎所有规划的变动都需要新的信息系统或对已有的信息系统进行改进。信息系统战略规划（Information System Strategic Planning，ISSP）是将组织目标、支持这些目标所必需的信息，以及提供这些信息的计算机系统的实施相互联系起来的信息系统战略，是面向组织中信息系统作用愿景的一个系统开发计划。正确应用信息系统战略规划方法，可以充分利用信息系统来规划组织内部管理，提高组织工作效率和顾客满意度，为组织获取竞争优势从而实现组织的宗旨和目标。

管理信息系统的战略规划是关于管理信息系统的长远发展的计划，是企业战略规划的一个重要部分，是企业的一个组成部分，是企业系统的一个重要子系统。管理信息系统的根本目的是支持企业战略的实现，因此管理信息系统的规划应该与企业的战略规划相一致。企业战略规划中应该包含管理信息系统建设的主题，指出总体的方向，管理信息系统规划是该主题的进一步展开。

系统规划是管理信息系统生命周期的第一阶段，它是关于管理信息系统的长远发展的计划，关系到管理信息系统的发展方向、系统的规模和开发计划。开发管理信息系统是一个投资巨大、历时长、涉及面广的工程，如果没有进行规划或规划不合理，不仅造成开发的直接损失，而且由此引起的企业运行不好的间接损失更是难以估计。一个科学合理的系统规划是系统开发成功的前提，因此，我们要把信息系统的规划放到重要的战略位置上，管理信息系统战略规划是管理信息系统建设成功的关键。

一个有效的战略规划可以使信息系统和用户有较好的关系，可以做到信息资源的合理分配和使用，从而可以节省信息系统的投资。一个有效的规划还可以促进信息系统应用的深化。如 MRP-Ⅱ的应用，可以为企业创造更多的利润。一个好的规划还可以作为一个标准，可以考核信息系统人员的工作，明确他们的方向，调动他们的积极性。进行一个规划的过程本身就迫使企业领导回顾过去的工作，发现可以改进的地方。

2.1.1 管理信息系统战略规划的原则和特点

1．管理信息系统的规划应遵循以下原则

系统必须支持企业的总目标。企业的战略目标是系统规划的出发点。系统规划应采取自上而下的方法，从企业目标出发，分析企业管理的信息需求，逐步导出和确定管理信息系统的战略目标和总体结构。

系统必须着眼于高层管理，兼顾各管理层次的需求。在进行规划时，应针对管理三个不同层次的活动，查明信息需求，特别是高层管理的信息需求。

系统应摆脱对组织机构的依从性，着眼于企业活动过程，而不是组织机构。一个企业的组织机构可能会发生变动，但活动过程几乎不发生变化。摆脱了系统对组织机构的依从性，才能提高管理信息系统的应变能力。

系统结构必须呈现良好的整体性。管理信息系统规划和实现的过程，是一个自上而下规划、自下而上实现的过程（如图 2.2 所示）。采取自上而下的规划方法以保证系统结构的完整性和信息的一致性是实现系统整体目标的基本条件。

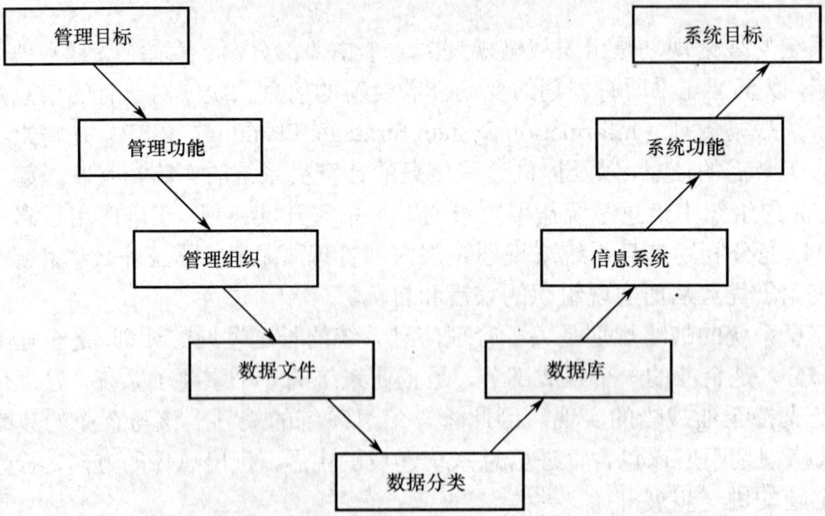

图 2.2 信息系统的规划与实现

系统应便于实施。系统规划应考虑后续的系统实施。在系统结构规划设计的同时，必须考虑实施的先后顺序和步骤。方案选择应讲求实效，宜选择经济、简单、易于实施的方案。技术上强调实用，不片面求洋、求新。

2．管理信息系统战略规划具有以下主要特点

（1）管理信息系统战略规划是面向全局、面向长远的规划，由于企业内外环境因素和技术方面的因素存在许多不可预测性，因而结构化程度较低。

（2）管理信息系统战略规划应立足高层管理，兼顾各管理层的要求。

（3）管理信息系统战略规划应支持企业战略和目标。管理信息系统是企业系统的一个子系统，其目标应与企业整体目标相一致，制定管理信息系统战略规划从企业目标出发，分析企业管理信息需求，逐步导出管理信息系统的战略目标和总体结构。

（4）管理信息系统战略规划不宜过细。制定管理信息系统战略的目的是为整个系统确定发展战略、总体结构、开发方案和计划，而不是解决系统开发中的具体问题。它的作用是为系统开发提供一个蓝图和指导，而不是代替系统开发工作。

（5）管理信息系统战略规划应摆脱系统对组织机构的依赖性。规划应从整个企业的管理活动入手，定义企业管理过程，分析管理信息系统应具有的功能，这样即使企业的组织机构发生变化，系统仍具有较强的适应性。另一方面更有利于企业业务流程重组，提高管理水平。

（6）管理信息系统战略规划的动态性。管理信息系统战略规划是企业规划的一部分，并随环境发展而变化。也就是说，管理信息系统战略规划并非是一成不变的，而是要不断修改、补充的。

管理信息系统战略规划阶段是一个管理决策过程，又是管理与技术相结合的过程。规划人员对管理和技术发展的知识掌握，创新开拓的精神，务实的态度等，是管理信息系统战略规划成功的关键因素。

2.1.2　管理信息系统战略规划的主要内容和基本步骤

1．管理信息系统战略规划的主要内容

管理信息系统战略规划的内容包含甚广，由企业的总目标到各职能部门的目标，以及政策和计划，直到企业信息部门的活动与发展等。一个管理信息系统的规划应包括组织的战略目标、政策和约束、计划和指标的分析；管理信息系统的目标、约束以及计划指标的分析；应用系统或系统的功能结构，信息系统的组织、人员、管理和运行；信息系统的效益分析和实施计划等。管理信息系统规划从现实、需要和可能出发，分析开发信息系统的必要性，明确目标和策略，从战略上、总体上、方向上、原则上制定中长期的信息系统开发蓝图和开发安排，规划周期一般为3～5年或更长时间。管理信息系统规划的内容主要有以下五个方面（如图2.3所示）。

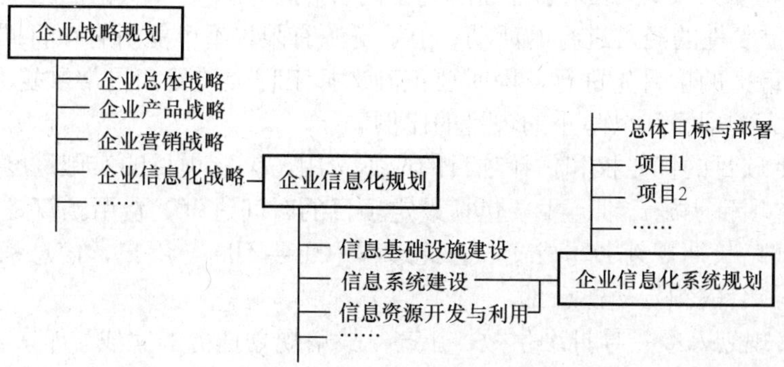

图2.3　企业信息系统规划的地位与主要构成

（1）管理信息系统战略规划是企业战略规划的一个重要部分。因此管理信息系统的总目标必须服从于企业的总目标。应根据企业的战略目标及其环境现状，分析企业面临的问题和机遇、条件与约束，确定管理信息系统的总目标，确定管理信息系统应实现的功能。

（2）结合企业现行的状况，找出企业业务流程存在的问题与不足，进行企业业务流程再造（重组），提出企业组织和管理变革的总体方案和管理信息系统的总体目标和策略。

（3）管理信息系统总体结构提供系统开发的总体框架。从系统的观点出发，设计信息系统总体结构，确定系统的各组成部分（子系统），各个部分之间的关系以及系统类型等。

（4）对与管理信息系统有关的信息技术的发展进行预测，以便在规划时尽可能吸取最新技术，确定信息系统项目、制定信息系统建设项目的计划。

（5）分析效益、配置资源。管理信息系统规划的成果形式是规划报告书。管理信息系统规划报告书的确认应该还有两个环节，一是聘请外部专家做评审认证，听取他们的意见；二是企业高层做出决策，获得批准。

2．管理信息系统战略规划的基本步骤

（1）规划基本问题的确定。应包括规划的年限、规划的方法；确定是集中式的还是分散式的规划，以及是进取的还是保守的规划。

（2）收集初始信息。旨在从总体上了解企业的外部环境、企业概况、企业目标和发展战略、信息需求，现行信息系统状况、存在的问题和薄弱环节，国内外计算机应用的发展和水平，等等。包括从各级干部、相似企业、本企业内部各种信息系统委员会、各种文件以及书籍和杂志中收集信息。

（3）现存状态的评价和识别计划约束。包括目标、系统开发方法对规划活动、现存硬件和它的质量、信息部门人员、运行和控制、资金、安全措施、人员经验、手续和标准、中期和长期优先序、外部和内部关系、现存的设备、现存软件及其质量，以及企业的思想和道德状况。定义约束条件。

（4）设置目标。根据相关信息的分析和企业资源限制，从企业战略目标出发，确定管理信息系统的战略目标。明确管理信息系统应具备的功能、服务范围和质量等。

（5）准备规划矩阵。提出系统开发方案、确定系统开发方法和开发策略，设定项目开发优先级等。明确管理信息系统总体方案。在管理信息系统战略目标的基础上，给出管理信息系统的总体框架，包括子系统的划分等，确定各项内容以及它们实现的优先序。

（6）、（7）、（8）、（9）是识别上面所列出的各种活动，是一次性的工程项目性质的活动，还是一种重复性的经常进行的活动。由于资源有限，不可能所有项目同时进行，只有选择一些好处最大的项目先进行，同时要正确选择工程类项目和日常重复类项目的比例，正确选择风险大的项目和风险小的项目的比例。

（10）给定项目的优先权和估计项目的成本费用，编制项目的实施进度计划。

（11）制定项目实施计划。主要包括设定项目的时间进度、费用预算及完成期限等。

（12）把战略长期规划书写成文，在此过程中还要不断与用户、信息系统工作人员以及信息系统委员会的领导交换意见。

（13）战略规划书经领导批准生效，并宣告战略规划任务的完成，如果总经理没批准，只好再重新进行规划。

战略规划的基本步骤如图 2.4 所示。

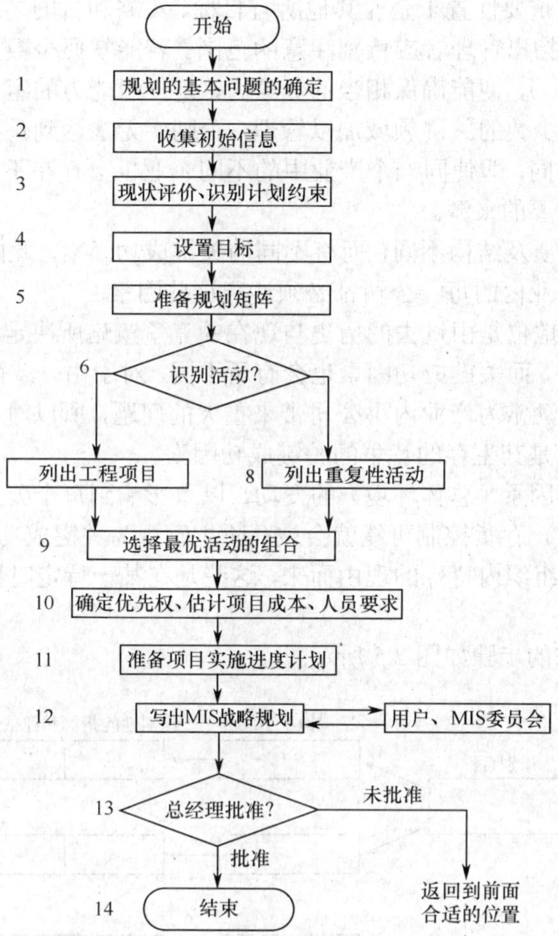

图 2.4 战略规划的基本步骤

2.1.3 管理信息系统规划的常用方法

制定管理信息系统战略规划的方法有多种，主要有关键成功因素法（Critical Success Factors，CSF）、战略目标集转化法（Strategy Set Transformation，SST）和企业系统规划法（Business System Planning，BSP）等三种。还有几种用于特殊情况，或作为整体规划的一部分使用，如企业信息分析与集成技术（BIAIT）、产出 / 方法分析（E/MA）、投资回收法（ROI）、征费法（Charge out）、零线预算法、阶石法等。

1. 关键成功因素法（Critical Success Factors，CSF）

关键成功因素法是信息系统开发规划方法之一，1970 年由哈佛大学教授 William Zani 提出。关键成功因素法是以关键因素为依据来确定系统信息需求的一种管理信息系统总体规划的方法。在现行系统中，总存在着多个变量影响系统目标的实现，其中若干个因素是关键的和主要的（即成功变量）。通过对关键成功因素的识别，找出实现目标所需的关键信息集合，从而确定系统开发的优先次序。

关键成功因素的重要性置于企业其他所有目标、策略和目的之上，寻求管理决策阶层所需的信息层级，并指出管理者应特别注意的范围。若能掌握少数几项重要因素（一般关键成功因素有 5～9 个），便能确保相当的竞争力，是一组能力的组合。如果企业想要持续成长，就必须对这些少数的关键领域加以管理，否则将无法达到预期的目标。不同企业的关键成功因素不尽相同，即使同一个产业中的不同企业也会存在不同的关键成功因素。关键成功因素有 4 个主要的来源。

（1）产业本身特质及结构不同，而有不同的关键成功因素，此因素是决定于产业本身的经营特性的，该产业内的每一公司都必须注意这些因素。

（2）企业的产业地位是由过去的历史与现在的竞争策略所决定的，在产业中每一公司因其竞争地位的不同，而关键成功因素也会有所不同，对于由一或两家大公司主导的产业而言，领导厂商的行动常为产业内小公司带来重大的问题，所以对小公司而言，大公司竞争者的策略，可能就是其生存的竞争的关键成功因素。

（3）企业因外在因素（总体环境）的变动，以致影响到每个公司的关键成功因素。如在市场需求波动大时，存货控制可能就会被高阶主管视为关键成功因素之一。

（4）大部分是由组织内特殊的理由而来，这些是在某一特定时期对组织的成功产生重大影响的活动领域。

关键成功因素法的步骤如图 2.5 所示。

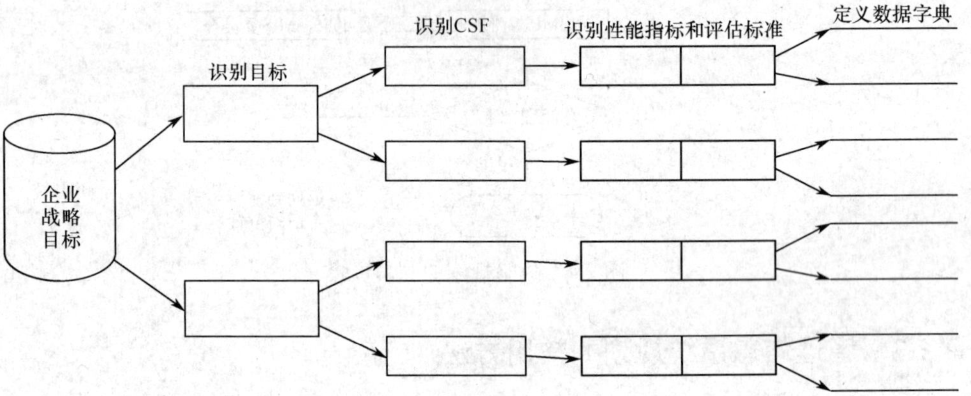

图 2.5　关键成功因素法

关键成功因素法的实施步骤：

（1）确定企业或管理信息系统的战略目标。

（2）识别所有的成功因素，主要是分析影响战略目标的各种因素和影响这些因素的子因素。

（3）确定关键成功因素。不同行业的关键成功因素各不相同，即使是同一个行业的组织，由于各自所处的外部环境的差异和内部条件的不同，其关键成功因素也不尽相同。

（4）明确各关键成功因素的性能指标和评估标准。

关键成功因素法的优点是能够使所开发的系统具有很强的针对性，能够较快地取得收益，可以使管理者决定自己的关键成功因素，并且为这些因素建立良好的衡量标准，确定需求信息及其类型，据此开发数据库，进而开发一个对管理者有意义的信息系统。这样就可以限制那些非必要数据的高成本积累，一些虽经常生成但无有效价值的报表数据可以被精简掉。CSF 法通过灵活的查询及报表系统支持管理者确定信息需求。

应用关键成功因素法需要注意的是，当关键成功因素解决后，又会出现新的关键成功因素，就必须再重新开发系统。另外，关键成功因素法的主要局限是它只注重特定的管理者的信息需求，而不是整个组织的信息需求。

2．战略目标集转化法（Strategy Set Transformation，SST）

战略目标集转化法是将整个战略目标看成由使命、目标、战略和其他战略变量组成的一个“信息集合”，这种方法是由 William King 于 1978 年提出来的。管理信息系统的战略规划过程就是把企业组织的战略目标转化为管理信息系统的战略目标。战略目标集转化法是制定信息系统战略规划的常用方法之一，如图 2.6 所示。

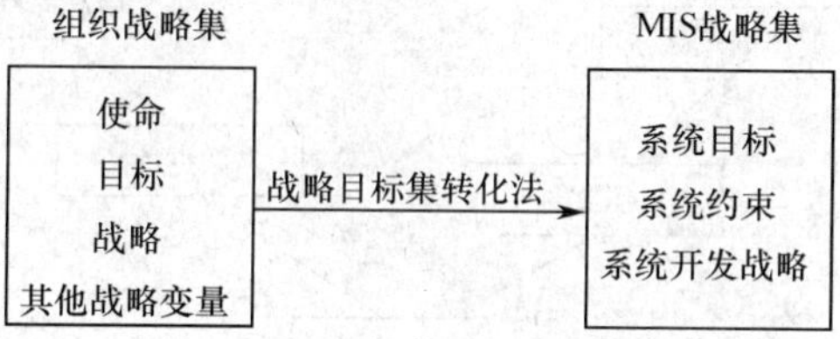

图 2.6　战略目标集转化法

战略目标集转化法的实施步骤：

第一步是识别组织的战略集，先考查一下该组织是否有成文的战略式长期计划，如果没有，就要去构造这种战略集合。可以采用以下步骤。

（1）描绘出组织各类人员结构，如卖主、经理、雇员、供应商、顾客、贷款人、政府代理人、地区社团及竞争者等。

（2）识别每类人员的目标。

（3）对于每类人员识别其使命及战略。

第二步是将组织战略集转化成管理信息系统战略。管理信息系统战略应包括系统目标、约束以及设计原则等。这个转化的过程包括对应组织战略集的每个元素识别对应的管理信息系统战略约束，然后提出整个管理信息系统的结构。最后，选出一个方案送总经理。

3．企业系统规划法（Business System Planning，BSP）

企业系统规划法是 IBM 在 20 世纪 70 年代提出的，旨在帮助企业制定信息系统的规划，以满足企业近期和长期的信息需求。它较早运用面向过程的管理思想，是现阶段影响最广的方法。企业系统规划法要求所建立的信息系统支持企业目标，表达所有管理层次的要求，向企业提供一致性信息，对组织机构的变革具有适应性。

企业系统规划法是从企业目标入手，逐步将企业目标转化为管理信息系统的目标和结构，从而更好地支持企业目标的实现。

企业系统规划法是一种能够帮助规划人员根据企业目标制定出管理信息系统战略规划的结构化方法，通过这种方法可以确定出未来信息系统的总体结构，明确系统的子系统组成和开发子系统的先后顺序，并对数据进行统一规划、管理和控制，明确各子系统之间的数据交换关系，保证信息的一致性。

企业系统规划法的优点在于利用它能保证信息系统独立于企业的组织机构，使信息系统具有对环境变更的适应性。即使将来企业的组织机构或管理体制发生变化，信息系统的结构体系也不会受到太大的冲击。

它与 CSF 法相似，首先自上而下识别系统目标，识别业务过程，识别数据，然后自下而上设计系统，以支持系统目标的实现，如图 2.7 所示。

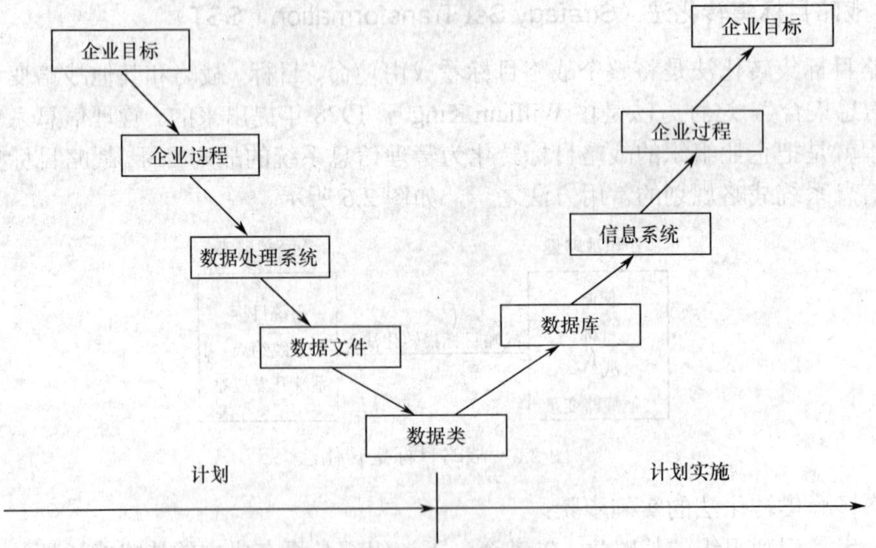

图 2.7　BSP 方法

BSP 法从企业目标入手，逐步将企业目标转化为管理信息系统的目标和结构。它摆脱了管理信息系统对原组织结构的依从性，从企业最基本的活动过程出发，进行数据分析，分析决策所需数据，然后自下而上设计系统，以支持系统目标的实现。BSP 的主要步骤如图 2.8 所示。

① 项目立项：所研究项目得到企业最高领导的支持，并且立项。

② 准备工作：人员组织、经费准备、研究计划的制定等工作。

③ 定义企业过程：该步骤是 BSP 法的核心，企业过程为逻辑上相关的一组决策和活动的集合，这些决策和活动是企业运营所需要的。定义企业过程一方面依靠企业现有的相关资料，另一方面依赖于分析者与企业管理人员的交流和讨论。整个企业的管理活动由许多企业过程所组成。识别企业过程可对企业如何完成其目标有个深刻的了解，为构成企业管理信息系统奠定基础。按照企业过程所建立的管理信息系统，在企业组织结构发生变化时，管理信息系统的结构不必改变，或者说，企业管理信息系统相对独立于组织结构。

④ 定义数据类：数据类是指支持业务过程所必须的逻辑上的相关数据。对数据进行分类是按业务过程进行的，即分别从各项业务过程的角度将与该业务过程有关的输入数据和输出数据按照逻辑相关性整理出来归纳数据类。

⑤ 分析现行系统支持：对目前存在的企业过程、数据处理和数据文件进行分析，发现缺陷与冗余部分，对未来的开发提出建议。

⑥ 确定管理者要求：通过与管理人员交流来确定系统服务目标、范围和管理者对信息的要求等。

⑦ 定义信息系统结构：通过对企业过程和与之相关的数据类的分析与研究，采用适

当的方法确定企业管理信息系统的总体结构。在实际开发中，通常采用 U/C 矩阵来分析企业过程的数据类的关系并划分子系统。

⑧ 定义结构优先序：对管理信息系统中各子系统的重要性进行评价，确定开发的优先顺序。

⑨ 评价信息资源管理：为了完善管理信息系统，使其能进行有效的、高效的开发，应该对与管理信息系统相关的信息资源的管理进行评价与优化，并使其适应企业战略的变化。

⑩ 制定开发建议书和开发计划：开发建议书可以帮助管理部门对所建议的项目做出决策。编写开发建议书时，要充分考虑项目开发的优先顺序和信息管理部门的要求和建议，以确定开发计划、开发进度、工作规模及开发所需的资源等。

⑪ 提交成果报告：BSP 分析所得到的结果应该以报告的形式提交给企业的最高管理部门，报告应该完整和规范。

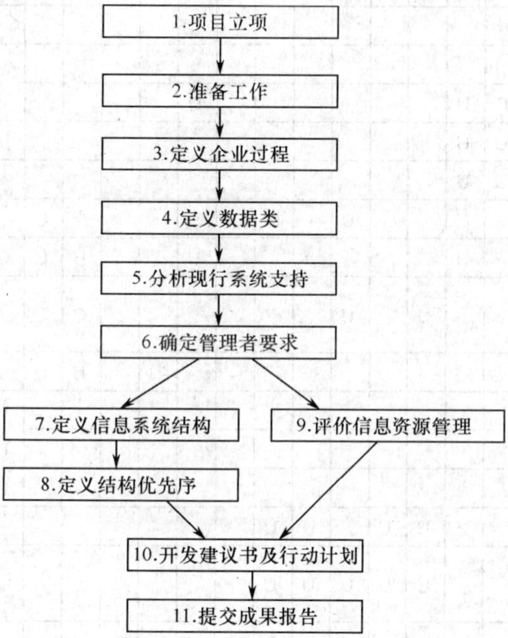

图 2.8　BSP 主要步骤

BSP 方法是根据信息的产生和使用来划分子系统的，它尽量把信息产生的企业过程和使用的企业过程划分在一个子系统中，从而减少了子系统之间的信息交换。划分子系统的步骤如下：

（1）做 U/C 矩阵。利用定义好的功能和数据类做一张功能/数据类表格，即 U/C 矩阵，如表 2.1 所示。在矩阵中，按关键资源的生命周期顺序放置过程，即计划过程、度量和控制流程、直接涉及产品的流程、最后是管理支持资源的流程。之后，根据流程产生数据的顺序将数据类排在另一轴上，开始是由计划过程产生的数据，接着把所有其他数据类列入矩阵中。表中的行表示数据类，列表示功能，并用字母 U（use）和 C（create）表示功能对数据类的使用和产生，交叉点上标 C 的表示这个数据类由相应的功能产生，标 U 的表示这个功能使用这个数据类。利用 U/C 矩阵定义系统的总体结构。

表 2.1　数据类/过程关系矩阵图（U/C 图）

数据类 / 过程	顾客	预算	财务	供应厂家	材料计划	材料库存	产品库存	顾客合同	费用	销售	价格	收支	计划	人员	工资	在制品库存	生产进度	机床负荷	采购合同	工艺	产品	设备	零件	材料定额	工时定额
市场分析	U							U		U	U		U								U				
产品调查	U							U		U	U										U				
销售预测	U	C								U	U		C								U				
财务计划		U	U						U				C												
借贷资金		U	C										U												
基金管理		U	U																				C		
产品设计													U								C	U			
产品工艺																			C	U		U			
制定定额																				U	U		U	C	C
材料计划				U	C	U							U						U		U			U	
采购				C	U	U													C		U			U	
进货				C	U	U													U						
库存控制						C			U								U		U						
作业计划						U							U			U	C	C		U			U		U
在制品控制							U		U							C	U			U			U		
作业安排														U		U	U	U		U					U
设备管理																		U				C			
设备维修																		U				U			
机床安排																		U		U		U			
顾客服务	C						U	U		U	U										U				
产品库存管理							C	U	U	U	U														
顾客合同管理	U						U	C		C	U														
包装								U													U				
运输	U							U																	
总会计		U	U					U			U	C							U						
出纳		U	U						U		U	U			U										
现金收支									U			C			U										
费用计算						U	U		C			U			U	U						U			
预算计划		C	U					U	U			U				U									
成本计算			U						U		C	U													
利润分析			U						U		U	U													
人员管理				U									U	C	C										

（续表）

过程＼数据类	顾客	预算	财务	供应厂家	材料计划	材料库存	产品库存	顾客合同	费用	销售	价格	收支	计划	人员	工资	在制品库存	生产进度	机床负荷	采购合同	工艺	产品	设备	零件	材料定额	工时定额
招工													U	U	C										
人员分配														U											U
考勤														U	C										U
支付工资			U											U	U										

（2）调整功能/数据类矩阵。开始时数据类和过程是随机排列的，U、C 在矩阵中排列也是分散的，必须加以调整。

首先，功能这一列按功能组排列，每一功能组中按资源生命周期的四个阶段排列。功能组指同类型的功能，如“经营计划”、“财务计划”属计划类型，归入“经营计划”功能组。

其次，排列“数据类”这一行，使得矩阵中 C 最靠近主对角线。因为功能的分组并不绝对，在不破坏功能成组的逻辑性基础上，可以适当调配功能分组，使 U 也尽可能靠近主对角线。表 2.1 的功能/数据类矩阵经上述调整后，得到表 2.2 表示的功能/数据类矩阵。

（3）画出功能组对应的方框，并起个名字，这就是子系统，如表 2.2 所示。

表 2.2　U/C 矩阵调整图

过程＼数据类	预算	计划	财务	产品	零件	工艺	材料定额	工时定额	材料计划	供应厂商	采购合同	材料库存	生产进度	机床负荷	在制品库存	设备	顾客	产品库存	顾客合同	销售	收支	费用	价格	人工	工资
市场分析		U		U													U		U	U			U		
产品调查				U													U		U	U			U		
销售预测	C	C		U													U			U			U		
财务计划	U	C	U																			U			
借贷资金	U	U	C																						
基金管理	U		U																						
产品设计		U		C	C																				
产品工艺				U	U	C																			
制定定额				U	U	U	C	C																	
材料计划		U		U			C		C	U	U	U													
采购				U			U		U	C	C	U													
进货									U	U	U	U													
库存控制											U	C	U									U			

（续表）

过程 \ 数据类	预算	计划	财务	产品	零件	工艺	材料定额	工时定额	材料计划	供应厂商	采购合同	材料库存	生产进度	机床负荷	在制品库存	设备	顾客	产品库存	顾客合同	销售	收支	费用	价格	人工	工资
作业计划		U			U	U		U				U	C	C	U										
在制品控制					U	U							U		U			U				U			
作业安排						U	—	U ——	——	——	→		U	U	U									U	
设备管理														U		C									
设备维修														U		U									
机床安排						U								U		U									
顾客服务				U													C	U	U	U			U		
产品库存管理																		C	U	C		U	U		
顾客合同管理																	U	U	C	C			U		
包装				U															U						
运输																			U						
总会计	U		U								U								U		C		U		
出纳	U		U																		U	U	U		U
现金收支																					C	U			U
费用计算												U			U	U		U			U	C			U
预算计划	C	U	U												U				U		U	U			
成本计算			U																		U	U	C		
利润分析			U																		U	U	U		
人员管理		U	U																					C	C
招工		U																						U	U
人员分配								U																U	
考勤								U																U	C
支付工资			U																					U	C

（4）识别子系统。用方框和箭头表示数据的产生和使用后，可以去掉字母 C 和 U，并给每个子系统命名，这就是一个完整的管理信息系统的总体结构图。用箭头把落在框外的 U 与子系统联系起来，表示子系统之间的数据流。

4．三种系统规划方法的比较

关键成功因素法（CSF）能抓住主要问题，使目标的识别突出重点。由于高层领导比较熟悉这种方法，用这种方法所确定的目标和传统的方法衔接得比较好，所以使用这种方法所确定的目标，高层领导乐于努力去实现。这种方法最有利于确定企业的管理目标。

战略目标集转化法（SST）从另一个角度识别管理目标，它反映了各种人的要求，而且给出了按这种要求的分层，然后转化为信息系统目标的结构化方法。它能保证目标比较全面，疏漏较少，但它在突出重点方面不如前者。

企业系统规划法（BSP）虽然也首先强调目标，但它没有明显的目标导引过程。它通过识别企业“过程”引出了系统目标，企业目标到系统目标的转换是通过组织/系统、组织/过程以及系统/过程矩阵的分析得到的，这样可以定义出新的系统以支持企业过程，也就把企业的目标转化为系统的目标。由于数据类也是在业务过程基础上归纳出的，所以我们说识别企业过程是企业系统规划法战略规划的中心，而不能把企业系统规划法的中心内容当成 U/G 矩阵。

以上三种规划方法各有优缺点，可以把这三种方法结合起来使用，把它叫 CSB 方法，即 CSF，SST 和 BSP 相结合，即用 CSF 方法确定企业目标，用 SST 方法补充完善企业目标，然后将这些目标转化为信息系统目标，再用 BSP 方法校核企业目标和信息系统目标，确定信息系统结构。这种方法可以弥补单个方法的不足，较好地完成规划，但该方法过于复杂而削弱单个方法的灵活性。因此，没有一种规划方法是十全十美的，企业进行规划时应当具体问题具体分析，灵活运用各种方法。

2.1.4　管理信息系统规划与企业过程重组（BPR）

企业过程重组是管理信息系统规划的重要内容。通过系统规划改造而实现企业过程重组，同时重组的方案又与系统实施密不可分，它决定了系统的范围和边界，是管理信息系统规划的一个约束条件。

1．企业过程重组（Business Process Reengineering，BPR）的概念

企业过程重组 BPR 的中文的译法还有企业过程再工程、企业流程（以下使用企业流程术语）再造等。它是 20 世纪 80 年代初源于美国的一种企业变革模式，是在全面质量管理（TQM）、敏捷制造（AM）、准时制造（JIT）、零缺陷（Zero Defect）等优秀管理经验的基础上发展出的一种变革经营、提高企业整体竞争力的变革模式。

BPR 是由一些信息咨询公司为客户构建系统时积累起来的。比较完整的概念归纳是由哈佛大学迈克尔·哈默（Michael Hammer）提出的：BPR 以企业流程为对象，从顾客的需求出发，对企业流程进行根本性的再思考和彻底的再设计；以信息技术（IT）和人员组织为使能器（Enabler），以求达到企业关键性能指标（如成本、质量、服务和速度等）和业绩的巨大提高或改善，从而保证企业战略目标的实现。

企业过程是指为完成企业目标或任务而进行的一系列跨越时空的逻辑相关的业务活动。例如，仓库收货的业务流程可能是：保管员验收货物并做记录、通知采购员、签收货物发运单、填写入库单并入库、分发入库单、填写送验单等。在手工管理方式下，企业已经形成了一个比较成型的企业流程和管理方法，信息技术的应用有可能改变原有的信息采集、加工和使用方式，甚至使信息的质量、获取途径和传递手段等都发生根本性的变化。在传统的劳动分工原则下，企业流程被分割为一段段分裂的环节，每一环节关心的焦点仅仅是单个任务和工作，而不是整个系统的全局最优。如果在管理信息系统建设中仅仅用计算机系统去模拟原手工管理系统，并不能从根本上提高企业的竞争能力。如果按现代化信息处理的特点，对现有的企业流程进行重新设计，则可能提高企业的运行效率。企业流程重组的本质就在于

以信息处理的新技术为基础，从事物发生的自然过程中寻找解决问题的途径。

企业过程与企业的运行方式、组织的协调合作、人的组织管理、新技术的应用与融合等紧密相关，因而，企业过程的重组不仅涉及技术，也涉及人文因素，包括观念的重组、过程的重组和组织的重组，以新型企业文化代替老的企业文化，以新的企业过程代替原有的企业流程，以扁平化的企业组织代替金字塔形的企业组织。其中，信息技术的应用是流程重组的核心，信息技术既是流程重组的出发点，也是过程重组的最终目标的体现者。

从开发管理信息系统的角度来讲，企业过程重组的过程就是为了寻找出合理的信息流的过程。一般来讲，企业中存在物流、资金流、信息流等，而管理信息系统则是信息流的集中体现。如果一个企业在管理信息系统的开发过程中不进行流程重组，就势必会将原来的一些低效、冗余的业务处理过程带入到多开发的信息系统中去，从而导致该信息系统的低效性。从这个意义上讲，企业过程重组就是为了寻找合理的信息流。

企业过程实际上是从信息的角度，对企业流程的重新思考和再设计，是一个系统工程，包括在系统规划、系统分析、系统设计、系统实施与评价等整个规划与开发过程中。

在管理信息系统分析中，要充分认识信息作为战略性竞争资源的潜能，创造性地对现有业务过程进行分析，找出现有进程存在的问题及产生问题的原因，分析每一项活动的必要性，并根据企业的战略目标，关键成功因素法等，去发现正确的业务流程，如在信息技术支持下，有些活动可以合并，管理层次可以减少，有些审批检查可以取消等。

目前已有的过程设计方法大多仅仅提出流程设计的原则方法，缺乏比较具体的操作规程，因而，过程设计的好坏在很大程度上取决于设计者对信息技术潜能的把握以及对现有业务过程、运行环境、客户需求等因素的熟悉程度。

流程设计有以下原则和方法可供参考。

- 以过程管理代替职能管理，取消不增值的管理环节。
- 以事前管理代替事后监督，减少不必要的审核、检查和控制活动。
- 取消不必要的信息处理环节，消除冗余信息集。
- 以计算机协同处理为基础的并行过程取代串行和反馈控制管理过程。
- 用信息技术实现过程自动化，尽可能抛弃手工管理过程。

上述原则指出了流程重组的指导性方法，在实际操作中，还应考虑具体的企业环境和条件，灵活运用，以设计出理想的企业过程。

2. 企业管理信息系统规划与 BPR

定位于 BPR 与管理优化的管理信息系统目标是通过管理信息系统来支持对低效和落后的业务过程的变革，通过管理过程的优化来提高企业的管理绩效，增强竞争能力。信息技术的发展与应用，使企业能够打破传统的组织管理模式，创建全新的过程管理模式，促进企业目标的实现。而管理信息系统能充分地发挥效益，依赖于对企业过程进行重新设计。

在实际工作中，BPR 与管理信息系统的建设是相互衔接的，企业可以选择先进行 BPR，再做管理信息系统的规划；也可以在进行管理信息系统规划的过程中融入 BPR 的思想，系统实施前进行 BPR。从系统规划开始，通过对现有业务活动的调查分析，找出现有业务过程存在的问题及产生的原因，从“系统应该是什么样子？”观点出发，并根据企业目标，对现有业务过程进行彻底的再设计，合并和简化业务过程，纠正错位的业务活动，删除冗余的业务活动，减少管理层次，取消不必要的审批检查等控制环节，找出正确和优化的企业业务过程，使 BRP 的思想融汇在系统规划、系统分析、系统设计、系统实施等整个系统规划与开发过程之中。

3．基于 BPR 的管理信息系统开发战略

（1）从整体上把握企业过程再设计。一切从“零”开始，从企业整体考虑过程的再设计。因此，以 BPR 为指导的管理信息系统设计策略强调首先在人们头脑中树立起对整体流程重新设计的概念。

（2）业务过程调查诊断。对企业的管理业务进行全面细致的调查研究，充分了解物流和信息流（包括各种输入、输出和处理），找出存在的问题，写出专门的报告。

（3）确定首要的企业过程重构项目。选择一些关键性的业务流程作为 BPR 的项目，以关键流程带动一般流程的重构。

（4）选择合适的信息技术手段。BPR 强调在业务流程的初始阶段就考虑信息技术的作用，根据信息技术的能力确定新的业务流程。因此管理信息系统不仅是 BPR 的支持系统，而且还影响着新业务流程的构成。

（5）业务流程重组。企业业务流程重组是以业务流程为中心，打破企业的职能部门分工，对现有的业务流程进行改进或重新组织，以求在生产效率、成本、质量、交货期等方面取得明显改进。

（6）组织结构重构。根据业务流程重构方案，打破旧有模式重组企业组织结构。管理信息系统可以使具有以下特点的管理组织有效运转：第一，缩减乃至取消中间管理层，缩短决策层至作业层的“指挥链”，加强作业层与决策层的直接沟通；第二，增宽管理幅度，确保管理者与其下属间信息的有效传递；第三，组织规模减小且成扁平状，提高企业的灵活性、弹性和对市场的反应能力；第四，实行团队工作，确保团队成员间的全方位沟通以及团队间的信息交流；第五，全新的网络结构组织，确保信息上下左右畅通无阻，组织结构具有较高的灵活机动性。

2.2　管理信息系统的开发

管理信息系统的开发是在系统规划的指导下，分析、设计、实现一个信息系统，是开发过程中的指导思想、逻辑、途径以及工具的组合。

2.2.1　管理信息系统的开发原则和条件

1．开发的原则

管理信息系统开发的最终目的是以经济合理的投资在较短的时间和较少消耗的前提下，获得一个强功能、高质量、适用、可靠、易维护的系统。为此有必要借鉴过去成功的经验，在建设系统之初制定出正确的开发管理信息系统的指导思想和原则。

(1) 稳定性原则。基于目前我国企业的经营机制已经逐步过渡到市场经济，企业的组织结构、生产模式、管理机制、运行方式都要随着这种转变调整。作为为其服务的管理信息系统应该具有较大的应变能力，从而确保管理信息系统的建设有一个相对的稳定性。

(2) 先进性和实用性原则。鉴于目前国内管理信息系统开发应用过程中存在着低水平重复性开发和片面追求高档次硬件设备的问题，以及系统建设成功率低和建立起的系统使用价值不高的实际情况，在系统开发过程中必须要把实用性放在第一位，注重信息系统与现行管理的使用关系，使系统目标明确、功能齐全、易于理解、便于掌握、运行可靠、工作效率高。同时又要突出系统技术上的先进性，采用先进的软硬件技术。不是简单地使用计算机模仿传统的手工作业方式，而是充分发挥计算机的各种能力去改善传统的工作，积极引入现代化管理思想和手段，使建立的系统具有先进性，克服管理中的薄弱环节。

(3) 面向用户原则。管理信息系统是为用户开发的，最终是要交给用户的管理人员使用的，只有用户通过运行和使用系统才能对系统做出客观的评价。因此开发者要使系统研制获得成功，必须坚持面向用户，树立一切为了用户的观点。从总体方案的规划设计到开发过程中的每一个环节都必须谨慎站在用户的立场上，一切为了用户，一切服务于用户，虚心征求，认真听取采纳用户意见，及时交流，共同制定具体方案。

(4) 一把手原则。企业的“一把手”在系统开发的过程中要发挥强有力组织领导和决策指挥作用。“一把手”必须参与系统开发的全过程。因为管理信息系统的建立与应用是一个技术性、政策性很强的系统工程，诸如系统开发的目标、环境改造、管理体制改革、机构调整、设备配置、软硬件资源开发、人员培训、项目管理、服务支持等一系列问题都需要企业最高领导决策。那种要钱给钱、要人给人的支持是远远不够的，而应对开发工作高度重视并亲自介入。

(5) 工程化、标准化原则。系统的开发管理必须采用工程化和标准化的方法，即科学划分工作阶段，制定阶段性考核标准，分布组织实施，所有的文档和工作成果要按照标准存档。这样做的好处，一是在系统开发时便于人们沟通，形成文字的东西不容易产生“二义性”；二是系统开发的阶段性成果明显，可以在此基础上继续前进，目的明确；三是有案可查，使未来系统的修改、维护和扩充比较容易。

(6) 整体性原则。系统的整体性，主要体现在功能目标的一致性和系统结构的有机化上。为此，首先坚持统一规划，严格按阶段分步实施的方针，采用先确定逻辑模型，再设计物理模型的开发思路；其次，注重继承与发展的有机结合，寻求系统的整体优化。站在整个企业的角度来通盘考虑，克服本位观念。有些在局部看来最优，在整体看来不优的决策一定不能引入。各部门的职能分工，任务安排也要考虑相互协调的问题，局部服从整体。

2. 开发的条件

(1) 领导重视。管理信息系统开发周期长，耗资大，且涉及管理方法的变革，必须主要领导亲自抓才能成功。没有领导的支持，管理信息系统系统开发将面临巨大的阻碍，系统的开发很难成功。系统开发失败的一个重要原因是：领导不是参加者，而是旁观者。

（2）业务管理部门的支持。开发好管理信息系统，各业务管理部门的支持是十分重要的。各级业务部门应选派最熟悉本部门的业务流程及信息需求的管理人员参与到管理信息系统的开发工作中，这样他们才能对管理信息系统的构成和应有的功能提出自己的看法。为真正开发出一个适应部门管理要求的管理信息系统打下基础。

（3）管理基础工作的规范化。没有一个好的管理基础工作，管理信息系统是不可能成功的。企业管理信息系统的开发是“三分技术，七分管理，十二分数据”，只有在合理的管理体制、完善的规章制度、规范化的报表体系、科学的管理方法和可靠完整的数据资料的基础之上，才能有效地开发计算机管理信息系统。为了适应管理信息系统开发的要求，必须完善管理的基础工作，实现基础管理的规范化，管理业务的程序化，指标和定额的科学化，报表文件的统一化，代码名称的标准化。

（4）建立一支开发应用队伍。在管理信息系统的开发过程中，必须建立一支由既懂计算机又懂管理的计算机技术人员和业务管理人员组成的开发队伍，只有计算机技术人员和业务管理人员的紧密配合，才能开发出一个良好的管理信息系统。

（5）建立专门的组织机构。建立管理信息系统开发的组织机构，也就是成立由企业领导亲自挂帅的系统开发领导小组（信息委员会），它是系统开发的最高决策机构。领导小组的负责人应由企业主要负责人担任，成员应包括有关部门的负责人、有经验的管理专家、系统分析员。

（6）具备一定的资金能力。管理信息系统开发是一项投资大、风险大的系统工程，企业在管理信息系统开发过程中，需要购买机器设备，购买软件，消耗各种材料，发生人工费用、培训费用以及在开发过程中发生的其他各种费用，这些对企业来说是一个不小的负担。为了保证管理信息系统开发的顺利进行，开发前应有一个总体规划，进行可行性论证，对所需资金应有一个正确的预算，制定资金筹措计划，保证资金的按期到位，开发过程中要加强资金管理，防止浪费现象的发生。

2.2.2　管理信息系统的开发方式与策略

1．管理信息系统开发方式

管理信息系统的开发方式有自行开发、委托开发、联合开发、购买现成软件包进行二次开发几种形式。一般来说要根据企业的技术力量、资源及外部环境而定。

目前能够供企业选择的信息系统开发方式如图 2.9 所示。每一种开发方式都有各自的特点和适用性，优点和缺点。企业开发信息系统之前，应该根据自己的实际情况和开发方式的特点做最好的匹配选择。

（1）用户自主开发。企业安排内部或招聘新的信息系统专业人员开发自己的信息系统。其优点是有利于与用户协调，减少需求的不确定性；项目的可控性较好，用户的适应性也比较理想。缺点是系统性及质量较难保证，开发周期比较长；开发环境相对比较封闭，容易用现代信息技术加固传统的管理方法，不利于推动组织变革；需要较多的信息开发人员，实际的开发投入不一定会减少。

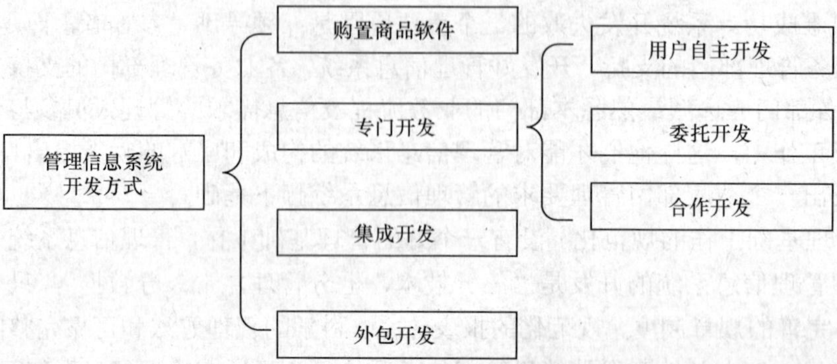

图 2.9 信息系统的开发方式

（2）委托开发。与信息系统专业公司或科研单位通过合约的形式，支付一定的费用，委托他们为自己开发信息系统。目前尽管已有较多的商品软件可以选购，但一些特殊的复杂的和个性化较强的信息系统，现成的商品软件并不一定适合，这时还得委托专业机构做专门的开发。其优点是系统性与质量有一定的保证，能较好地通过信息系统的开发推动组织变革。缺点是不利于培养组织自己的信息系统维护人员；有一定的风险，容易造成信息技术依赖性，因此委托单位的选择要慎重。

（3）购置商品软件。购置现成的信息系统商品软件，必要时对软件包做一定的修改（二次开发），在安装和初始化后即可投运使用。特别要注意的是，购置商品软件方式下，系统分析阶段是不能省略的。其优点是开发周期短；软件嵌入了现代管理方法，又经反复调试和应用，系统可靠性较好；以规范模式实施，加上软件所嵌入管理模式的要求，促使组织变革较有力。缺点为不能满足组织的特殊要求和多变的需求，费用投入较大，最初的实施与维护费可能是商品软件价格的数倍；企业管理模式向商品软件模式靠拢，在有利于组织变革的同时，失败的风险也变大。还有一个问题是商品软件只提供使用权，不提供技术细节，一旦出现问题或需要改进，只能依赖唯一的软件供应商。

（4）外包开发。外包（Outsourcing）是一种为了抓好自己的核心业务而将非核心业务委托外部机构来完成的新模式。外包在资源的充分开发和利用上优势明显，有越来越流行的趋势。目前管理信息系统生命周期的各个阶段都出现了提供外包服务的组织，包括管理信息系统的开发、系统运行与维护等。在管理信息系统领域，外包与委托有相似性也有区别。外包服务商主要通过资源的可重用来获利，承接的外包业务一般已有规范的、标准的模式，而委托的业务可能具有一定的研究性质和相当的难度。另外，外包的范围更广泛，例如系统的运行、数据的备份服务等，而委托业务主要是对管理信息系统的开发。外包开发的优点是比较经济，成本较低，服务质量和开发进度有保证；缺点是存在信息系统的控制权问题，信息系统中的安全性问题，以及对外包服务商有较强的依赖性。

（5）合作开发。自主开发与委托开发相结合，两者的配合与互补是取得成功的关键。一般情况下，以外部力量为主，内部力量为辅，前者重点放在技术问题上，后者重点放在与用户的联系与协调上。合作开发可扬长补短，是目前较普遍采用的开发方式。通过合作开发，企业可在实践中培养一批信息管理人员，这比自己摸索或外送培训都要好得多。合作开发双方的力量配置和分工安排有一个最佳或较佳的范围，这是一个值得研究的课题。

（6）集成开发。专门开发与购置商品软件相结合的集成开发，两者的模块划分和两者的集成是取得成功的关键。成熟的、稳定的管理业务一般宜购置商品软件，结构化程度较低的管理业务宜做专门开发，前端的、底层的子系统宜购置，后端的、上层的子系统宜做专门开发。为将两者集成为一个完整的有机系统，要求两者都选用相同的操作系统、数据库系统和开发工具等软件。专门开发部分与购置部分的接口规范要统一，保证主要数据的唯一性。

上述的信息系统开发方式各有优缺点，因此在实际中，为取长补短，这些方式往往被结合使用。表 2.3 列出了各种信息系统开发方式及其特点的比较。

表 2.3 各种信息系统开发方式的比较

	用户自主开发	委托开发	购置商品软件	合作开发	集成开发
需求明确	好	较好	较好	好	好
项目可控	好	较好	好	较好	较好
用户适应	好	好	一般	好	较好
人才培养	好	差	差	好	较好
系统质量	一般	好	好	较好	较好
开发周期	长	中	短	中	中
推动变革	不利	较有利	有力	较有利	较有利
风险程度	小	较大	大	较大	较大
开发投入	大	中等	大	大	大
外界依赖	很少依赖	比较依赖	唯一依赖	较少依赖	比较依赖

2．管理信息系统开发策略

（1）“自上而下”的策略。“自上而下”的特点是“分而治之”，基本出发点是从企业的高层管理着手，从企业战略目标出发，将企业看成一个整体，探索合理的信息流，确定系统方案，然后自上而下层层分解，确定需要哪些功能去保证目标的完成，从而划分相应的业务子系统。从企业管理的整体进行设计，逐渐从抽象到具体，从概要设计到详细设计，体现结构化的设计思想。系统的功能和子系统的划分不受企业组织机构的限制。“自上而下”的策略强调由全面到局部，由长远到近期，从上到下，从探索研制合理的信息流出发，设计出适合于这种信息流的信息系统。这种策略从整体上协调和规划，要求很强的逻辑性，因而难度较大，但这是一种更为重要的策略，因为整体性是系统的基本特性，虽然一个系统由许多子系统构成，但它们又是一个不可分割的整体。

这种方法的步骤通常是：

- 分析企业目标、环境、资源和限制条件。
- 确定企业的各种活动和组织职能。
- 确定每一职能活动所需的信息及类型，进一步确定企业中的信息流模型。
- 确定子系统及其所需信息，得到各子系统的分工、协调和接口。
- 确定系统的数据结构，以及各子系统所需的信息输入、输出和数据存储。

“自上而下”方法的优点是整体性好，逻辑性较强，条理清楚，层次分明综合考虑系统的优化。主要缺点是对规模较大系统的开发，因工作量大而影响具体细节的考虑，开发难度大，周期较长，系统开销大，风险较大。一旦失败，所造成的损失是巨大的。

“自上而下”方法是一种重要的开发策略，反映了系统整体性的特征，是信息系统的发展走向集成和成熟的要求。

（2）“自下而上”的策略。它是从企业各个基层业务子系统（如财务会计、库存控制、物资供应、生产管理等）的日常业务数据处理出发，先实现一个个具体的业务功能，然后根据需要逐步增加有关管理控制和决策方面的功能，由低级到高级，不断完善，从而构成整个管理信息系统并支持企业战略目标。

“自下而上”方法的优点是它符合人们由浅入深，由简到繁地认识事物的习惯，易于被接受和掌握。它以具体的业务处理为基础，根据需要而扩展，边实施边见效，容易开发，不会造成系统的浪费。主要缺点是在实施具体的子系统时，由于缺乏对系统总体目标和功能的考虑，缺乏系统整体性和功能协调性，难以完整和周密，难以保证各子系统之间联系的合理性和有效性。各个子系统的独立开发，还容易造成它们之间数据的不一致性和数据的大量冗余，造成重复开发和返工。

通常，“自下而上”策略用于小型系统的设计，它适用于对系统开发工作缺乏实际经验的情况，而“自上而下”法则适用于大型系统的设计。

“自上而下”和“自下而上”的方法各有优缺点，在实际工作中究竟采用哪种方法依赖于企业的规模、系统的现状以及企业管理制度的完善程度等。在实践中，两者结合是实际开发过程中常用的方法。通过对系统进行分析得到系统的逻辑模型，进而从逻辑模型求得最优的物理模型。逻辑模型和物理模型的这种螺旋式循环优化的设计模式体现了自上而下、自下而上结合的设计思想。即一方面采用“自上而下”定义整个系统，另一方面，采用“自下而上”逐步开发，“自上而下”的方法用于总体方案的制定，根据企业目标确定管理信息系统目标，围绕系统目标大体划分子系统，确定各子系统间要共享和传递的信息及其类型。“自下而上”的方法则用于系统的设计实现，自下而上地逐步实现各系统的开发应用，从而实现整个系统。这也就是所谓的“自上而下地总体规划，自下而上地应用开发”，这是建设管理信息系统的正确策略。

2.2.3 管理信息系统的开发方法

管理信息系统主要的开发方法包括结构化方法、原型法、企业系统规划方法、战略数据规划方法、信息工程方法和面向对象方法等。

1. 结构化系统生命周期法

（1）结构化系统开发方法的含义。结构化系统开发方法（Structured System Analysis and Design，SSA&D）也称做结构化生命周期法，是迄今为止最传统、应用最广泛的一种系统开发方法。结构化系统开发方法的基本思想是：用系统的思想和工程化的方法，按用户至上的原则，结构化、模块化、自顶向下地对系统进行分析与设计。

具体来说，就是先将整个信息系统开发过程划分出若干个相对比较独立的阶段，如系统规划、系统分析、系统设计、系统实施等。在前三个阶段坚持自顶向下地对系统进行结构化划分。也就是说，在系统调查或理顺管理业务时，应从最顶层的管理业务入手，即从组织管理金字塔结构的塔尖入手，层层深入直至最基层。如经过系统分析，提出新系统方案和系统设计时，应从宏观整体考虑入手，即先考虑系统整体的优化，然后再考虑局部的优化。而在系统实施阶段，则应坚持自底向上的逐步组织实施。也就是说，按照前几个阶段设计的模块组织人力从最基层的模块做起（编程），然后按照系统设计的结构，将模块一个一个拼接到一起进行调试，自底向上，逐渐地构成整体系统。

（2）结构化系统开发方法的优缺点。结构化系统开发方法的优点是：从系统全局出发，强调在整体优化的前提下“自上而下”的分析和设计，保证了系统的整体性和目标的一致性；用户至上，根据用户需求开发，系统具有较强的适用性；严格区分工作阶段，每个阶段都有其明确的任务，每一步工作都及时总结，发现问题及时反馈和纠正，避免开发过程的混乱；每一阶段的工作成果是下一阶段的依据，便于系统开发的管理和控制；文档规范化，在系统开发的每一步骤和每一阶段，都按工程标准建立标准化的文档资料，有利于系统的维护。

该方法的缺点是：由于用户的素质或系统分析员和管理者之间的沟通问题，在系统分析阶段很难把握用户的真正需求，易导致开发出不是用户需要的系统；开发周期长，一方面，用户在较长时间内不能得到一个实际可运行的系统，另一方面，难以适应环境变化，一个规模较大的系统经历较长时间开发出来后，其生存环境可能已经发生了变化；结构化程度较低的系统，在开发初期难以锁定功能要求。

结构化系统开发方法是最成熟、应用最广泛的一种方法，主要适用于规模较大、结构化程度较高的系统的开发。

2. 原型法

原型法（Prototyping）是一种从设计思想、工具、手段都是全新的系统开发方法。它摒弃了那种一步步周密细致地调查分析，然后逐步整理出文字档案，最后才能让用户看到结果的烦琐做法。原型法的基本思想是在投入大量的人力、物力之前，在限定的时间内，用最经济的方法开发出一个可实际运行的系统模型，用户在使用这个模型的基础上，通过评价、改进、再使用的反复过程，使模型逐步完善，直到完全满足用户的需求为止。

原型法的开发过程如下：

（1）确定用户的基本需求。由用户提出对新系统的基本要求，如功能、界面的基本形式、所需要的数据、应用范围、运行环境等，开发者根据这些信息估算开发该系统所需的费用，并建立简明的系统模型。

（2）构造初始原型。系统开发人员在明确了对系统基本要求和功能的基础上，依据计算机模型，以尽可能快的速度和尽可能多的开发工具来建造一个结构仿真模型，即快速原型构架。之所以称为原型构架，是因为这样的模型是系统总体结构，子系统以上部分的高层模型。由于要求快速，这一步骤要尽可能使用一些软件工具和原型制造工具，以辅助进行系统开发。

(3) 运行、评价、修改原型。快速原型框架建造成后，就要交给用户立即投入试运行，各类人员对其进行试用、检查、分析效果。由于构造原型中强调的是快速，省略了许多细节，一定存在许多不合理的部分。所以，在试用中要充分进行开发人员和用户之间的沟通，尤其是要对用户提出的不满意的地方进行认真细致的反复修改、完善，直到用户满意为止。

(4) 形成最终的管理信息系统。如果用户和开发者对原型比较满意，则将其作为正式原型。经过双方继续进行细致的工作，把开发原型过程中的许多细节问题逐个补充、完善、求精，最后形成一个适用的管理信息系统。

采用原型法开发过程如图 2.10 所示。

原型可以分为抛弃型原型（Throw-It-Away Prototype）和进化型原型（Evolutionary Prototype）两种。抛弃型原型在系统真正实现以后就抛弃不用了。而进化型原型的构造从目标系统的一个或多个基本需求出发，通过修改和追加的过程逐渐丰富，演化成为最终的系统。

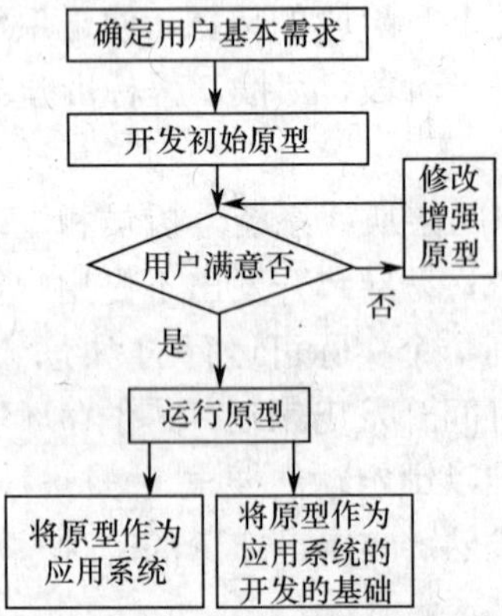

图 2.10 原型法的开发过程

原型法优点：符合人们认识事物的规律，系统开发循序渐进，反复修改，确保较好的用户满意度；开发周期短，费用相对少；由于有用户的直接参与，系统更加贴近实际；易学易用，减少用户的培训时间；应变能力强。

原型法缺点：不适合大规模系统的开发；开发过程管理要求高，整个开发过程要经过“修改—评价—再修改”的多次反复；用户过早看到系统原型，误认为系统就是这个模样，易使用户失去信心；开发人员易将原型取代系统分析；缺乏规范化的文档资料。

原型法适用处理过程明确、简单的系统和涉及面窄的小型系统。不适合大型、复杂的系统，难以模拟的系统；存在大量运算、逻辑性强的系统；管理基础工作不完善、处理过程不规范的系统；有大量批处理的系统。

3．企业系统规划方法

企业系统规划方法（Business System Planning，BSP）是 IBM 公司提出的方法，主要用于大型信息系统的开发。BSP 方法是战略数据规划方法和信息工程方法的基础，也就是说，战略数据规划方法和信息工程方法是在 BSP 的基础上发展起来的，因此，了解并掌握 BSP 方法对于全面掌握信息系统开发方法是很有帮助的。

（1）BSP 方法的原则。

实施 BSP 方法研究的前提是，在企业内部有改善计算机信息系统的要求，并且有为建立这一信息系统而建立总体战略的需要。因而，BSP 的基本概念与组织的信息系统的长期目标有关：

- 一个信息系统必须要支持企业的战略目标。
- 信息系统的战略必须要表达出企业各个层次的需求。对于任何企业而言，都同时存在 3 个层次的需求，分别是战略计划层、管理控制层、操作控制层。战略计划层负责制定组织的目标，并为实现这一目标制定计划、分配资源。
- 一个信息系统应该向整个企业提供一致的信息。
- 一个信息系统应该适应组织机构和管理体制的变化。
- 一个信息系统的战略规划，应该由总体信息系统结构中的子系统开始实现。BSP 对于大型信息系统而言是“自上而下”的系统规划，“自下而上”的分步实施。

（2）BSP 方法的目标。BSP 的主要目标是提供一个信息系统规划，用以支持企业短期和长期的信息需要。其具体目标可以归纳如下：

- 为管理者提供一种形式化的、客观的方法，明确建立信息系统的优先顺序，而不考虑部门的局部利益，并避免主观性。
- 为具有较长生命周期的信息系统建设和投资做准备。由于系统是基于业务活动过程的，所以不因机构的改变而失效。
- 为了以最高效率支持企业目标，BSP 提供数据处理资源的管理。
- 增加负责人的信心，使其坚信带来高收益的信息系统是能实施成功的。
- 提供响应用户需求优先的系统以改善系统管理部门和用户之间的关系。
- 应将数据作为一种企业资源加以确定。为使每个用户更有效地利用这些数据要对数据进行统一的规划、管理和控制。

由于 BSP 方法所得到的规划是随着时间的推移而变化的，它只是某个时间内对企业信息资源的最佳认识，因此，BSP 方法的真正价值在于创造一个环境和提出初步的行动计划，使企业能根据这个计划对将来的系统和实施步骤做出积极的响应，不至于造成重大的设计失误。另外，BSP 方法定义了信息系统的只能和继续规划过程。

BSP 方法的研究步骤如图 2.8 所示。BSP 的经验说明，除非得到了最高领导者或者最高管理部门参与研究的承诺，否则，不要贸然开始 BSP 的研究工作，因为研究必须要反映最高领导者对企业的观点，研究的成果取决于管理部门能够向研究组提供的企业现状，以及他们对企业的理解和对信息的需求。因此一开始就要对研究的范围和目标、应交付的成果取得一致意见，避免事后的分歧，这是至关重要的。

4. 面向对象方法

面向对象方法（Object-Oriented Method，OOM）是一种把面向对象的思想应用于软件开发过程中的，指导开发活动的系统方法，简称 OO（Object-Oriented）方法，它是建立在“对象”概念基础上的方法学。对象是由数据和容许的操作组成的封装体，与客观实体有直接对应关系，一个对象类定义了具有相似性质的一组对象。而类的继承性是对具有层次关系的类的属性和操作进行共享的一种方式。所谓面向对象就是基于对象概念，以对象为中心，以类和继承为构造机制，来认识、理解、刻画客观世界和设计、构建相应的软件系统。

用计算机解决问题需要用程序设计语言对问题求解加以描述（即编程），实质上，软件是问题求解的一种表述形式。显然，假如软件能直接表现人求解问题的思维路径（即求解问题的方法），那么软件不仅容易被人理解，而且易于维护和修改，从而保证软件的可靠性和可维护性，并能提高公共问题域中的软件模块和模块重用的可靠性。面向对象的机能和机制恰好可以按照人们通常的思维方式建立问题域的模型，设计出尽可能自然的表现求解方法的软件。

面向对象的基本概念：

对象，即是要研究的任何事物，从一本书到一家图书馆，单的整数到整数列庞大的数据库、极其复杂的自动化工厂、航天飞机都可看做对象，它不仅能表示有形的实体，也能表示无形的（抽象的）规则、计划或事件。对象由数据（描述事物的属性）和作用于数据的操作（体现事物的行为）构成一独立整体。从程序设计者来看，对象是一个程序模块，从用户来看，对象为他们提供所希望的行为。对象内部的操作通常称为方法。一个对象请求另一对象为其服务的方式是通过发送消息。

类是对象的模板，即类是对一组有相同数据和相同操作的对象的定义，一个类所包含的方法和数据描述一组对象的共同属性和行为。类是在对象之上的抽象，对象则是类的具体化，是类的实例。类可有其子类，也可以包含其他类，形成类层次结构。

对象之间进行通信的结构叫做消息，发送一条消息至少要包括说明接收消息的对象名、发送给该对象的消息名（即对象名、方法名）。

面向对象的基本特性：

封装是一种信息隐蔽技术，它体现于类的说明，是对象的重要特性。封装使数据和加工该数据的方法（函数）封装为一个整体，以实现独立性很强的模块，使得用户只能见到对象的外特性（对象能接受哪些消息，具有哪些处理能力），而对象的内特性（保存内部状态的私有数据和实现加工能力的算法）对用户是隐蔽的。封装的目的在于把对象的设计者和对象的使用者分开，使用者不必知晓行为实现的细节，只需用设计者提供的消息来访问该对象。

继承性是子类自动共享父类之间数据和方法的机制。它由类的派生功能体现。一个类直接继承其他类的全部描述，同时可修改和扩充。继承具有传递性。继承分为单继承（一个子类只有一父类）和多重继承（一个类有多个父类）。类的对象是各自封闭的，如果没有继承性机制，则类对象中的数据、方法就会出现大量重复。继承不仅支持系统的可重用性，而且还促进系统的可扩充性。

对象根据所接收的消息而做出动作。同一消息为不同的对象接受时可产生完全不同的行动，这种现象称为多态性。利用多态性用户可发送一个通用的信息，而将所有的实现细节都留给接收消息的对象自行决定，如是，同一消息即可调用不同的方法。例如，Print消息被发送给一图或表时调用的打印方法与将同样的 Print 消息发送给一文本文件而调用的打印方法会完全不同。多态性的实现受到继承性的支持，利用类继承的层次关系，把具有通用功能的协议存放在类层次中尽可能高的地方，而将实现这一功能的不同方法置于较低层次，这样，在这些低层次上生成的对象就能给通用消息以不同的响应。在面向对象程序设计语言（OOPL）中可通过在派生类中重新定义基类函数（定义为重载函数或虚函数）来实现多态性。

综上可知，在 OO 方法中，对象和传递消息分别是表现事物及事物间相互联系的概念。类和继承是适应人们一般思维方式的描述范式。方法是允许作用于该类对象上的各种操作。这种对象、类、消息和方法的程序设计范式的基本点在于对象的封装性和类的继承性。通过封装能将对象的定义和对象的实现分开，通过继承能体现类与类之间的关系，以及由此带来的动态联编和实体的多态性，从而构成了面向对象的基本特征。

OO 方法的作用和意义决不只局限于编程技术，它是一种新的程序设计范型——面向对象程序设计范型，是信息系统开发的新方法论——面向对象方法学，是正在兴起的新技术——面向对象技术。

OO 方法具有很强的类的概念，因此它就能很自然、直观地模拟人类认识客观世界的方式，亦即模拟人类在认知进程中的由一般到特殊的演绎过程或由特殊到一般的归纳方法，类的概念既反映出对象的本质属性，又提供了实现对象共享机制的理论根据。

面向对象方法的开发步骤如下。

（1）面向对象的分析（Object Oriented Analysis，OOA）。当我们遵照面向对象方法学的思想进行软件系统开发时，首先要进行系统业务调查，并按照面向对象的思想来分析问题。OOA 与结构化分析有较大的区别。OOA 所强调的是在系统调查资料的基础上，针对 OO 方法所需要的素材进行的归类分析和整理，而不是对管理业务现状和方法的分析。OOA 的任务是了解问题域所涉及的对象、对象间的关系和作用（即操作），然后构造问题的对象模型，力争该模型能真实反映出所要解决的“实质问题”。在这一过程中，抽象是最本质、最重要的方法。针对不同的问题性质选择不同的抽象层次，过简或过繁都会影响到对问题的本质属性的了解和解决。

用 OOA 方法对所调查结果进行分析处理时，一般依据以下几项原则：

抽象（abstraction）是指为了某一分析目的而集中精力研究对象的某一性质，它可以忽略其他与此目的无关的部分。在使用这一概念时，我们承认客观世界的复杂性，也知道事物包括有多个细节，但此时并不打算去完整地考虑它。抽象是我们科学地研究和处理复杂问题的重要方法。抽象机制被用在数据分析方面，称之为数据抽象。数据抽象是 OOA 的核心。数据抽象把一组数据对象以及作用其上的操作组成一个程序实体，使得外部只知道它是如何做和如何表示的。在应用数据抽象原理时，系统分析人员必须确定对象的属性以及处理这些属性的方法，并借助于方法获得属性。在 OOA 中属性和方法被认为是不可分割的整体。抽象机制有时也被用在对过程的分解方面，被称为过程抽象。恰当的过程抽象可以对复杂过程的分解和确定以及描述对象发挥积极的作用。

封装（encapsulation）即信息隐蔽。它是指在确定系统的某一部分内容时，应考虑到其他部分的信息及联系都在这一部分的内部进行，外部各部分之间的信息联系应尽可能的少。

继承（inheritance）是指能直接获得已有的性质和特征而不必重复定义它们。OOA 可以一次性地指定对象的公共属性和方法，然后再特化和扩展这些属性及方法为特殊情况，这样可大大地减轻在系统实现过程中的重复劳动。在共有属性的基础之上，继承者也可以定义自己独有的特性。

相关（association）是指把某一时刻或相同环境下发生的事物联系在一起。

消息通信（communication with message）是指在对象之间互相传递信息的通信方式。

组织方法是指在分析和认识世界时，可综合采用如下三种组织方法（method of organization）：

① 特定对象与其属性之间的区别。

② 整体对象与相应组成部分对象之间的区别。

③ 不同对象类的构成及其区别。

比例（scale）是一种运用整体与部分原则，辅助处理复杂问题的方法。

行为范畴（categories of behavior）是针对被分析对象而言的，它们主要包括：基于直接原因的行为、时变性行为、功能查询性行为。

在用 OOA 具体分析一个事物时，大致上遵循如下五个基本步骤：

第一步，确定对象和类。这里所说的对象是对数据及其处理方式的抽象，它反映了系统保存和处理现实世界中某些事物的信息的能力。类是多个对象的共同属性和方法集合的描述，它包括如何在一个类中建立一个新对象的描述。

第二步，确定结构（structure）。结构是指问题域的复杂性和连接关系。类成员结构反映了泛化-特化关系，整体-部分结构反映整体和局部之间的关系。

第三步，确定主题（subject）。主题是指事物的总体概貌和总体分析模型。

第四步，确定属性（attribute）。属性就是数据元素，可用来描述对象或分类结构的实例，可在图中给出，并在对象的存储中指定。

第五步，确定方法（method）。方法是在收到消息后必须进行的一些处理方法：方法要在图中定义，并在对象的存储中指定。对于每个对象和结构来说，那些用来增加、修改、删除和选择一个方法本身都是隐含的（虽然它们是要在对象的存储中定义的，但并不在图上给出），而有些则是显示的。

（2）面向对象的设计（Object Oriented Design，OOD）。进行面向对象的设计，即设计软件的对象模型。根据所应用的面向对象软件开发环境的功能强弱的不等，在对问题的对象模型的分析基础上，可能要对它进行一定的改造，但应以最少改变原问题域的对象模型为原则。然后就在软件系统内设计各个对象、对象间的关系（如层次关系、继承关系等）、对象间的通信方式（如消息模式）等，总之是设计各个对象，并告诉对象应该做些什么。

面向对象的设计方法是 OO 方法中一个中间过渡环节，其主要作用是对 OOA 分析的结果做进一步的规范化整理，以便能够被 OOI 直接接受。在 OOD 的设计过程中，要展开的主要有如下几项工作。

① 规格的求精过程。对于 OOA 所抽象出来的对象—类以及汇集的分析文档，OOD 是一个根据设计要求整理和求精的过程，使之更符合 OOP 的需要。这个整理和求精过程主要有两个方面：一是要根据面向对象的概念模型整理分析所确定的对象结构、属性、方法等内容，改正错误的内容，删去不必要和重复的内容等。二是进行分类整理，以便下一步的数据库设计和程序处理模块设计的需要。整理的方法主要是进行归类，对类—对象、

属性、方法和结构、主题进行归类。

② 模型和数据库。数据模型的设计需要确定类—对象属性的内容、消息连接的方式、系统访问、数据模型的方法等。最后每个对象实例的数据都必须落实到面向对象的库结构模型中。

③ 优化。OOD 的优化设计过程是从另一个角度对分析结果和处理业务过程的整理归纳，优化包括对象和结构的优化、抽象、集成。

对象和结构的模块化，表示 OOD 提供了一种范式，这种范式支持对类和结构的模块化。这种模块符合一般模块化所具备的特性和模块之间耦合度弱的特性等。集成化使得单个构件有机地结合在一起，相互支持。

（3）面向对象的实现（Object Oriented Implementation，OOI）

最后阶段是面向对象的实现，即指软件功能的编码实现，它包括：每个对象的内部功能的实现；确立对象哪一些处理能力应在哪些类中进行描述；确定并实现系统的界面、输出的形式及其他控制机理等。总之是实现在 OOD 阶段所规定的各个对象所应完成的任务。

面向对象开发的基本步骤：

- 分析确定在问题空间和解空间出现的全部对象及其属性。
- 确定应施加于每个对象的操作，即对象固有的处理能力。
- 分析对象间的联系，确定对象彼此间传递的消息。
- 设计对象的消息模式，消息模式和处理能力共同构成对象的外部特性。
- 分析各个对象的外部特性，将具有相同外部特性的对象归为一类，从而确定所需要的类。
- 确定类间的继承关系，将各对象的公共性质放在较上层的类中描述，通过继承来共享对公共性质的描述。
- 设计每个类关于对象外部特性的描述。
- 设计每个类的内部实现（数据结构和方法）。
- 创建所需的对象（类的实例），实现对象间应有的联系（发消息）。

综上所述，可归纳出 OO 方法用于系统开发有如下优越性：

强调从现实世界中客观存在的事物（对象）出发来认识问题域和构造系统，这就使系统开发者大大减少了对问题域的理解难度，从而使系统能更准确地反映问题域。

运用人类日常的思维方法和原则（体现于 OO 方法的抽象、分类、继承、封装、消息通信等基本原则）进行系统开发，有益于发挥人类的思维能力，并有效地控制了系统的复杂性。

对象的概念贯穿于开发过程的始终，使各个开发阶段的系统成分具良好的对应，从而显著地提高了系统的开发效率与质量，并大大降低系统维护的难度。

对象概念的一致性，使参与系统开发的各类人员在开发的各阶段具有共同语言，有效地增进了人员之间的交流和协作。

对象的相对稳定性和对易变因素的隔离，增强了系统的应变能力。

对象类之间的继承关系和对象的相对独立性，对软件复用提供了强有力的支持。

近十多年来，除了面向对象的程序设计以外，OO 方法已发展应用到整个信息系统领域和一些新兴的工业领域，包括：用户界面（特别是图形用户界面——GUI）、应用集成平台、面向对象数据库（OODB）、分布式系统、网络管理结构、人工智能领域以及并发工程、综合集成工程等。人工智能是和计算机密切相关的新领域，在很多方面已经采用面向对象技术，如知识的表示，专家系统的建造、用户界面等。人工智能的软件通常规模较大，用面向对象技术有可能更好地设计并维护这类程序。

对于同一个系统开发过程来说，使用不同的系统开发方法在其具体的操作过程上是有所区别的。也就是说，如果用结构化系统开发方法来开发系统，其思路应该是先对问题进行调查，然后从功能和流程的角度来分析、了解和优化问题，最后规划和实现系统；如果用原型开发方法来开发系统，其思路应该是先请用户介绍问题，然后利用软件工具迅速地模拟出一个问题原型，然后与用户一道运行和评价这个原型，如不满意则立刻修改，反反复复直到用户满意为止，最后优化和整理系统；如果用面向对象开发方法来开发系统，其思路应该是先对问题进行调查，然后从抽象对象和信息模拟的角度来分析问题，将问题按其性质和属性划分成各种不同的对象和类，弄清它们之间的信息联系，最后用面向对象的软件工具实现系统。

在实践中，由于各单位的管理信息系统的规模大小的不同，处理的功能繁简不一，涉及的管理层次也有高、中、低之分，因此应根据本单位实际情况选择合适的开发方法，这是影响系统开发效率和质量的主要因素之一。

结构化方法是国际公认的标准化方法，过程严密，思路清楚，但总体思路上比较保守，是以不变应万变适应环境的变化；BSP 方法所得到的规划是随着时间的推移而变化的，它只是某个时间内对企业信息资源的最佳认识，因此，BSP 方法的真正价值在于创造一个环境和提出初步的行动计划，使企业能根据这个计划对将来的系统和实施步骤做出积极的响应，不至于造成重大的设计失误；原型法强调开发人员与用户的交流，用该方法开发的管理信息系统具有较强的动态适应性，原型法对于中小型的管理信息系统开发效果较好，但原型法在计算机的开发工具上要求较高；面向对象的方法是一种新颖、具有独特性的方法，特别适合系统分析和设计，缺点在于在没有进行全面的系统性调查分析之前，把握这个系统结构有困难。在实际开发中，较为典型的具有代表性的观点认为，单纯地采用哪一种方法来进行开发都是片面的、有缺陷的，最好是将各种方法综合起来使用，以取长补短。

目前，只有结构化系统开发方法是真正能比较全面支持整个系统开发过程的方法，其他几种方法虽然各有很多优点，但都是作为结构化开发方法在局部开发环节上的补充，暂时都还不能替代其在系统开发过程中的主导地位。

5. 计算机辅助软件工程

计算机辅助软件工程（Computer Aided Software Engineering，CASE）集图形处理技术、程序生成技术、关系数据库技术和各类开发工具于一身，能支持除系统调查外的每一个开发步骤，是一种自动化和半自动化的方法。如果严格地从认知方法论的角度来看，CASE 并不是一种真正的方法，它只是一种开发环境，提供了支持开发的各类工具。但从它对整个系统开发过程的支持程度来看，即从实用性角度看，它是一种实用的系统开发方法。

由于CASE只是为各种具体的开发方法提供了支持在每一阶段的开发工具，因而采用CASE进行开发，还必须结合一种具体的开发方法，如结构化开发方法、原型法和面向对象开发方法等。采用CASE工具开发有如下特点：

（1）解决了从客观对象到软件系统的映射问题，支持系统开发的全过程。

（2）系统开发具有较高的自动化水平，缩短了系统开发的周期。

（3）各种软件工具事先都经测试和验证，使得开发的系统质量得到保证。

（4）对各阶段工作进行统一管理，各开发工具可通过公用数据库共享数据，保持工作过程的连续性和数据的协调与一致。

（5）需要维护的软件，可根据事先的说明或定义，重新生成一遍，使软件维护方便且费用低。

（6）自动开发工作生成的标准化、规范化的文档，统一了格式，减少了人的随意性，提高了文档的质量。

（7）自动化的工具使开发者从繁杂的分析设计图表和程序编写工作中解脱出来。

目前，CASE工具从支持功能来分，大致有三种类型：

（1）软件生产工具。该类工具主要用于最后的软件设计与编程工作。

（2）系统需求分析与设计工具。需求分析工具是在系统分析阶段用来严格定义需求规格的工具，能将逻辑模型清晰表达出来，该阶段的工具，如原型构造工具、数据流程图绘制与分析工具、数据词典生成工具等。设计工具是用来进行系统设计的，将设计结果描述形成设计说明书，如系统结构图设计工具、数据库设计工具、图形界面设计工具、HIPO图工具等。

（3）集成化开发工具。集成化是CASE发展的方向。集成化开发工具是一组软件工具的有机结合，它支持从需求分析、设计、程序生成乃至维护的整个软件生命周期。

2.3 管理信息系统的开发模式

1. C/S模式

C/S又称Client/Server或客户/服务器模式。服务器通常采用高性能的服务器，并采用大型数据库系统，如Oracle、Sybase、Informix或SQL Server。客户端需要安装专用的客户端软件。

C/S架构软件的优势与劣势。

（1）应用服务器运行数据负荷较轻。最简单的C/S体系结构由数据库和应用两部分组成，即客户应用程序和数据库服务器程序，可分别称为前台程序与后台程序。运行数据库服务器程序的机器，也称为应用服务器。一旦服务器程序被启动，就随时等待响应客户程序发来的请求，客户应用程序运行在用户自己的计算机上，对应于数据库服务器，可称为客户计算机。当需要对数据库中的数据进行操作时，客户程序就自动地寻找服务器程序，并向其发出请求，服务器程序根据预定的规则做出应答，送回结果，应用服务器运行数据负荷较轻。对应的优点就是客户端响应速度快，服务器压力轻，而且有更高的安全性和稳定性。

（2）数据的储存管理功能较为透明。　在数据库应用中，数据的储存管理功能是由服务器程序和客户应用程序分别独立进行的，前台应用可以违反的规则，并且通常把那些不同的（不管是已知还是未知的）运行数据，在服务器程序中不集中实现，例如访问者的权限、编号可以重复，必须有客户才能建立订单等规则。所有这些，对于工作在前台程序上的最终用户是“透明”的，他们无须过问（通常也无法干涉）背后的过程，就可以完成自己的一切工作。在客户服务器架构的应用中，前台程序不是非常“瘦小”，麻烦的事情都交给了服务器和网络。在C/S体系下，数据库不能真正成为公共、专业化的仓库，它受到独立的专门管理。

（3）C/S架构的劣势是高昂的维护成本且投资大。首先，采用C/S架构，要选择适当的数据库平台来实现数据库数据的真正“统一”，使分布于两地的数据同步完全地交由数据库系统去管理，但逻辑上两地的操作者要直接访问同一个数据库才能有效实现。有这样一些问题，如果需要建立“实时”的数据同步，就必须在两地间建立实时的通信连接，保持两地的数据库服务器在线运行，网络管理工作人员既要对服务器维护管理，又要对客户端维护管理，这需要高昂的投资和复杂的技术支持，维护成本很高，维护任务量大。其次，传统的C/S结构的软件需要针对不同的操作系统开发不同版本的软件，由于产品的更新换代十分快，代价高和低效率已经成为问题。在Java这样的跨平台语言出现之后，B/S架构猛烈冲击了C/S，并对其形成威胁和挑战。再次，C/S架构只适用于局域网，而随着互联网的飞速发展，移动办公和分布式办公越来越普及，这需要系统具有扩展性。这种方式的远程访问需要专门的技术，同时要对系统进行专门的设计来处理分布式的数据（C/S支持广域网包括Internet，比如微软的MCSE、印度NIIT等的远程考试系统都是基于C/S结构，但最大的缺点就是升级比较麻烦），客户端也需要安装专用的客户端软件。首先涉及安装的工作量，其次任何一台计算机出问题，如病毒、硬件损坏，都需要进行安装或维护。特别是有很多分部或专卖店的情况，不只是工作量的问题，还有路程的问题。另外，系统软件升级时，每一台客户机需要重新安装，其维护和升级成本非常高。对客户端的操作系统一般也会有限制。可能适应于windows2000或Windows XP，但不能用于Windows7等，更不用说Linux、Unix等。

2. B/S模式

B/S 是 Brower/Server 或浏览器/服务器的缩写，客户机上只要安装一个浏览器（Browser），如Netscape Navigator或Internet Explorer，服务器安装Oracle、Sybase、Informix或SQL Server等数据库。浏览器通过Web Server同数据库进行数据交互。

B/S架构软件的优势与劣势：

（1）维护和升级方式简单。目前，软件系统的改进和升级越来越频繁，B/S架构的产品明显体现着更为方便的特性。B/S最大的优点就是可以在任何地方进行操作而不用安装任何专门的软件。只要有一台能上网的计算机就能使用，客户端零维护。系统的扩展非常容易，只要能上网，再由系统管理员分配一个用户名和密码，就可以使用了。甚至可以在线申请，通过公司内部的安全认证（如 CA 证书）后，不需要人的参与，系统可以自动分配给用户一个账号进入系统。

对一个稍大的企业来说，系统管理人员如果需要在几百甚至上千台计算机之间来回奔波，效率和工作量是可想而知的，但 B/S 架构的软件只需要管理服务器就行了，所有的客户端只是浏览器，根本不需要做任何的维护。无论用户的规模有多大，有多少分支机构都不会增加任何维护升级的工作量，所有的操作只需要针对服务器进行。如果是异地，只需要把服务器连接专网即可，实现远程维护、升级和共享。所以客户机越来越“瘦”，而服务器越来越“胖”是将来信息化发展的主流方向。今后，软件升级和维护会越来越容易，而使用起来会越来越简单，这对用户人力、物力、时间、费用的节省是显而易见的、惊人的。因此，维护和升级革命的方式是“瘦”客户机，“胖”服务器。

（2）成本降低，选择更多。大家都知道 Windows 在桌面计算机上几乎一统天下，浏览器成为了标准配置，但在服务器操作系统上 Windows 并不是处于绝对的统治地位。现在的趋势是凡使用 B/S 架构的应用管理软件，只需安装在 Linux 服务器上即可，而且安全性高。所以服务器操作系统的选择是很多的，不管选用哪种操作系统都可以让大部分人使用 Windows 作为桌面操作系统，这就使得最流行的、免费的 Linux 操作系统快速发展起来。

（3）应用服务器运行数据负荷较重。由于 B/S 架构管理软件只安装在服务器端（Server）上，网络管理人员只需要管理服务器就行了，用户界面的主要事务逻辑在服务器（Server）端完全通过浏览器实现，极少部分事务逻辑在前端（Browser）实现，所有的客户端只有浏览器，网络管理人员只需要做硬件维护。但是，应用服务器运行数据负荷较重，一旦发生服务器“崩溃”等问题，后果不堪设想。因此，许多单位都备有数据库存储服务器，以防万一。

3．B/S 与 C/S 的混合模式

我们还可以将上述两种模式的优势结合起来，形成 B/S 与 C/S 的混合模式，如图 2.11 所示。面向大量用户采用 B/S 模式，在用户端计算机上安装运行浏览器软件，基础数据集中放在较高性能的数据库服务器上，中间建立一个 Web 服务器作为数据库服务器与客户机浏览器交互的连接通道。而对于在系统安全性要求高、交互性强、处理数据量大、数据查询灵活的地点则使用 C/S 模式，这样就能充分发挥各自的长处，开发出安全可靠、灵活方便、效率高的软件系统。

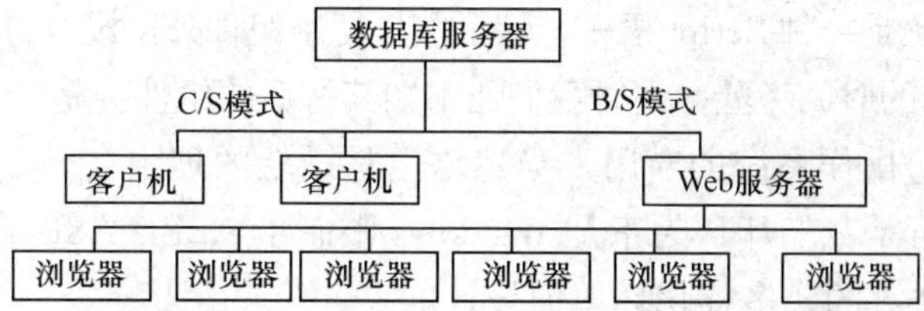

图 2.11　B/S 与 C/S 的混合模式结构图

2.4 管理信息系统的开发技术

在这个互联网高速发展的Web的时代，与Web相关的开发技术持续热门，从前端到后端，从标记语言到开发语言，各种技术交相辉映，沉沉浮浮。从开始简单的HTML到复杂的Web开发语言ASP、ASP.NET、PHP、JSP等，各种技术层出不穷，单个的主流技术也在不断翻新版本，现在来分析一下各种语言的区别、优势、劣势及开发的注意事项。

1. ASP

全称为Active Server Pages（适合做一些小网站，ASP常搭配的Access属于小型数据库，数据承载量不大）是微软所开发的一种后台脚本语言，它的语法和VB类似，把后台脚本代码内嵌到HTML页面中。虽然ASP简单易用，但是它自身存在着许多缺陷，最重要的就是安全性问题。目前在微软的.NET战略中新推出的ASP.NET借鉴了Java技术的优点，使用C-Sharp（C#）语言作为ASP.NET的推荐语言，同时改进了以前ASP的安全性差等缺点。但是，使用ASP/ASP.NET仍有一定的局限性，因为从某种角度来说它们只能在微软的Windows NT/2000/XP+IIS的服务器平台上良好运行（虽然像ChilliSoft提供了在UNIX/Linux上运行ASP的解决方案，但是目前ASP在UNIX/Linux上的应用可以说几乎为0）。所以平台的局限性和ASP自身的安全性限制了ASP的广泛应用。

ASP在执行的时候，是由IIS调用程序引擎，解释执行嵌在HTML中的ASP代码，最终将结果和原来的HTML一同送往客户端的。

ASP优点：无须编译、易于生成、独立于浏览器、面向对象、与任何ActiveX Scripting语言兼容、源程序代码不会外漏。

缺点：

（1）Windows本身的所有问题都会一成不变地累加到ASP的身上。安全性、稳定性、跨平台性都会因为与NT的捆绑而显现出来。

（2）ASP由于使用了COM组件所以它会变得十分强大，但是这样的强大会由于Windows NT系统最初的设计问题而引发大量的安全问题。只要在这样的组件或是操作中一不注意，外部攻击就可以取得相当高的权限而导致网站瘫痪或者数据丢失。

（3）由于ASP还是一种Script语言，除了大量使用组件外，没有办法提高其工作效率。它必须面对即时编译的时间考验，同时我们还不知其背后的组件会是一个什么样的状况。

（4）无法实现跨操作系统的应用。当然这也是微软的理由之一，只有这样才能发挥ASP最佳的能力。可是我们却认为正是Windows限制了ASP，ASP的概念本就是为一个能让系统运行于一个大的、多样化环境而设计的。

（5）还无法完全实现一些企业级的功能：完全的集群、负载均衡。

2．ASP.NET

ASP.NET 是 Microsoft.NET 的一部分，作为战略产品，不仅仅是 Active Server Page（ASP）的下一个版本，它还提供了一个统一的 Web 开发模型，其中包括开发人员生成企业级 Web 应用程序所需的各种服务。ASP.NET 的语法在很大程度上与 ASP 兼容，同时它还提供一种新的编程模型和结构，可生成伸缩性和稳定性更好的应用程序，并提供更好的安全保护。可以通过在现有 ASP 应用程序中逐渐添加 ASP.NET 功能，随时增强 ASP 应用程序的功能。

ASP.NET 是一个已编译的、基于.NET 的环境，可以用任何与.NET 兼容的语言（包括 Visual Basic .NET、C#和 JScript .NET.）创作应用程序。另外，任何 ASP.NET 应用程序都可以使用整个.NET Framework。开发人员可以方便地获得这些技术的优点，其中包括托管的公共语言运行库环境、类型安全、继承等。ASP.NET 可以无缝地与 WYSIWYG HTML 编辑器和其他编程工具（包括 Microsoft Visual Studio .NET）一起工作。这不仅使得 Web 开发更加方便，而且还能提供这些工具必须提供的所有优点，包括开发人员可以用来将服务器控件拖放到 Web 页的 GUI 和完全集成的调试支持。微软为 ASP.NET 设计了这样一些策略：易于写出结构清晰的代码，代码易于重用和共享，可用编译类语言编写等，目的是让程序员更容易开发出 Web 应用，满足计算向 Web 转移的战略需要。

ASP.NET 优点：简洁的设计和实施；语言灵活，并支持复杂的面向对象特性。

缺点：数据库的连接复杂。

3．PHP

PHP 全称为 Hypertext Preprocessor（适合做各类中小网站，甚至是大型网站。PHP 常搭配的 MYSQL 属于中型数据库）。PHP 是一种 HTML 内嵌式的语言。PHP 独特的语法混合了 C，Java，Perl 以及 PHP 式的新语法。它可以比 CGI 或者 Perl 更快速地执行动态网页。

PHP 的源代码完全公开，在开源意识抬头的今天，它更是这方面的中流砥柱。不断有新的函数库加入，以及不停地更新，使得 PHP 无论在 UNIX 或是 Win32 的平台上都可以有更多新的功能。它提供丰富的函数，使得在程式设计方面有着更好的资源。平台无关性是 PHP 的最大优点，但是在优点的背后，还是有一些小小的缺点的。如果在 PHP 中不使用 ODBC，而用其自带的数据库函数（这样的效率要比使用 ODBC 高）来连接数据库的话，使用不同的数据库，PHP 的函数名不能统一，这样使得程序的移植变得有些麻烦。

PHP 优点：一种跨平台、有良好数据库交互能力的开发语言；简单轻便，易学易用；与 Apache 及其他扩展库结合紧密；良好的安全性。

缺点：数据库支持的极大变化；不适合应用于大型电子商务站点；安装复杂；缺少正规的商业支持；无法实现商品化应用的开发。

4．JSP

全称为 Java Server Pages / Servlet（适合做大型网站，开发成本比较高）。JSP 和 Servlet 要放在一起讲，是因为它们都是 Sun Microsystem 公司（目前已被 Oracle 公司收购）的 J2EE

（Java 2 platform Enterprise Edition）应用体系中的一部分。Servlet 的形式和 CGI 差不多，它是 HTML 代码和后台程序分开的。它们的启动原理也差不多，都是服务器接到客户端的请求后，进行应答。不同的是，CGI 对每个客户请求都打开一个进程（Process），而 Servlet 却在响应第一个请求的时候被载入，一旦 Servlet 被载入，便处于已执行状态。对于以后其他用户的请求，它并不打开进程，而是打开一个线程（Thread），将结果发送给客户。由于线程与线程之间可以通过生成自己的父线程（Parent Thread）来实现资源共享，这样就减轻了服务器的负担，所以，Java Servlet 可以用来做大规模的应用服务。

由于 JSP/Servlet 都是基于 Java 的，所以它们也有 Java 语言的最大优点——平台无关性，也就是所谓的“一次编写，随处运行（WORA–Write Once，Run Anywhere）”。除了这个优点，JSP/Servlet 的效率以及安全性也是相当惊人的。目前，JSP/Servlet 在国内得到了广泛应用。

JSP 优点：一处编写随处运行；系统的多台平支持；强大的的可伸缩性；多样化和功能强大的开发工具支持。

JSP 缺点：与 ASP 一样，Java 的一些优势正是它致命的问题所在；缺少系统性的资料；速度慢。

5．UML 和 Rational Rose

面向对象的分析与设计（OOA&D）方法的发展在 20 世纪 80 年代末至 20 世纪 90 年代中出现了一个高潮，UML 是这个高潮的产物，并最终成为大众所接受的标准建模语言。

（1）标准建模语言（UML）。

UML 是一种定义良好、易于表达、功能强大且普遍适用的建模语言。它融入了软件工程领域的新思想、新方法和新技术。它的作用域不限于支持面向对象的分析与设计，还支持从需求分析开始的软件开发的全过程。

（2）Rational Rose 环境。

Rational Rose 是分析和设计面向对象软件系统的强大的可视化工具，可以用来先建模型系统，再编写代码，从而一开始就保证系统结构的合理。利用模型可以更方便地捕获设计缺陷，从而以较低的成本修正这些缺陷。

Rational Rose 支持业务模型，帮助了解系统的业务，有助于系统分析，可以先设计使用案例和 UseCase 框图，显示系统的功能。也可以用 Interaction 框图显示对象之间如何配合，提供所需功能。Class 框图可以显示系统中的对象及其相互关系。Component 框图可以演示类是如何映射到实现组件的。最后，Deployment 框图可以显示系统的网络设计。

Rational Rose 模型是系统的图形，包括所有 UM 框图、角色、使用案例、对象、类、组件和部署结点。它详细描述系统的内容和工作方法，开发人员可以用模型作为所建系统的蓝图。蓝图是 Rational Rose 模型很好的比喻。就像房子有一组蓝图，让建筑队的不同成员（如水电工，管道工）从不同角度使用。Rational Rose 模型包含许多不同框图，使项目小组（客户、设计人员、项目经理，测试人员）可以从不同角度看这个系统。

Rational Rose 还可以帮助开发人员产生框架代码，适用于市面上的多种语言，包括

C++、Ada、CORBA、Java、VB 和 XML。此外，Rational Rose 可以逆向转出工程代码，根据现有系统产生模型。根据现有系统产生模型的好处很多。模型发生改变时，Rational Rose 可以修改代码，做出相应改变。代码发生改变时，Rational Rose 可以自动将这个改变加进模型中。这些特性保证模型与代码同步，避免遇到过时模型。

本 章 小 结

本章介绍了管理信息系统战略规划的概念及开发方式。

管理信息系统的战略规划是关于管理信息系统长远发展的计划，是企业战略规划的一个重要部分，是企业的一个组成部分，是企业系统的一个重要子系统。

管理信息系统的规划应遵循以下原则：系统必须支持企业的总目标；系统必须着眼于高层管理，兼顾各管理层次的需求；系统应摆脱对组织机构的依从性；系统结构必须呈现良好的整体性；系统应便于实施。管理信息系统战略规划具有以下主要特点：结构化程度较低；兼顾各管理层的要求；支持企业战略和目标；规划不宜过细；对组织机构无依赖性；良好的动态性。

管理信息系统规划的内容主要有五个方面：管理信息系统战略规划是企业战略规划的一个重要部分；找出企业业务流程存在的问题与不足，进行再造；提供系统开发的总体框架；对与管理信息系统有关的信息技术的发展进行预测；分析效益、配置资源等。

进行管理信息系统的战略规划的步骤：规划基本问题的确定；收集初始信息；现存状态的评价和识别计划约束；设置目标；准备规划矩阵；识别上面所列出的各种活动；给定项目的优先权和估计项目的成本费用，编制项目的实施进度计划；制定项目实施计划；编写战略规划书；战略规划书经领导批准生效。

制定管理信息系统战略规划的方法有多种，主要有关键成功因素法、战略目标集转化法和企业系统规划法三种。还有几种用于特殊情况，或作为整体规划的一部分使用，如企业信息分析与集成技术，产出/方法分析，投资回收法，征费法，零线预算法，阶石法。

关键成功因素法是以关键因素为依据来确定系统信息需求的一种管理信息系统总体规划的方法。在现行系统中，总存在着多个变量影响系统目标的实现，其中若干个因素是关键的和主要的（即成功变量）。通过对关键成功因素的识别，找出实现目标所需的关键信息集合，从而确定系统开发的优先次序。

战略目标集转化法是将整个战略目标看成由使命、目标、战略和其他战略变量（如管理的复杂性、改革习惯以及重要的环境约束等）组成的一个“信息集合”。管理信息系统的战略规划过程就是把企业组织的战略目标转化为管理信息系统的战略目标。战略目标集转化法是制定信息系统战略规划的常用方法之一。

企业系统规划法要求所建立的信息系统支持企业目标，表达所有管理层次的要求，向企业提供一致性信息，对组织机构的变革具有适应性作用。企业系统规划法是把企业目标转化为信息系统战略的全过程。企业系统规划法是从企业目标入手，逐步将企业目标转化为管理信息系统的目标和结构，从而更好地支持企业目标的实现。

企业过程重组以企业过程为对象，从顾客的需求出发，对企业过程进行根本的、再思考和彻底的再设计；以信息技术和人员组织为使能器，以求达到企业关键性能指标（如成本、质量、服务和速度等）和业绩的巨大提高或改善，从而保证企业战略目标的实现。企业过程重组的过程就是为了寻找出合理的信息流。

在实际工作中，BPR 与管理信息系统的建设是相互衔接的。基于 BPR 的管理信息系统开发战略如下：从整体上把握业务流程再设计；业务流程调查诊断；确定首要的企业过程重组项目；选择合适的信息技术手段；业务流程重组；组织结构重构。

管理信息系统的开发必须遵循稳定性、先进性、实用性、面向用户、一把手原则、工程化、标准化原则及整体性原则。

要成功开发出一个管理信息系统必须领导重视，业务管理部门支持，规范管理基础工作，建立一支开发应用队伍，建立专门的组织机构及具备一定的资金能力。

管理信息系统的开发方式有自行开发、委托开发、联合开发、购买现成软件包进行二次开发几种形式。一般来说根据企业的技术力量、资源及外部环境而定。开发管理信息系统主要有两种策略："自下而上"和"自上而下"。

管理信息系统主要的开发方法包括结构化方法、原型法、企业系统规划方法、战略数据规划方法、信息工程方法和面向对象方法等。

结构化系统开发方法也称做结构化生命周期法，其基本思想是：用系统的思想和工程化的方法，按用户至上的原则，结构化、模块化、自顶向下地对系统进行分析与设计。

原型法的基本思想是在投入大量的人力、物力之前，在限定的时间内，用最经济的方法开发出一个可实际运行的系统模型，用户在使用整个原型的基础上，通过对其评价，提出改进意见，对原型进行修改，统一使用；评价过程反复进行，使原型逐步完善，直到完全满足用户的需求为止。

BSP 方法主要用于对大型信息系统的开发。BSP 的主要目标是提供一个信息系统规划，用以支持企业短期和长期的信息需要。

面向对象方法是一种把面向对象的思想应用于软件开发过程中，指导开发活动的系统方法，是建立在"对象"概念基础上的方法学。所谓面向对象就是基于对象概念，以对象为中心，以类和继承为构造机制，来认识、理解、刻画客观世界和设计、构建相应的软件系统。

管理信息系统的开发模式有客户/服务器模式（Client/Server）、浏览器/服务器（Brower/Server）及 B/S 与 C/S 的混合模式。各种模式有各自的优缺点，在实际开发中应根据实际情况，选择相适应的开发模式。

习　题

一、选择题

1．诺兰阶段模型把信息系统的成长过程划分为____阶段。

A．三个　　B．四个　　C．五个　　D．六个

2．信息系统发展的____理论被称为诺兰阶段模型。

A．成熟　B．形成　C．优化　D．阶段

3．MIS 的战略规划可以作为将来考核____工作的标准。

A．系统分析　B．系统设计　C．系统实施　D．系统开发

4．BSP 法的优点在于能保证____独立于企业的组织机构。

A．信息系统　B．数据类　C．管理功能　D．系统规划

5．____指的是企业管理中必要的、逻辑上相关的、为了完成某种管理功能的一组活动。

A．管理流程　B．业务过程　C．系统规划　D．信息流程

6．总体规划阶段的主要文档资料是____。

A．可行性报告　B．系统说明书　C．系统设计书　D．用户手册

7．程序设计应该属于____。

A．总体规划　B．系统分析　C．系统设计　D．系统实施

8．今天我们所说的 CASE，不是指某一个或几个工具，而是一个可覆盖软件生命周期各个阶段的开发环境，或称为____。

A．开发平台　B．扩展平台　C．开发基础　D．软件环境

9．管理信息系统的生命期划分中第一个阶段为____。

A．总体规划　B．系统分析　C．系统设计　D．系统实施

10．将系统分析说明书转换成具体的计算机实现方案的阶段是____。

A．系统规划阶段　B．系统使用操作阶段

C．系统运行阶段　D．系统设计阶段

11．在面向对象的程序设计方法中用于定义改变对象状态的各种操作是____。

A．类　B．事件　C．属性　D．方法

12．封装了数据及可以施加在这些数据上的操作的结合体是____。

A．目标　B．目的　C．对象　D．对比

13．研制和使用时间最长、理论体系发展比较完善的系统开发方法是____。

A．原型化方法　B．结构化开发方法

C．构成开发方法　D．原理化方法

14．比较适合于小型系统和某些局部系统的开发的方法是____。具有处理的内容是与客观世界相一致的对象特点的开发方法是____。

A．面向对象方法　B．原型化方法　C．构成方法　D．结构化方法

二、填空题

1．诺兰阶段模型把信息系统的成长过程划分为初装、________、控制、________、数据管理和成熟六个阶段。

2．MIS 战略规划是一个组织的________重要组成部分，是关于 MIS 长远发展的规划。

3．规划领导小组应由单位（企业、部门）的________负责。

4．制定 MIS 开发规划，需要成立一个________，进行人员培训，同时明确规划进度。

5．BSP 法的优点在于利用它能保证信息系统独立于______________。

6．U/C 矩阵中的数据类是指支持业务过程所必需的________的数据。

7．BSP 方法将______和______两者作为定义企业信息系统总体结构的基础。

8．关键成功因素指的是对企业成功起________作用的因素。

9．企业流程是指为完成________而进行的一系到跨越时空的逻辑相关的业务活动。

10．结构化系统开发方法可分为系统分析、________和________三个阶段。

11．原型法贯彻的是________的开发策略。

12．管理信息系统的开发方法主要有________、________、________。

13．系统从产生、发展到报废的过程称为系统的生命期它通常划分为五个阶段________、________、________、________、________。

14．系统开发的每个阶段都有________，并需产生一定规格的_______交付下一阶段。

15．在管理信息系统开发中，用________来形象地表示系统的一个早期可运行版本。

16．开发管理信息系统的策略有______和_______两种。

17．“自下而上”的开发策略的主要缺点是__________。

18．“自上而下”的开发策略的主要优点是__________。

三、问答题

1．简述战略规划的特点。

2．系统开发和实施过程中可能面临的主要问题是什么？

3．简述管理信息系统开发前的准确工作及开发方式的分类。

4．简述结构化方法的特点。

5．原型化方法的含义是什么？它有哪些适用方式？各种方式的主要用途是什么？

6．请简要说明面向对象的概念。

第3章

系统调查与可行性研究

新系统是在现行系统基础上经过改建或重建而得到的。因此，在进行新系统的分析与设计之前，必须对现行系统做全面、充分的调查研究和分析，得到现行系统的各种有用资料。这个阶段为新系统开发进行了原始资料的准备，并使得系统开发人员对现行系统取得了感性和理性的认识。在调查研究基础上的可行性研究，为新系统开发能否进行提出定性及定量分析的根据。

3.1 环境分析

3.1.1 环境分析的任务与方法

管理信息系统存在于环境包围之中，当研究管理信息系统开发问题时，首先遇到的就是系统与环境的界限划分问题。管理信息系统的环境是系统外界事物及众多要素的集合，环境是更大系统的一个组成部分。将管理信息系统从更大的系统中切割出来，从切割出来的系统看，原来大系统的剩余部分具成了环境。环境是管理信息系统外部的约束条件，是影响系统的重要因素。

管理信息系统与环境的相互作用，一般表现为环境对管理信息系统的输入以及管理信息系统对环境的输出。通过输入和输出，管理信息系统表现出特定的功能与行为。

管理信息系统存在于客观世界之中，客观世界是信息形成的源泉。客观世界中存在的问题是系统产生的胚胎，当问题日益被人们感到需要解决时，便把客观存在的问题变成系统原型。所谓问题常表现为理想境界与现实情况的差距。人们为改变现实达到理想的状态，不断研制新系统和变革环境以求发展，并产生总目标，总目标逐层分解形成目标集合，与目标集合相对应的是系统的功能集合，完成每项功能又需要若干要素集，系统要素集就是这样形成的。

一般而言，系统与环境的界限，在很大程度上取决于系统的目的要求，目的要求范围扩大时，就会使一部分环境要素划到系统中来，这要根据系统的大小与具体情况来决定。

系统的目标往往是划分系统与环境的标准，目标函数往往是系统本身产生的，环境列为约束条件，一般凡是系统无法控制的因素，多属于环境部分。在划分系统与环境边界时应注意以下几点。

（1）研究分析问题（未来的系统）的重要部分应作为系统的要素。

（2）对系统分析问题有重大影响的部分，也应看做是系统的要素，如果忽略了这部分或把它当做环境来看待，往往会使系统的性质发生质的变化。

（3）对与研究分析问题有关联但却无重大影响，而又不可忽略的非重要部分，可视为系统的环境。

（4）对系统影响甚微的部分，可从环境中忽略以便简化研究。

当系统与环境的边界划分清楚了，系统的输入输出就明确了，输入是环境施加影响于系统本身的部分，输出是系统施加影响于环境的部分。环境可以约束和控制系统，而系统只能影响环境而不能控制环境。低一级的环境只能受到更大或更高一级的环境控制。

3.1.2 环境的调查分析

管理信息系统在特定的环境下对输入进行加工处理工作，就产生了输出，把输入转变成输出，这就是系统的功能，也称为系统的目的。根据系统的功能关系，系统的输入、输出受外界环境的约束，同时也与系统内部的各要素有关。要对系统进行全面整体的调查分析，大体可以从两个方面着手进行。一是对系统的外界环境进行调查分析，即系统的目的调查分析；二是对系统的内部进行调查分析，即系统的方案调查分析。系统的目的调查分析中，又有两个内容，一是对系统的输出做调查分析，就是做外界环境对系统需求的调查分析；二是对系统的输入做调查分析，就是做外界环境对系统的限制性的调查分析。在系统的方案调查分析中，也有两个内容，首先是系统实施方案的可行性分析，然后是各实施方案的经济效益分析，如图 3.1 所示。

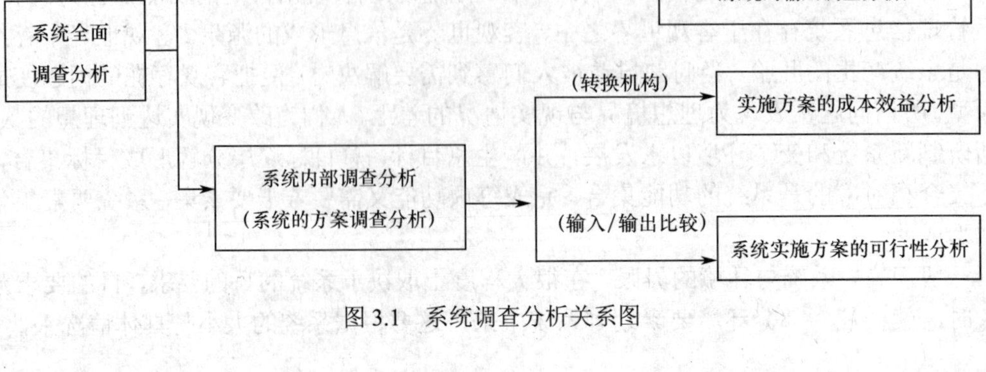

图 3.1 系统调查分析关系图

调查分析反映了客观环境对系统的需求程度，需求是系统存在和发展的先决条件。若客观世界对系统没有需求，则系统就无法生存或存在就没有任何意义。无论是来自上级下达的指示或指标，还是系统本身需要进行改造，都是客观需求的反映。

需求与可能是一对矛盾，需求不可能完全满足实现。建立一个管理信息系统，要考虑国家方针、政策、法律、法规以及社会经济条件，同时还要考虑诸如投资、计算机设备与通信、网络等科技发展水平的约束，因为它们直接影响着系统输入量的大小。限制性调查分析就是对系统输入的可能性进行分析。通过限制性调查分析可以决定系统的输入量，在一定的输入量下会产生一定的输出，这时就可以从现实出发，调整需求规模与投资。从图 3.1 中可以看出限制性调查分析主要与系统输入有关。

可行性研究是在需求分析和限制性调查分析的基础上进行的。一定的输入可以产生一定的输出，但达到一定输出可以有若干途径及实施方案，因为在满足一定的目标函数和约束条件下，会产生许多可行方案。所以可行性研究是对系统本身转换机构内部的拟定，是替代方案产生的来源。从图 3.1 中可以看到可行性研究主要与系统转换（或处理）机构有关。

成本效益分析实质是对系统的输入与输出进行对比分析，因为输入一般可以看做成本，它与输入的设备、资金、人力的消耗有关，只有当输出大于输入时，系统才有存在的可能与发展的空间。在若干替代方案中都可求出其输入与输出的值，而效益为输出与输入之比。输入小输出大的方案为优方案，这是系统评价的主要准则。

3.2 系统调查

管理信息系统工程有没有必要上马？有没有可能建成？要回答这些问题，只能在对企业做调查分析之后，才能得出结论。

初步调查以可行性分析为目的，为可行性分析提供定性的和定量的根据。在调查的深度与广度上要恰当掌握。过浅、过窄可能导致错误的结论，过深、过细会造成浪费，因为新系统开发与否尚未决定。

3.2.1 系统调查的目的与原则

系统的初步调查是系统分析阶段的第一项活动，系统开发工作一般是根据系统规划阶段确定的拟建立系统总体方案进行的。在系统规划阶段已经根据当时所做的战略规划、组织信息需求分析、资源及应用环境的约束，将整个管理信息系统的建设分成若干项目分期分批进行开发。系统规划阶段的工作是面向整个组织的，着重于系统的总体目标、总体功能和发展方向，对每个开发项目的目标、规模和内容并未做详细的分析。另一方面，由于环境可能发生变化，系统规划阶段确定的开发项目的基本要求，到系统开发时应根据实际情况进行审定。也可能出现在系统规划阶段未曾考虑的项目到开发阶段时用户提出开发要求。因此，初步调查阶段的主要目标就是从系统分析人员和管理人员的角度看新项目开发有无必要和可能。

系统调查原则是指在系统调查过程中应始终坚持的方法、做法或指导思想，对于确保调查工作客观、顺利地进行是至关重要的。在进行系统初步调查时，应遵循如下原则。

（1）制定系统调查计划和系统调查培训。在系统调查开始前，系统调查员和用户应根据系统调查的内容和新系统的方案构想制定系统调查进度计划，以便安排时间和内容，并通知有关人员。同时还应该对用户进行系统调查培训，告诉用户系统调查的内容、目的及有关的表格说明。否则在调查过程中，系统调查员和用户的沟通将会变得十分困难，往往双方都花费了许多时间，问题还没有说清楚，达不到预期的目的，给以后再沟通和再调查造成困难。

（2）调查顺序。系统调查工作应严格按照系统化原则进行。调查顺序是从组织机构入手，先自上而下进行初步调查，在了解全局、总体的基础上，再自下而上地进行系统的详细调查。这样做的目的是使调查员既不会被系统内部庞大的管理机构搞得不知所措，无从下手，也不会因为调查工作量太大而顾此失彼。

（3）如实记录调查情况。弄清部门和工作环节存在的合理性再分析有无改进的可能。系统内部的每一个岗位、每一个部门都有存在的合理性，正所谓“存在就是合理的”。调查工作的目的就是要搞清楚这些部门和岗位及工作环节存在的道理、环境条件和工作的详细过程，然后再通过系统分析讨论其在新的系统支持下有无优化的可能性。在系统调查时，最好保持冷静的头脑，不要事先预设过多的改革或合理化设想，如果先入为主，就会妨碍接收系统调查的实际信息，以至无法客观地了解实际问题。

（4）采用规范化的工作方法。对于系统来讲，其内部的管理机构可能是比较复杂的，这就给系统调查带来一定的难度。对于一个复杂系统的调查，一般都有多个系统调查员共同完成。按照规范化的调查方法可以避免在调查过程中出现重复和遗漏问题。所谓规范化的调查方法就是将每一步工作都事先计划好，对多个人的工作方法和调查所用的表格、图例都进行规范化处理，以使群体之间、群体与个人之间、个人与个人之间都能相互沟通，协调工作。此外，所有规范化的调查结果（如表格、问题、图、所收集的报表等）都应规范化后归档，以便今后工作时使用。

（5）全面铺开与重点调查相结合。开发完整、系统的管理信息系统，开展全面的调查工作是必不可少的。但如果近期内只需开发系统内某一局部的管理信息系统，就必须坚持全面铺开与重点调查相结合的方法，即自上而下的全面铺开，但每次都只侧重于局部相关的分支。

（6）调查态度和方式。系统调查是一项涉及系统内部管理工作的各个方面、涉及各种不同类型人的工作，故调查员应采取主动沟通和亲和友善的工作方式。调查员主动地与被调查者在业务上沟通是十分重要的。一个好的人际关系可能导致调查和系统开发工作事半功倍，反之则有可能根本进行不下去。

（7）调查与分析整理相结合。调查必须口径一致，统一要求，统一表格，只有这样，在后面的调查整理和系统分析时，才可能将众多资料汇总分析。标准不统一，则前后左右无法对应，分析整理工作将无法进行。系统调查还必须与分析整理相结合，及时反映问题并解决之。

（8）了解业务与收集数据同时进行。在系统调查了解每个工作岗位业务的同时，还必须收集与该业务有关的所有报表、文件、技术档案等信息载体，并将其附在调查问卷之后归档。在调查了解业务的同时，还应询问用户对这些信息载体的满意程度，不满意在什么地方，以及如何修正。在整理调查结果时，还应注意用户拟修改某个载体或数据，它的相关业务单位是否也认可这一修改，以及能否提供相应的基础信息和所要求的精度等。这些都是今后分析数据流程、建立数据库系统的基础。

3.2.2　系统调查的内容、步骤与方法

在进行系统初步调查时，应注意调查内容的宏观性，如企业概况等，不要陷入具体细节中去。注意对企业周围环境情况的调查，如同行业企业的情况、上级的态度、政策法规、企业产品的前景等。多定量、少定性。收集具体数据，用数据说话，分析现有什么，需要什么，在现有资源下能提供什么，此项目有无必要和可能做的进一步的调查与开发。具体内容包括：

- 企业概况。企业的发展历史、目前规模、经营效果、业务范围、管理水平、经济效益等。
- 现行的管理信息系统（人工的或人机的）的运行状况。诸如系统的结构、功能、效率、可靠性、问题等。
- 管理信息系统的总目标。
- 企业领导和管理人员的信息意识。
- 新系统开发的自然条件，包括计算机设备情况、计算机应用人员的情况、资金来源、数据的完整性和精确度、管理基础等。
- 问题和薄弱环节。企业期待管理信息系统解决的问题，问题的重要性及解决这些问题的可能性。

在进行系统初步调查时应遵循以下步骤：

（1）确定调查目标，拟定调查项目。根据新系统的目标和要求来确定系统调查的目标、拟定调查项目，这是系统调查的关键。

（2）确定调查对象和方法。就是要确定应收集什么资料，是通过实地调查取得第一手资料，还是收集第二手资料；向谁收集资料；在什么时间、什么地点收集资料；是一次性的调查还是多次性的调查；是普查还是抽查等。

（3）制定调查计划。调查计划是系统调查的行动纲领。调查计划应包括以下内容：采用什么调查方法；分几个步骤；有哪些人参加调查及如何组织分工；整个调查工作的时间及进度；调查费用预算等。

（4）调查的组织准备工作。系统调查的前期准备工作主要包括以下几点：

- 对调查人员进行培训。
- 确定询问项目或调查表。
- 确定抽样设计。
- 安排好各项具体工作，包括根据调查目的，决定所需的调查资料的类型，弄清现行系统已掌握的资料，明确尚需调查补充的资料等，然后确定调查项目。根据调

查任务和调查规模，建立调查组织、配备调查人员，进行费用核算，做好实地调查所需物资的准备工作，以免影响调查的进度和质量。

（5）实施调查。调查人员按计划规定的时间、地点、方法、内容进行具体的实地调查，收集有关的资料。需要指出的是，在实际调查阶段，常会遇到一些困难，如：双方交流不充分；用户不能清楚表达需求；用户和开发人员只考虑自己的利益而对待需求信息的收集工作采取消极的态度。

（6）分析、整理资料。分析、整理资料是把调查收集的资料进行统计分析和整理，去粗取精，去伪存真，以保证资料的系统、完整和真实可靠。

（7）写出调查报告。编写调查报告是整个系统调查最后阶段的最主要的工作，通过它反映系统调查的全部成果。系统调查报告的格式一般应包括以下基本内容：引言、正文、结论、附件。初步调查阶段可能得出以下结论：

- 拟开发项目有必要也有可能。
- 不必进行项目开发，只需对原有系统进行适当调整修改。
- 原系统未充分发挥作用，只需发挥原有系统的作用。
- 目前无必要开发此项目。
- 目前不具备开发此项目的条件。

如果结论是第一条，系统分析员要向开发系统的单位主管提出“系统开发建议书”，系统开发建议书包括以下内容：项目名称、项目目标、项目开发的必要性和可能性、项目内容、项目开发的初步方案、可行性研究安排等。

系统调查过程中可采用的调查方法有以下几种。

1. 系统调查表

系统调查表由问题和答案两部分组成。问题由主持调查工作的系统分析人员列出，答案主要由被调查单位的人员给出。被调查人员选择答案的方式主要有三种：

（1）系统分析人员已经列出了问题的若干可能的标准答案，选择最适合于被调查单位的答案即可。这种问题一般是比较具体明确的。例如采用何种方法计算机器设备的折旧。

（2）问题是向用户了解一个不确定的因素，可能的答案比较广泛，用户必须根据本单位的具体情况做出明确的答复。例如账户月发生额最大值为多少。

（3）问题是要求用户提供某些资料。例如要求用户提供现行系统中各种账、证、表的格式，要求用户给出成本核算流程图。

系统调查表通过问答形式把系统调查人员和用户联系起来。利用系统调查表进行调查有下列优点。

（1）减轻被调查单位的工作负担。被调查单位可以利用工作间隙填制该表，不必和调查人员一起利用大量连续工作时间进行调查。因此，这种调查方法对现行系统的连续性工作影响小，不至于因系统调查给被调查单位增添很多工作量和麻烦。

（2）方便系统调查人员。如果系统调查人员距离被调查单位较远，则可用邮寄方式进行调查，并降低调查成本。

（3）便于形成现行系统的“具体模型”。如果用系统调查表法进行调查，直接得到了调查书面资料，将所有的调查表格集中在一起，就是现行系统的真实写照。

（4）得到的调查结果系统、准确。系统调查人员在编制系统调查表时，一般已充分考虑了各种情况，问题本身提得全面、周到、明确，那么得到的答案势必完整、准确。

用系统调查表进行调查，最大的困难在于设计调查表的各种问题。如果问题设计得不明确或不全面，那么得到的调查结果就会不明确、不完整。所以把问题提得全面、易懂、明确，是设计调查表应遵守的基本原则。设计调查表必须有管理和计算机两方面的知识，且必须有开发管理信息系统的丰富经验。

例如，可以提出如下问题请用户回答：

a．你所在部门的业务流程是怎样的？

b．你所在部门与其他部门的关系是怎样的？

c．本部门应产生哪些表格以及这些表格的输入/出形式是怎样的？

d．在业务中使用什么计算方法？

系统调查员通过理解和分析用户的回答来收集他们的真正需求。除上述提问外，系统调查员还可在书面咨询中设置一些如何解决问题的提问，例如：

a．当某问题发生时，应该如何解决？

b．你现在的工作中存在什么问题？如何解决？

c．除了正常的情况，还会发生什么异常情况？该如何应对？

用户回答系统调查表应做到及时、准确、完整、真实。不及时填制调查表就会影响新系统的开发进度；问题回答不准确、不完整或不真实，就会造成假象，不利于系统分析人员从“具体模型”经分析推导出系统的“逻辑模型”，也就不可能设计出高质量的管理信息系统。

用系统调查表调查的另一种形式是邮寄调查表，调查人员把事先设计好的调查表，通过邮局寄给被调查者，由被调查者书面回答调查表上的问题后，再寄回调查人员。这种方法的好处是：

（1）可以向相隔较远的被调查者进行调查，调查的成本低。

（2）被调查者有充分的时间考虑问题。

（3）被调查者还可能反映家庭成员、同事、同学的意见。

邮寄调查法的主要缺点是答复率低。接到调查表的人往往不愿意回答，特别是当调查的内容非常烦琐、需花费很多时间的时候，答复率更低。西方国家有人做过统计，其答复率一般为 1%～5%。针对这个缺点，现在许多系统调查人员采取有报酬邮寄调查方法或有奖励邮寄调查方法。

2．访问有关人员

代之以系统调查表，可以通过对现行系统有关的人员的直接访问，获取有关现行系统的详尽资料。为了保证每次访问都得到足够多的信息，系统调查者应做到如下几点。

（1）必须明确每次访问的任务，做到有的放矢。必须列成访问计划，以防止访问过程中提不出问题。

（2）访问对象必须选得准确。应选那些对访问任务最了解、对建立新系统最有信心的人员作为被访问的对象。

（3）要注意访问的方式。要友善和善于引导，不要让被访问者觉得他是在被审问，应让他感到他是在和你共同探讨，甚至让他觉得他是在发挥他的专长，向你提供各种意见是他感兴趣的事。

（4）要及时做好访问记录，并在访问完毕加以归纳整理，使之文档化，最终形成一整套系统调查资料。

直接访问有关人员，可以了解到一些系统调查表所不能得到的信息，特别是管理人员对建立新系统的看法，往往会溢于被访问者的言表。

个人访问法是一种最常见的系统调查方式，其优点是：

（1）通常大多数人都宁愿说而不愿写，所以回答率比别的方式要高。

（2）面对面交谈，有助于深入了解情况，对不清楚的地方可以再提出问题。

（3）面对面交谈，可以直接观察到被调查者的反应，这是书面调查所不能做到的。

（4）面对面交谈，还可以相互启发，可以获取事先不曾预料到的问题与情况。

这些优点集中起来就是，人员访问比别的方法能得到更为真实、具体、深入的资料。但是这种方法的缺点也是很明显的，主要体现在以下两个方面：

（1）调查的成本高，费用大。

（2）所得到的资料受调查人的主观偏见的影响很大。所谓主观偏见也就是通常说的“框框”，调查人员在调查时头脑里切忌带有主观偏见，应该实事求是。

书面咨询的方式是由软件开发人员将所关心的和有待澄清的问题以书面形式提交给用户。通过询问将有助于软件开发人员能更好地理解用户当前的业务过程，并且了解计算机应如何帮助或改进用户的工作。

3．电话调查

电话调查法是通过电话同被调查者进行交谈以收集资料。这种方法进行调查的主要优点是：

（1）收集资料快。

（2）调查成本低。

（3）有现成的电话本，有利于分类。

这种方法的主要缺点是：

（1）只限于简单的问题，只能为了解被调查者的态度或反应，但不能做深入的交谈。

（2）被调查人的年龄、收入、身份、家庭情况等都无法知道，如果你在电话里问此类问题，很可能被拒绝回答就挂断电话。

（3）无法利用照片、图像。

4．考察乃至参与现行系统

对于没有管理知识或初次开发管理信息系统的人，使用前几种方法进行调查，往往会使调查的广度和深度受到限制，使系统分析和系统设计不能建立在正确的基础上，导致建立的新系统不能适应实际需要。直接参加业务实践是一种为弄清某种较复杂业务活动的现状而采取的方法，无疑这是一种好的方法。系统开发者参加手工系统的业务实践，是缩短用户与开发者之间的距离、取得共同评议的最好办法。

直接参加业务实践调查方法所调查的结果是最准确、最可靠的，使后面的分析、设计阶段减少与用户打交道的时间，建成的应用系统也将会较符合实际，也较可靠，同时这种调查方法还可以证实其他调查方法所调查内容的正确性和真实性。

开发人员参加业务实践尽管很好，但这太花费时间，所以这种方法不是用得很多。

5. 开会讨论

通过会议获得用户需求信息是用户与系统调查员交流的一种很好的方式，也是相当常见的方式。开调查会法适宜于基层的管理者。通过开调查会，了解基层管理者的业务范围、工作方式、业务的内外关系等。召开范围较广的或专题的会议，通过紧凑而集中的讨论可以将用户与系统调查员间的合作关系付诸实践。

为了开好调查会，应先写好调查提纲，发至每个被调查的对象，让其有一定的准备时间，这样易于把问题讲清楚。在撰写调查提纲时要注意区别被调查的对象，应让被调查者理解要调查的内容，因此在提纲中要尽量少用术语，如"信息"、"信息量"等，要尽量用手工系统中的"行话"。另外，对会议的参加者在人数方面应有所限制，参加人员不宜过多，否则会拖延会议的速度和偏离会议的主题。同时，会议主持人的作用也不容忽视，其对会议能否成功和会议的效率方面有着很大的影响。在每次座谈会中，都必须记录所讨论的内容，并在会后加以整理，然后请参与讨论的用户给予评价和修改。及早并经常进行座谈讨论是成功收集用户需求信息的一个关键途径。不过，值得注意的是，在座谈会上必然会涉及某些细节问题，特别是有些问题的回答需事先做准备。因此，在召开座谈会之前，提前发给参加人员有关座谈会的议题和内容等材料将有助于提高座谈会的效率。

开座谈会是系统调查中常用的方法之一，但要开好一个座谈会是不容易的。这完全要靠座谈人员的启发和引导，如调查人员自己的目的稍有不清，座谈会就很可能收获甚微。

6. 混合调查

应该说，不同的调查方法有不同的侧重点和适用面，实际工作中应结合具体情况，系统调查人员可以把上面提到的几种调查方法混合起来加以综合利用，完成调查任务。

3.3 可行性研究

可行性研究（Feasibility Study）也称可行性分析。新系统开发是一项耗资多、耗时长、风险性大的工程项目，因此，为了避免盲目投资，减少不必要的损失，在新系统开发的大规模行动之前，要对系统开发的可能性和必要性进行初步分析。

可行性研究是项目开发之前的重要工作，此活动的主要目标是：对现行系统进行全面、概要的分析，进一步明确新系统的目标、规模与功能，对初步调查的结果进行复审，重新明确问题，对新系统开发背景、必要性和意义进行调查分析，并根据需要和可能提出拟开发新系统的初步方案与计划，对所提新系统的大致规模和目标及有关约束条件进行论证，提出系统的逻辑模型和各种可能的方案，并对这些方案从技术、经济、管理等三个方面认真分析，对该系统是否能够解决存在的问题，是否能够带来预期的效果和价值做出评估，为新系统开发项目的决策提供科学依据。

在可行性研究阶段，如果发现许多问题都不能在预期的时间范围内或资源限制下得到解决，如果开发人员能够尽早预知存在的问题没有合理的解决方案，那么应尽早停止项目的开发。可行性研究的目的不在于提出解决问题的方案，而在于研究解决问题的必要性和可能性。

3.3.1 新系统目标

新系统目标是新系统建立后所要求达到的运行指标。正如新产品设计初期需要提出设计性能指标一样，新系统开发初期也要提出目标，它是进行可行性研究、系统分析与设计，以及系统评价的重要依据。管理信息系统的目标具有如下重要特性，因此，在考虑具体系统的具体目标时，应该予以注意。

（1）目标的总体战略性。信息系统的目标是整个系统的全局性努力方向，是各个子系统发挥作用共同配合才能达到的，它影响和指导着整个系统的分析、设计、实施和应用，对系统生命周期起着重要的作用。

（2）目标的多重性。信息系统的目标不是单一的，是多方面的。一般情况下，系统目标是一组目标体系，可以分解为树形的层次结构，但是，这些目标也有差异性，要根据实际需要区别对待，并有主次顺序。

（3）目标的依附性。信息系统的目标不是凭空想象孤立制定的，它依附于现行系统的战略目标。根据现行系统目标和功能，找出其薄弱环节，才能进一步推导和发展，提出新系统的目标和功能。

（4）目标的长期性。通常信息系统的目标是需要长期努力才能达到的。因此，要根据资源条件、开发力量和环境条件等分期、分批、分阶段实现。

（5）目标的适应性。信息系统是在外部环境中运行的，当环境变化时，系统的功能和信息也将发生变化。为了使系统有良好的适应性，首先要求其目标具有良好的适应性。

根据以上特点，新系统目标应该充分体现系统最高的战略目标、发展方向和基本特点，直接为主要任务服务；应该反映系统的发展规律，对系统分析、设计、实施、运行和维护均有重要指导意义。此外，新系统目标要与现行系统的各项基本功能密切相关，应该是可分期分批实现的，具有效益性和适应性，并富有挑战性和号召性，能鼓舞人们为它的实现而努力奋斗。

系统开发人员在充分调查研究的基础上，根据现行系统的目标、功能等具体情况和存在的薄弱环节，考虑用户多方面意见和要求后，与用户反复讨论，统一思想，提出初步的新系统目标。这个目标必须符合总体目标的要求，即各个子系统的分目标，必须符合上层系统的总目标。

不同系统的新系统目标具体提法各不相同，但是，对于基层系统，它们总可以归纳为以下几个方面。

（1）节省成本和日常费用开支。

（2）提高工作效率和减轻劳动强度。

（3）提高信息处理速度和准确性。

（4）提高系统的安全性、可靠性、可控性。

（5）提供各种新的处理功能和决策信息。

（6）为服务对象提供更多的方便条件。

（7）其他改进及有利方面。

3.3.2　可行性研究的主要内容与步骤

1. 可行性研究的主要内容

做可行性分析不能以偏概全，也不可以什么鸡毛蒜皮的细节都加以权衡。可行性分析必须为决策提供有价值的证据。联想集团领导人柳传志曾说："没钱赚的事我们不干；有钱赚但投不起钱的事不干；有钱赚也投得起钱但没有可靠的人选，这样的事也不干。"柳传志为决策立了上述准则，同时也为可以行性分析指明了重点。

一般地，管理信息系统开发的可行性分析主要考虑四个要素：经济、技术、社会环境和人。

（1）经济的可行性。经济可行性研究要对项目开发总成本与开发系统将带来的经济效益之间的差值进行度量，从经济的角度去判断是否值得为软件开发项目进行投资。经济可行性研究也叫做成本效益分析，简单地说，只有开发系统的总成本小于将来系统投入使用后会带来的总收益的软件开发项目才值得进行下去。

经济可行性分析主要包括："成本——收益"分析和"短期——长远利益"分析。

成本——收益分析最容易理解，如果成本高于收益则表明亏损了。如果是为客户开发管理信息系统项目，那么收益就写在合同中。如果是做自己通用的管理信息系统，那么收益就是销售额。

系统的开发成本通常包括：办公室房租；办公用品；计算机、打印机、网络等硬件设备；电话、传真等通信设备以及通信费用；资料费；办公消耗，如水电费、打印复印费等；软件开发人员与行政人员的工资；购买系统软件的费用，如买操作系统、数据库、软件开发工具等；做市场调查、可行性分析、需求分析的交际费用；公司人员培训费用；产品宣传费用；公共关系费用；任何企业都必须要缴纳的人防基金、残疾人基金、防洪基金等规定费用。

短期利益容易把握，风险较低。长远利益难以把握，风险较大。能为了长远利益不惜短期亏损的人，才是雄心勃勃的将帅。国内目前有不少 Internet 企业，只投入不产出，为了成就将来的霸业，甘愿现在拼财力、比耐性，最后存活下来的几个公司将瓜分市场（如 2014 年的嘀嘀打车与快的打车之争）。

除了上述两个主要分析外，还有投资回收周期及敏感度分析。

（2）技术的可行性。技术的可行性研究是对技术解决方案的实用性、技术资源的可用性和设备条件做出评估。概括地说，就是要回答使用现有的技术资源是否能实现待开发的软件系统的问题，其研究内容一般包括风险分析、资源分析和技术分析。

技术可行性分析至少要考虑以下几方面因素：

① 在给定的时间内能否实现需求说明中的功能。如果在项目开发过程中遇到难以克服的技术问题，麻烦就大了。轻则拖延进度，重则断送项目。

② 系统的质量如何。有些应用对实时性要求很高，如果系统运行慢如蜗牛，即便功能具备也毫无实用价值。有些高风险的应用对系统的正确性与精确性要求极高，如果系统出了差错而造成客户利益损失，那么系统开发方的责任就大了。

③ 系统软件开发的生产率如何。如果生产率低下，能赚到的钱就少，并且会逐渐丧失竞争力。在统计软件总的开发时间内，不能漏掉用于维护的时间。软件维护是非常拖后腿的事，它能把前期拿到的利润慢慢地消耗光。如果软件的质量不好，将会导致维护的代价很高，企图通过偷工减料而提高生产率，是得不偿失的事。

技术可行性分析可以简单地表述为：做得了吗？做得好吗？做得快吗？

(3) 社会环境的可行性。社会环境的可行性至少包括两种因素：政策与市场。从政策、法律和制度等社会因素方面考虑项目开发的合理性和意义。比如，项目是否与现行的某些国家政策相背离，是否会违反某些法律法规，是否符合社会的伦理道德。

市场又分为未成熟的市场、成熟的市场和将要消亡的市场。涉足未成熟的市场要冒很大的风险，而一旦成功则利润丰厚；挤进成熟的市场，虽然风险不高，但利润也不高；将要消亡的市场无风险但也无利润。

除了上述三个可行性研究之外，在做管理信息系统开发可行性分析时，还应对运行的可行性、人员的可行性、进程的可行性及管理的可行性进行分析。

2. 可行性研究的步骤

可行性研究的时间取决于系统的规模。一般从几周到几个月的时间，经费为整个项目的 5%～10%，大型项目可能要开发原型。可行性分析的一般步骤如下。

(1) 确定系统的规模和目标。分析系统的出发点是否正确，目标是否正确。系统分析人员要详细阅读各种相关资料，并对用户和市场进行调查，从而确认目标系统要完成的任务。同时，还要明确进行项目开发时的一切限制和约束，以及可以使用的各种资源。

(2) 明确用户主要信息需求。对现有系统功能特点的充分了解是成功开发新系统的前提。对现有系统的研究包括阅读和分析各种文档资料，观察系统的运行状况和实地操作系统，收集和分析用户对现有系统的意见等。可以说，现有系统是开发目标系统时重要的信息来源，明确现行系统是否能够满足用户需求，如果不能，问题在什么地方，这当然要对现行系统进行有针对性的调查。这一活动容易出现的问题是在现行系统调查上费时太多，系统分析人员要认识到这一活动不是要详细描述系统做什么，而是要理解系统在做什么，用户通常只谈论症状，系统分析员要明确问题所在。

(3) 提出拟建系统的初步方案。一般来说，新系统应该完成现有系统的功能，并对现有系统中存在的问题进行改善或修复。在分析研究了现有系统的基础上，就可以大体把握新系统的功能和结构，然后从较高层次建立新系统的逻辑模型。在调查的基础上要画出顶层数据流图和相应的数据词典。不要进行详细分解（除非在哪一方面发现问题有必要时）。要弄清楚此系统与其他系统的接口，这在设计新系统时是很重要的约束条件。

(4) 审查新系统。基于新系统的高层逻辑模型，系统分析人员可以从技术的角度提出多种解决方案，并从经济、社会和技术等多个方面对各种解决方案进行比较和评估。与用户交换意见，对要解决问题的规模、目标、关键人物进行审查，以数据流图和数据词典为基础，对建议的系统评价，如发现问题和不一致之处，找出解决问题的办法，重新审定。反复几次以使系统逻辑模型满足用户需求。在上述研究的基础上，回答该系统是否能够解决存在的问题，是否能够带来预期的效果和价值。如果该系统开发项目没有必要性和可能性，则应立即停止，并给出详细的理由。如果有开发该系统的必要性和可能性，那么应该从上述的多个解决方案中选取出最合适、最可行的解决方案，列举出选择该方案的原因，从经济可行性、社会可行性和技术可行性三个方面对该方案进行可行性研究。

（5）提出并评价可能的替代方案，并进行可行性研究，这里可行性研究要涉及物理方案，即解决问题的可能途径，如软、硬件的配置。

（6）给出该项目做还是不做的选择，同时确定方案。

（7）制定项目开发计划，包括人、财、物的安排。

（8）撰写可行性分析报告。可行性研究报告是可行性研究阶段的输出文档，应该包括的内容有项目背景、管理概要、候选方案、系统描述、经济可行性分析、社会可行性分析、技术可行性分析及可行性研究的结论等。可行性研究的结论一般有三种。

- 可以按计划进行软件项目的开发。
- 需要解决某些存在的问题（如资金短缺、设备陈旧和开发人员短缺等）或者需要对现有的解决方案进行一些调整或改善后才能进行软件项目的开发。
- 待开发的软件项目不具有可行性，立即停止该软件项目。

（9）向用户、审查小组与指导委员会提交结果。可行性研究的工作结果包括“可行性分析报告”和“系统设计任务书”。其中，可行性分析报告的主要内容包括：现行系统概况、主要问题和主要信息需求、拟建新系统的方案、经济可行性分析、技术可行性分析、营运可行性分析及结论等。系统设计任务书是在可行性研究报告做出并经审定后正式进行后续阶段系统建设的决策性文件，是根据可行性研究确定的系统方案、对系统开发者下达的任务书，其中主要包括系统目标与任务、系统的规模、结构、建设初步计划、投资安排、人员安排等。

上述可行性研究的步骤只是一个经过长期实践总结出来的框架，在实际的使用过程中，它不是固定的，根据项目的性质、特点以及开发团队对业务领域的熟悉程度会有些变化。

3.3.3　可行性研究的评价原则

新系统开发的可行性包括可能性和必要性，这两者是相辅相成的，缺一不可。例如，某个单位的领导对现行系统感到满意，对计算机辅助管理并不感兴趣，那么，即使系统的开发在该单位是可能的，但没有必要性，所以，也是不可行的。不是所有的组织都具备计算机应用于管理的条件，因此，在现行系统调查研究的后期要再进一步进行评价。通常，可从以下三方面着手。

1．技术方面

根据新系统目标，衡量所需要的技术是否具备，如硬件、软件和其他应用技术，以及从事这些工作的技术人员数量及水平等。

硬件方面主要考虑计算机的内存、功能、连网能力、安全保护设施，以及输入、输出设备；外存储器和连网数据通信设备的配置、功能、效率等。软件方面应考虑操作系统、编译系统、数据库管理系统等配置及功能等。应用软件方面则要考虑是否有现成的软件包或自己有能力编制有关程序。当然，这里讨论的技术必须是已经普遍应用，有现成产品，而不是待研究或正在研究的。

系统开发的技术力量不仅考虑数量，更重要的是质量，以及在近期内可以培养和发展的水平。

2. 经济方面

估算新系统开发所需要的投资费用和将来的运行费用，并同估计的新系统收益进行比较，看是否有利。

投资和运行费用包括：

（1）设备费用。计算机硬件、软件、外设、电源、机房、空调等费用，购入的应用软件及其他设备费用等。

（2）人员费用。全部系统开发人员、操作人员，维护人员的所有工资支出和培训费用等。

（3）材料费用。调试和运行的正常开支，如打印纸、卡片、软盘、机时费、水费、电费、各种设备的维护费等。

（4）其他费用。不属于以上所列费用的一切开支。例如，由于工作方式改变需要增加的其他开支。通常为了保证新系统运行的可靠性，要求手工和计算机处理在较长时间内并存。

在费用估算时，往往会出现低估现象，因为很多意外因素将使费用大大增加，所以，还要加大一定比例。

收益的估计更加困难和复杂，有些指标则是不可计算的，收益包括：

（1）节省人力，减轻劳动强度。

（2）降低成本和其他费用。

（3）改进薄弱环节，提高工作效率。

（4）提高数据处理的及时性和准确性。

（5）其他各种有利方面。

有时，有些收益不能从本系统直接体现，但在可行性研究时也应考虑。例如，图书馆的情报检索系统，它为读者寻找资料创造了极为方便和高效的服务条件。由于及时、全面地提供了有用的文献资料，使国家重大科研项目既快又好地完成，因此，该系统的收益还体现在对国家的巨大贡献。对于这类系统，如果只考虑本系统收益，有时可能是不值得的、亏损的，所以，就会导致错误的结论。值得注意的是：在收益的估计时，往往会出现高估现象，因为用户的实际收益取决于用户的应用水平。例如，有的系统能提供很多及时准确的决策信息，但用户没有很好利用，因此就不能达到预期的效果。

3. 组织管理方面

评价新系统运行的可能性及运行后所引起的各方面变化（组织机构、管理方式、工作环境等），将对社会或人的因素产生影响。例如，以计算机处理为基础的某信息系统建成后，可以替代很多管理人员的人工劳动，于是要考虑他们的工作安排问题，否则，将引起消极抵触情绪。此外，新系统对现行组织机构的影响，现行系统人员对新系统的适应性，以及对现有人员的培训、补充条件、对环境的影响等，都是可行性研究的重要考虑因素。这方面的可行性很重要，它会直接影响新系统的正常运行，但是容易被忽略。

在对几种方案的上述三个方面的可行性做分析比较后，最后要写出新系统开发的可行性研究报告。如果可行性研究通过，则可进入系统分析工作，如果某些条件不成熟，则要创造条件，增加资源或改变新系统目标，再重新进行可行性论证；如果可行性研究结果完全不可行，则系统开发工作必须放弃。

3.4　系统详细调查

系统详细调查的目的是在可行性研究的基础上进一步对现行系统进行全面、深入的调查和分析，弄清楚现行系统的运行状况，查明其执行过程，发现其薄弱环节，收集数据，找出要解决的问题，为设计新系统提供必要的基础资料，确保新系统比原系统更有效。

系统详细调查的主要内容包括对现行系统的目标、主要功能、组织机构、业务流程、数据流程的调查和分析。

详细调查与初步调查的区别在其调查目的和内容。初步调查的目的是为了明确系统开发所要解决的主要问题和目标，论证系统开发的必要性和可能性。详细调查的目的是为了弄清楚现行系统的基本功能及信息流程，为新系统逻辑模型的建立提供基础和依据。初步调查的重点是了解现行系统的概要情况及与外部的关系，包括资源情况、能力情况、外部影响情况等。而详细调查的重点在于了解更详细、更具体的系统的内部情况，从而可以提供在新系统建设时改进或更换的内容。详细调查是建立新系统的基础工作。系统详细调查的结果以“详细调查报告”表示。

系统详细调查的特点是目标更加明确，范围更加集中，在了解情况和数据收集方面进行的工作更为广泛深入，对许多问题都要进行透彻的了解和研究。

1. 系统详细调查的内容

系统详细调查的内容可分为两部分。一是系统的定性调查，主要是对现有系统的功能进行总结，包括组织结构的调查、管理功能的调查、工作流程的调查、业务处理特点的调查与系统运行的调查等。二是系统的定量调查。定量调查的目的是弄清数据流量的大小、时间分布、发生频率，掌握系统的信息特征，据此确定系统规模，估计系统建设工作量，为下一阶段的系统设计提供科学依据。调查的主要内容包括对现行系统的目标、主要功能、组织结构、业务流程、数据流程的调查和分析。管理信息系统所处理的信息是渗透于整个组织之中的，系统分析员必须从实际的组织中的实际情况出发，逐步抽象，才能得到组织中信息活动的全貌。

（1）组织结构的调查。调查的第一步就是了解组织的机构状况，即各部门的划分及其相互关系、人员配备、业务分工、信息流和物流的关系等。调查应当围绕现行系统的信息（数据）处理展开。然而，信息又渗透于组织之中，信息流与物流、控制流等混杂在一起。这使得我们必须从具体的组织机构出发，逐步抽象，才能最后得到现行信息系统的全貌，并用组织机构图描述系统的组织机构。组织机构状况可以通过组织结构图来反映。所谓组织机构图就是把组织分成若干部分，同时标明行政隶属关系、信息流动关系和其他关系。

（2）业务处理状况调查。组织结构图描述了在组织边界之内、各部分之间的主要的业务活动情况，这只是一种粗略的描述。为了弄清楚在各部门的信息处理工作中，哪些与系统建设有关，哪些无关，就必须了解组织的业务流程。系统分析员应按业务活动中信息的流动情况，逐个调查所有环节的处理业务、处理内容、处理顺序和对处理时间的要求，弄清楚各环节需要的信息内容、信息来源及去向、信息处理方法、提供信息的时间和信息形态等。有关的调查情况可以用“业务流程图”来表示。

（3）现行系统的目标，主要功能和用户需求的调查。只有充分了解现行系统的目标和功能以及用户的需求，才能发现存在的问题，寻找解决问题的途径，也使新系统的开发成为可能。现行系统要完成其总目标，就要有相应的组成机构。多数情况下，功能和机构是一致的，但不可能完全一致。在详细调查中要认真分析，并用功能体系图描述系统的功能体系。

为了定义新系统的功能，就要弄清用户需求。用户需求包括功能需求、性能需求等，功能需求是基本需求。用户需求有两层含义：用户需要和用户要求。用户需要是客观的、相对稳定的；用户要求则反映管理者提出的一些创造性思想，它是主观的，易变的。调查中要明确用户需要，挖掘用户要求。针对用户需要和用户要求设计的系统有较强的适应性。

用户需求大部分是显式的，是用户直接提出来的。有些需求用户往往不直接提出，他们认为这是不言而喻的或公认的，这些是隐式需求。调查中应引导用户把这些隐式需求明确化、具体化。例如在会计系统中，编制凭证、记账、计算成本、编制报表等功能是显式需求。但是在甩掉手工账后，系统的查询功能必须十分方便、迅捷。处在原系统环境下的用户一时还意识不到这一点。调查人员应当与用户明确查询要求、查询方式、查询条件。显式需求容易调查清楚，而隐式需求则往往被忽视。

由于用户对计算机不甚了解，提出的需求可能会不准确。因此，在调查功能要求时，要充分与用户沟通，把计算机的功能介绍给用户，舍弃那些不合宜的目标，充分发挥计算机技术的优势，给新系统增加必要的功能。

（4）信息流程调查。研制开发系统，必须了解信息流程。业务流程虽然在一定程度上表达了信息的流动和存储情况，但仍含有物资、材料等内容。为了用计算机对组织的信息进行控制，必须舍去其他内容，把信息的流动、加工、存储等过程抽象出来，得出组织中信息流的综合情况，然后做出数据流图（DFD）并进行逐层分解、审查和核对。

① 调查现行系统的业务状态。调查各部门的业务内容、各种规章、制度等。如会计核算制度，利润分配制度、工资制度等。

② 调查现行系统的业务流程。调查作业步骤、与业务相关的输入、输出、存档信息及三者间的关系，部门、地区间交换信息的手段，物流与信息流的关系，输入、输出信息发生的时间。要按企业中数据流的轨迹逐一查清每个信息的加工环节，并用业务流程图描述之。

③ 输入、输出数据调查。

数据流向：部门间的信息，在某个部门集中的信息，单向或双向流动的信息等。

数据种类：文字、数字、报表、文件等。

数据的质和量：包括精度、最大值、最小值、平均值、周期、总量等。

信息的制造者和使用者：如供管理者使用，则应提供精练的信息；如供操作者使用，则应提供详细的信息；如供专家使用，则应提供全面的信息。

输入输出地点、目的地：调查时要仔细收集各业务岗位使用的单据、票证、表格、账簿等，同时要弄清这些账表中数据的来龙去脉、表内数据运算关系及表与表、表与账间的数据关系，这些账、表的使用频率，上报对象等有关细节。

数据是信息系统的原材料，要得到正确、及时的输出必须有完整、准确的输入。要把数据的完整性、频度、精度、数据量、格式、存储形式等逐一调查清楚。如发现不足应与用户协商求得改进，如提高数据采集频度、采集精度等。

（5）数据及功能分析。有了 DFD 后，要对图中所出现的数据和信息的属性做进一步分析，包括编制数据词典、数据存储情况分析及使用者查询要求分析。同时要对 DFD 图中各功能的内容从逻辑上而不是从物理上加以详细说明。可用的工具有决策树、决策表、结构化语言描述等。

（6）系统运行环境分析。决定一个系统能否正常运行的因素很多，有些是系统本身的原因，有些不是。据统计，目前我国许多企业的信息系统处于停滞状态的主要原因是系统对环境的适应性问题而非技术问题。因此，在开发系统之前，必须对系统的应用环境进行认真的调查和分析，充分考虑各种可能发生的变化，以提高系统开发的效率。

（7）约束与问题的调查。用户开发新系统意在解决原系统之不足，实现原系统无法满足的需求。在上述各项调查中要随时注意现行系统中的深层细节，善于动脑，善于抓问题，分析问题产生的原因、后果和解决办法，做好记录，并随时与用户协商。如数据流程是否合理、有无重复、遗漏、不合理的传输、处理和存储等。这些问题往往是新系统中应当解决的，也是能够提高用户对新系统兴趣和热情的地方。同时也要了解解决这些问题的条件和限制是什么，新系统能否利用这些条件，突破这些限制。

（8）系统边界调查。系统的边界是系统自身与系统环境间的界线。准确地划定这条界线可以明确系统的功能及系统的输入与输出。要了解与系统有信息交流的一切人、部门、单位和系统。弄清他们给系统提供什么信息，或者使用系统的什么信息，信息的格式、使用时间与频度。例如，企业要开发财务管理系统，而财务和材料、生产、销售、劳资、银行等单位的边界就必须明确。明确哪些是财务系统应该做的。

现行系统调查研究是一项烦琐而艰巨的工作，为了使该项工作能够顺利进行，需要掌握一定的工作方法。系统分析员和用户要制定调查研究的进度计划，以便事先安排时间和内容，并通知有关人员；应先自上而下做初步调查，在了解全局、总体的基础上，再自下而上地进行具体调查研究；在调查过程中要注意数量概念，要收集足够的数字供定量分析之用。系统分析员必须对这些内容进行整理、研究和分析，并将有关内容绘制成描述现行系统的各种图表，以便在短时期内对现行系统有全面细致的了解。

2. 系统详细调查常用的图表工具

调查中使用适当的图表等工具，可以更清楚地表达调查的结果，便于分析，也便于与他人交流。常用的工具如下。

（1）组织机构图。这是一种描述企业组织机构的图形工具。用方框表示机构，在框上写明机构名称，表达机构之间的联系和隶属关系，如图 3.2 所示。

（2）功能体系图。这是描述各职能部门数据处理功能的图形工具，如图 3.3 所示。图中每一方框是一个子功能，其下属方框又是该子功能的分解功能，从而形成一个功能体系。方框中标明功能名。为了描述功能体系与机构体系的关系，在每一方框内用括号标明该功能或子功能是由哪一机构执行的。

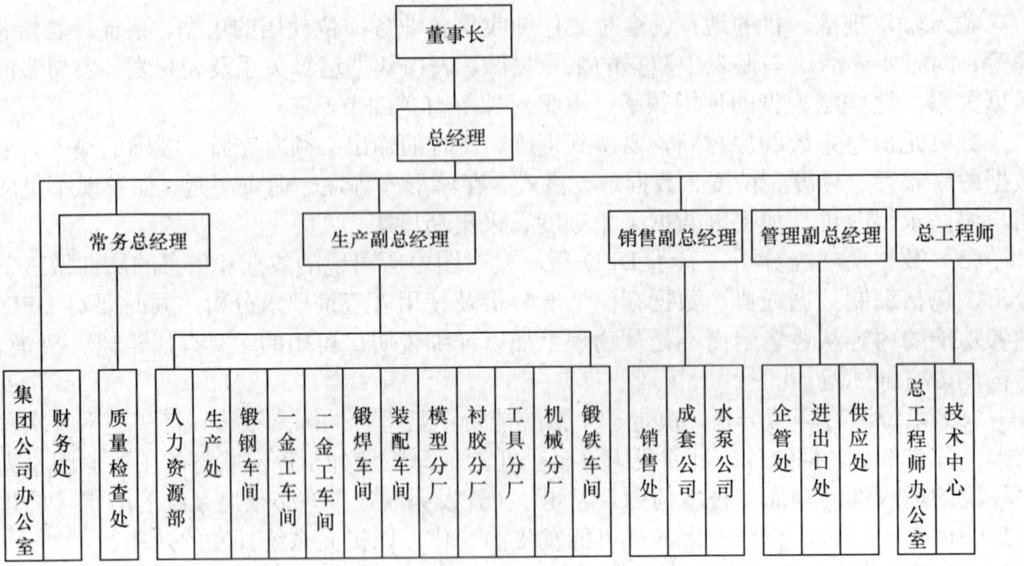

图 3.2　组织结构图

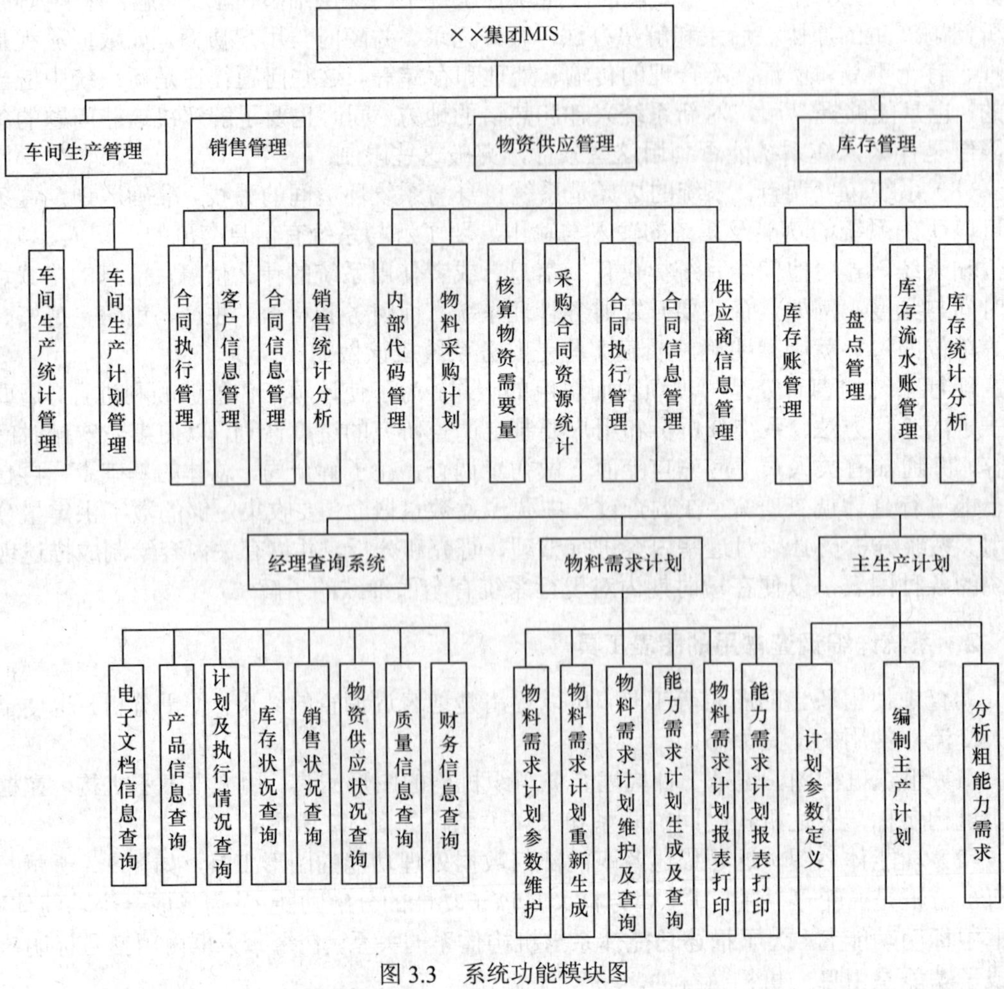

图 3.3　系统功能模块图

（3）业务流程图。这是描述系统中信息处理和传输的过程，如图 3. 4 所示。通过对现行系统业务流程的分析可以吸收现系统信息处理之所长，也可以发现和避免其短处。

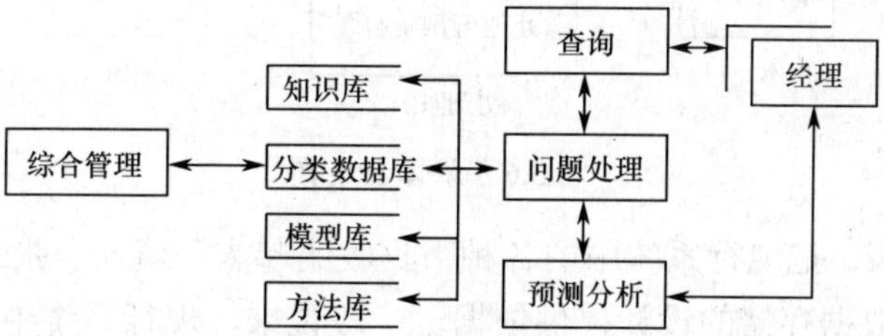

图 3.4　业务流程图

（4）信息关联图。业务流程图以功能体系图为基础，每一个子功能画一张业务流程图，然后按照信息流的传递关系，对这些子功能的业务流程图进行连接形成信息关联图。

图 3.5 描述××公司物流管理的信息关系，从总体上反映了各功能子系统之间的信息联系。它有助于了解现行系统中信息的流动全貌，也是新系统数据流图的基础。

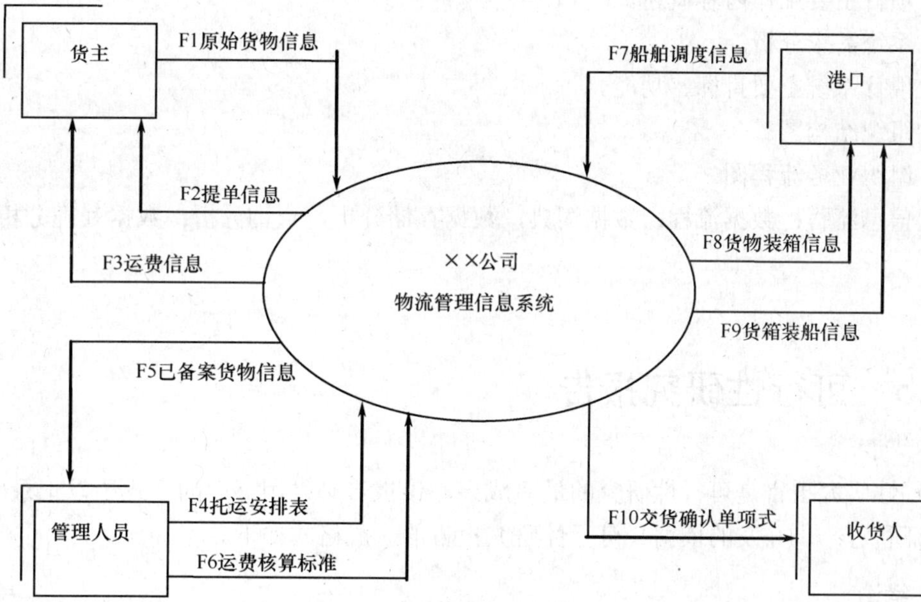

图 3.5　信息关联图

（5）IPO 图，由信息输入（I）、处理（P）、输出（O）三部分组成。IPO 图可以用来描述全系统、子系统或一个信息处理岗位。描述范围不同，其概括程度不同。图 3.6 是某企业生产子系统的 IPO 图。从图中可以看出系统输入哪些数据，做了哪些处理，输出了哪些数据。图中，方框限定了系统的边界，所有的输入、输出信息都应是外部的。进一步，可以画出更下一级子系统的 IPO 图，这样深入下去，直到对系统中每个环节对信息的管理、流动都表达得一清二楚为止。

IPO 图只表明对信息做何处理，不表达如何实现这些处理，不表达各输入、输出的先后顺序，也不描述各处理过程间的逻辑关系。

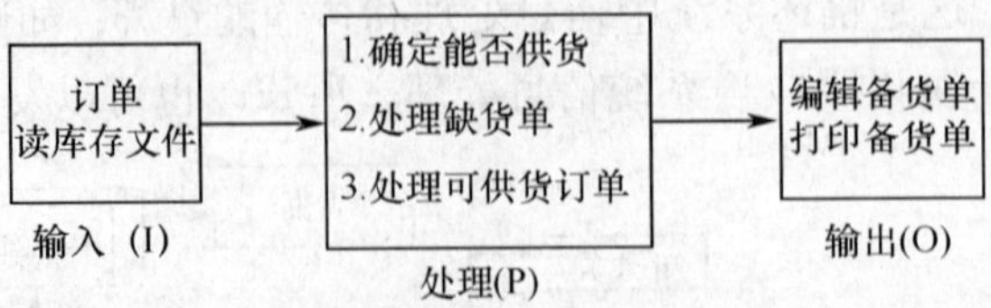

图 3.6 总体 IPO 图

（6）数据统计表。把现行系统中的各种数据收集起来，填入一张表中。这将对新系统数据结构的设计、数据存储的设计提供依据。一般说来，现行系统中的数据多以账、表、卡、票、条、单等形式出现，把它们收集起来，并把有关条款填入统计表。

（7）数据项分析表。把数据统计表中各表的数据项填入此表，去掉重复的数据项。每个数据项占一行，填写它们的名称、来源表、引用表和必要的说明。通过分析可以找到使用中引用的不合理的数据项。

系统详细调查的结果以"详细调查报告"表示，主要包含下列内容：

① 项目主要工作内容概述。

② 系统需求分析。

③ 现行系统主要目标、功能。

④ 组织结构图。

⑤ 组织业务流程图。

⑥ 信息流程：数据流程；数据词典，数据存储分析，查询分析；数据处理分析。

3.5 可行性研究报告

可行性研究报告是可行性研究的最后成果，该报告必须用书面的形式予以记录下来，作为论证和进一步开发的依据。可行性研究报告的一般格式如下。

1．绪论

（1）概要。概要说明管理信息系统的名称、目标和功能。

（2）背景。系统开发的组织单位、系统的服务对象及本系统和其他系统或机构的关系和联系。

（3）参考和引用的资料。说明本系统的经核准的文件、合同及与本系统有关的文件、资料，本报告所使用到的专门术语的定义等。

（4）专门术语的定义。

2．系统建设的背景、必要性和意义

（1）现行系统分析摘要。对现行系统的初步调查分析结果，包括现行系统的组织结构、

业务流程、工作负荷；现行系统的人员状况、运行费用开支及设备使用情况；现行系统的计算机配置、使用效率和局限性；现行系统在上述各方面的问题及要求。

（2）需求调查和分析。对信息系统的需求进行详细调查和说明，并考虑各种制约因素。

（3）需求预测。说明改革和经济发展对信息系统可能产生新的要求，并对这一要求进行预测。

3．新系统的候选规模及方案

提出一个主要方案和若干个辅助方案，其内容包括：

（1）新系统的目标。从多方面论述新系统的目标，有可能提高社会和经济效益，改进管理手段，减少人力和设备费用等。

（2）系统的建设规模和初步设计方案。说明新系统的规模、组织和结构。

（3）系统建设的实施计划。

（4）投资方案。说明投资的数量、投资的来源及投资的时间安排等。

（5）人员培训及补充安排。说明新系统对人员的数量及质量的要求，对现有人员进行培训及新增人员的计划。

（6）其他。

4．可行性研究

（1）技术上的可行性。分析国内外有关的发展水平及国家的有关技术政策，利用现有技术进行系统建立的可能性，以及技术的发展对系统可能产生的影响。

（2）经济上的可行性。对现有经济状况、系统建设所需费用及系统运行费用进行分析，并对系统可能产生的社会和经济效益做出估计，从而说明新系统建设投资的可能性及效益费用比等。

（3）社会环境的可行性。法律和政策对系统运行可能产生的影响，对人员培训与补充，以及环境条件的影响进行说明。

5．几种方案的比较研究

对所有的候选方案从技术、经济和社会环境三个方面进行比较研究。

6．建设性结论

在进行可行性研究报告的编制时，必须有一个明确的研究结论。这个结论可以是：

（1）可以立即开始后面的开发工作。

（2）需要推迟到某些条件（例如：资金、人力、设备等）落实之后才能开始进行。

（3）需要对开发目标进行某些修改之后才能进行。

（4）不能进行或不必进行（例如：因技术上不成熟、经济上不合算等）。

可行性研究报告书需经用户、业务人员和同行专家评审认可，方能转入下一阶段（系统分析）的工作。

3.6 酒店 MIS 系统调查实例

1．系统调查大纲

（1）娱乐休闲型酒店管理信息系统的开发情况调查。

（2）本酒店的开发背景及需求。

（3）本酒店的概况，包括酒店的发展历史、现状、规模、经营状况、业务范围及与外界联系等。

（4）酒店的外部环境调查。影响酒店经营的大环境包括国民经济增长、旅游黄金周、国家政策、城市经济发展等，还包括酒店的小环境，如对外的关系、工商、税务等。

（5）娱乐休闲型酒店人员素质及组织结构，包括人员素质需求和各个部门的职能。

（6）娱乐休闲型酒店硬件和软件（包括计算机的硬件和软件），包括不足、差距、过剩和改进。

（7）娱乐休闲型酒店的业务流程和信息流程，包括系统内和系统间的，部门内和部门间的。

（8）娱乐休闲型酒店的资源状况和约束条件。

（9）娱乐休闲型酒店的薄弱环节。

（10）各个部门对系统的特殊要求。

2．调查方法

（1）开调查会法。

（2）个人访问法。

（3）电话调查法。

（4）直接参加业务的实践。

3．调查表设计（部分）

娱乐休闲型酒店管理信息系统薄弱环节调查表：

（1）你的工作部门？

□客房　□餐饮部　□康乐部　□财务部　□其他部

（2）你的职务？

□总经理　□经理　□服务员　□职员　□其他

（3）你每天的工作紧张程度？

□轻松　□一般　□很忙　□长期加班　□偶然加班

（4）你每月的工作紧张程度？

□一直轻松　□一般　□一直很忙　□长期加班　□偶然加班

□月初忙　□月末忙

（5）你所接触的报表，其数据是：
□准确的　□基本准确　□错误较多　□不接触报表
（6）你认为本酒店的组织机构是：
□合理　□基本合理应微调　□不合理重新调整
（7）你认为本酒店的薄弱环节是：
□硬件　□系统软件
□员工素质　□领导者能力
□市场开拓能力　□地理位置　□外部协调能力
□酒店知名度　□市场竞争能力
□酒店配套能力　□其他
（8）认为本酒店的下列作用，哪一个更为重要？
□住宿　□配套服务
（9）在酒店服务计费单位上，你认为以哪一种方式比较好？
□天　□半天　□小时
（10）在酒店服务计量单位上，你认为以哪一种方式比较好？
□房间　□个人
（11）你认为客人在酒店消费，以何种结算形式比较好？
□现金　□记账　□信用卡
（12）你认为本酒店还应增添的项目？
□健身房　□商务　□商场　□体育活动项目　□钟点房
（13）你认为本酒店还应减少的项目？
□洗衣　□洗浴　□餐饮　□购物
（14）你认为本酒店要想提高经济效益还应在哪一方面改进？
□管理　□节约　□开源　□其他
（15）你对本酒店的总体评价和意见。
……

4．酒店的组织机构

酒店的组织机构如图 3.7 所示。

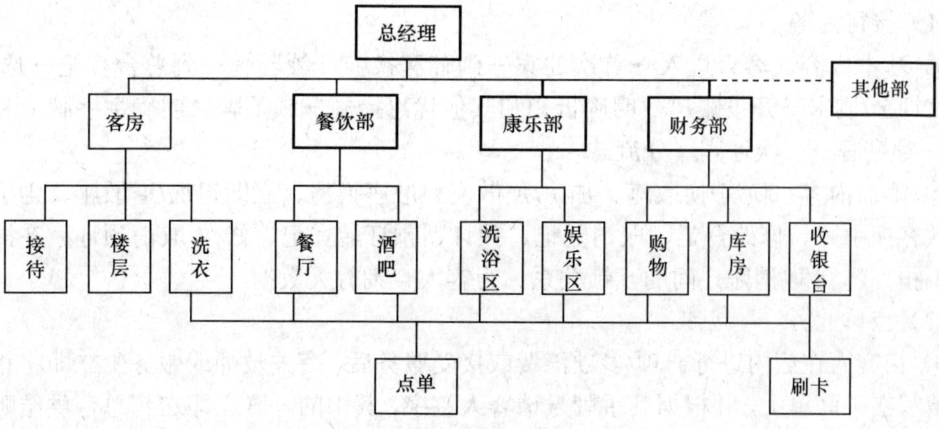

图 3.7　组织机构图

5．酒店的基本术语

在娱乐休闲型酒店管理中，一般将业务流程的运行称为“流转”。下面以“手牌”的流转为例，介绍酒店中一些基本术语。

（1）手牌。指客人在酒店内的身份标识。每个客人在店内活动，均需随身携带一个号码唯一的手牌。手牌在客人入店登记时取得，客人凭各自的手牌进行洗浴、娱乐、消费和接受各类服务。

（2）主手牌。这是针对两个以上的客人组成的团体而言的。主手牌的持有者作为该批客人的代表，是双方临时约定的总付账人。

（3）鞋牌。客人进店后首先要到总台旁边的鞋房换拖鞋（这一点与星级酒店不同），同时领取与鞋架对应的具有唯一号码的鞋牌，然后凭鞋牌进行初始登记并领取手牌。

（4）散座。酒店为了方便，仅为洗浴或消费而来的客人特别开辟了若干个比较大的空间，内设了一批可供临时休息的铺位，称为散座。散座的收费仅为标准客房的1/3～1/4。持散座手牌者除不能进入客房外，其他活动不受限制。

（5）超时。若客人在规定的时间内离店，酒店只向其收取相应的标准房费或散座费，超过规定时间后每增加1小时加收一定比例的超时费（如加收10%），这一点与星级酒店的计费方式有很大的不同。

（6）点单。房费（散座费）中已包括了基本的洗桑拿浴的费用。客人若另外接受了按摩、美容、洗衣等附加服务，或者点了酒水、购买了物品等，则需另外签单，在结账时一并付费。

（7）班次。24小时内业务部门按两个班次轮转，通常白班为8:00—18:00，这样可保证后台的财务人员在19:00前下班，夜班为18:00至次日8:00。

（8）免单。经酒店总经理或其他高级管理人员批准，可免收客人的部分或全部费用。

6．业务调查

酒店内主要包括接待、餐饮、康乐、客房、收银、库存、财务等几大业务部分。经调查得到以下的业务基本情况。

（1）接待业务。

① 基本内容。客人进入→首次迎宾→到鞋房换鞋→领鞋牌→到总台登记→选房/散座、收押金/刷卡→开设账户→明确折扣和其他优惠措施→领手牌（明确主手牌）和房门IC卡→存鞋牌→二次迎宾→分流。

② 附加内容。换房/换散座、加房/加散座、散座换房、立即退房/退散座、主手牌变更、散客换手牌、修改登记、取消登记、预订、预订转登记、修改/取消预订、补押金、修改折扣、建立/取消账户间的互锁关系、为客人查询有关数据。

（2）点单业务。

① 当客人在店内进行一项/多项消费或接受服务后，有关技师或服务生立即将相应的内容填写在三联单上，并根据其手牌号请客人签字，其中的一联立即送到总台供结账时汇总。楼层服务生在“跑单”的同时，要及时查问该客人是否马上离店，并向总台通报有关

情况。

② 对填错的单据进行修改，根据总台的要求，对客人已实施的消费进行调整，对商品外卖、特殊情况下的现金收入进行签单处理。

（3）楼层业务。

① 各楼层的服务生应及时清扫房间，传送有关单据，应客人要求安排各种服务活动，向总台通报房间状况变化情况和客人遗失物品情况，提醒超时或超费用的客人补押金。客人退房时进行例行检查、填退房单，房间有故障时进行报修。

② 交接班时对在酒店客人、房间状况和已点单的数额相互确认，特别是对计时类服务的情况进行交待。

（4）收银业务。

① 基本内容。客人交还手牌→对应的账单汇总→结账→收/退款/刷卡→送客。

② 附加内容。提前退房/退手牌、提前部分/全部结账、代/转他人结账、挂账、免单、促销优惠、超押金预警、设立挂账账户、清理欠账。

（5）餐饮业务（允许单独收银）。

① 基本内容。客人进入餐厅→迎宾开台→点菜→餐间服务→结账。

② 附加内容。加/换/退菜、换台、送餐、折扣、免单、按主手牌挂账、按合同单位挂账、增加/修改菜谱、填成品损耗单等。

③ 后台管理内容。制作与菜谱对应的原物料配方表、填写/统计原物料消耗表、成本核算及变动分析、差异量控制、各类营业报表等。

（6）库存业务。

① 办理消费品和消耗品的入库登记，分类分批次分价格统计库存，控制商品质量和保质期，分营业部门出/退库，记录库存账口，按规定时间制作库存报表。

② 按种类查询和盘点在库商品及出库流向，统计部门的商品（原物料）差异量；根据库存情况，及时提出补货和进货申请，提出积压物品处理意见。

（7）汇总报表。

① 按客人汇总。同一批客人的所有单据，包括代他人结账、由他人代结账和折扣/挂账/免单等特殊单据的汇总，制作统计报表。

② 按专项服务汇总。根据各类专项职员/技师的具体工作量和工作性质单独统计，便于计算其相应的业务提成。

③ 按班汇总。统计一个班次内的全部业务单据，分析评价其工作业绩。

④ 按部门汇总。按一定时间段汇总某个营业部门的全部单据，各种营业额及其相关比例的报表。

⑤ 按批准人汇总。根据客人享受折扣和免单优惠的情况，统计出一定时间段内各批准人行使该权利的总额和明细。

⑥ 按类别汇总。按基本客房/散座费、超时费、洗浴服务费、美容美发费、精品购物费、酒水饮料费、计时服务费、其他服务费、挂账单位明细等分类统计汇总。

⑦ 按优惠卡汇总。统计一段时间内客人使用优惠卡形成的优惠金额，计算有关的比例。

⑧ 按付款方式汇总。计算客人以现金、支票、信用卡、代金券以及其他方式付款的

数量和比例。

⑨ 单据审核。由财务部门对所有业务单据进行审核。

7．酒店实施管理信息系统的基本目标

（1）实现多操作点的信息共享，相互之间的信息传递要做到准确、快捷和顺畅。

（2）采用图形化的操作界面，使人—机对话方便，易懂、易用、易培训。

（3）系统 24 小时连续可靠运行，对重点业务实施全天候动态监管。

（4）系统维护方便可靠，有较高的安全性，满足实用性、先进性和经济性的要求。

8．酒店管理信息系统开发的可行性分析

在对酒店管理系统进行 MIS 基础知识培训和系统调查后，对酒店管理信息系统开发项目进行可行性分析。可行性分析就是根据系统环境和资源条件，判断酒店管理信息系统项目是否具有实际开发的可能性。

根据调查结果，认为该娱乐酒店建立以微型计算机和局域数字网络为基础的 MIS 系统条件是具备的，只要组织措施和开发策略选择合理，现行系统存在的一些问题是可以避免的，系统开发具有可行性。

（1）酒店领导重视和管理者及工作人员的普遍支持。根据组织机构自上而下进行系统调查时，发现从酒店领导到管理者及普通工作人员都非常支持，表现出了强烈的渴望和参与精神。酒店领导表示要改革不合理的组织结构和管理环节，以促成 MIS 的开发。各部门经理同样希望借 MIS 的开发，提升酒店的硬件和软件水平，提高酒店的档次，提高员工素质。工作人员同样非常支持 MIS 的开发，系统开发后，对提高工作效率，改善工作环境等有极大的益处。

（2）技术实现方面的可行性。对于该酒店的情况可以从四个方面来分析。

① 具有一定的科学管理基础。该酒店是一家星级酒店，建立了比较合理的管理体制和较完善的规章制度，管理人员的素质比较高，具有一定的科学管理基础。同时，基础数据和报表的管理也比较科学和规范。主要存在的不足是手工处理太多，在数据统计上，有一些人为的因素。这样 MIS 的开发正好可以解决上述不足。

② 开发策略的选择。该酒店的计算机专业人才较少，缺乏 MIS 的设计和开发者。但是由于整个酒店员工的素质比较高，绝大部分员工对计算机都比较熟悉，所以酒店领导决定采用委托开发的开发策略，让酒店的计算机人员参与到 MIS 的设计和开发中去，同时再对员工进行必要的计算机业务培训。

③ 现有管理方法对新系统的适应性。根据酒店的要求和系统调查的结果来比较，MIS 建成后，将所有的工作和业务都纳入到计算机的管理中来。现有管理方法显然不能适用新系统，因此必须进行改进。

④ 软件和硬件的可行性。就目前计算机和计算机网络的发展状况，实现酒店 MIS 设计的功能无论是在软件还是硬件上，都不会有太大的困难，所以在软件和硬件方面是完全可行的。

（3）人员设备投入的可行性。由于该酒店的目标定位是星级，所以在人员设备投入方面早就有计划。与其他所不同的是，该酒店并不是盲目购进软件和硬件，而是做出预算等到 MIS 开发时一起配套购买。

（4）经济实现方面的可行性。对于该酒店的情况可以从两方面来分析。

① 投资费用和运行费用。对于酒店行业来讲，无论是否开发 MIS，计算机软件和硬件方面的投资是必需的，因为计算机已经成为星级酒店的必要工具。当然开发 MIS 会增加一部分费用，但是增加的部分费用带来的收益却是巨大的。

② 收益。开发 MIS，对酒店的经济效益是明显的，当然更多的是间接效益：

➢ 在酒店实现 MIS，有助于提高酒店的规格。
➢ 节省人力，减轻劳动强度。
➢ 通过计算机管理，杜绝了人情风，降低成本和其他费用。
➢ 改进薄弱环节，提高数据处理的及时性和准确性，提高工作效率。
➢ 可以开展多种形式的经营，提高经济效益。
➢ 加强财务管理，减少不必要的支出。
➢ 帮助酒店领导及时做出决策和调整决策。
➢ 有助于提高员工整体素质。

从以上的可行性分析可以得出，酒店管理信息系统的开发项目是可行的。

本章小结

本章介绍了管理信息系统开发的系统调查阶段的内容。系统调查分为初步调查和详细调查。初步调查是为了进行系统可行性研究，而详细调查是为了提出新系统的逻辑模型。

管理信息系统存在于环境包围之中，与环境的相互作用，通过输入和输出，管理信息系统表现出特定的功能与行为。根据系统的功能关系，系统的输入、输出受外界环境的约束，同时也与系统内部的各要素有关。

要对系统进行全面整体的调查分析，大体可以从两个方面着手进行。一是对系统的外界环境进行调查分析，即系统的目的调查分析；二是对系统的内部进行调查分析，即系统的方案调查分析。

系统的初步调查是系统分析阶段的第一项活动。初步调查以可行性分析为目的，为可行性分析提供定性的和定量的根据。系统初步调查应遵循如下原则：制定系统调查计划和系统调查培训；调查顺序；如实记录调查情况；采用规范化的工作方法；全面铺开与重点调查相结合；调查态度和方式；调查与分析整理相结合；了解业务与收集数据同时进行。

系统初步调查的内容包括：企业概况；现行信息系统运行情况；管理信息系统的总目标；企业领导和管理人员的信息意识；新系统开发的自然条件；问题和薄弱环节。

系统调查方法有：系统调查表；访问有关人员；电话调查；考察乃至参与现行系统；开会讨论；混合调查。

可行性研究是系统分析阶段的第二项活动，是项目开发之前的重要阶段。此活动的主要目标是：对现行系统进行全面、概要的分析，进一步明确新系统的目标、规模与功能，对初步调查的结果进行复审，重新明确问题，对新系统开发背景、必要性和意义进行调查分析，并根据需要和可能提出拟开发新系统的初步方案与计划，对所提新系统的大致规模和目标及有关约束条件进行论证，提出系统的逻辑模型和各种可能的方案，并对这些方案从技术、经济、管理三个方面认真分析，对该系统是否能够解决存在的问题，是否能够带来预期的效果和价值做出评估，为新系统开发项目的决策提供科学依据。

一般地，管理信息系统开发领域的可行性分析主要考虑四个要素：经济、技术、社会环境和人。

可行性分析的一般步骤：确定系统的规模和目标；明确用户主要信息需求；提出拟建系统的初步方案；审查新系统；提出并评价可能的替代方案，并进行可行性研究；给出该项目做还是不做的选择，同时确定方案；制定项目开发计划，包括人、财、物的安排；撰写可行性分析报告；向用户、审查小组与指导委员会提交结果。可行性研究的工作结果包括“可行性分析报告”和“系统设计任务书”。

可行性研究从技术、经济、和组织管理三个方面进行评价。

系统详细调查目的是在可行性研究的基础上进一步对现行系统进行全面、深入的调查和分析，弄清楚现行系统的运行状况，查明其执行过程，发现其薄弱环节，收集数据，找出要解决的问题，为设计新系统提供必要的基础资料，确保新系统比原系统更有效。

系统详细调查的主要内容包括对现行系统的目标、主要功能、组织机构、业务流程、数据流程的调查和分析。

系统详细调查的内容可分为两部分。一是系统的定性调查，主要是对现有系统的功能进行总结，包括组织结构的调查、管理功能的调查、工作流程的调查、处理特点的调查与系统运行的调查等。二是系统的定量调查。定量调查的目的是弄清数据流量的大小、时间分布、发生频率，掌握系统的信息特征，据此确定系统规模，估计系统建设工作量，为下一阶段的系统设计提供科学依据。调查的主要内容包括对现行系统的目标、主要功能、组织结构、业务流程、数据流程的调查和分析。

系统详细调查常用的图表工具有五图二表：组织机构图、功能体系图、业务流程图、信息关联图、IPO 图，及数据统计表和数据项分析表。

习　题

一、选择题

1．通过初步调查和可行性分析，建立了新系统的目标的阶段是____。

A．系统设计阶段　B．总体规划阶段　C．总体市场阶段　D．试运行阶段

2．系统调查工作应遵循的开展方式是____。

A．自上而下　B．自下而上　C．自内及外　D．自外及内

3．以集中征询意见方法，进行系统定性调查的调查方式是____。

A．开调查会　　B．书面调查　　C．发电子邮件　　D．组织调查

4．由车间、班组等生产第一线的组织机构组成，完成日常的生产、业务和调度的管理层次是____。完成日常的生产、业务和调度职能的管理组织层次为____。决定企业目标、确定经营方针的管理层次是____。

A．企业领导决策层　B．业务管理层　　C．业务执行层　　D．业务组织层

5．在组织结构图中，表示从属关系用____。在组织结构图中，用于表示组织机构的图形是____。

A．矩形　　B．圆形　　C．箭头　　D．椭圆形

6．人们用以记录以上各种流的抽象表达形式是____。工厂输入原材料与零配件，经过加工制造过程，输出成品；商店进货，经过销售过程，把货卖给顾客。这些输入与输出物品的流动都属____。

A．数据流　　B．符号流　　C．信息流　　D 物资流

二、填空题

1．可行性研究也称可行性分析，包括_______、_______两个方面。

2．可行性分析的内容包括______可行性、______可行性和______可行性。

3．管理上的可行性是管理人员对开发 MIS 的_____和______方面的基础工作。

4．国外现代企业普遍设置 CIO 这个职位，即______。

5．通常用_______来反映组织结构的调查和分析结果。

6．功能结构调查的任务是要了解和确定______之间的关系，通常用系_______来表示。

7．通常用来描述当前系统组织机构的层次和隶属关系的方法是_______。

三、简答题

1．简述现行系统初步调查的主要目的。

2．简述可行性研究的主要内容。

第4章

系统分析

可行性分析报告被批准后，系统开发工作进入系统分析阶段，这是管理信息系统工程的关键阶段。系统分析（System Analysis）一词源于美国，是指从系统的观点出发，对问题进行分析与综合，提出多种可行方案供决策者选择。

4.1 系统分析的目标、任务及面临的问题

在管理信息系统开发实践中，经过成功和失败的教训，使人们认识到，为了使开发出来的目标系统能满足实际需要，首先必须要有一定的时间用来认真考虑以下问题：

- 系统所要求解决的问题是什么？
- 为解决该问题，系统应做些什么？
- 系统应该怎么去做？

在总体规划阶段，通过初步调查和可行性分析，建立了目标系统的目标，已经回答了上面的第一个问题。而第二个问题的解决，正是系统分析的任务，第三个问题则由系统设计阶段解决。

4.1.1 系统分析的目标与任务

系统分析是开发人员和用户共同参与的一项活动。这一阶段的主要任务是充分挖掘和理解用户对新系统的要求，并将其明确表述成一份书面资料。这份资料的主要内容就是新系统的逻辑模型，即系统分析说明书，又称用户需求说明书。

需求分析是管理信息系统开发活动的起点，分析结果能否准确地反映用户的实际要求，将直接影响到后续各阶段的开发活动，决定着最终开发出来的系统能否满足用户的需求。这一阶段是系统建设工作中任务最为繁重、耗费资源最多的一个时期。

要解决"系统应做些什么"的问题，系统分析人员必须与用户密切协商，这是系统分析工作的特点之一。根据现行信息系统与计算机信息系统各自的特点，认真调查和分析用

户需求，并把双方的理解用系统分析报告表达出来。弄清哪些工作交由计算机完成，哪些工作仍由人工完成，以及计算机可以提供哪些新功能。这样就可以在逻辑上规定目标系统目标的功能，而不涉及具体的物理实现，也就解决了“系统应做些什么”的问题。

系统说明书是系统分析阶段的最后结果，它通过一组图表和文字描述了目标系统的逻辑模型。逻辑模型包括数据流程图、数据词典、基本加工说明等。它们不仅在逻辑上表示目标系统目标所具备的各种功能，而且还表达了输入、输出、数据存储、数据流程和系统环境等。逻辑模型只告诉人们目标系统要“做什么”，而暂不考虑系统怎样来实现的问题。

简单说来，系统分析阶段是将目标系统目标具体化为用户需求，再将用户需求转换为系统的逻辑模型，系统的逻辑模型是用户需求明确、详细的表示，它们之间的关系如图 4.1 所示。

图 4.1　目标系统目标、用户需求和目标系统逻辑模型

系统分析的工作主要有四项内容。

- 对现行系统做尽可能仔细的诊断，提出要用信息系统解决的问题。
- 向即将开发的新的信息系统（也称目标系统）提出信息和功能需求。
- 提出现行系统的改进方案或变革方案。
- 设计目标系统的逻辑方案。信息系统的分析也有设计工作，但这些设计是变革方案的设计和逻辑方案的设计。

系统分析的核心任务是用户需求分析。用户需求指的是用户要求新系统必须满足的所有功能和约束条件，包括用户对功能、性能、可靠性、安全保密性等方面的要求，以及开发费用、开发周期和可使用资源等方面的限制，其中功能需求是最基本的。

系统分析能为新系统的建设提供设计依据，在认识原信息系统的基础上，通过问题识别、可行性分析、详细调查及系统化分析，可以提出新系统的逻辑方案。因为系统设计的依据是系统分析的结果——系统分析报告或系统逻辑方案，因此，系统分析的质量直接影响到新系统开发的效果。系统分析阶段引入的错误，随着开发活动的逐渐扩展，由其延伸而来的错误呈现不断扩散的趋势。随着开发活动的扩展和推进，改正错误（包括在改正错误时引入的附加错误）的代价是按指数规律增长的。研究表明，60%～80%的错误来源于需求定义。随着开发进程的推进，改正错误的费用越来越高，而且发现绝大多数的错误起源于早期的需求定义阶段。

系统分析工作的主要步骤。

（1）详细调查、收集和分析用户需求。在总体规划时所做的初步调查只是为了总体规划和进行可行性分析的需要，相对来说是比较粗糙的。现在，则应在初步调查的基础上，进行系统的详细调查，进一步收集和了解、分析用户需求，调查用户的有关详细情况。

（2）确定初步的逻辑模型。逻辑模型是指仅在逻辑上确定的目标系统模型，而不涉及具体的物理实现，也就是要解决系统“做什么”，而不是“如何做”。逻辑模型由一组图表工具进行描述，用户可通过逻辑模型了解未来目标系统，并进行讨论和改进。

（3）编制系统说明书。对上述采用图表描述的逻辑模型进行适当的文字说明，就组成了系统说明书。它是系统分析阶段的主要成果。系统说明书既是用户与开发人员达成的书面协议或合同，也是管理信息系统生命周期中的重要文档。

4.1.2 系统分析面临的问题

系统分析是一项重要的工作，也是最困难的工作。在这一阶段中要对系统进行详细调查，收集资料并进行结构化分析。系统分析的困难主要来自三个方面：问题空间的理解、人与人之间的沟通和环境的不断变化。该阶段工作有以下特点。

（1）用户与开发人员很难进行交流。在管理信息系统的生命周期内，只有本阶段是面向用户的，而其他阶段都是面向软件技术问题的。在开始时，开发人员和用户双方都不能准确地提出系统要“做什么？”。有些客户只有朦胧需求，有些客户心里清楚但说不明白，甚至还会提出一些无法实现的需求。如果客户本身就懂软件开发，能把需求说得清清楚楚，这样的需求分析将会非常轻松、愉快。如果客户全不懂软件，但信任软件开发方，这事也好办。分析人员可以引导客户，先阐述常规的需求，再由客户否定不需要的，最终确定客户真正的需求。最怕的就是“不懂装懂”的客户，他们会提出不切实际的需求，沟通和协商都会很困难。

系统分析员与用户的知识构成不同，经历不同，在系统调查中往往感到无从下手，不知道该问用户一些什么问题，或者被各种具体数字、大量的资料、庞杂的业务流程搞得眼花缭乱，使得双方的交流十分困难，因而系统调查容易出现遗漏和误解，会使系统开发偏离正确方向，另外还使编写系统分析报告变得十分困难。技术人员与用户之间的交流，应当简单明确，尽量不用技术上的专业术语。系统分析报告是这一阶段工作的结晶，它实际上是用户与研制人员之间的技术合同。作为设计基础和验收依据，系统分析报告应当尽量准确，避免二义性，且尽可能详尽。所以分析人员写好需求说明书后，要请客户方的各个代表验证。如果问题很复杂，双方都不太明白，就有必要请开发人员快速构造系统的原型，双方再次论证需求说明书是否正确。

（2）用户的需求是动态变化的。最使系统分析员困惑的是环境的变化。系统分析阶段要通过调查分析，抽象出新系统的概念模型，锁定系统边界、功能、处理过程和信息结构，为系统设计奠定基础。但是信息系统生存在不断变化的环境中，环境对它不断提出新的要求。对于一个大型而复杂的信息系统，用户很难精确完整地提出它的功能和性能要求。一开始只能提出一个大概、模糊的功能，只有经过长时间的反复认识才逐步明确。有时进入到设计、编程阶段才能明确，更有甚者，到开发后期还在提新的要求。这无疑给软件开发带来困难。

所以尽可能地分析清楚哪些是稳定的需求，哪些是易变的需求。以便在进行系统设计时，将系统的核心建筑稳定的需求上。尽可能地在合同中说清楚“做什么”和“不做什么”。如果合同含含糊糊，日后扯皮的事情就多。在系统分析阶段，要完全确定系统模式是困难的，有时甚至是办不到的。

（3）系统变更的代价呈非线性增长。需求分析是信息系统开发的基础。假定在该阶段发现一个错误，解决它需要用一小时的时间，到设计、编程、测试和维护阶段解决，则要花 2.5、5、25、100 倍的时间。因此，对于大型复杂系统而言，首先要进行可行性研究。开发人员对用户的要求及现实环境进行调查、了解，从技术、经济和社会因素三个方面进行研究并论证该软件项目的可行性，根据可行性研究的结果，决定项目的取舍。

（4）系统分析员应具备的素质。系统分析员（System Analyst，SA）又称系统分析师，是指具有从事计算机应用系统的分析和设计能力及业务水平，能指导系统设计师和高级程序员的工作的一族。在软件开发流程中主要从事需求分析工作，同时也涉及可行性分析和概要设计的部分工作。系统分析员要与各类人员打交道，是用户与技术人员的桥梁和“翻译”，并为管理者提供控制开发的手段。系统分析员还必须考虑系统的硬件设备、数据输入、系统安全等各个方面。总之，系统分析员必须考虑系统的各种成分。

系统分析员根据时下 IT 企业所涉足开发的领域，其业务范围主要包括：仓储管理系统、报关业务系统、销售统计与管理系统、财务管理系统、物流管理指挥系统、楼宇智能化管理系统以及各种数据查询统计与分析、业务流程控制系统、模拟考试系统、人力资源管理分析系统等，由此而产生各种信息系统分析人才，即系统分析专家。他们不仅承担着为客户设计开发软件新品的业务指导任务，而且向客户提供二次开发的技术支持和培训顾问服务，既是 IT 企业中的技术骨干和将才，又是 IT 企业软件新品市场前景的预测者和参与营销的市场策划者，从这个角度看，又是企业的智囊高参和运筹帷幄的帅才，堪称具有国际视野的高级复合型人才。

系统分析员的知识水平和工作能力决定了系统的成败。一个称职的系统分析员不但应具备坚实的信息系统知识，了解计算机技术的发展，而且还必须具备管理科学的知识。缺乏必要的管理科学知识，就没有与各级管理人员打交道的“共同语言”。很难设想，缺乏财务知识的人能设计出实用的财务系统。系统分析员应有较强的系统观点和较好的逻辑分析能力，能够从复杂的事物中抽象出系统模型。还应具备较好的口头和书面表达能力，较强的组织能力，善于与人共事。总之，系统分析员是应具有现代科学知识的，具有改革思想和改革能力的专家。具体来讲，系统分析员应具有：

（1）系统工程的基础知识。

（2）掌握开发信息系统的综合技术知识（硬件、软件、网络、数据库）。

（3）熟悉企业和政府信息化建设，并具有组织信息化战略规划的知识。

（4）熟悉掌握信息系统开发过程和方法。

（5）熟悉信息系统开发标准。

（6）掌握信息安全的相关知识与技术。

（7）理解软件质量保证的手段。

（8）具有经济与管理科学的相关基础知识，熟悉有关的法律法规。

（9）具有大学本科的数学基础。

（10）熟练阅读相关领域的英文文献。

4.2 系统分析的工具

为了建立一个满足用户需求的管理信息系统，系统分析人员应在深入调查、取得详细调查材料的基础上，集中分析组织活动中信息运动的规律和存在的问题，研究如何改善信息流的运动、满足用户管理决策活动中的信息需求。因此要对调查材料进行加工、提炼，抽出其中只反映企业中信息运动规律的部分，把用户的需求"翻译"成对信息处理功能的需求，以建立系统的逻辑模型。

1．数据流图

数据流图（Data Flow Diagram，DFD）就是组织中信息运动的抽象，是管理信息系统逻辑模型的主要组成形式。这个模型不涉及硬件、软件、数据结构与文件组织，它与对系统的物理描述无关，它用一种图形及与此相关的注释来表示系统的逻辑功能，表示所开发的系统在管理信息处理方面要做什么。由于图形描述简明、清晰，不涉及到技术细节，描述的内容是面向用户的，即使完全不懂信息技术的用户单位的人员也容易理解。因此数据流图是系统分析人员与用户进行交流的有效手段，也是系统设计（即建立所开发的系统的物理模型）的主要依据之一。

2．数据词典

在结构化分析中，数据词典（Data Dictionary，DD）的作用是对数据流图上的每个成分给以定义和说明。换句话说，数据流图上所有成分的定义和解释的文字集合就是数据词典。数据流图只能给出系统逻辑功能的一个总框架而缺乏详细、具体的内容。数据词典对数据流图中的各种成分起注解、说明的作用，赋予这些成分实际内容。除此之外，数据词典还要对系统分析中其他需要说明的问题进行定义和说明。

3．结构化语言

人们常用自然语言来描述各种问题。自然语言语义丰富、语法灵活，可描述十分广泛而复杂的问题，但自然语言没有严格的规范，理解上容易产生歧义。在信息处理中人们广泛使用的计算机语言，是一种形式化语言，各种词汇均有严格定义，语法也很严格、规范，但使用的词汇限制在很小范围内，叙述方式烦琐，难以简洁地描述复杂问题。结构化语言的特点是介于两者之间的，它没有严格的语法规定，使用的词汇也比形式化的计算机语言广泛，但使用的语句类型很少，结构规范，表达的内容清晰、准确，易理解，不易产生歧义，适于表达数据加工的处理功能和处理过程。

结构化语言使用的语句类型只有以下三种：祈使语句、条件语句、循环语句。上述语句类型可以嵌套，句中可使用逻辑关系式与数学公式。

4．决策树

如果一个加工中决策或判断的步骤较多，在使用结构化语言时，语句的嵌套层次就多，不便于基本加工的逻辑功能的清晰描述。决策树（Decision Tree）又称判断树，是一种图形工具，适合于描述加工中具有多个决策，每个决策和若干条件有关的逻辑功能。在结构化分析中，决策树如图 4.2 所示。左边结点为树根，称为决策结点。与决策结点相连的称为方案枝。最右边的方案枝的端点表示决策结果，即所采取的策略。中间各结点为分段决策结点。

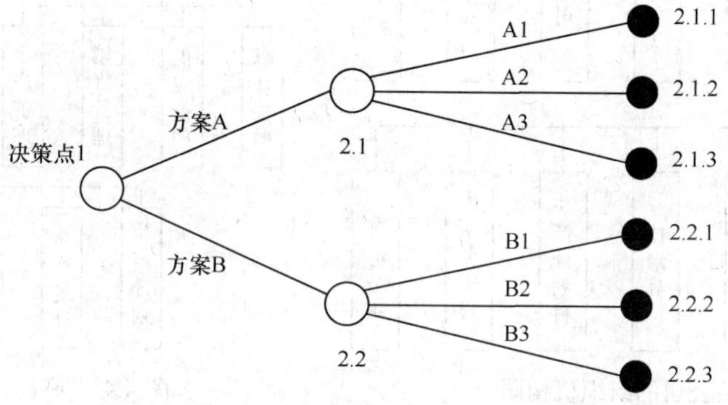

图 4.2 决策树（两段决策）

5. 决策表

在基本加工中，如果判断的条件较多，各条件又相互组合、相应的决策方案较多的情形下用决策树来描述，树的结构比较复杂，图中各项注释比较繁杂。决策表（Decision Table）又称判断表，为描述这类加工逻辑提供了表达清晰、简洁的手段。决策表也是一种图形工具，呈表格形式。决策表共分四大部分如表 4.1 所示。

决策表的编制，首先要明确加工的功能与目标，然后要识别影响决策的各项因素（条件），列出这些因素可能出现的状态，并制定出决策的规则。

表 4.1 决策表的组成

条　件	状　态
决策方案	决策规则

决策表将比较复杂的决策问题简洁、明确、一目了然地描述出来。如果要用文字叙述或用结构化语言、决策树描述将比较烦琐，结构也很复杂。所以决策表是描述条件比较多的决策问题的有效工具。

6. 其他工具

由于结构化方法种类较多，各类方法所用工具不一，因而结构化系统分析工具的类型也多。一般说来，除了结构化工具之外，还有一些传统的不属于结构化方法的图形工具，如系统流程图、组织结构图、功能分解图、业务流程图等。这些工具虽不及结构化工具规范，但也能使人一目了然，应用比较广泛。其中，系统流程图主要用于系统设计阶段，在此不论。

（1）组织结构图。组织结构图是用树形结构来描述组织结构之间隶属关系的图形化表示工具，如图 4.3 所示为某公司的组织机构图。

（2）功能分解图。功能分解图和组织结构图比较类似，用以描述系统各功能之间的分解关系，如图 4.4 所示为某工厂的管理智能分解图。

（3）业务流程图。业务流程图是分析业务功能流程的重要工具。它是一种描述系统内各单位、人员之间业务关系、作业顺序和管理信息流向的图表工具。

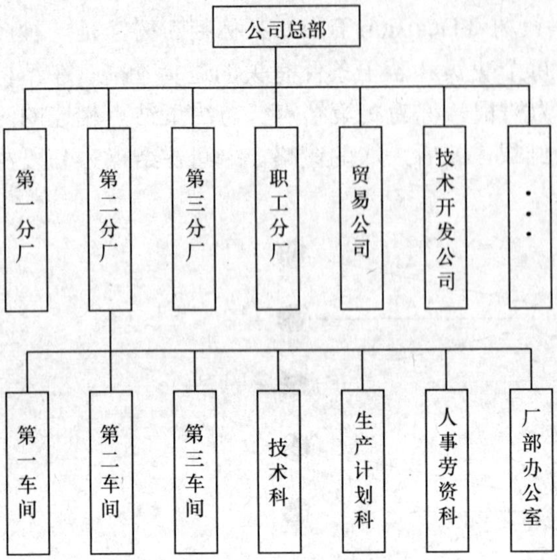

图 4.3 某公司的组织机构图

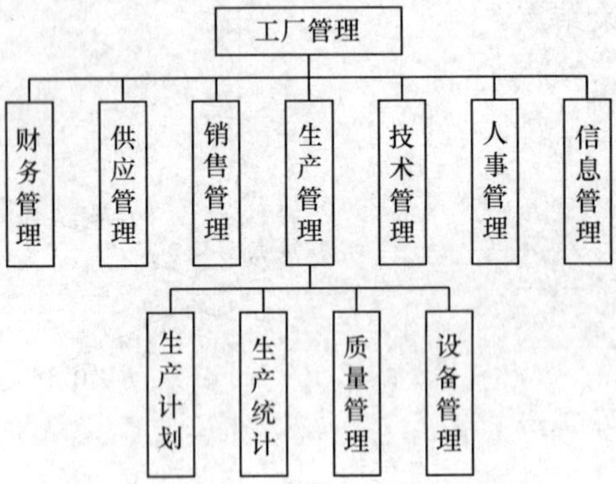

图 4.4 某工厂的功能分解图

业务功能分析是建立在详细调查和组织结构分析的基础上的。组织与功能之间是密切相连的，组织是为了实施企业的功能而成立的，当功能体系和组织体系相一致时，该企业就在功能上组织化了，这种组织体系就被认为是合理的。在分析组织与功能关系的同时，找出企业的各个业务功能。

4.3 结构化系统分析方法

结构化系统分析方法是运用系统工程原理于大型软件开发的产物，是采用"自顶向下，由外及内，逐层分解"的思想对复杂的系统进行分解化简，从而有效控制了系统分析每一步的难度，并运用数据流图、加工说明和数据词典作为表达工具的一种系统分析技术。

4.3.1 结构化分析方法的思想与特点

结构化分析方法（Structured Analysis）是在 Dijkstra 等人提出的结构化程序设计思想基础上发展而来的一种系统开发方法。它吸取了以前在系统开发中的经验教训，提出系统化、结构化和自顶向下的开发方法，对管理信息系统的发展起了巨大的推动作用。但随着时间的推移，它也逐步暴露出很多问题。新的开发方法也不断提出，但纵观这些新的方法，它们中的一些基本思想还是来自于结构化思想。所以迄今为止，结构化系统分析和设计还是系统开发中被采用的主要方法。

结构化分析方法的基本思想是：用系统的思想和系统工程的方法，按照用户至上的原则，自顶向下，由粗到细，逐步进行系统分析。

通过采用自顶向下的分解方法，把一个复杂的系统逐级向下分解成尽可能独立的子系统、模块、子模块等，使用户不但对系统有一个总体概念，而且对那些具体的、局部的组成也有一个深刻了解，因而能够参与评审和提出意见。

结构化分析主要是借助数据流程图和数据词典这两个工具进行分析的。数据流程图是从业务处理流程图抽象出与具体的处理环境（计算机硬件系统、软件系统特别是所用语言）无关的、抽象的处理逻辑模型，其底层图反映的内容与业务处理流程图几乎是一样的，因而在某种程度可替代业务处理流程图。

结构化分析方法不需要使用计算机人员的专门术语和符号，而是用一种管理人员、系统开发人员均能接受的，结构层次清晰、严密的模型作为分析工具。

结构化分析方法能够长期被人们接受并采纳，主要是因为它有以下的特点：

强调用户自始至终的积极参与。在系统分析阶段，用户始终积极参与，使得用户可以更多地了解新系统，并随时从业务和用户角度提出新的要求。另一方面也可使系统分析人员能更多地了解用户的要求，更深入地调查和分析管理业务，使新系统更加科学、合理。

注重整体分析，层层落实。按系统的观点，任何事情都是相互联系的有机整体。在分析时应首先站在整体的角度，将各项具体的业务或组织融合成一整体加以考察，首先确保全局的正确，然后再层层分解进行解剖分析。

强调系统的适应性。各种事物都是运动和变化的。同理，在进行系统分析时，要充分预料可能发生的变化，增强系统的适应性，以应付各种各样的变化。这些变化主要来自以下几个方面。

（1）系统外部环境的变化。如外部的组织机构发生了变化，将引起信息传递渠道变化；上级主管部门需要的信息发生变化，则引起输出和处理模块的变化。

（2）系统内部处理模式的变化。如系统内部组织机构、管理方式和工艺流程的改变，必将引起数据的收集、输入以及处理方式的变化。

（3）用户要求的变化。随着时间的推移、问题的深入、技术的发展，用户的要求也会随之变化。

总之，发生变化的因素是多种多样的，系统分析时要严密注意和充分考虑到这些变化，以增强系统的适应能力。

重视工作文件的标准化和文献化。在结构化系统分析中，多采用规范化的图表和文字来记载这些分析结果。这些资料要有专人保管，要建立一套管理、查询制度。

4.3.2　结构化分析与面向对象分析的区别

结构化与面向对象的分析与设计方法都是在软件分析、设计、开发时常用的方法，这两种方法的主要区别如下。

1. 方法背景

结构化思想和面向对象思想虽都产生于 20 世纪 60 年代，但它们却存在根本差别。结构化方法承袭了传统的编程思想与编程方法，以计算机的计算功能为前提。编写程序的主要目的是数值计算、问题求解。模块是结构化编程的基本单位，但计算方法（简称为算法）是程序的核心。沃尔森曾提出了一个著名公式：程序=算法+数据结构。结构化方法只是对传统程序结构的改进，用三种基本结构来组织程序，使程序结构更为清晰，程序开发更有序、更容易。

面向对象思想则以计算机信息处理和信息管理的功能为前提，模拟客观世界的事物及事物之间的联系。对象技术的关键概念是对象、消息、类，关键机制包括封装、多态和继承。与结构化方法相比，对象是软件模块化的一种新的单位，它代替了基于功能分解方法中的所谓“模块”等传统的技术。面向对象技术是通过对对象的管理（创建、运行、消亡）以及对象之间的通信来实现程序功能的。

2．分析问题的方法

结构化方法首先关心的是功能，强调以模块（即过程）为中心，采用模块化、自顶向下、逐步求精设计过程，系统是实现模块功能的函数和过程的集合，结构清晰、可读性好，的确是提高软件开发质量的一种有效手段。而且结构分析相对于面向对象也更加容易入手，当无从下手时，用结构化方法分析很快，而面向对象方法则需要对系统需求有更加深入的理解才行。

面向对象分析则是采用了另一种自底向上的化解复杂性的方法。通过抽象，得到系统的一个简化模型，其中强调系统中某属性细节，而忽略其他的属性。面向对象分析存在三个层次的抽象：第一，识别对象及其属性和方法，这是客观世界事物的抽象；第二，对对象进行层层归类，对客观事物相互关系的抽象，如把相似对象归为一类，或把子类归到父类，或把局部类归整体类；第三，将对象和类进一步抽象归到某个主题，便于对类和对象的定义和管理。结构化分析方法承袭了传统数学问题求解的思想，采用了逐步求精的数学演绎方法，有利于数据的加工、计算等问题的解决。但逐步求精的方法不能提供解决一个具体问题的系统的策略或方法。有时，对于某些问题不存在一个自顶向下的方法。

结构化程序分析方法对小规模的程序是一种有效的方法，但将它推广至大规模的系统开发中往往会失效，开发人员无法使用这一方法很方便地重用以前程序的可重用成分。面向对象方法的抽象机制提供了为复杂的软件系统建模更为自然的方法，特别是能很好地把握对象之间复杂的相互关系，因此面向对象分析技术更加适用于对复杂的软件系统的分析。

3．程序设计方法

结构化程序设计方法与分析方法思路相反，采用了自底向上的设计思想。首先设计底层模块，确定模块内部算法，设计模块内部程序，并进行单元测试。模块完成之后，再进行模块之间的组装，进行集成测试。待模块集成测试完成之后，进行确认测试和系统测试，完成设计和调试任务。

结构化设计从系统的功能入手，按照工程标准和严格规范将系统分解为若干功能模块。然而，由于用户的需求和软、硬件技术的不断发展变化，作为系统基本成分的功能模块很容易受到影响，局部修改甚至会引起系统的根本性变化。开发过程前期入手快而后期频繁改动的现象比较常见。结构化设计中模块和模块之间的关系，被局限于信息流，这限制了对模块之间众多关系的表达，也无法体现模块和模块之间其他的众多关系，包含各种各样的结构、行为、依赖、包含（在结构化设计中这种关系隐含在分层中）、继承、关联关系等等。它仅仅解决了模块在封装和信息隐藏方面的问题。

面向对象程序设计方法采用了自顶向下的设计思想，先设计父类，再设计子类，并继承父类属性和方法。对象是最后在程序运行过程中动态生成。在设计类的同时，另一任务是消息的设计。并将消息与类中的方法有机联系起来，以便对象在运行过程中能相互通信，共同实现软件设定的功能。消息类似于传统程序设计语言中的函数调用，二者的主要区别是函数调用中所执行的函数是一个单一、公共的实现，而对消息的响应可以不同回答，这要根据具体对象的方法来确定。这就是面向对象程序设计思想的多态机制。而面向对象方法则从所处理的数据入手，以数据为中心来描述系统，数据相对于功能而言，具有更强的稳定性，这样设计出的系统模型往往能较好地映射问题域模型。对象、类、继承性、多态性、动态定连概念和设施的引入使用，显然令面向对象的设计方法具有一定的优势，能为生产可重用的软件构件和解决软件的复杂性问题提供一条有效的途径。并且一旦出现用户需求变更，也不至于付出太大的代价，这显然相对于结构化分析说是一个优势。此外，面向对象充分挖掘了“关系”的表达方式，可以尽可能地将事物之间复杂的关系予以体现，而这些关系是实现设计的关键。

面向对象的设计过程就是指通过建立一些类以及它们之间的关系来解决实际问题，这就需要对问题域中的对象做整体分析，类和类间关系的对设计要求较高，否则设计出的并不是真正意义上的面向对象的软件系统，而只是一些类的堆砌而已，不能体现出面向对象设计方法的优势之处，而且并不能满足用户的真正需求，从而功亏一篑。

4. 适用场合

结构化方法的实质是问题求解，即结构化程序是由算法决定的，而算法是程序员分析设计的。因此结构化方法中，程序的执行过程主要是由程序员控制，而不是由用户控制。该方法比较适合大型工程计算、实时数据的跟踪处理、各种自动控制系统。

面向对象方法中，程序员设计的是对象属性及操作方法，但在什么时间、使用什么方式操作对象则是完全由用户交互控制。在互联网时代，计算机已经由一个生产工具逐步演变成一个生活工具，出现了许多完全由用户控制程序执行过程的应用软件，比如大型游戏软件以及各类管理信息系统软件。这些软件中各种关系比较复杂，适宜使用面向对象的方法来开发。

综上所述，两者各有利弊，但是要想设计一个好的系统，并不仅仅依赖于一整套核心的概念与原理，而是应该根据实际情况去选择，去灵活地运用，或者两者相结合，利用它们各自的优势最终满足客户所需。在下一节，将会用结构化的分析方法对系统需求做出分析。

4.4 用户需求分析

需求分析能否准确地反映用户的实际要求，将直接影响到后续各阶段的开发活动，决定着最终开发出来的系统能否满足用户的需求。这一阶段是系统建设工作中任务最为繁重、耗费资源最多的一个时期。

所谓用户需求是指：用户要求新系统做那些事情，做到什么程度。这包括现系统已经做到的和希望新系统能够做到的。IEEE 软件工程标准词汇表（1997 年）中对用户需求的定义为：（1）用户解决问题或达到目标所需的条件或能力；（2）系统或系统部件要满足合同、标准、规范或其他正式规定文档所需具有的条件或能力；（3）一种反映上述条件和能力的文档说明。

需求分析建立在现行系统分析的基础上，依据是现行系统的现状、存在问题和系统规划目标。需求内容从需要保留、需要改进、需要新增等三个方面来确定。

需求分析可分为问题识别、分析与综合、编制需求分析文档、需求评审等四个阶段，包括以下几个方面的内容：

确定系统所期望的用户类。

获取每个用户的需求。

了解实际用户任务和目标以及这些任务所支持的业务需求。

分析源于用户的信息以区别用户任务需求、功能需求、业务规则、质量属性、建议解决方法和附加信息。

将系统级的需求分为几个子系统并将需求中的一部分分配给系统组件。

了解相关质量属性的重要性。

讨论得出实施优先级。

将所收集的用户需求编写成需求规格说明和模型。

评审需求规格说明，确保与用户达成共识。

系统需求的各组成部分如图 4.5 所示。

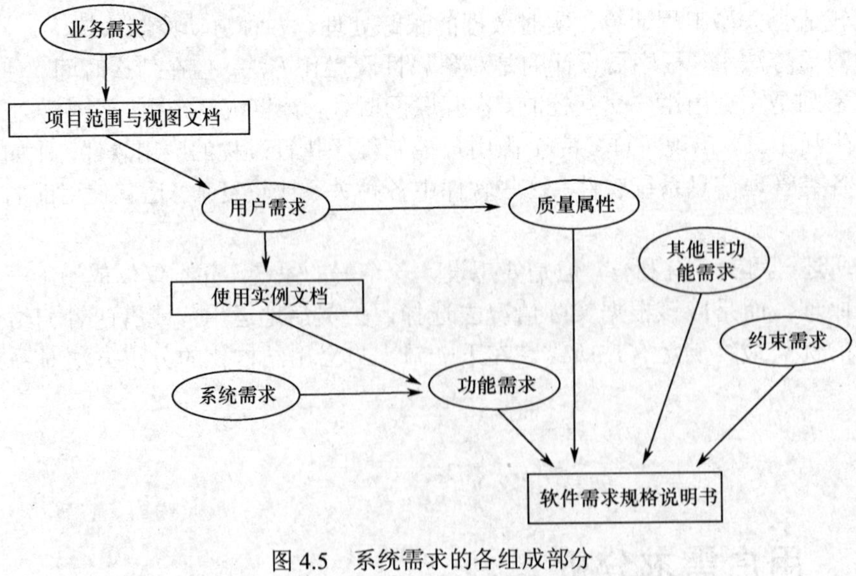

图 4.5　系统需求的各组成部分

在进行用户需求分析时，应全面理解用户的各项要求，但不能全盘接受，只能接受合理的要求。对其中模糊的要求要进一步澄清，然后决定是否采纳。对于无法实现的要求要向用户做充分的解释。通过调查、分析、整理，最后将系统的需求准确地表达出来，形成系统需求说明书。由当前系统到建立目标系统的实现步骤如图 4.6 所示。

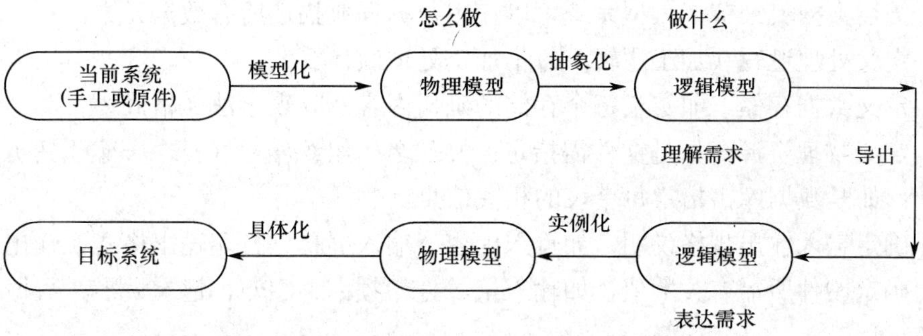

图 4.6 由当前系统到建立目标系统的实现步骤

在进行需求分析时，首先分析、理解当前系统是如何运行的，了解当前系统的组织机构、输入输出、资源利用情况和日常数据处理过程，并用一个具体的模型来反映自己对当前系统的理解。此步骤也可以称为“业务建模”，其主要任务是对用户的组织机构或企业进行评估理解他们的需要及未来系统要解决的问题，然后建立一个业务用例模型和业务对象模型。当然如果系统相对简单，也没必要大动干戈去进行业务建模，只要做一些简单的业务分析即可。在理解当前系统“怎样做”的基础上，取出非本质因素，抽取出“做什么”的本质。然后建立目标系统的逻辑模型，明确目标系统要“做什么”，最后对逻辑模型进行补充，如用户界面、启动和结束、出错处理、系统输入输出、系统性能、其他限制等。

需求分析各过程如下：

首先是问题识别，解决目标系统做什么，做到什么程度。需求包括：功能、性能、环境、可靠性、安全性、保密性、用户界面、资源使用、成本、进度。同时建立需求调查分析所需的通信途径。

其次是进行分析与综合，从数据流和数据结构出发，逐步细化所有的系统功能，找出各元素之间的联系、接口特性和设计上的限制，分析它们是否满足功能要求并剔除不合理部分，综合成系统解决方案，给出目标系统的详细逻辑模型。

需求分析常用的分析方法有面向数据流的结构化分析方法 SA（数据流图 DFD、数据词典 DD、加工逻辑说明）、描绘系统数据关系的实体关系图 ERD、面向数据结构的 Jackson 方法 JSD、面向对象分析 OOA（主要用 UML）。每一种分析建模方法都有其优势和局限性，可以兼而有之以不同角度分析，应该避免陷入在系统需求方法和模型中发生教条的思维模式和派系斗争，一般来说结构化方法用于中小规模软件、面向对象方法用于大型软件。

最后进行编制需求分析文档并送评审，待需求分析报告被批准后进入下一阶段的工作。需求分析的步骤。

1. 结构化方法分析步骤

在使用结构化方法进行用户需求分析时，一般的分析步骤如下：

（1）画出数据流图。设计数据流图必须逐步求精。

（2）决定哪些部分需要计算机化和怎样计算机化（取决于用户投资限制和自身技术限制）。

（3）描述数据流细节，大型系统可以使用数据词典描述所有数据元素。

（4）定义处理逻辑（加工逻辑：每个加工处理做什么）。

（5）定义数据存储，即定义每个存储的确切内容及其表示法（格式）。

（6）定义物理资源，如是文件需指定：文件名、组织结构（排序、索引等）、存储介质和记录；如是数据库需指定每个表的相关信息。

（7）确定输入输出规格说明，如输入内容、输入屏幕、打印输出格式、输出长度。

（8）确定硬件所需有关数值，如输入量、打印频率、CPU、记录大小、数据量大小、文件大小。

（9）确定软硬件接口和环境需求。

2．面向对象方法分析步骤

一般来说，一个应用系统同时又是一个大系统的组成部分，弄清每个子系统的问题领域、人机界面、数据管理、任务管理等是非常重要的。在面向对象分析阶段，重点是对现有系统的问题领域进行分析，对人机界面、数据管理、任务管理等问题，OOA 一般较少或没有分析，而是留待面向对象设计（OOD）阶段来解决。在使用面向对象分析方法对系统用户需求进行分析时，以 UML 方法为例，分析步骤如下。

（1）调研、识别系统需求。

（2）分析问题领域，主要任务是充分理解问题领域和项目投资者及用户的需求，对需求进行抽象，提出高层次的解决方案。

a．确定系统范围和系统边界。

b．确定系统的约束（环境和条件）。

c．定义活动者。

d．确定系统的综合要求（功能、性能、运行）。

e．确定系统的数据要求（名称、范围、类型、数量、特点）。

f．建立用例模型、绘制用例图。

g．绘制主要交互图。

（3）建立静态结构模型（对象类图、数据库模型、包图）。

（4）建立动态行为模型（顺序图、协同图、状态图、活动图）。

（5）建立系统物理模型（组件图、配置图）。

不少行业的业务都是由一系列环节构成的业务流程，有的简单到只有一两个环节，有的复杂到多个环节，还可能有循环或分支，系统软件不仅要解决独立环节的业务问题，而且要能够自动把这些环节串联起来，希望一个环节所做的工作能够自动被下一个环节利用，这就是最基本工作流的需求。例如一个案件从接案、立案、侦查、起诉，到执行由不同的部门来完成。这些环节不是独立的，后面的环节不应该比前面的发生的早，也不能延迟过久，因为存在法律时限，并且流程中存在循环，也就是说某些环节可能重复多次，再者每个部门的流程种类又多，每个工作人员可能要处理多个环节上的任务。因此要把每个业务的每个环节弄清楚，主要是弄清以下几个基本问题。

每个流程中的每个环节是否已经不能再分解？

每个流程中的每个环节的主办（责任）部门是谁？

每个环节要求的输入（项目、格式、方式）和输出（项目、格式、方式）是什么？

每个环节的输入和输出之间的变化或关系是什么？

每个环节的输入数据的来源是什么？

每个环节的输出数据的去向是什么？

每个环节的数据项目有无国家标准或部颁标准或其他标准？

每个环节的数据项目的类型是什么？

每个环节的责任人对本环节中数据项目的权限是什么（可新建、可删除、可修改、只读）？

每个环节的输入的数据项目有无检验规则（如不能为空）？

从一个环节到下一个环节的条件是什么？

从一个环节到下一个环节有无时间限制？是多少？

收集上来的表单用在哪个业务中的哪个环节？

多个表单间的关系：继承？关联？

不论用哪种方法对系统需求进行分析时，系统分析员都必须能够表达和理解问题的数据域和功能域：系统的目的都是为了解决数据处理问题，就是将一种形式的数据转换（输入、处理、输出）为另一种形式的数据。数据域包括数据流、数据内容和数据结构。数据流是数据通过系统时的变化方式。对数据进行转换就是系统程序的功能或子功能，两个转换之间的数据传递确定了功能间的接口。数据内容就是数据项，如人的数据项包括姓名、性别、出生日期等。数据结构即各种数据项的逻辑组织，如是表格结构还是树形结构、数据项间的相互关系等。

如图 4.7 所示，在进行需求分析时，系统分析员必须采用自顶向下、逐层分解的方式对问题进行分解和不断细化，系统的功能域和信息域都能做进一步的分解，这种分解可以是同一层次上的横向分解，也可以是多层次上的纵向分解。

最后，通过系统需求分析，要给出新系统的逻辑模型和物理模型：逻辑模型给出系统要达到的功能和要处理的数据之间的关系；物理模型给出处理功能和数据结构的实际表示形式。

需求调研分析过程是一个由粗到细、渐进明晰、持续完善的过程。在指导后面系统设计，编码阶段时都应当不断完善修改需求文档，因此需求管理非常重要。需求管理包括在工程进展过程中维持需求约定的集成型和精确性的所有活动，这些活动包括：

（1）定义需求基线（需求文档的主体）。

（2）评审提出的需求变更申请、评估每项变更可能的影响，从而决定是否实施变更。

（3）以一种可控的方式将需求变更融入到项目中。

（4）使当前的项目计划与需求保持一致。

（5）分析变更所产生的影响并在此基础上协商出新的约定。

（6）使每项需求都能与其对应的设计、源代码和测试用例联系起来以实现跟踪。

（7）在整个项目过程中跟踪需求状态及其变更情况，分析变更所产生的影响并在此基础上协商出新的约定。

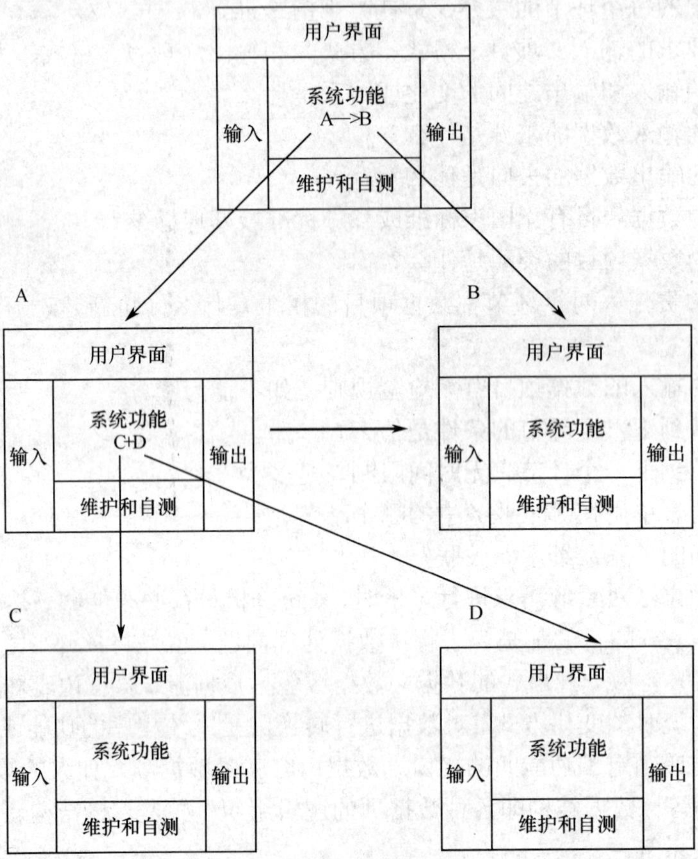

图 4.7 功能体系的逐层分解

4.5 组织结构与功能分析

组织机构是一个组织内部部门的划分及其相互之间的关系。组织在交换物资、资金过程中可以产生信息流；组织既是信息的接收者，也是信息的输出者，同时组织具有层次性。组织结构与功能分析是整个系统分析工作中最简单的一环。在进行组织结构调查时，应弄清组织内部的部门划分；各部门之间的领导与被领导关系；信息资料的传递方向；物资流动关系与资金流动关系等。此外，在进行组织与结构功能分析时，还应详细了解各级组织存在的问题以及对新系统的要求。组织的功能指的是完成某项工作的能力。

管理信息系统受到组织机构的影响，但同时管理信息系统对组织结构和功能也会产生重大影响。这种影响产生的结果是，组织结构发生重大变革，组织结构由传统向现代组织转变，如扁平化，学习型组织。组织的功能出现重新组合，按照业务流程，对功能重组，如业务流程重组。

组织与功能之间是紧密相连的，组织是为了实施企业的功能而成立的，当功能体系和组织体系相一致时，该企业就在功能上组织化了，这种组织体系是被认为合理的。所以在分析组织与功能关系的同时，还要找出企业的各个业务功能。

组织结构与功能分析主要有三部分内容：组织结构分析、业务过程与组织结构之间的联系分析、业务功能一览表。其中组织结构分析通常是通过组织结构图来实现的，是将调查中所了解的组织结构具体地描绘在图上，作为后续分析和设计之参考。业务过程与组织结构联系分析通常是通过业务与组织关系图来实现的，是利用系统调查中所掌握的资料着重反映管理业务过程与组织结构之间的关系，它是后续分析和设计新系统的基础。业务功能一览表是把组织内部各项管理业务功能用一张表的方式表达出来的，它是今后进行功能/数据分析、确定新系统拟实现的管理功能和分析建立管理数据指标体系的基础。

组织结构分析一般采用树形的组织结构图和部门/业务关系图。组织结构图简捷明了、清晰直观，几乎每一个信息系统的分析都会采用。图 4.8 给出了一个常见的组织结构图例。为了描述组织各层次各部门的工作职责及其相互关系，组织结构图还要配以文字解释。组织结构图反映组织内部之间的隶属关系。在绘制组织结构图时应注意，除后勤（如食堂、修缮、医务室、幼儿园、小学等）与企业生产、经营、管理环节无直接关系的部门外，其他部门一定要反映全面、准确。为了表明企业的运行过程，往往也画出业务流程和管理组织关系图。

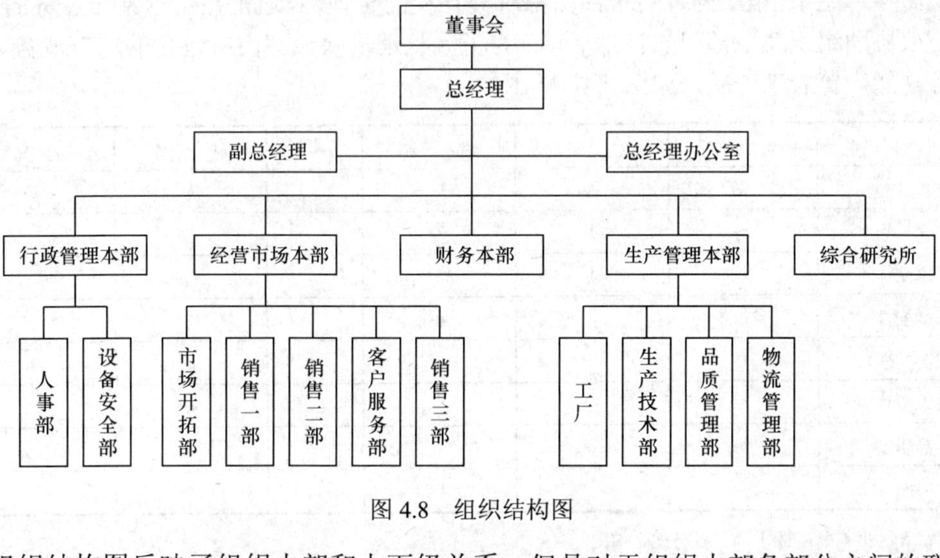

图 4.8　组织结构图

组织结构图反映了组织内部和上下级关系。但是对于组织内部各部分之间的联系程度，组织各部分的主要业务职能和它们在业务过程中所承担的工作却不能反映出来，这将会给后续的业务、数据流程分析和过程/数据分析带来困难。为了弥补这方面的不足，通常增设组织/业务关系图来反映组织各部分在承担业务时的关系，如图 4.9 所示。以组织/业务关系图中的横向表示各组织名称，纵向表示业务过程名，中间栏填写组织在执行业务过程中的作用。

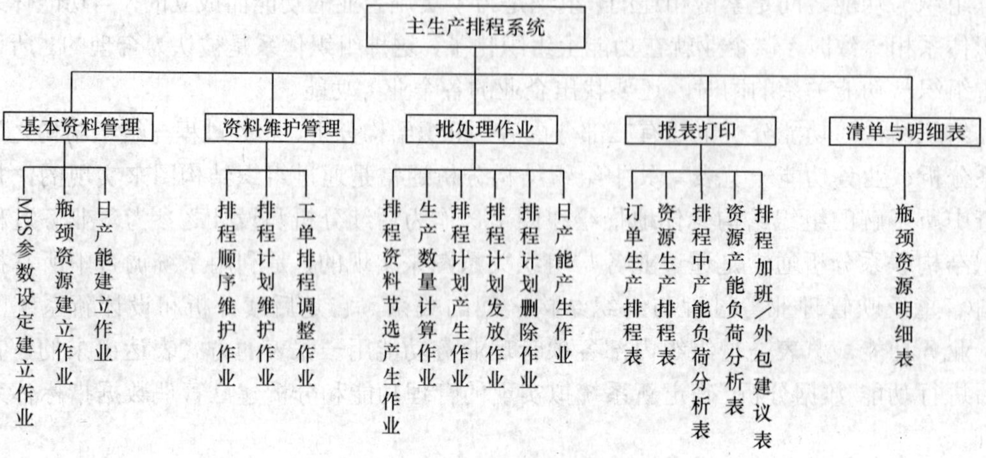

图 4.9　功能结构图

在组织中，组织的各个部分并不能完整地反映该部分所包含的所有业务。因为在实际工作中，组织的划分或组织名称是根据最初同类业务人员的集合而定的。随着生产规模的扩大和管理水平的提高，组织的某些部分业务范围越来越大，功能也越分越细，由原来单一的业务派生出许多业务。当这种变化发展到一定的程度时，就要引起组织本身的变化，裂变出一个新的、专业化的部门，由它来完成某一类特定的业务功能。如最早的质量检验工作就是由生产科、成品库和生产车间各自交叉分管的，后来由于市场竞争和管理的需要，质量检验科产生了。组织的每一个部门都有其存在的合理性，通常在主管某一业务的同时，还参与或协助组织其他部门的管理活动。为了完整地反映该部门所包含的所有业务，常使用业务功能一览表来说明，如图 4.10 所示。

部门业务	销售	生产	物流	……	财务	研究所
订单处理	★	☆			☆	
生产计划	☆	★	☆		☆	
生产统计		★			☆	
采购安排	☆	☆	★		☆	
账务处理					★	
成本核算		☆			★	
新品研发	☆	☆				★
……						

注：★：业务主管部门 ☆：业务配合部门

图 4.10　业务功能一览表

新型的网络型组织的结构描述比较复杂，需要绘制多层次的组织结构图和部门/业务图。组织结构的分析要时时留意发现存在的问题，例如，组织部门划分没有体现出某些职能的重要性，一些部门的职责有重叠或矛盾，有些部门划分对工作的衔接不利等。管理的变革会牵涉到组织结构的变革和工作职责的重新划分。组织结构的调查分析看似简单实则并不易。

4.6 业务流程分析

为了了解各个业务流程的过程，明确各个部门之间的业务关系，明确每个业务处理的意义，就必须对组织的业务流程进行分析，即从一个实际业务流程的角度将系统调查中有关该业务流程的资料串起来进一步分析。业务流程分析（Business Process Analysis，BPA）是对业务功能分析的进一步细化，从而得到业务流程图（Transaction Flow Diagram，TFD）。TFD 是一个反映企业业务处理过程的“流水账本”。业务流程分析的目的是形成合理、科学的业务流程，帮助确定流程工作与合作建模的基本要素，更好地分析理解同其他要素的关系，例如业务目标、业务策略、面对的问题、产生的影响、组织机构参与者或者相关的企业架构。通过分析现有的业务流程对业务流程重组（BPR），从而产生更为合理的业务流程。

业务流程分析的主要任务是调查系统中各环节的业务活动，掌握业务的内容、作用及信息的输入、输出、数据存储和信息的处理方法及过程等。它是掌握现行系统状况，确立系统逻辑模型不可缺少的环节。分析原有系统中存在的问题是为了在新系统建设中予以克服或改进。

业务流程分析过程包括以下内容：

- 原有流程的分析。分析原有的业务流程的各处理过程是否具有存在的价值，其中哪些过程可以删除或合并，原有业务流程中哪些过程不尽合理，可以进行改进或优化。
- 业务流程的优化。原有业务流程中哪些过程存在冗余信息，可以按计算机信息处理的要求进行优化，流程的优化可以带来什么好处。
- 确定新的业务流程。画出新系统的业务流程图。
- 新系统的人机界面。

在进行业务流程分析时，应顺着原系统信息流动的方向逐步地进行，内容包括各环节的处理业务、信息来源、处理方法、计算方法、信息流经去向、提供信息的时间和形态（报告、单据、屏幕显示等）。

业务流程分析是建立在详细调查和组织结构分析的基础上的。根据对组织结构图和业务功能体系图的分析，可决定重点调查的部门，然后对该部门的业务信息、业务流程等进行详细调查。

（1）系统环境调查。包括现行系统的管理水平，原始数据的精确程度，规章制度是否齐全和切实可行，各级领导对开发新的系统是否有比较清楚的认识，用户方能否抽调出比较精通本行业管理业务、对本单位存在的问题有深刻了解而又热心于改革的工作人员。此外，还要调查原系统的设备情况。

（2）组织机构和职责的调查。调查中应详细了解各部门人员的业务分工情况和有关人员的姓名、工作职责、决策内容、存在问题和对新系统的要求等。

（3）功能体系的调查与分析。系统有一个总的目标，为了达到这个目标，必须完成各子系统的功能，而各子系统功能的完成，又依赖于下面各项更具体的功能来执行。功能结构调查的任务，就是要了解或确定系统的这种功能构造。

（4）管理业务流程的调查与分析。管理业务流程的调查与分析就是要弄清管理职能是如何在有关部门具体完成的，以及在完成这些职能时信息处理工作的一些细节情况。

在进行业务流程分析时，常用业务流程图来描述。业务流程图是分析业务功能流程的重要工具，它是一种描述系统内各单位、人员之间业务关系、作业顺序和管理信息流向的图表。

业务流程图是用一些规定的符号及连线来表示某个具体业务处理的过程。业务流程图的绘制基本上按照业务的实际处理步骤和过程绘制。换句话说，就是用文本、图形的方式来反映实际业务处理过程的“流水账”。

业务流程图的特点是按业务部门划分的横式图，图中描述的主体是票据、账单，票据、账单的流程路线与实际业务处理过程一一对应。

业务流程图反映了实际的业务活动业务流程图，是系统分析员做进一步系统分析的依据。制作业务流程图的过程也是系统分析员全面了解系统业务处理的过程。业务流程图不仅是系统分析员进行更深入系统分析的依据，而且也是系统分析员、管理人员、业务操作人员、系统设计人员进行沟通的工具。系统分析员可以直接在业务流程图上拟出能够由计算机实现的部分，因此可以明确系统的边界，以及使计算机处理与人工业务处理的接口清晰。另外，通过业务流程图可以对业务流程做进一步的分析，分析组织的业务流程是否合理，删除重复的、不合理的环节，明确整个业务流程，为以后的分析与设计打下良好的基础。

业务流程图图例没有统一标准，但在同一系统开发过程中所使用图例应是一致的。常用的符号如图 4.11 所示。

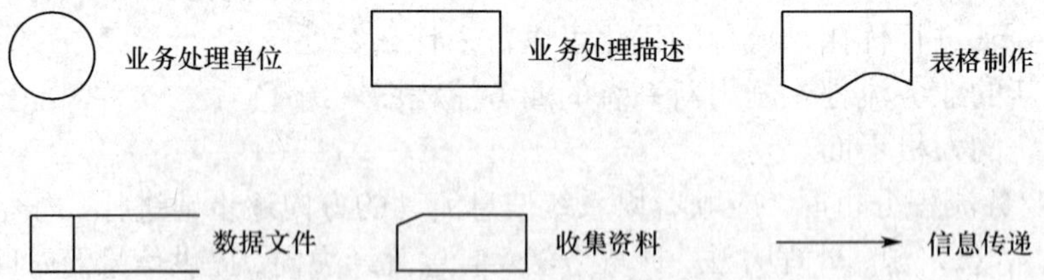

图 4.11 业务流程图常用符号

某娱乐休闲型酒店业务流程总图如图 4.12 所示。

业务流程图应该表达输入、输出、处理以及相关数据文件。在绘制业务流程图时，应注意以下几点。

以功能为中心展开，找出业务活动的主线，明确系统的边界与范围。图 4.12 以客人入店、消费、离店为主线，相关的业务活动有餐饮、楼层管理、娱乐消费、库房管理等。

对于功能较复杂的企业，可先绘制一个简单的业务流程总图，在按“自顶向下”的方法分层分级地向下展开，直到描述清晰为止。

如何在业务流程图的基础上绘制出组织的数据流图？具体转换过程可以参考如下的启发性规则：

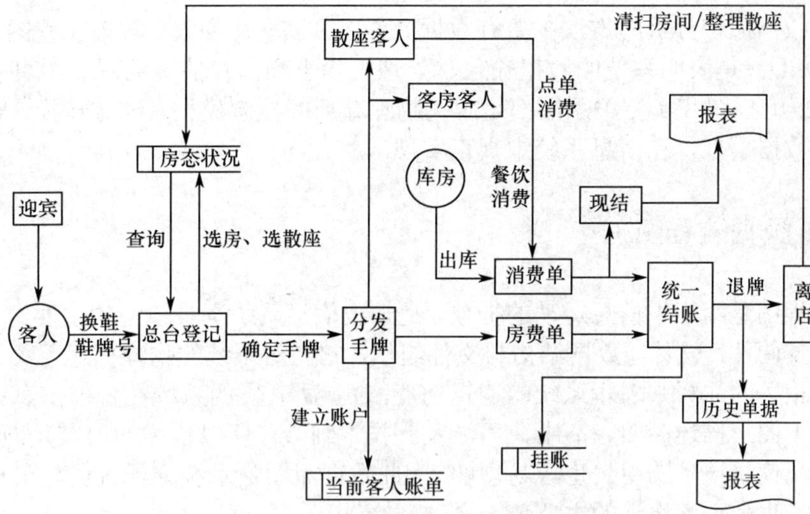

图 4.12 某休闲娱乐型酒店业务流程总图

- 将业务流程图中的业务处理单位转换成数据流图中的外部项。
- 将业务流程图中的业务处理描述转换成数据流图中的数据加工。
- 将业务流程图中的表格制作转换成数据流图中的数据流。
- 业务流程图中的数据文件直接转换成数据流图中的数据存储。

由于目前业务流程图还没有一个统一的标准，因此上述规则只能是一些启发性的规则，仅供数据流程抽取时作为参考。在具体的数据流程抽取过程中，要根据具体情况进行一些变通，如添加一些必要的外部项等。

4.7 数据流程分析

数据流程分析就是把数据从现行系统内部的流动中抽取出来，舍去具体组织机构、信息载体、处理工作等物理组成，单纯从数据流动过程来考察实际业务的数据处理模式。数据流程分析主要包括对信息的流动、变换、存储等的分析，其目的是要发现和解决数据流动中的问题。

数据与数据流程分析也是现行系统分析的主要工作，其内容包括数据的种类与结构、数据的流向与规则，以及存在的问题等。

在系统分析阶段，数据分析到底要深入到什么程度有不同的观点。一种观点是将数据分析细化到数据项的属性层面，用数据词典描述数据项的类型、宽度和取值范围等数据的细节。信息系统中一般的数据体系结构是“数据库—数据表—数据项”，即若干关联的数据项构成数据表，若干关联的数据表构成数据库。信息系统分析阶段的主要目的是回答“做什么”，因此不宜将分析工作深入到数据项属性（类型、宽度、小数位数和取值范围等）的层面，如果确实将主要数据项之间的关系分析清楚，然后再在系统设计阶段设计详细的数据词典，更符合系统分析与设计的本意。

数据与数据流程分析的方法主要有数据流程图和实体关系图。数据流程图（Data Flow Diagram，DFD）是表明系统的数据输入、处理、输出和储存情况的图表，具有抽象性和概括性。数据流程图和实体关系图都是脱离物理介质的概念模型，经过转换，它们就能导出数据库的数据模型，在信息系统中真正实现。

4.7.1 数据流程图

数据流程图是组织中信息运动的抽象，是管理信息系统逻辑模型的主要组成形式。这个模型不涉及硬件、软件、数据结构与文件组织，它与对系统的物理描述无关，它用一种图形及与此相关的注释来表示系统的逻辑功能，表示所开发的系统在管理信息处理方面要做什么。由于图形描述简明、清晰，不涉及到技术细节，所以描述的内容是面向用户的，即使完全不懂信息技术的用户也容易理解。因此数据流图是系统分析人员与用户进行交流的有效手段，也是系统设计的主要依据之一。

1. 数据流程图的基本组成与符号

数据流程图由四种基本成分组成。

（1）外部项（外部实体）。外部项在数据流程图中表示所描述系统的数据来源和去处的各种实体或工作环节，也即数据流的源点或终点。数据流源点是信息系统的数据来源地，终点是数据流的目的地。数据流源点和终点都是存在于信息系统之外的。例如，会计账务处理系统输出的报表，要报送到上级主管部门、开户银行和财税部门等。这些部门对会计账务处理系统来说是数据流的终点。这些实体或环节向所开发的系统发出或接受信息。系统开发不能改变这些外部项本身的结构和固有属性。由于数据流源点和终点对信息处理过程没有多大影响，所以在画数据流程图时可以不必考虑它们。

（2）加工（数据加工）。又称数据处理逻辑，描述系统对信息进行处理的逻辑功能。在数据流程图上这种逻辑功能由一个或一个以上的输入数据流转换成一个或一个以上输出数据流来表示。加工是对数据流的一种处理。当数据流通过某个“加工站”时，它的所有数据都将被处理，或是数值变化，或是性质变化，如图 4.13 中的客服、售货、销售分析等。数据流程图中“加工”这一基本元素是信息处理系统的关键部分，只有经过加工，信息才能发生变化，才能更新，才能创造出新的更有价值的信息。

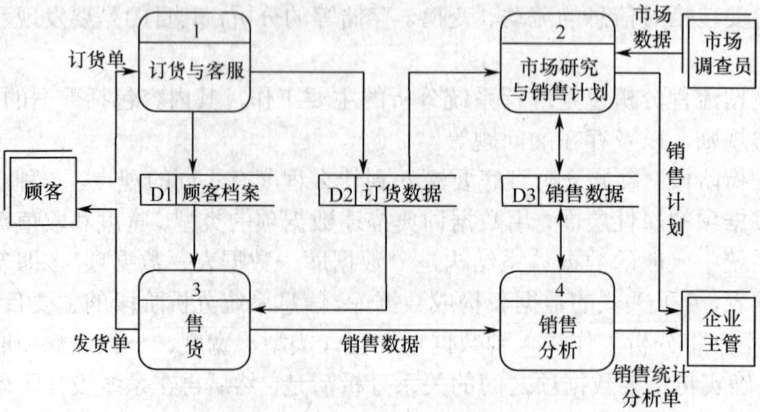

图 4.13 市场营销系统数据流程图

（3）数据存储。逻辑意义上的数据存储环节，即系统信息处理功能需要的、不考虑存储物理介质和技术手段的数据存储环节。数据存储是相关数据的逻辑集合，以文件的形式呈现。当某一数据流被加工处理后，若暂时不需要转到下一“加工站”进行处理时，往往先将它存到文件中，待处理时再提取。例如，会计账务处理系统中，日常发生的某一张记账凭证是不能直接用来填制报表的，而应先将这张凭证存到有关的文件里。到月底，与其他凭证一起经过一定处理后再生成报表。另外，在读、写文件时要注意数据流的方向。当加工要从文件里读数据时，数据流是从文件流向加工的，当加工写入或修改文件时，数据流是从加工流向文件的。

（4）数据流。与所描述系统信息处理功能有关的各类信息的载体是各加工环节进行处理和输出的数据集合。在数据流程图中数据流用箭线表示，箭头指处表示数据流的输送处，箭尾连接处表示数据流的来源。数据流由一组固定成分的数据所组成，数据流直观反映了系统各部分之间的信息传递关系。数据流的流向大致有以下几种。

① 从加工流向加工，即作为前一加工的处理结果，又输入给下一加工进行处理，如图 4.14 中数据从加工“售货”流向加工“销售分析”。

② 从加工流向文件，即作为加工的结果，暂存在文件中。如图 4.13 中数据从“销售分析”流向文件“销售数据”的数据流。

③ 从文件流向加工，即从文件里流出，作为加工的输入。如图 4.13 中数据从文件“顾客档案”流向加工“销售”的数据流。

④ 从源点流向加工，即从信息的产生地流向加工站，作为加工的输入。如图 4.13 中数据从源点“顾客”流到加工“订货与客服”的订货单。

⑤ 从加工流向终点，即数据流作为加工结果送到接收地。如图 4.13 中数据从加工“销售分析”流向终点“企业主管”的销售统计分析单。

数据流程图中的流动是实实在在的数据，而不是程序框图中通常画的那种控制流，两者的区别是，数据流上只有数据流过，而控制流上没有数据流流动。

表 4.2 示出了常用的三类数据流程图基本成分的符号。本书主要采用第 I 类，其中第二类主要在作草图时使用。图 4.14 中给出了书面数据流程图的基本符号。

表 4.2 数据流的基本符号

成分类型	外部项（外部实体）	加工（数据处理逻辑）	数据存储	数据流
I	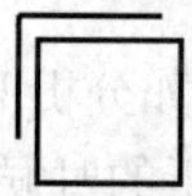		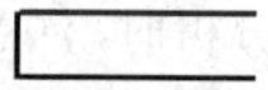	
II			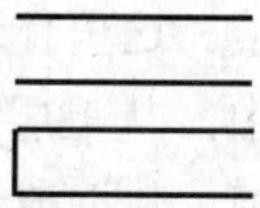	
III	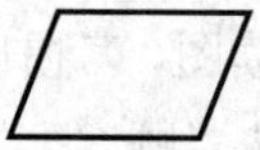	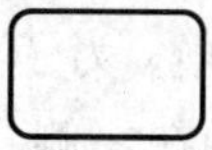		

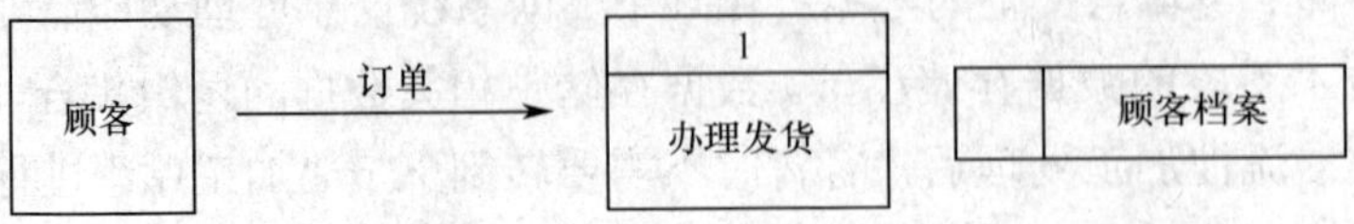

图 4.14 书面数据流程图的基本符号

4.7.2 绘制数据流程图的主要原则

由于数据流程图在系统建设中的重要作用，绘制数据流程图必须坚持正确的原则和运用科学的方法。绘制数据流程图应遵循的主要原则如下。

（1）明确系统边界。一张数据流程图表示某个子系统或某个系统的逻辑模型。系统分析人员要根据调查材料，首先识别出那些不受所描述的系统控制、但又影响系统运行的外部环境，这就是系统的数据输入的来源和输出的去处。把这些因素都作为外部项确定下来，就确定了系统和外部环境的界面，然后就可以集中力量分析、确定系统本身的功能。

（2）自顶向下逐层扩展。管理信息系统庞大而复杂，具体的数据加工可能成百上千，关系错综复杂，不可能用一两张数据流程图明确、具体地描述整个系统的逻辑功能，自顶向下的原则为我们绘制数据流程图提供了一条清晰的思路和标准化的步骤。

首先在调查研究的基础上，明确所描述的系统与各外部实体的信息联系。绘制最高层的数据流程图——关联图。在关联图中，所描述的系统当做一个数据加工项，着重描述系统与外部实体的联系，表明系统作用的范围和边界，然后确定系统的几个主要的综合性的逻辑功能，绘制顶层（总）数据流程图。在顶层数据流程图中，每个逻辑功能都由一个数据加工符号来描述。顶层图可以进一步分解，其中某些或者所有的数据加工项可分解为若干个数据加工项，这样就形成了第一层数据流程图。依次逐层向下扩展，直到最底层的数据流程图都表示了所有具体的数据加工功能和输入输出关系。

图 4.15 直观地展示了数据流程图自上而下、逐层分解细化的过程。第一层表示了系统关联图，S 是系统本身，由 S 分解出三个主要功能或子系统。进一步分解，三个主要功能又可以分别分解出对应的下一层功能，其中下层图的逻辑功能（如 1.1、1.2、1.3）就是由上层的功能 1 分解出来的。

在做这一步分析时，注意被分析对象的外部环境的界定，如分析 L2.1 时，L2.2 和 L2.3 就可以被看做 L2.1 的外部环境。类似地，在对 L2.2 进行分析的时候，L2.1 和 L2.3 就可以被看做外部环境。这里体现出来的就是“分而治之”策略。另外，从图中可以看出，在系统分解的过程中，从上层到下层，系统的边界是保持不变的。

（3）布局合理。数据流程图各种符号要布局合理、分布均匀、整齐、清晰、使读者有一目了然之感，这才便于交流，避免误解。为了便于制图和读图，习惯以加工处理为中心，输入的“数据流”及其“来源”一般画在左侧，如图 4.13 从“顾客”发来“订货单”。输出的数据流及其去处一般画在数据流程图的右侧。从全局看“数据流”也是由左侧流向右侧的，所以一般系统数据主要来源的外部项尽量安排在左方，而数据主要去处的外部项尽量安排在右边。

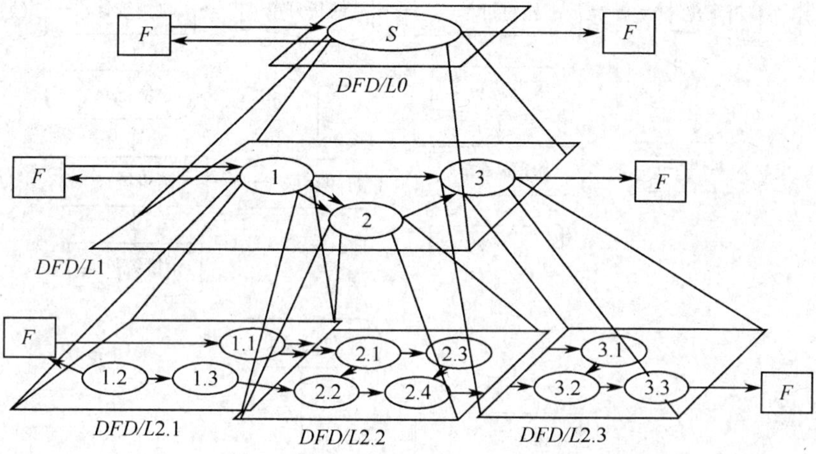

图 4.15　数据流程图的自上而下分解过程

在画数据流程图时，有的数据流箭线到数据的来源或去处的距离很远，会造成线条很长或线条交叉。解决的办法是可以让一些要素重复出现，用一种标示方法来表示重复出现的符号。这时就可以让“顾客”重复出现，并在符号的一角打上斜线标记，表示这两个符号表示的是一个要素，如图 4.16 所示。

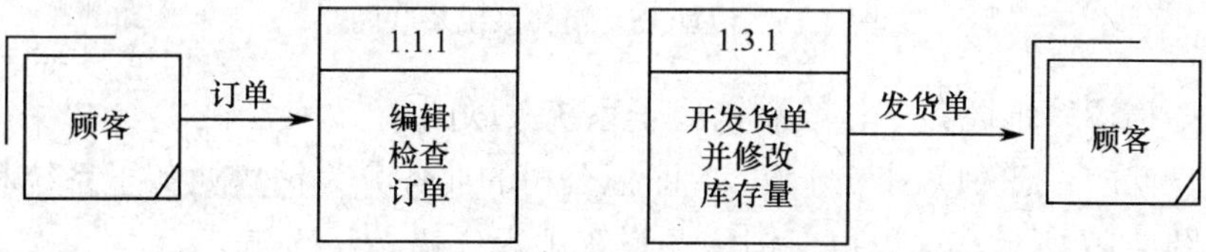

图 4.16　数据流程图中重复项的表示

（4）数据流程图只反映数据流向、数据加工和逻辑意义上的数据存储，不反映任何数据处理的技术过程、处理方式和时间顺序，也不反映判断与控制条件等技术问题。这样，只从系统逻辑功能上讨论问题，便于和用户交流。

数据流程图的绘制过程，就是系统的逻辑模型的形成过程，必须始终与用户密切接触，详细讨论，不断修改，也要和其他系统建设者共同商讨，以求一致意见。

【例 1】**汽车配件销售系统。**

某汽车配件公司销售业务流程如图 4.17 所示。顾客发订单给销售部门，销售部门经过订单检查，把不合格的订单反馈给顾客。对合格订单，通过核对库存记录，缺货订单通过缺货统计，向采购部门发出缺货通知，并登记缺货记录。对于可供货订单，登记用户档案，开出备货单，通知仓库备货。同时保存订单数据，一段时间后进行销售统计。

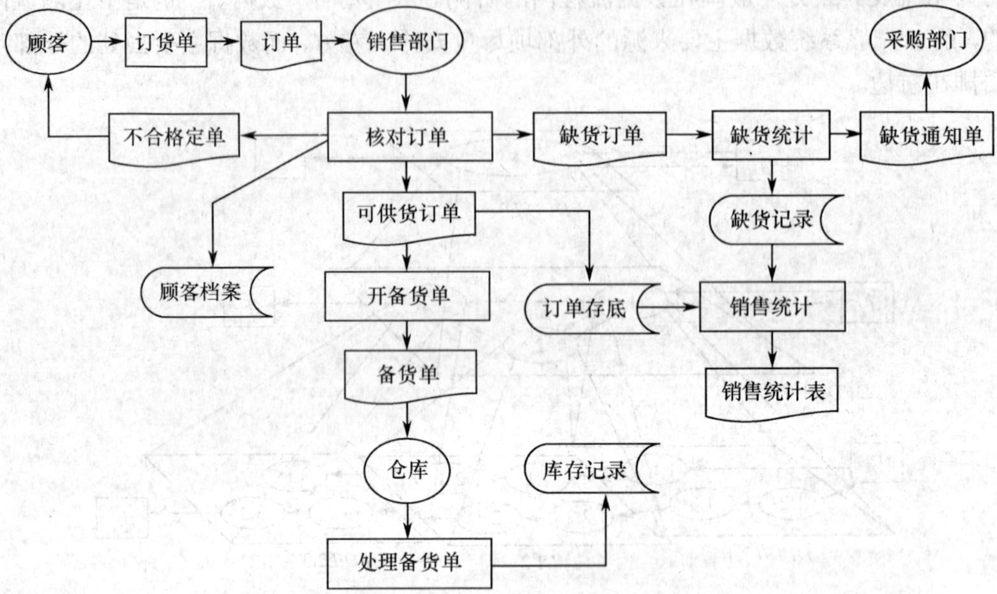

图 4.17　某汽车配件公司销售业务流程图

汽车配件销售业务的系统关联图，如图 4.18 所示。

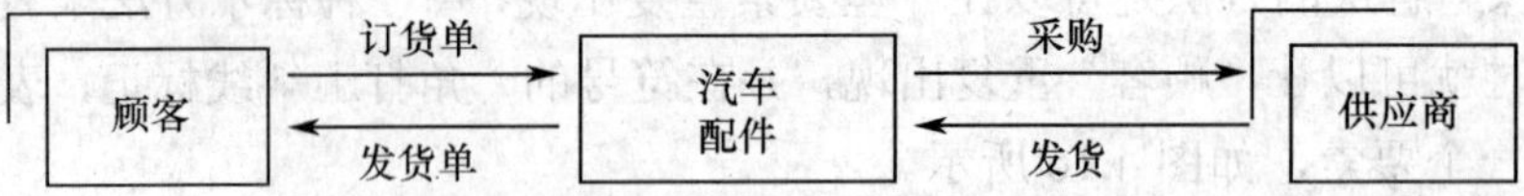

图 4.18　汽配公司销售系统关联图

第一步：描述系统边界——绘制销售子系统关联图。

为了简化问题，把关联图一分为二，即把公司的业务分为销售业务子系统和采购业务子系统，如图 4.19 所示。这里仅对销售子系统进行分解。

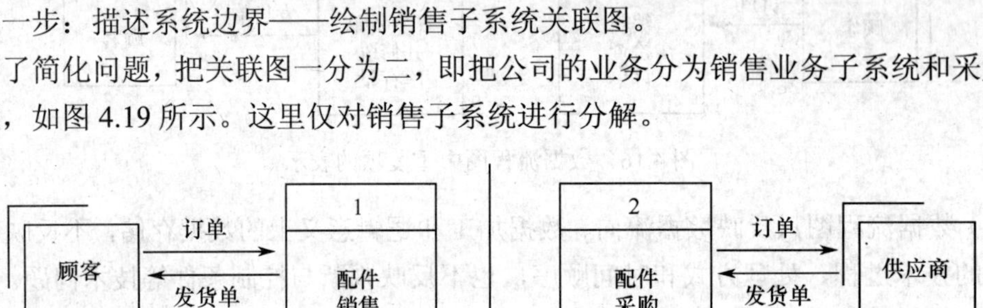

图 4.19　汽配公司销售、采购业务子系统关联图

第二步：获得销售子系统第一层图。

图 4.20 为第一层数据流程图，反映了销售子系统的主要功能。

第三步：获得销售子系统第二层图。

细化第一层数据流程图，得到第二层数据流程图，图 4.21 是对图 4.20 的进一步分解。

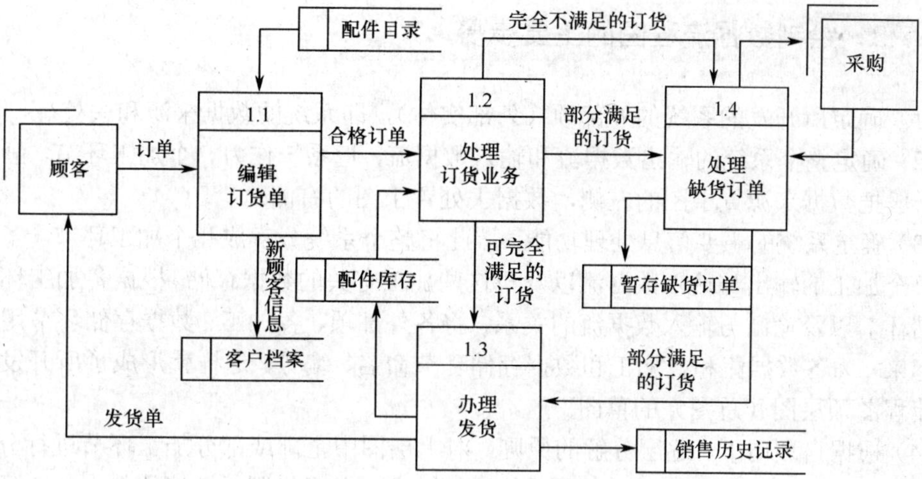

图 4.20 销售业务子系统

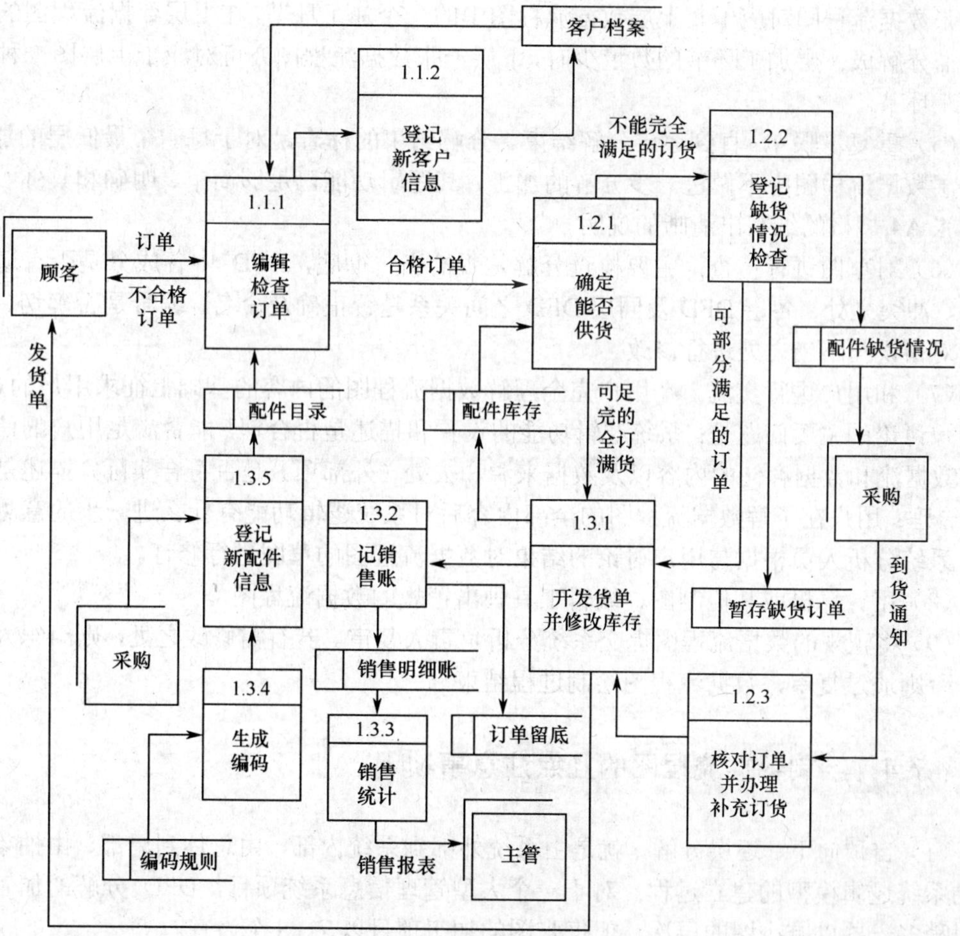

图 4.21 销售业务子系统细化数据流程图

4.7.3 绘制数据流程图的主要步骤

（1）确定所开发的系统的外部项（外部实体），即系统的数据来源和去处。

（2）确定整个系统的输出数据流和输入数据流，把系统作为一个加工环节，画出关联图。一般把数据来源置于图的左侧，数据去处置于图的右侧。

（3）确定系统的主要信息处理功能，按此将整个系统分解成几个加工环节（子系统）：确定每个加工的输出与输入数据流以及与这些加工有关的数据存储。根据各加工环节和数据存储环节以及输出与输入数据流的关系，将各外部项、各加工、数据存储环节用数据流连接起来，为各数据流和各加工和数据存储环节命名、编号，这样就形成了所开发系统的数据流程图顶层图（总图）的草图。

（4）根据自顶向下、逐层分解的原则，对上层图中全部或部分加工环节进行分解：将需要分解的上一层图的加工环节（子系统）分解成具有明确逻辑功能的数个加工环节，按上一步骤中的作法，对上层需分解的加工环节画出分解数据流程图草图。一般情况下，下层一张数据流程图对应于其上层数据流程图中的一个加工环节，在上层数据流程图的加工环节需分解成下层加工环节的数量少时，下层一张数据流程图亦可对应于上层图一种以上的加工环节。

（5）重复步骤 4，直到逐层分解结束。分解结束的标志是对于每一个最低层的加工，即各层数据流程图中不做进一步分解的加工，其逻辑功能已足够简单、明确和具体，可以用一张 A4 规格的纸写出清晰的说明。

（6）对草图进行检查，主要检查分解是否恰当、彻底，DFD 中各成分是否有遗漏、重复、冲突之处，各层 DFD 及同层 DFD 之间关系是否正确及命名、编号是否确切、合理等，对错误与不当之处进行修改。

（7）和用户进行交流。在用户完全理解数据流程图的内容的基础上征求用户的意见，和用户讨论的主要问题是：系统逻辑功能的设置和描述是否合理，能否满足用户的信息需求，数据流和数据存储的内容以及数据来源和去处（外部项）是否符合实际，描述是否准确、合理；用户在了解数据流程图的全部内容后对系统逻辑功能有什么进一步的意见与要求。系统分析人员根据与用户讨论的结果对数据流程图的草图进行修订。

（8）用计算机或其他制图、编辑工具画出正规的数据流程图。

（9）将正规的数据流程图提交系统分析负责人复审。若有需修改之处，则组织人员修改，否则通过复审，数据流程图绘制过程结束。

4.7.4 绘制数据流程图的几点注意事项

（1）自顶向下、逐层分解，就是由系统外部到系统内部、由总体到局部、由抽象到具体的系统逻辑模型的建立过程。对于一个大型管理信息系统项目，DFD 分解的加工环节可以稍多一些以减少图的层次，但每张图的加工项目以 7～8 个为宜。

在数据流程图分解中，要保持各层成分的完整性和一致性。上层被分解的加工环节称为父加工环节，分解后的加工环节称为子加工环节。从逻辑上来讲，父加工环节的功能为对应的自加工环节功能之和。

（2）数据流必须通过加工，即送去加工或从加工环节发出。不通过加工环节的数据流（如外部项之间的数据交换）不在数据流程图上表示，因这类数据流与所描述的系统无直接关系。

（3）数据存储环节一般作为两个加工环节的界面来安排。只与一个加工环节有关的数据存储，如果不是公用的或特别重要的，可不在数据流程图上画出。直接从外部项来与直接到外部项去的数据流应直接与加工环节相连，不应通过数据存储环节相连。

（4）符号的应用。绘制数据流程图用到的基本符号只有四种，但足以表达用户业务系统的情况。

- 加工。完整的加工符号应包括三部分：编号、加工逻辑、执行者。
- 数据流。数据流的名称标在数据流线的一侧，箭头表示数据流的流向。
- 数据的读出、写入。图 4.22 中左侧表示从数据存储“暂存缺货订单”中读出“缺货订单”，右侧表示写入修改后的新的库存量。

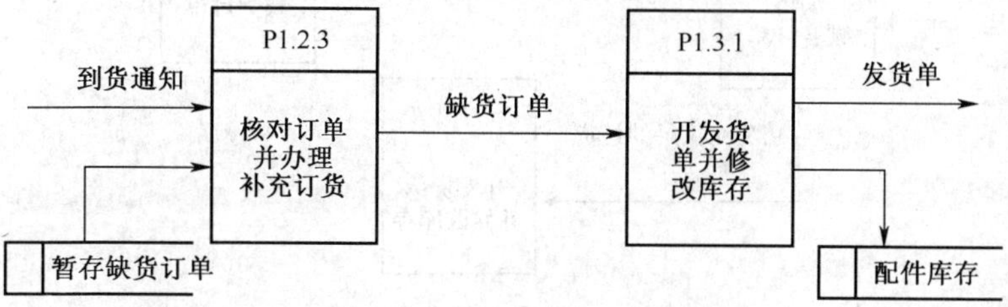

图 4.22 数据流程图中的符号运用

（5）抽象数据流的应用。为了把图画得简单明了，对于过于复杂的多个输入的数据流可以设法概括为一个抽象的数据流，如图 4.23 所示。

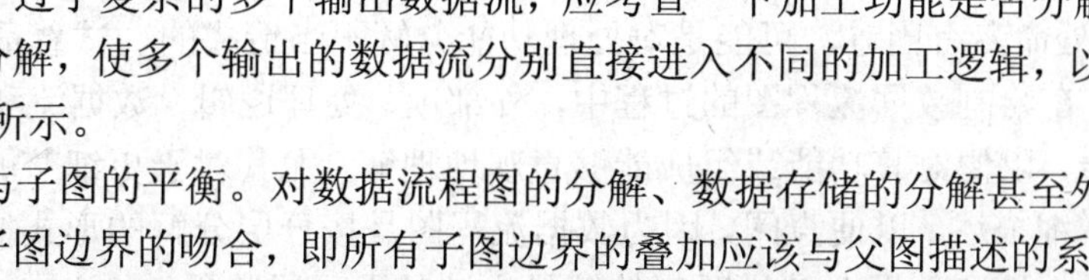

图 4.23 数据流的合并

相反，对于过于复杂的多个输出数据流，应考查一下加工功能是否分解得合理，可能的话，进一步分解，使多个输出的数据流分别直接进入不同的加工逻辑，以使图的布局合理，如图 4.24 所示。

（6）父图与子图的平衡。对数据流程图的分解、数据存储的分解甚至外部项的分解，应注意父图与子图边界的吻合，即所有子图边界的叠加应该与父图描述的系统范围一样大。

（7）命名。对数据流、处理（逻辑）功能、数据存储及外部项的命名是否恰当，直接影响数据流程图的可理解性。数据流程图上的成分一般都要命名，命名的原则为：

① 名称要反映被命名成分的真实的和全部的意义，不能只反映部分意义。

② 名称要意义明确，易理解，无歧义，不会造成错觉。

③ 对加工处理的命名，除了子系统级的加工功能可以使用名词以外，其他加工的名

称一般以动词+宾语或名词性定语+动名词为宜，如“记销售账”、“处理订货业务”等，以明确反映信息处理的逻辑功能。其他成分的名词以名词或者名词性定语+名词为宜。

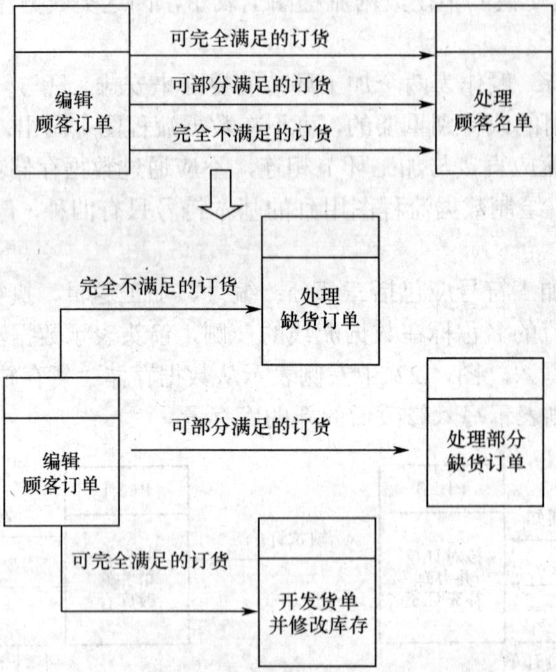

图 4.24　数据流的分别处理

④ 避免使用不反映实际内容的空洞词汇，不要使用泛指的名字，如“数据”、“信息”、“单据”等。

⑤ 进出数据存储环节的数据流如内容和存储环节的数据相同，可采用同一名称。

⑥ 名称要能够代表整个数据流或数据存储。因为一个数据流或数据存储往往是由一组数据元素组成的数据结构，不要仅使用反映其中某些元素的名字。

⑦ 如果在为某个数据流或数据存储命名感到相对困难时，就有可能是因为对数据流或数据存储分解的不恰当造成的，试着重新分解，也许问题就解决了。

⑧ 通常是先为数据流命名，然后再为与之相关联的处理功能命名，这样命名比较容易。因为大多数据功能都是针对输入的数据流的。

⑨ 如果某处命名有困难，可能是对处理功能分解不当造成的，试着重新分解。

（8）编号。在绘制数据流程图的过程中，外部项、处理逻辑、数据流和数据存储都应加以命名和编号，以便对其功能或组成能够直观地理解，尤其对于更细节的内容，可以放在数据词典中详细描述，以便查阅。因为数据流程图是按分层分解的形式描述的，所以对于处理逻辑、数据流和数据存储最适用的编号方法是用“层序号”。

每个数据加工环节和每张数据流程图都要编号。按逐层分解的原则，父图与子图的编号要有一致性，一般子图的图号是父图上对应的加工的编号。顶层图的图号为 0，其中各加工环节按 1，2，3，…顺序编号，1 号加工环节分解后的子加工按 1.1，1.2，1.3，…编号，2 号加工环节按 2.1，2.2，2.3，…编号，依此类推。加工环节 1.1 分解后的子环节为 1.1.1，1.1.2，…，依此类推。

当数据流程图分解到足够具体时，对数据存储、数据流也应加以编号，以便在数据词典中对其进行注解。编号规则和加工类似，所不同的是数据流编号用“F”开头，数据存储用“D”开头，这样容易区别层序号是对加工还是对数据流或数据存储的编号。如外部项较多，为便于分析、维护，也可在数据流程图上进行编号。

只画所描述的系统稳定工作情况下的数据流程图，则数据流程图不描述系统启动时或结束工作时，功能和数据流变动的情况。

数据流程图从总体上描述系统的逻辑功能、系统内部各部分的信息联系及与系统外各有关事物的联系，反映系统中信息运动的规律，是系统逻辑模型的主要描述形式。数据流程图清晰、明了、容易理解，使人对描述系统的逻辑功能和各部分的数据联系有一目了然的感觉，便于交流。但数据流程图在描述系统逻辑功能和有关信息内容的细节方面仍存在较大的局限性。如难以在数据流程图上标识出数据流、数据存储、加工和外部项的具体内容，也不能很好地反映系统中的决策与控制过程等。因此，在系统分析中，除了用数据流程图描述系统逻辑模型外，还要辅以其他工具，如结构化语言、决策表、决策树等。

数据与数据流程的分析也包括发现和分析问题，这方面常见的问题如下：

（1）数据共享性差，有较多的信息孤岛。遇到数据流程图无法连接所有的存储数据时就表明存在这方面的问题。

（2）数据重复输入，各自为政，不考虑其他部门和岗位已有的数据。重复输入会导致数据口径等格式的不一致，以及较大的数据冗余度，进而产生管理误差。

（3）数据传递迟钝。在人工管理的情况下，处理数据的岗位不及时将输出数据传送到需要输入数据的岗位，使后续岗位不能及时掌握物流和资金流的状态而影响管理绩效。

（4）存在的数据不很需要，需要的数据不存在。现行系统中的数据和数据结构设计不合理，随着管理业务的变化，一些数据不再那么需要，需要的数据却没有及时地产生。

4.7.5 实体关系图

实体关系图（Entity Relationship diagram，简称 E-R 图）是描述实体、实体属性及其关系的建模工具，这里的实体是指与系统有关的事物，类似于面向对象方法中的“对象”，客户、产品、订单、设备等都可以看做实体，实体的属性是数据。

E-R 图用三种基本符号表示要素，即矩形表示实体，椭圆形表示实体的属性，菱形表示实体之间的关系，实体间的关系一般表现为活动。通过这三种符号可以描述系统所涉及的各种事物及其联系，构建概念数据模型。例如，学生和课程都是实体，学生选修课程，“选修”就是这两个实体之间的关系，也是一种活动。学生的学号、姓名、所学专业，课程的课程编号、课程名称、授课教师，即分别是学生实体和课程实体的属性。E-R 图之所以称为数据模型，是因为实体的属性通过实体的关系被关联起来，经过转换能产生对应于关系型数据库的数据模型。

图 4.25 列出了一个简单的 E-R 图例子。该数据模型描述了设备实体与维修商实体的属性及其关系。

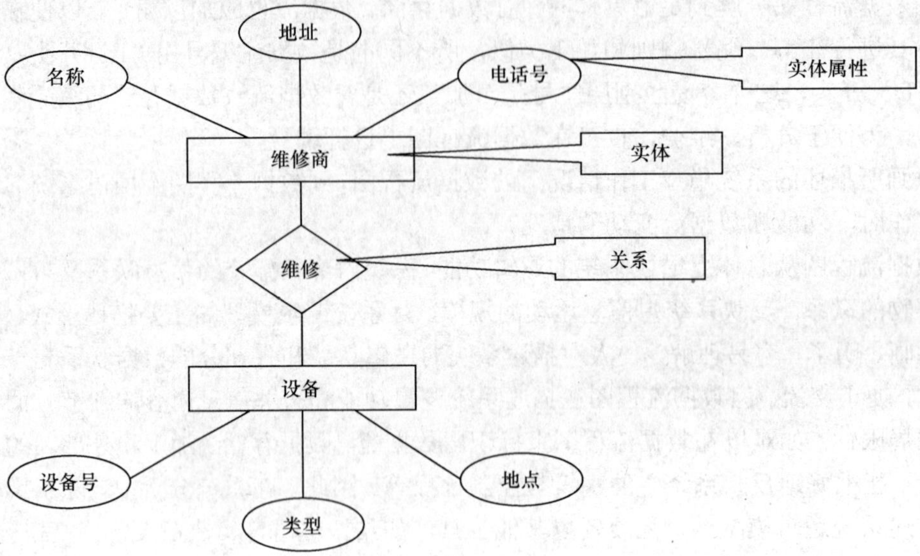

图 4.25 实体关系图

4.8 数据词典

数据流程图描述数据流和加工之间的关系，勾勒出了系统的框架。在画数据流程图时，为了提高可读性，要求图中标注的数据流名、加工名、数据存储名及外部项名都要简单明了，但这样使得难以从数据流名字、数据存储的名字中看出它们的数据结构，也无法从加工名字中看出加工的加工逻辑，给后来的设计带来困难。而数据流的内部细节对理解和表达系统却十分重要，数据词典就是为描述这些细节而建立的。

所谓数据词典（Data Dictionary，DD）就是对 DFD 中加工、数据流、数据存储和外部项逐个做出定义的一部文件，是在新系统数据流程图的基础上，进一步定义和描述所有数据的工具，包括对一切动态数据（数据流）和静态数据（数据存储）的数据结构和相互关系的说明，是数据分析和数据管理的重要工具，是系统设计阶段进行数据库（文件）设计的参考依据。数据词典的内容主要是对数据流程图中的数据项、数据结构、数据流、处理逻辑、数据存储和外部实体等六个方面进行具体的定义。DFD 和数据词典结合起来就可以定义系统。

手工管理的数据词典是把词典条目逐一填写到卡片或表格中，再把它们按一定顺序排好、装订成册，以便查阅。也可以把词典建立在计算机中，用计算机对词典实施管理。

建立数据词典需要大量细致的工作，但这一工作是必需的。因为不仅系统分析阶段需要它，整个开发过程乃至系统交付后的长期运行中也需要它。维护过程中都要依据它、维护它。

4.8.1　数据词典的内容

在系统分析中，数据词典起着重要的作用，它包含关于系统的详细信息。一般来说，系统分析人员把不便于在数据流程图上注明而系统分析应该获得、对整个系统开发以至将来系统运行与维护时必需的信息尽可能放入数据词典。除了有关成分的定义与解释之外，如关于数据流与加工发生频率、出现的时间、高峰期与低谷期、加工的优先次序、加工周期及安全保密等方面的信息，在数据词典中都需要加以说明。总的来说，数据词典对数据流程图中有关成分的描述尽可能说明下列问题：

- 是什么或做什么？
- 在何处或者来自何处？去向何处？
- 何时出现？时间长短？

可见，数据词典是系统逻辑模型的详细、具体说明，是系统分析阶段的重要文件，也是内容丰富、篇幅很大的文件，因此是一项十分重要而繁重的工作。编写数据词典的基本要求如下。

（1）对数据流程图上的各种成分的定义必须明确、易理解、唯一，保证无二义性。

（2）命名、编号与数据流程图一致，必要时（如计算机辅助编写数据词典时）可增加编号，方便查询检索、维护和统计报表。

（3）符合一致性和完整性的要求，对数据流程图上的成分定义与说明无遗漏项。数据词典中无内容重复或内容相互矛盾的条目。数据流程图中同类成分的数据词典条目中，无同名异义或异名同义者。

（4）格式规范、风格统一、文字精练，数字与符号正确。数据词典的格式是根据各类条目的内容以及编写、维护、使用方便来设计的。为了准确、规范地描述各类条目的内容，数据词典中采用如表 4.3 所示的符号。

表 4.3　数据词典使用的符号

符　号	含　义	举例说明
=	被定义为	工资项目=[基本工资|应扣款|应补款]
+	与	X=a+b 表示 x 由 a 和 b 组成
[···|···]	或	X=[a|b] 表示 X 由 a 或 b 组成
{···}	重复	X={a} 表示 X 由 0 个或多个 a 组成
m{···}n 或 $\{\cdots\}_m^n$	重复	X=6{a}8 或 $X=\{a\}_6^8$ 表示 X 中最少出现 6 次 a，最多出现 8 次 a。8 是重复的上限值，6 是重复的下限值
（···）	可选	X=（a）表示 a 可在 X 中出现，也可不出现
“···”	基本数据元素	X=“a”，表示 X 是取值为字符 a 的数据元素
··	连接符	X=1 ·· 9，表示 X 可取 1~9 中的任意一个值

例如数据流结构：

学生成绩通知={学号+学生姓名+{课程名称+成绩}+（补考课程名称+补考时间+补考

地点）}

学生奖励通知={学号+学生姓名+（一等奖，二等奖，三等奖，鼓励奖）}

在数据词典中，如遇数值型数据元素也采用数据运算符号，如加（+）、减（−）、乘（*）、除（/）、分式、乘方、开方等符号。

1．数据项

数据流程图中，在数据块的数据结构中的数据项是不可再分的数据单位，也称为数据元素。数据元素是数据流和数据结构的基本组成单位，只有数据元素被定义了，数据流和数据结构才能被最后定义下来。数据元素定义一般包括以下内容。

编号：该数据元素在数据词典中的统一编号。编号应具有唯一性，以便检索。

名称：数据元素的名字。

[内部名]：系统内使用的名字。

[值域]：该数据元素可能的取值范围。

[值义]：有些值义需要解释，如“学号”的 1～2 位表示学生所在的年级，3～4 位表示班级，5～6 位为顺序号。

[类型和长度]：数据类型（数值型、字符型、逻辑型、日期型等）及所占存储空间（字节数）。

[备注]：必要的说明。

或：

数据项描述={数据项名，数据项含义说明，别名，数据类型，长度，取值范围，取值含义，与其他数据项的逻辑关系}

其中“取值范围”、“与其他数据项的逻辑关系”定义了数据的完整性约束条件，是设计数据检验功能的依据。分析数据特性应从静态和动态两个方面去进行。在数据词典中，数据项仅定义数据的静态特性，如表 4.4 所示。

表 4.4 数据项定义

数据项编号	ID201
数据项名称	材料编号
别名	材料编码
简述	某种材料的代码
类型及宽度	字符型，4 位
取值范围	“0001”～“9999”

2．数据结构

数据元素是不可再分解或在当时情况下不必再分解的简单数据项。而数据结构的组成与数据流类似，也可能由若干个数据元素和若干个数据结构组成。如家庭住址就包含了省、市、区、街、邮编等数据项，学生入学成绩又包含政治、语文、数学、外语等各科成绩等数据项，家庭住址和入学成绩都是数据结构。由于事务的复杂性，上述数据结构中可能还包含有数据元素和数据结构。但不管嵌套多少层，最后一级数据结构中一定只含有数据元素。

数据结构反映了数据之间的组合关系。

数据词典中对数据结构的定义包括以下内容：

数据结构的名称和编号。

简述。

数据结构的组成。

也即：

数据结构描述={数据结构名，含义说明，组成：{数据项或数据结构}}

表 4.5 所示数据结构定义就是由三个数据结构组成的复合的数据结构，表中用 DS 表示数据结构，用 I 表示数据项。

如果是一个简单的数据结构，只需列出它所包含的数据项。因为这些被包含的数据结构在数据词典的其他部分已有定义。

表 4.5　数据结构定义

DS03-01：用户订货单		
DS03-02：订货单标识	DS03-03：用户情况	DS03-04：配件情况
I1：订货单编号	I3：用户代码	I10：配件代码
I2：日期	I4：用户名称	I11：配件名称
	I5：用户地址	I12：配件规格
	I6：用户姓名	I13：订货数量
	I7：电话	
	I8：开户银行	
	I9：账号	

3．数据流

数据流由一个或一组固定的数据项（包含几个数据项）组成。其中有简单的数据项，也有复合数据项，它本身是一个数据结构。如学生情况包含：学生姓名、家长姓名、性别、家庭住址、入学成绩等。根据数据流的组成情况可知，要严格定义一个数据流必须：

定义其自身的组成。

定义所含每一个数据元素。

定义所含每一个数据结构。

若某数据结构中还含有数据元素和数据结构时应进一步定义，直至组成数据结构的所有数据元素被定义为止。

定义数据流自身需要把系统中的所有数据流列入数据流定义表。数据流的定义包括如下内容。

编号：编号是每个数据流在 DFD 中的编号，编号应具有唯一性以便检索。

名称：数据流在 DFD 中的名称。

[内部名]：为使用方便，可用拼音或字母缩写给每个数据流起一个别名。

组成：指明组成该数据流的所有数据元素（编号）和所有数据结构（编号）。

[流量]：即数据流量。通常说明正常流量，必要时可指明高峰期流量。

[备注]：必要的说明。

组成数据流的数据元素、数据结构的编号，在数据结构、数据元素定义后反填回来。

定义数据流时，不仅要说明数据流的名称、组成等，同时还应指明它的来源、去向和数据流量等。数据流是数据结构在系统内传输的路径，也即：

数据流描述={数据流名，说明，数据流来源，数据流去向，组成：{数据结构}，平均流量，高峰期流量}

其中“数据流来源”是说明该数据流来自哪个过程。“数据流去向”是说明该数据流将到哪个过程去。“平均流量”是指在单位时间（每天、每周、每月等）里的传输次数。“高峰期流量”则是指在高峰时期的数据流量。数据流定义如表 4.6 所示。

表 4.6 数据流定义

数据流编号	F03-08
数据流名称	领料单
简述	车间开出的领料单
数据流来源	车间
数据流去向	发料处理模块
数据流组成	材料编号+材料名称+领用数量+日期+领用单位
数据流量	10 份/时
高峰流量	20 份/时（上午 9：00－11：00）

4．数据存储

数据存储是数据结构停留或保存的地方，也是数据流的来源和去向之一。数据存储在数据词典中只描述数据的逻辑存储结构，而不涉及它的物理组织。在数据词典中要对 DFD 中的所有文件（局部文件）做出定义。

文件的组成与数据流类似，即文件由若干数据元素和若干数据结构组成。在数据词典中文件定义部分只定义文件自身，组成文件的数据元素和数据结构分别与数据流部分的相应定义合并文件定义的内容包括如下内容。

编号：文件在 DFD 中的编号，该编号应具有唯一性。

文件名：文件在 DFD 中的名字。

[内部名]：系统中使用的文件名。

[备注]：必要的说明。

文件用文件定义表定义。

对数据存储的描述如下所示：

数据存储描述={数据存储名，说明，编号，流入的数据流，流出的数据流，组成：{数据结构}，数据量，存取方式}

其中“数据量”是指每次存取多少数据，每天（或每小时、每周等）存取几次等信息。“存取方法”包括是批处理，还是联机处理；是检索还是更新；是顺序检索还是随机检索等。

另外“流入的数据流”要指出其来源，“流出的数据流”要指出其去向。数据存储定义如表 4.7 所示。

表 4.7　数据存储定义

数据存储编号	F03-08
数据存储名称	库存账
简述	存放配件的库存量和单价
数据存储组成	配件编号+配件名称+单价+库存量+备注
关键字	配件编号
相关联的处理	P02，P03

5．处理过程

在数据流程图中，加工逐层分解，其加工逻辑只有当它被分解成基本加工时才是明确的。基本加工定义了，其父加工也就被定义了。因此规定：加工逻辑的定义仅对数据流程图中最底层的加工逻辑加以说明，即定义所有的基本加工。加工的完整定义包括以下内容。

编号：各加工在 DFD 中的编号，应具有唯一性。

名称：该加工在 DFD 中的名称。

[内部名]：系统内部对该加工的命名。

[输入数据流]输入给该加工的所有数据流，包括从前一加工输入的，从文件输入的以及从外部项输入的。

[输出数据流]：该加工输出的所有数据流。

[关联加工]：列出前导加工和后继加工。

[关联文件]：与该加工有联系的文件。

加工逻辑：用结构化语言、判定树或判定表描述的加工逻辑。

[备注]：必要的附加说明。

也即：

处理过程描述={处理过程名，说明，输入：{数据流}，输出：{数据流}，处理：{简要说明}}

其中“简要说明”中主要说明该处理过程的功能及处理要求。功能是指该处理过程用来做什么（而不是怎么做）；处理要求包括处理频度要求，如单位时间里处理多少事务，多少数据量，响应时间要求等，这些处理要求是后面物理设计的输入及性能评价的标准。

每个加工的加工逻辑，如果可以用简单的结构化语言表达，可直接定义；如果必须用判定表或判定树定义，则判定表或判定树单独编号装订，在定义中指出定义该加工的判定表的表号或判定树的图号。

应当指出的是，对加工逻辑的定义，不能太严格，不能用流程图定义加工逻辑。原因有二：其一流程图太专业化；其二还是那句话：分析阶段不能过多地考虑实现阶段的问题。处理逻辑定义如表 4.8 所示。

表 4.8　处理逻辑定义

处理逻辑编号	P02-03
处理逻辑名称	计算电费
简述	计算应交纳的电费
输入的数据流	数据流电费价格，来源于数据存储文件价格表；数据流电量和用户类别，来源于处理逻辑“读电表数字处理”和数据存储“用户文件”。
处理	根据数据流“用电量”和“用户信息”，检索用户文件，确定该用户类别；再根据已确定的该用户类别，检索数据存储价格表文件，以确定该用户的收费标准，得到单价；用单价和用电量相乘得该用户应交纳的电费。
输出的数据流	数据流“电费”一是去向外部用户，二是写入数据存储用户电费账目文件。
处理频率	对每个用户每月处理一次。

6．外部实体

系统的外部项（源点和终点）是系统环境中的实体。因为它们与系统有信息联系，在数据词典中应对它们统一定义。定义的内容包括：

编号。外部项在 DFD 中的编号，编号应具有唯一性以便检索。

名称。外部项在 DFD 中的名称。

输出数据流。从外部项到系统的数据流。

输入数据流。从系统到外部项的数据流。

备注。必要的说明。如果外部项是一个计算机系统，应当说明其数据处理情况，尤其是数据量、数据格式、载体形式、数据精度等。

外部项用外部项定义表定义，如表 4.9 所示。

表 4.9　外部实体定义

外部实体编号	S03-01
外部实体名称	用户
简述	购置本单位配件的用户
输入的数据流	D03-06，D03-08
输出的数据流	D03-01

【例 2】学生信息管理系统数据词典（部分）见表 4.10、表 4.11、表 4.12、表 4.13、表 4.14 所示。

表 4.10　数据词典：“数据流”条目

数　据　流	
系统名：学籍管理	编号：
条目名：学生成绩通知	别名：成绩通知单
来源：成绩管理	去处：学生

（续表）

数 据 流				
数据流结构： 学生成绩通知={学号+学生姓名+{课程名称+成绩}+ （补考课程名称+补考时间+补考地点）}				
简要说明： 学生成绩通知在每学期期末考试结束后一周至下学期开学前一周期间内发给所有本期在校学生。				
修改记录：	编写		日期	
	审核		日期	

表 4.11 数据词典："数据元素"条目

数 据 元 素				
系统名：学籍管理 条目名：学号			编号： 别名：	
属于数据流： F1-F7			存储处：D1 学生名册 D2 学生成绩	
数据元素结构： 代码类型 取值范围 意义 字符 00010001-992999 XX XX XXX （由数字组成的字符串） XXX：编号 XX：系别代号 XX：学生入学年号				
简要说明： 学号是学生的识别符，每个学生都有唯一的学号。				
修改记录：	编写		日期	
	审核		日期	

表 4.12 数据词典："数据存储"条目

数 据 存 储		
系统名：学籍管理 条目名：学生名册	编号： 别名：	
存储组织： 每个学生一条记录	记录数：约 800	主关键字：学号
记录组成： 项名：学号 姓名 性别 出生年月 注册学期 选课代号 1……选课代号 7 备注 近似长度： 7 10 2 4 4 6 …… 6 20 （字节）		

（续表）

<table>
<tr><td colspan="5">简要说明：
（1）学籍变动（留校、转专业）在备注中说明。
（2）重修课程在备注中说明。</td></tr>
<tr><td rowspan="2">修改记录：</td><td>编写</td><td></td><td>日期</td><td></td></tr>
<tr><td>审核</td><td></td><td>日期</td><td></td></tr>
</table>

表 4.13 数据词典："加工"条目

<table>
<tr><td colspan="5">加　工</td></tr>
<tr><td colspan="5">系统名：学籍管理　　编号：3
条目名：成绩管理　　别名：</td></tr>
<tr><td colspan="2">输入数据流：
学生修课名单；课程名称；成绩</td><td colspan="3">输出数据流：教学安排　学生成绩通知单；
学生修课情况与成绩统计</td></tr>
<tr><td colspan="5">加工逻辑：
1．从学生名册中获取修同一课程的学生名单；
2．统计每门课程的修课人数并报系机关；
3．从系机关获取课程安排数据，包括各门课程的上课时间、地点；
4．形成教学安排数据，其中包括各门课程的修课学生名单、上课地点，通知有关任课教师；
5．接收任课教师的学生成绩数据，并登录在学生成绩档案中；
6．进行成绩统计，计算每门课程成绩优良、及格、不及格、缺考各项人数及比率，计算各课平均成绩并向系机关报告。
7．向学生发出学生成绩通知，并附补考安排。</td></tr>
<tr><td colspan="5">简要说明：
课程安排由系机关中教学管理人员直接向学生公布。</td></tr>
<tr><td rowspan="2">修改记录：</td><td>编写</td><td></td><td>日期</td><td></td></tr>
<tr><td>审核</td><td></td><td>日期</td><td></td></tr>
</table>

表 4.14 数据词典："外部项"条目

<table>
<tr><td colspan="5">外　部　项</td></tr>
<tr><td colspan="5">系统名：学籍管理　　编号：W3
条目名：教师　　别名：任课教师</td></tr>
<tr><td colspan="3">输入数据流：教学安排</td><td colspan="2">输出数据流：学生成绩</td></tr>
<tr><td colspan="5">主要特征：
教师：即本系统中为修课学生授课的任课教师，其主要特征是教师姓名、讲授课程名称、联系地址。</td></tr>
<tr><td colspan="5">简要说明：本系统负责下达教师的教学任务，只是根据课程安排通知教师有关教学安排。</td></tr>
<tr><td rowspan="2">修改记录：</td><td>编写</td><td></td><td>日期</td><td></td></tr>
<tr><td>审核</td><td></td><td>日期</td><td></td></tr>
</table>

4.8.2　加工逻辑描述

数据流程图中所有不再进一步分解的加工称为基本加工。基本加工的逻辑描述成为表达系统逻辑功能的关键。定义加工要定义它的编号、名字、加工逻辑，必要时还应定义加工的执行条件、执行频率等有关信息。其中加工逻辑的定义比较复杂。所谓加工逻辑是指加工都做了些什么事情，说明加工把输入数据流变换成输出数据流的过程。在进行加工逻辑描述时只需要说明“做什么”而不需要说明“如何做”。

在数据流程图关于加工的分解中曾提出，如果一个加工的逻辑分解到“较具体”或者说其逻辑能用一张 A4 规格的纸描述清楚，则加工的分解到此为止。基本加工在数据流程图中只有一个简单的名字，其详细的加工逻辑则需要用到特殊的工具加以分析与表达。

要清楚地表达加工逻辑，应选择适当的表达工具。人们熟悉自然语言，使用方便，但由于自然语言本身的随意性，常常造成加工逻辑的二义性。如“优惠销售”，如何优惠？优惠标准没有确定，也即“动作不确定”。再如“对老顾客优惠”，老顾客有多老？是年纪大的为老顾客，还是来的次数多的为老顾客？也就是“动作执行条件不确定”。再比如“三好学生、英语过四级且总分在 600 分以上的学生可获奖金 50 元”。如这里的三个条件有四种组合，到底取哪种组合不清楚，也就是存在“执行动作的条件组合有二义性”。自然语言不方便用来描述加工逻辑，同样程序设计语言也因为太专业化、太死板，不便于和用户交流，不便于使用而不能用做加工逻辑描述。目前，常用的加工逻辑表达工具有结构化语言、判定树和判定表。

在定义加工逻辑时，不能定义太严格，因为这是逻辑设计，而不是定义模块内部的算法。当然，这里的加工逻辑应当是将来模块内部算法定义的基础。

1．结构化语言

结构化语言（Structured Languase）是一种介于自然语言与程序设计语言之间的语言，它有一定的结构，因而较严谨；它不太死板，便于理解和交流。

结构化语言使用的词汇包括：陈述句中的动词，已在数据词典中定义的名词如数据流名、文件名等，及一些保留字。结构化语言使用的语句只有以下三类：简单的祈使语句；判断语句；循环语句。

结构化语言有三种结构，即顺序结构、选择结构和循环结构以及它们的嵌套。

（1）顺序结构：顺序结构由一组有序的祈使语句组成。

下面是一顺序结构的加工逻辑：

输入用电量，

计算电费，

输出电费。

（2）选择结构：与程序设计语言类似。

如果

　成绩≥60 分

则

　将及格人数加 1

否则

将不及格人数加 1

（3）循环结构：循环结构是在一定条件下重复执行的动作或动作组。

对于每个库存项目　（循环条件）

获取收入数据

将在库数加收入数据，更新在库数

获取发出数据

将在库数减发出数据，更新在库数

如果　在库数小于或等于临界库存数

则　发出补充订货信号。

用结构化语言定义加工所形成的数据词典具有较强的可读性和可修改性，也便于与用户交流。但由于它的语法规则比较自由，也给使用带来一定困难。在使用时必须注意语句力求准确、简练，不使用形容词和副词做修饰；在整个数据词典中，不能使用意义相同的多个动词，而要自始至终使用同一个动词。例如修改、改变、修正是同义词。在数据词典中要自始至终使用其中的一个，不能一会用这个，一会用那个；选择结构、循环结构用缩格书写，以提高可读性。

2．判断树

判定树（Decision Tree）又称决策树，是一种较直观表达判定策略的工具，一般情况下用策略表分析的结构，需要用决策树再表达成比较直观的形式。最后，再用结构式语言表达，以利于编程实现。

【例 3】某保险公司对申请汽车驾驶保险时规定：如果申请者的年龄在 21 岁以下单身男性，或 21 岁以下女性，只能购买 C 类保险，同时还要额外收费；如果申请者的年龄在 21 岁以下已婚男性，只能购买 B 类保险，同时还要额外收费；如果申请者是 21 岁以上、26 岁以下的单身男性，或年龄 26 岁以上男性，只适用于 B 类保险；除此之外的其他申请者，都适用于 A 类保险。

这段叙述使人不能较快地看懂该策略规则，也无法断定在上述叙述中，是否完全地涵盖了所有可能的情况。此例用判断树表达如图 4.26 所示。

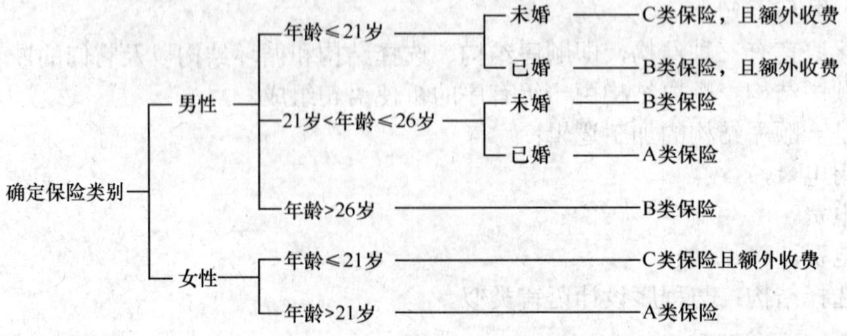

图 4.26　判断树

【例 4】某商业公司的销售策略规定：不同的购货量、不同的顾客可以享受不同的优惠。具体办法是：年购货额在 5 万元以上且最近三个月无欠款的顾客可享受 85 折；若近三个月有欠款，若是本公司十年以上的老顾客，可享受 90 折；若不是老顾客，只有 95

折。年购货额不足 5 万元者无折扣。此例用判定树表达如图 4.27 所示。

判定树的图形是一棵横向树，左端树根是加工的名字，中间是条件及条件的组合，右端是相应的动作。

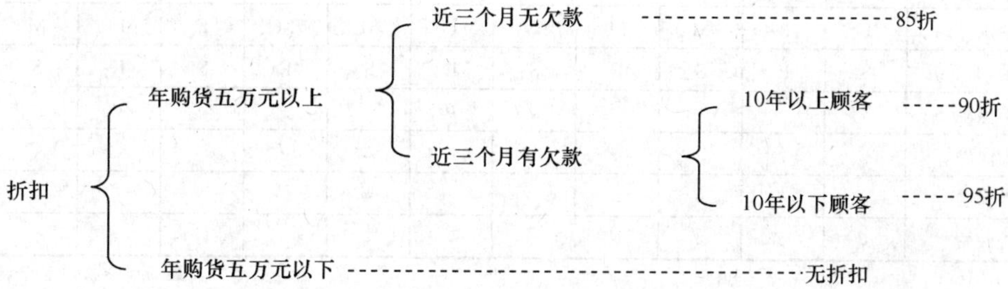

图 4.27　例 3 判定树

3．判断表

判断表（Decision Table）又称决策表，是用表格的形式来表达加工逻辑的。判断表分为四部分：左上角为各种条件，左下角为各种动作，右上角为所有条件的组合，右下角为对应条件组合的动作。

各种条件	所有的条件组合
各种动作	对应条件组合的动作

（1）初始判断表。对于一个加工逻辑，先把条件、动作填入表的左边，在右上角填入各种条件的组合（注意是所有的组合），然后在左下角填入每一种条件组合下采取的动作，这便是初始判断表。

注意：*在左上角一定要写条件而不是条件的组合；右上角要写出所有条件的组合（暂不考虑条件是否矛盾，是否可以合并）；左下角要写出可以执行的动作。*

【例 5】以例 3 为例，针对保险公司的分配策略进行分析并构造判断表，其分析构造步骤如下。

a．提取问题中的条件：年龄、性别、婚姻。

b．标出条件的取值：为方便绘制判断表，这里用符号代替条件取值，如表 4.15 所示。

c．计算条件组合情况：年龄状态数×性别状态数×婚姻状态数=3×2×2=12。

d．提取可能采取的动作或措施：包括 A 类保险、B 类保险、C 类保险和额外收费。

e．制作判断表。初始判断表如表 4.16 所示。

表 4.15　例 3 条件取值表

条 件 名	取　值	符　号	条件状态数
年龄	年龄<21	C	3
	21≤年龄<26	Y	
	年龄≥26	L	
性别	男	M	2
	女	F	
婚姻	未婚	S	2
	已婚	E	

表 4.16　例 3 初始判断表

	1	2	3	4	5	6	7	8	9	10	11	12
年龄	C	C	C	C	Y	Y	Y	Y	L	L	L	L
性别	F	F	M	M	F	F	M	M	F	F	M	M
婚姻	S	E	S	E	S	E	S	E	S	E	S	E
A 类保险					√	√			√	√		
B 类保险				√				√			√	√
C 类保险	√	√	√				√					
额外收费	√	√	√	√								

（2）判断表的优化。初始判断表中若有相互矛盾的条件组合应予删除；有些条件组合可以合并。在例 3 的策略文字描述中，若没有最后一句“除此之外……”，那么，第 9、10 两列就是没有考虑到的情况，即对于年龄大于 26 岁的女性是否结婚这两种情况，该策略都遗漏了。第二，将该判断表按列进行合并。例如，第 1 和第 2 列，第 5 和第 6 列，第 11 和第 12 列，它们前两个条件相同，而对于婚姻，不论有没有结婚都给了相同的动作，即婚姻情况可以不考虑。例 3 合并后的判断表如表 4.17 所示。

表 4.17　例 3 合并后的判断表

	1/2	3	4	5/6	7	8	9/10	11/12
年龄	C	C	C	Y	Y	Y	L	L
性别	F	M	M	F	M	M	F	M
婚姻	—	S	E	—	S	E	—	—
A 类保险				√			√	
B 类保险			√			√		√
C 类保险	√	√			√			
额外收费	√	√	√					

4．三种描述工具的比较

这里介绍的三种加工描述工具各具特色。结构化语言最适用于顺序结构和循环结构的描述；判断树较适用于 10～15 个或更多条件的组合情况；判断表较适用于五六个条件的组合情况。

当一个加工逻辑过于复杂时，应当考虑加工的分界是否达到了基本加工。适当分解加工会降低加工逻辑的复杂程度。在实际工作中，加工条目经常用多种方式描述。在管理信息系统中，以自然语言为主，辅以判断表或判定树。

4.9　建立新系统的逻辑模型

新系统逻辑模型指的是经分析和优化后，新系统拟采用的管理模型和信息处理方法。因它不同于计算机配置方案和软件结构模型方案等实体结构方案，故称其为逻辑模型。新系统逻辑模型的建立是系统分析阶段的最终成果，它对于下一步的设计和实现都是基础性的文件。新系统的逻辑模型主要包括：对系统业务流程分析整理的结果；对数据及数据流程分析整理的结果；子系统划分的结果；各个具体的业务处理过程，以及根据实际情况应建立的管理模型和管理方法。同时新系统的逻辑方案也是系统开发者和用户共同确认的新系统处理模式以及打算共同努力的方向。

在本章前面各节中已经对原有系统进行了大量的分析和优化，这个分析和优化的结果就是新系统拟采用的信息处理方案。它包括如下几部分。

1. 确定新系统的目标

对可行性研究报告中提出的新系统目标做再次考察，对项目的可行性和必要性进行重新考虑，并根据对系统建设的环境和条件的调查，修正系统目标，使系统目标适应组织的管理需求和战略目标。

2. 确定合理的业务流程图

（1）原有流程的分析。分析原有的业务流程的各处理过程是否具有存在的价值，其中哪些过程可以删除或合并，并删去或合并多余的或重复的处理过程。原有业务流程中哪些过程不尽合理，可以进行改进。

（2）业务流程的优化。对一些业务处理过程进行优化和改动。原有业务流程中哪些过程存在冗余信息处理，按计算机信息处理的要求进行优化。在对业务流程进行优化时，要考虑对哪些业务处理过程进行优化和改动？改动的原因是什么？改动（包括增补）后将带来哪些好处？

（3）确定新的业务流程，画出新系统的业务流程图。在业务流程图上确定新系统的边界，给出最后确定的业务流程图，即哪些功能新系统可以完成，哪些不可以。

（4）确定新系统的人机界面。新的业务流程图中人与机器的分工，即哪些工作可由计算机自动完成，哪些必须由人来参与。指出在业务流程图中哪些部分新系统（主要指计算机软件系统）可以完成，哪些部分需要用户完成（或是需要用户配合新系统来完成）。

3. 确定合理的数据和数据流程

（1）原有数据流程的分析。删去或合并多余的或重复的数据处理过程。分析原有的数据流程的各处理过程是否具有存在的价值，其中哪些过程可以删除或合并，原有数据处理流程中哪些过程不尽合理，可以进行改进或优化。请用户确认最终的数据指标体系和数据词典。确认的内容主要是指标体系是否全面合理，数据精度是否满足要求并可以统计得到这个精度等。

（2）数据流程的优化。对一些数据处理过程进行优化和改动，原有数据流程中哪些过程存在冗余信息处理，可以按计算机信息处理的要求进行优化，流程的优化可以带来什么好处。对哪些数据处理过程进行了优化和改动？改动的原因是什么？改动（包括增补）后将带来哪些好处？

（3）在数据流程图中确定系统的边界，确定新的数据流程，画出新的数据流程图。

（4）新系统的人机界面。新的数据流程图中人与机器的分工，即哪些工作可由计算机自动完成，哪些必须由人来参与。指出在数据流程图中哪些部分新系统（主要指计算机软件系统）可以完成，哪些部分需要用户完成（或是需要用户配合新系统来完成）。

4. 研究和确定管理模型

管理模型是系统在每个具体管理环节上所采用的管理方法。在手工系统中，由于受信息获取、传递和处理手段的限制，只能采用一些简单的管理模型，而在计算机技术的支持下，许多复杂的计算在瞬间即可完成，这样，像 MRP II 等现代管理方法的应用就具有了现实的可能性。在系统分析中，要根据业务和数据流程的分析结果，对每个处理过程进行认真分析，研究每个管理过程信息处理的特点，找出相适应的管理模型。常用的管理模型包括账务处理模型、综合计划模型、生产计划模型、库存管理模型、成本管理模型、决策模型、统计分析与预测模型。

5. 提出新系统的逻辑模型、确定新系统的逻辑结构和数据分布

建立新系统的业务流程和数据流程；确定新系统中的子系统划分；定义各个具体的业务处理过程；定义新系统中数据资源的分布；确定在某一具体管理业务中采用的管理模型和处理方法。

4.10 系统分析报告

系统分析阶段的成果就是系统分析报告，它反映了这一阶段调查分析的全部情况，是下一步设计与实现系统的纲领性文件。系统分析报告形成后，必须组织各方面的人员（包括领导、管理人员、专业技术人员，等等）一起对已经形成的逻辑方案进行论证，尽可能地发现其中的问题、误解和疏漏。对于问题、疏漏要及时纠正，对于有争论的问题要重新核实当初的原始调查资料或进一步调查研究。对于重大的问题可能需要调整或修改系统目标，重新进行系统分析。系统分析报告主要包括如下内容。

1. 概述

（1）建立信息系统的背景材料。
（2）企业概况和组织结构。
（3）可行性分析报告。
（4）新系统的名称、目标和主要功能。

2. 现行系统详细调查

（1）现行系统目标、规模、界限。
（2）现行系统具体模型分析。
（3）现行系统逻辑模型分析。
（4）用户要求分析。
（5）存在问题分析。

3．新系统逻辑模型

（1）新系统目标。

（2）新系统逻辑模型。

① 层数据流程图。

② 数据词典。

③ 子系统初步划分。

④ 系统配置逻辑需求。

（3）新系统功能分析。

（4）新系统数据分析。

（5）存在的问题。

4．系统设计实施初步计划

（1）工作任务的分解。

（2）时间进度计划。

（3）资源需求。

（4）经费预算。

信息系统分析报告需向用户企业递交，一般情况下，报告的确认还要经过专家评审和认证，以及用户企业高层的批准。期间，可能要对逻辑方案做一定的修改。在得到确认后，系统分析报告设计的新系统逻辑方案将作为系统设计的依据，予以正式执行。

4.11 酒店MIS系统实例分析

1．酒店管理信息系统的业务活动分析

酒店应以客人为主导，客人的消费是按每人持有的唯一性标志（手牌）进行记录和统计的，它强调的是每位客人在酒店内的不同消费和接受的各种服务，也就是说消费与客人直接对应，这也是客人持卡消费的业务基础。客人随时可能来，也随时可能走，房费不以“天”为单位计算，没有客人在几点以前（以后）离开如何计费的说法，而是根据客人在店内停留的实际时间长短来具体计算。因此软件系统也就需要随时对数据库进行整理和转存历史数据。报表要求是实时的，随时可以按照用户的要求统计产生。

经调查得到以下的业务流程基本情况。

（1）接待业务。

① 基本内容。客人进入、首次迎宾、到总台登记、选房、收押金/刷卡、开设账户、明确折扣和其他优惠措施、领手牌（明确主手牌）和房门IC卡、二次迎宾。

② 附加内容。换房、加房、立即退房、主手牌变更、修改登记、取消登记、预订、预订转登记、修改/取消预订、补押金、修改折扣、为客人查询有关数据。

（2）点单业务。

① 当客人在店内进行一项/多项消费或接受服务后，有关技师或服务生立即将相应的内容填写在三联单上，并根据其手牌号请客人签字，其中的一联要立即送到总台供结账时汇总。

② 对填错的单据进行修改，根据总台的要求，对客人已实施的消费进行调整，对商品外卖、特殊情况下的现金收入进行签单处理。

（3）餐饮业务（允许单独收银）。

① 基本内容。客人进入餐厅、迎宾开台、点菜、餐间服务、结账。

② 附加内容。加/换/退菜、换台、送餐、折扣、免单、按主手牌挂账、按合同单位挂账、增加/修改菜谱、填成品损耗单等。

（4）收银业务。

① 基本内容。客人交还手牌、对应的账单汇总、结账、送客。

② 附加内容。提前退房/退手牌、提前部分/全部结账、代/转他人结账、挂账、免单、促销优惠、超押金预警、设立挂账账户、清理欠账。

（5）库存业务。库房商品流转业务流程如图 4.28 所示。

① 办理消费品和消耗品的入库登记，分类分批次、分价格统计库存，控制商品质量和保质期，分营业部门出/退库，记录库存账口，按规定时间制作库存报表。

② 按种类查询和盘点在库商品及出库流向，统计部门的商品（原物料）差异量；根据库存情况，及时提出补货和进货申请，提出积压物品处理意见。

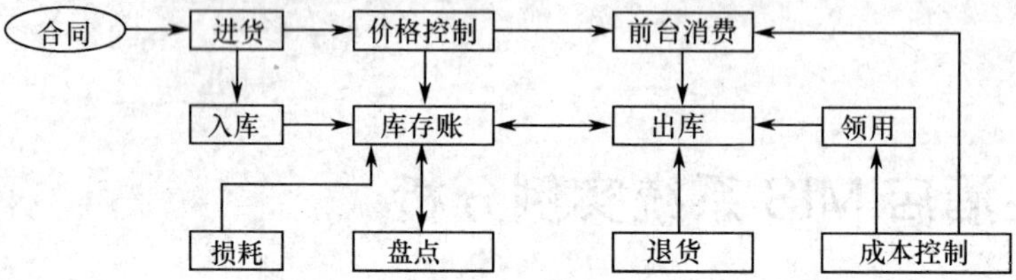

图 4.28　库房商品流转业务流程图

（6）汇总报表。

① 按客人汇总。同一批客人的所有单据，包括代他人结账、由他人代结账和折扣/挂账/免单等特殊单据的汇总，制作统计报表。

② 按部门汇总。按一定时间段汇总某个营业部门的全部单据，各种营业额及其相关比例的报表。

③ 单据审核。由财务部门对所有业务单据进行审核。

2．酒店管理信息系统的基本要求

（1）娱乐休闲型酒店管理信息系统是一个综合性的人——机交互系统，它涉及计算机技术、网络通信技术、统计技术、条码/磁卡技术、财务管理、物流管理和旅游经济学等多方面的知识，它专门针对这类酒店系统的特殊流程和业务要求进行数据组织处理和信息调控，代替业务人员进行烦琐和重复性的工作。

（2）系统通过加快处理速度、对各类信息的详细记录和大幅度降低运行差错率来提高运转效率和准确性，帮助酒店管理人员对其业务有更深层次的认识，从信息管理和数据挖掘角度优化组织结构、减少资金占用，保证其经济效益的如期实现和不断提高。

（3）完善的系统不仅能精确、实时地反映和处理酒店的各项业务活动，还能同时为各级管理人员服务，提供及时准确的决策信息和依据。

（4）大型的管理信息系统要求采用先进的计算机网络技术，在酒店内建设一个覆盖各部门的高效率的管理信息网，并根据业务量的增长和业务范围的扩大逐步建成具有一定规模、性能优异、功能强大、灵活可靠实用的网络体系。

（5）网络系统的核心是建立高性能的主机及网络软硬件平台，开发出适合各业务部门和管理部门共享的网络系统应用软件，充分发挥分布式高效能网络的计算和存储能力，结合消费卡灵活准确的信息对接特性，为客人提供最大程度的方便条件，从而在整体上提高工作和管理的效率。

3. 业务流程图

酒店货物业务流程如图 4.29、图 4.30 和图 4.31 所示，酒店业务流程总图如图 4.32 所示。根据以上情况，不难归纳出在系统 0 层事件流程图中，有以下事件。

入住：表示客人进入酒店，该事件的起点是客人，终点是酒店；结账，表示客人离开酒店，该事件的起点是酒店，终点是客人。

订货：该事件的起点是酒店，终点是供应商。

发货：该事件的起点是供应商，终点是酒店。

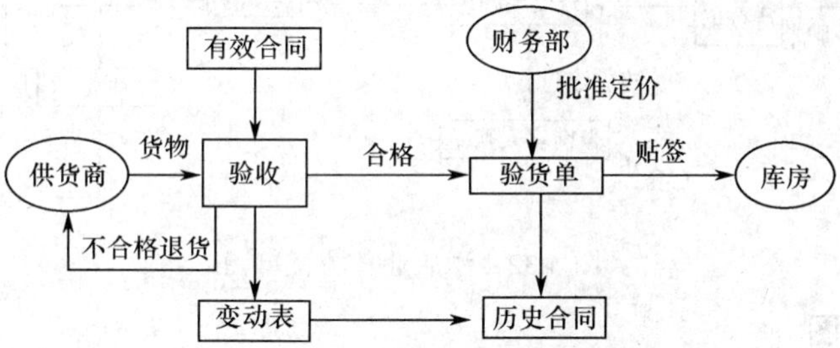

图 4.29 进货业务流程图

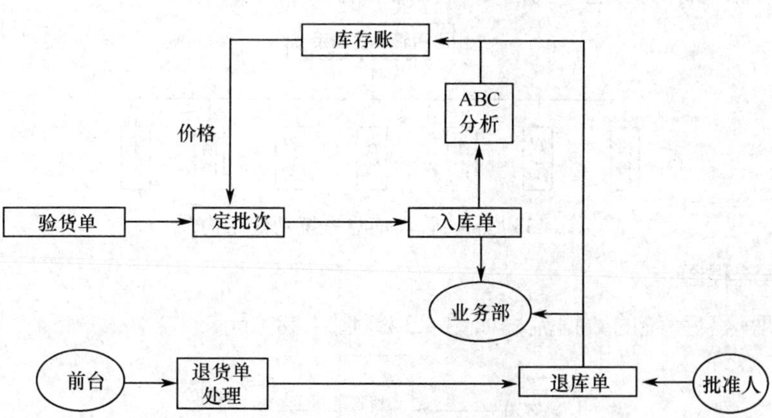

图 4.30 入库业务流程图

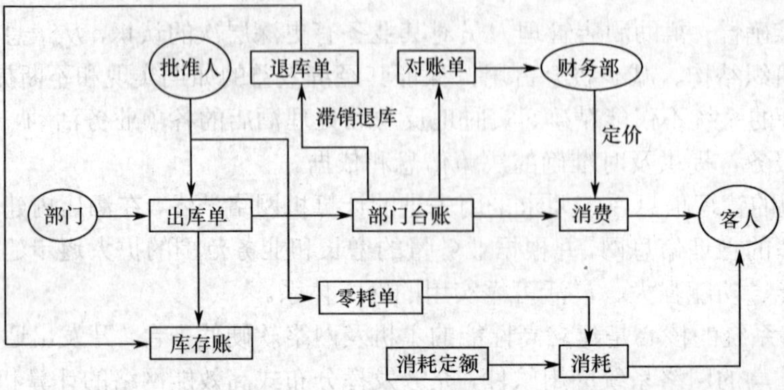

图 4.31 物品领用流程图

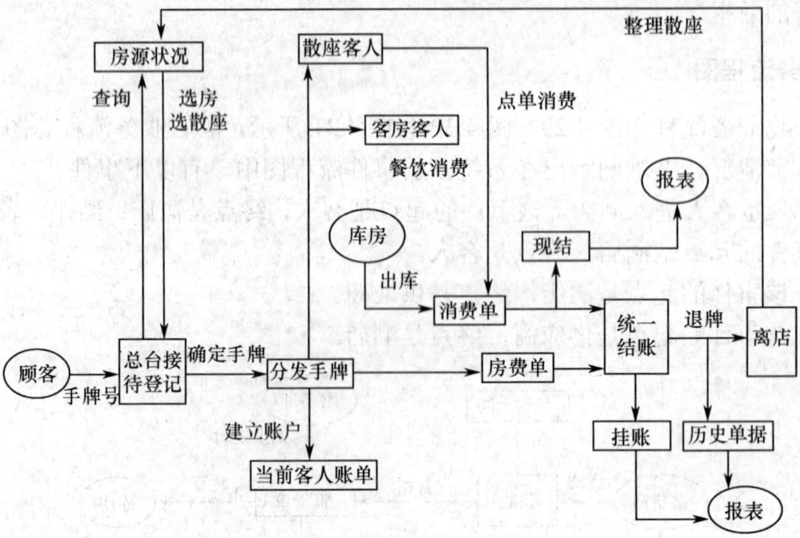

图 4.32 酒店业务流程总图

4．功能结构图

酒店管理信息系统功能结构图如图 4.33 所示。

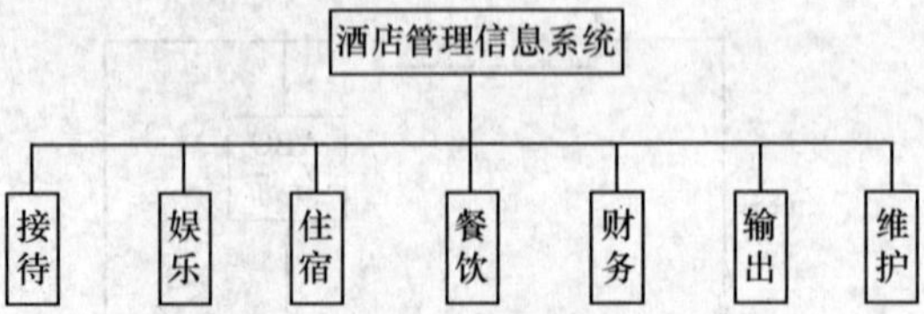

图 4.33 酒店管理信息系统功能结构图

5．数据流程图

酒店管理信息系统的数据流程如图 4.34～图 4.38 所示。

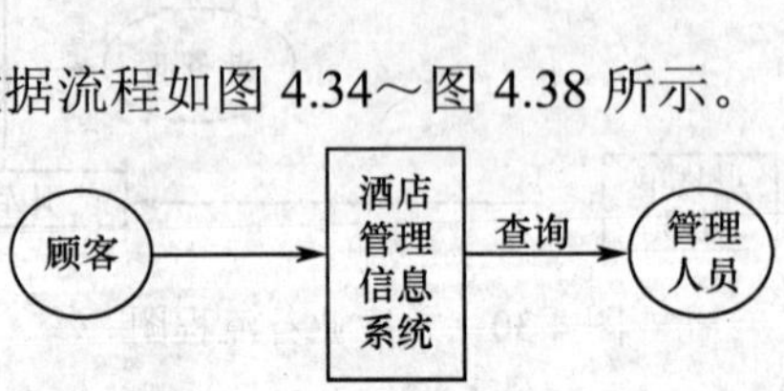

图 4.34 0 层数据流程图

6. 目标

（1）在多操作点之间实现信息共享，准确快速地传递信息。在酒店管理信息系统中，各操作点在信息处理过程中离不开相互之间的信息传递。例如客人在结账时离不开入住时间、餐饮、消费、娱乐、房费、账单的相互关系等多种信息的检索与综合。多操作点的快速并行工作，要求各操作点对相关信息的处理基本上能同时进行。虽然多用户或网络管理软件在操作系统上支持这种需求，但在应用系统的分析设计和程序开发过程中也要时时注意这个问题，避免引起冲突，这一点十分重要。另外，必须在提供多点并行处理的同时，保证信息的可靠性和实时性。例如，当客房部门因故修改房间状态后，为客人办理入住用房手续的前台就应当及时得到或探知最新的房间信息，避免在同一时刻对同一房间采取不同的信息处理而产生业务上的冲突。总台结账时，发现该账户仍然有消费项目正在“点单”，则由系统提示收银员暂缓进行结账操作。

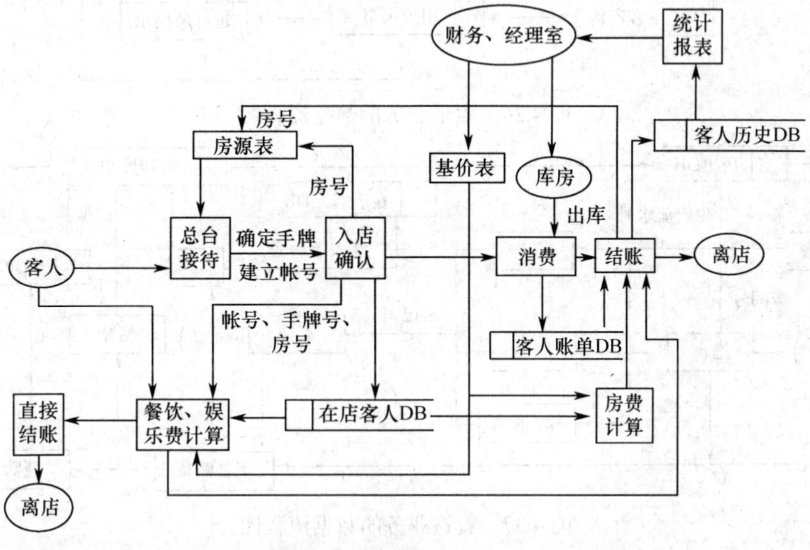

图 4.35　系统数据流流程图

（2）采用图形化的操作界面，使人—机对话方便，易懂、易用、易培训。系统的业务特点和酒店工作人员的素质都要求人—机对话应当是十分方便的。尤其在前台部分，当操作员在微机上进行业务处理时，其操作方式要尽量简化统一，使操作员基本上靠移动鼠标甚至靠“盲打”来完成任务。这一点与酒店要求前台工作人员尽量面向客人的规定是一致的。因此，人—机对话过程要尽量符合操作者的思维习惯，采用图形/图块显示方式，减少理解和学习的难度。

（3）系统 24 小时连续可靠运行，对重点业务实施全天候动态监管。酒店中客人的往来是随机的，因此酒店必须提供 24 小时不间断的服务，这对系统的要求包含两个方面：第一，系统设计要面向连续性。系统要满足客人随时点单、查询和结账的要求，必须考虑在汇总报表及每日交接班时支持对其他业务的并行处理，避免对酒店正常业务的影响，在程序设计中要充分考虑 24 小时连续工作中对数据处理的实时性要求，采取措施自动进行数据的存储、整理和一致性校验。第二，系统的维护和管理要面向连续性。软件开发时必须考虑系统在连续工作条件下的可维护性，出现局部故障后系统总体的强壮性，需要对重要信息（如储值卡上的有关信息、客人的点单信息等）进行动态监管，并建立有效的事后安全恢复机制。

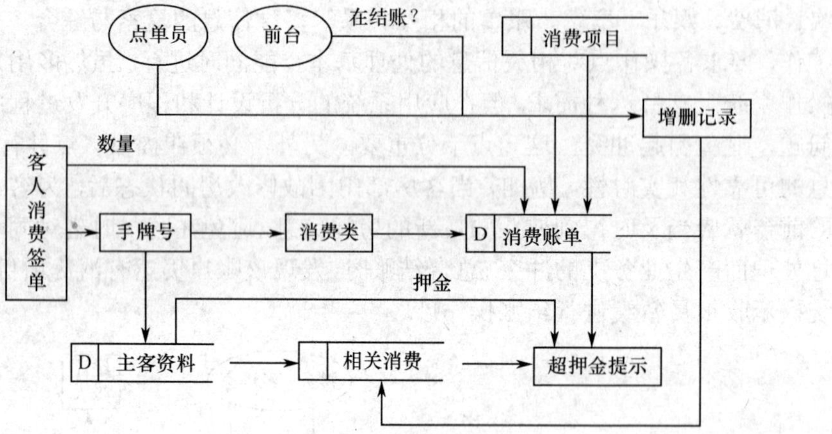

图 4.36　点单业务的数据流程图

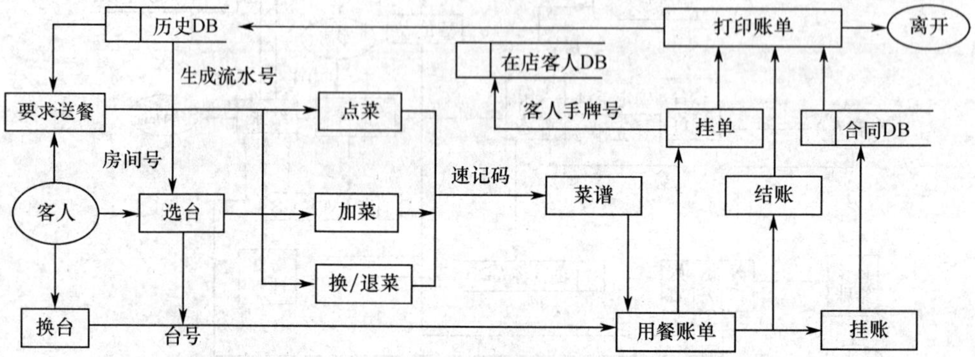

图 4.37　餐饮业务的数据流程图

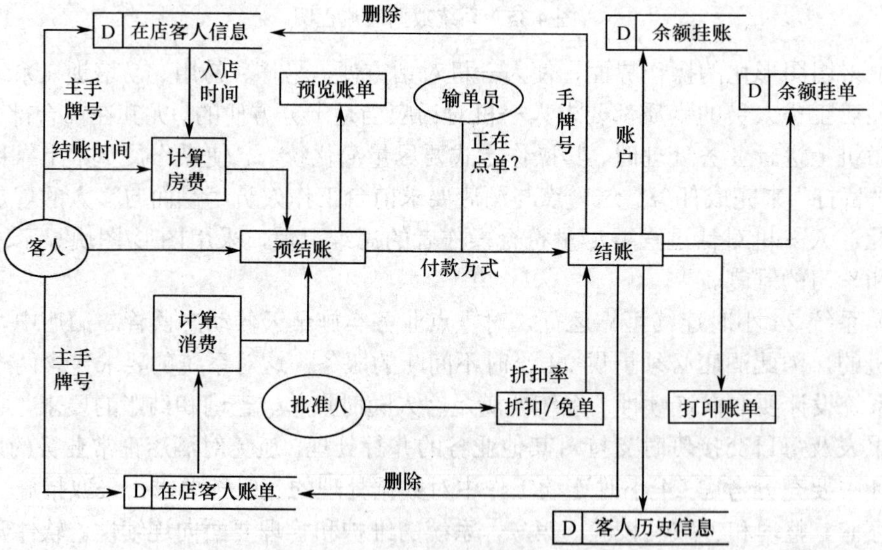

图 4.38　结账业务的数据流程图

（4）系统维护方便可靠，有较高的安全性，满足实用性、先进性和经济性的要求。在系统设计时就应当选择先进的软、硬件平台和面向对象的开发工具，充分利用系统软件自身提供的维护手段，辅之以有针对性的维护策略和方法，尽量减少维护时对数据库的独占，保证系统的安全运行。通过双方的磨合，逐步建立起来的系统要与实际工作紧密配合，既要发挥计算机作为先进管理工具的特性，将繁杂的手工处理减到最少，堵塞各种管理漏洞，又要充分调动各级管理人员从系统中获取实用信息、协同开发者不断对系统进行改进的积极性。系统后台的查询、统计和报表部分要能及时、准确和灵活地反映出各种情况，特别是通过十分经济的方式得到过去根本无法或者很难通过手工获取的各个侧面的汇总信息。酒店的高级管理人员能在此基础上进行科学的分析和判断，在微观上提高管理的精细程度，在宏观上为进行重大的决策提供帮助。

7．功能规定

（1）接待登记。

① 客人基本信息输入。

② 客房分配、选手牌。

③ 主手牌更换。

④ 客房更换。

⑤ 修改登记。按客人进住后发生的变化情况进行相应的修改。

⑥ 规定项口的查询。房源、在店客人情况、账单明细账、点单/撤单记录、餐饮结账单等。

（2）点单。确认客人的手牌号，选择消费或服务类别，确定提供服务的服务生的工号，确定其消费或接受服务的规格、数量和金额，添加到相应手牌的账单下。

（3）餐饮。

① 将菜的类型、名称、数量输入相应的餐饮记录单。

② 按客人要求换、退菜时，调整对应的记录单。

③ 按客人的要求，将饭菜送到房间，请客人出示手牌并签收。

④ 根据餐饮记录单按金额、折扣或免单形式与客人结算、打印。

（4）财务。

① 结账。以指定主手牌为索引，分别计算该主客及其相关客人的所有房费开支、各种消费、代他人付账等项口，经汇总并扣除客人已交纳和补交的所有押金，得到该批客人应付款的总额，接受客人的各种付款方式（包括刷卡），为其提供所有费用的查询/结账明细单。

② 库存商品的基础数据的设置和修改，如：编码、类别、价格（定价和参考价）、库存上下限、商品流动原因、供货商情况等；记录库存商品出/入库情况，报损、退货、月末结转；当前和历史库存账查询、打印。

③ 日常性业务报表汇总，如客房使用率/周转率、各营业部门收入、消费项口分类统计、分单位记账明细、库存变动分析、销售品变动成本分析、毛利润分析等；业绩报表汇总，如技师/服务生工作量、折扣/免单情况明细统计、储值卡使用情况统计、消耗品控制情况统计分析等。

（5）系统维护。

① 系统初始化。系统运行的账单起始编号和参数设置，如定义系统数据的更新频率，超时提醒时限等。

② 客房。楼层、房间、类别、数量、各类收费标准、计费办法，房间手牌的属性。

③ 消费。营业部门、类别、项目、明细，在定义服务项目时需确定该项目的计量单位，是计次、计时还是计量。

④ 餐饮。台号、包间、食品分类、菜谱、厨师等。

⑤ 整理数据。定期清理、整理数据，备份、恢复和清空数据。

8．系统设计与实施的初步计划

（1）系统设计阶段的初步计划（详细）

① 工作任务的分解

……

根据资源及其他条件确定各子系统开发的先后次序，在此基础上分解工作任务，落实到具体组织或个人。

② 时间进度安排

……

给出各项工作的预定开始日期和结束日期，规定任务完成的先后顺序及工作完成的标志。

③ 预算

……

逐项列出本项目所需的劳务以及经费的预算，包括各项工作所需人力及办公费、差旅费、资料费等。

（2）系统实施阶段的计划（粗略）

① 工作任务的分解

……

② 时间进度安排

……

③ 预算

……

本 章 小 结

本章介绍了系统分析的目标与任务，系统分析的方法与工具以及结构化的系统分析过程。同时还介绍了用户需求分析、业务流程分析、数据流程分析、数据词典及如何建立新系统的逻辑模型。

需求分析是管理信息系统开发活动的起点，分析结果能否准确反映用户的实际要求，将直接影响到后续各阶段的开发活动，决定着最终开发出来的系统能否满足用户的需求。这一阶段的主要任务是充分挖掘和理解用户对新系统的要求，并将其明确表述成一份书面资料。这份资料的主要内容就是新系统的逻辑模型，即系统分析说明书，又称用户需求说明书。

系统分析的常用工具有：数据流程图、数据词典、结构化语言、决策树、决策表及其它常用工具。

数据流程图就是组织中信息运动的抽象，用一种图形及与此相关的注释来表示系统的逻辑功能。

数据词典是在新系统数据流程图的基础上，对一切动态数据（数据流）和静态数据（数据存储）的数据结构和相互关系的说明。数据词典的内容主要是对数据流程图中的数据项、数据结构、数据流、处理逻辑、数据存储和外部实体六个方面进行具体的定义。

结构化语言使用的语句类型只有以下三种：祈使语句、条件语句、循环语句。语句类型可以嵌套，句中可使用逻辑关系式与数学公式。

决策树又称判断树，是一种图形工具，适合描述加工中具有多个决策，每个决策和若干条件有关的逻辑功能。决策表又称判断表，是一种图形工具，呈表格形式。

结构化系统分析方法是运用系统工程原理于大型软件开发的产物，采用“自顶向下，由外到内，逐层分解”的思想对复杂的系统进行分解化简，并运用数据流程图、加工说明和数据词典作为表达工具的一种系统分析技术。

需求分析是管理信息系统开发活动的起点，决定着最终开发出来的系统能否满足用户的需求。所谓用户需求是指：用户要求新系统做那些事情，做到什么程度。这包括现系统已经做到的和希望新系统能够做到的。

组织结构与功能分析主要有三部分内容：组织结构分析、业务过程与组织结构之间的联系分析、业务功能一览表。

业务流程分析是对业务功能分析的进一步细化，从而得到业务流程图即 TFD，是一个反映企业业务处理过程的“流水账本”。通过分析现有的业务流程对业务流程重组（BPR），从而产生更为合理的业务流程。业务流程分析的主要任务是调查系统中各环节的业务活动，掌握业务的内容、作用及信息的输入、输出、数据存储和信息的处理方法及过程等。

数据流程分析就是把数据从现行系统内部的流动中抽取出来，单纯从数据流动过程来考察实际业务的数据处理模式。数据流程分析主要包括对信息的流动、变换、存储等的分析，其目的是要发现和解决数据流动中的问题。数据与数据流程分析的方法主要有数据流程图和实体关系图。

新系统逻辑模型指的是经分析和优化后，新系统拟采用的管理模型和信息处理方法。新系统逻辑模型的建立是系统分析阶段的最终成果，它对下一步的设计和实现都是基础性的指导文件。新系统的逻辑模型主要包括：对系统业务流程分析整理的结果；对数据及数据流程分析整理的结果；子系统划分的结果；各个具体的业务处理过程，以及根据实际情况应建立的管理模型和管理方法。同时新系统的逻辑方案也是系统开发者和用户共同确认的新系统处理模式以及打算共同努力的方向。

习　题

一、选择题

1．开发 MIS 的系统分析阶段的任务是____。

A．完成新系统的逻辑设计　　B．完成新系统的功能分析
C．完成新系统的物理设计　　D．完成新系统的数据分析

2．数据字典建立应从____阶段开始。

A．系统设计　B．系统分析　C．系统实施　D．系统规划

3．对一个企业供、销、存管理信息系统而言，____是外部实体。

A．仓库　B．计划科　C．供应科　D．销售科

4．数据流____。

A．也可以用来表示数据文件的存储操作
B.不可以用来表示数据文件的存储操作
C．必须流向外部实体
D．不应该仅是一项数据

5．管理业务流程图可用来描述____。

A．处理功能　B．数据流程　C．作业顺序　D．功能结构

6．决策树和决策表用来描述____。

A.逻辑判断功能　B．决策过程　C．数据流程　D.功能关系

7．工资系统中职工的“电费”数据（每月按表计费）具有____。

A．固定值属性　　B．随机变动属性
C．固定个体变动属性　　D.静态特性属性

8．数据流程图是描述信息系统的____。

A．物理模型的主要工具　　B．优化模型的主要工具
C．逻辑模型的主要工具　　D．决策模型的主要工具

9．描述数据流程图的基本元素包括：____。

A．数据流，内部实体，处理功能，数据存储
B．数据流，内部实体，外部实体，信息流
C．数据流，信息流，物流，资金流
D．数据流，处理功能，外部实体，数据存储

10．系统分析报告的主要作用是____。

A．系统评价的依据　　B．系统设计的依据
C．系统实施的依据　　D．系统规划的依据

11．数据的静态特性分析指的是分析数据的____。

A．类型、记录的属性、取值范围、小数点后位数

B．类型、长度、取值范围、单位时间内发生的业务量

C．类型、发生的频率、密集度、结构化程度

D．类型、相对固定属性、结构化程度、处理性质

12．具有固定个体变动属性的数据应当存放在____。

A.处理文件中　　B．随机文件中　　C.主文件中　　D．周转文件中

13．对系统分析人员的要求是____。

A.熟悉计算机硬件和软件

B.精通本行业管理业务

C．精通本行业管理业务并熟悉计算机

D．精通计算机并略知管理知识

14．绘制数据流程图指的是绘制____。

A．新系统的数据流程图

B．原系统的数据流程图

C．新系统和原系统的数据流程图

D．与计算机处理有关部分的数据流程图

15．数据流的具体定义是____。

A．数据处理流程图的内容　　B．数据字典的内容

C．新系统边界分析的内容　　D．数据动态特性分析的内容

16．系统分析的首要任务是____。

A．尽量使用户接受分析人员的观点　　B．正确评价当前系统

C．彻底了解管理方法　　D．弄清用户要求

17．判断表由以下几方面内容组成____。

A．条件、决策规则和应采取的行动　　B．决策问题、决策规则、判断方法

C．环境描述、判断方法、判断规则　　D．方案序号、判断规则、计算方法

18．在可行性报告批准以后，接下来的工作是进行____。

A 总体规划　　B 系统分析　　C 系统设计　　D 程序设计

19．数据流是通过____而产生的。

A 信息流　　B 生产流　　C 业务流　　D 物流

20．反映数据流在系统中流动情况的图是____。

A 事务流图　　B 业务流图　　C 数据流图　　D 信息流图

二、填空题

1．管理业务流程图是反映管理系统的______模型，数据流程图描述的是信息系统的______模型。

2．编写程序和编写技术文件在系统生命周期的__________阶段进行。

3．系统分析阶段作详细调查时主要调查______状况和__________。

4．系统分析阶段主要完成新系统的_______设计，系统设计阶段主要完成新系统的______设计。

5．描述处理逻辑的常用工具有_______和________。

6．绘制数据流程图采用自顶向下、________的方法。

7．建立数据字典是为了对______图上的各个_________做出详细的定义和说明。

8．数据字典是配合数据流程图，运用_________对系统的逻辑模型进行描述。

9．系统分析报告是_________的依据，是与________交流的工具。

10．系统环境调查和组织机构调查属于_______内容。

11．绘制_______图可以找出业务流程中的不合理流向。

13．数据流程图进一步分解应从图中的______框开始，即将它分解为多个“处理”。

14．数据项又称_________，是数据的________。

15．数据存储是数据______保存的________。

16．_____、______是结构化分析方法中解决复杂问题的两个基本手段。

17．新系统逻辑方案是系统分析阶段的最终成果，是____、_____的依据。

三、简答题

1．简述系统分析的工作步骤。

2．请简要说明什么是新系统的逻辑模型，它包括哪些内容，建立这样的模型需要经过哪些步骤。

3．简述管理信息系统开发前的准确工作及开发方式的分类。

第5章

系统设计

5.1 系统设计概述

管理信息系统设计阶段的主要任务是将系统分析阶段所提出的反映用户信息需求的系统逻辑方案转换成可以实施的基于计算机与通信系统的物理（技术）方案，主要是解决“怎样做”的问题。系统设计阶段的工作主要依据应从系统分析的成果，现行技术，现行的信息管理和信息技术的标准、规范和有关法律制度，用户的需求，系统的运行环境等几个方面来考虑。系统设计阶段的主要活动有系统的总体结构设计、详细设计、系统实施进度与计划的制订及系统设计说明书的编写等几个阶段。

在进行系统设计时，应遵循下列原则。

- 系统性：系统设计要从整个系统的角度进行考虑，系统代码要统一，设计标准要规范，语言传递要一致，对系统的数据采集要做到数出一处、全局共享，提高数据重用性。
- 灵活性：为了维持较长的系统生命周期，要求系统具有很好的环境适应性。为此，系统应具有较好的开放性和结构的可变性。在系统设计中，应尽量采用模块化结构，提高数据、程序模块的独立性。
- 可靠性：是指系统抗干扰的能力及受外界干扰时的恢复能力。一个成功的管理信息系统必须具有较高的可靠性，如安全保密性、检错及纠错能力、抗病毒能力等。
- 经济性：是指在满足系统需求的前提下，尽量减小成本。在硬件投资上应以满足应用需要为前提。系统设计中应尽量避免不必要的复杂化，不盲目追求技术上的先进。

系统设计的任务是将系统的逻辑模型转化为物理模型，主要工作如下。

1. 系统总体结构设计

总体设计包括系统模块结构设计和计算机物理系统的配置方案设计。系统模块结构设计的任务是划分子系统，然后确定子系统的模块结构，并画出模块结构图。在这个过程中必须考虑几个问题：如何将一个系统划分成多个子系统；每个子系统如何划分成多个模块；

如何确定子系统之间、模块之间传送的数据及其调用关系；如何评价并改进模块结构的质量。在进行计算机物理系统配置方案设计时，要解决计算机软、硬件系统的配置、通信网络系统的配置、机房设备的配置等问题。计算机物理系统具体配置方案要经过用户单位和领导部门的同意才可以进行实施。

2. 代码设计

代码是代表事物名称、属性、状态等的符号。为了便于计算机处理，一般用数字、字母或它们的组合来表示代码。通过设计合适的代码形式，使其作为数据的一个组成部分，用以代表客观存在的实体、实物和属性，以保证它的唯一性便于计算机处理。代码的设计和编制问题在系统分析阶段就应该开始考虑，经过一段时间设计优化，在系统设计阶段才能最后确定。

3. 数据存储设计

数据存储设计包括数据库及文件设计、数据库的安全保密设计等。根据系统分析得到的数据关系集、数据流程图及数据词典，再结合系统处理流程图，确定出数据文件的结构并进行数据库设计。

4. 输入/输出设计

输入/输出设计主要是对以记录为单位的各种输入/输出报表格式的描述，输入/输出界面及设置等的设计。

5. 处理流程设计

处理流程设计是通过系统处理流程图的形式，将系统对数据处理过程和数据在系统存储介质间的转换情况详细地描述出来。在设计中，它要与系统模块化结构设计结合起来，以模块化结构设计为参考。一般来说，每一个功能模块都应设计一个处理流程。系统处理流程设计是系统模型的进一步具体化，也是程序流程设计的主要依据。

6. 程序流程设计

程序流程设计是根据模块的功能和系统处理流程的要求，设计出程序框图，为程序员进行程序设计提供依据。在这一步中，也可以使用判定表或者程序结构模块来代替程序框图。

7. 系统设计文档

系统设计文档包括三部分内容：系统标准化设计；描述系统设计结果；拟定系统实施方案。系统标准化设计是指各类数据编码要符合标准化要求，对数据库（文件）命名、功能模块命名也要标准化。另外，为了保证系统安全可靠运行，还要对数据进行保密设计，对系统进行可靠性设计；描述系统设计结果是指系统设计说明书，程序设计说明书，系统测试说明书及各种图表等，要将他们汇集成册，交有关人员和部门审核批准；拟定系统实施方案是在系统设计结果得到有关人员和部门认可之后，拟定系统实施计划，详细地确定出实施阶段的工作内容、时间和具体要求。实施方案得到批准后，就可以正式转入系统实施阶段。

系统设计的步骤如下。

（1）系统总体设计，其中包括软件系统总体结构设计、数据存储的总体设计、计算机和网络系统方案的选择。

（2）详细设计，主要是处理过程设计。详细设计确定每个模块内部的详细执行过程，包括局部数据组织、控制流、每一步的具体加工要求等，一般来说，处理过程模块详细设计的难度已不太大，关键是用一种合适的方式来描述每个模块的执行过程，常用的有流程图、问题分析图、IPO 图和过程设计语言等；除了处理过程设计，还有代码设计、界面设计、数据库设计、输入/输出设计等。

（3）系统实施进度与计划的制订。

（4）系统设计说明书的编写。系统设计阶段的结果是系统设计说明书，它主要由模块结构图、模块说明书和其他详细设计的内容组成。

系统设计说明书是系统设计阶段的成果，从系统设计的主要方面说明系统设计的指导思想、采用的技术方法和设计结果，是新系统的物理模型，也是系统实施阶段工作的主要依据。

5.2　结构化系统设计

5.2.1　结构化设计思想

管理信息系统的各子系统是系统目标下层的功能。系统功能分解的过程就是一个由抽象到具体、由复杂到简单的过程。经过层层分解，可以把一个复杂的系统分解为多个功能较单一的功能模块。这种把一个管理信息系统设计成若干模块的方法称为模块化设计方法。分解的最小功能模块可以是一个程序中的每个处理过程，而较大的功能模块则可能是完成某一任务的一组程序。

结构化设计（Structured Design，SD）的基本思想是将一个系统分解成若干个大小适当、功能明确、彼此具有较强的独立性、又有一定联系的组成部分（模块），即将一个系统模块化。结构化设计根据数据流程图来建立系统控制结构图，用控制结构图来描述系统分层次的模块结构，以及模块之间的通信与控制关系。控制结构图最基本的组成部分是模块（即可以组合、分解和更换的功能单元）。

结构化设计法从建立一个具有良好结构的系统观点出发，基于把一个复杂系统分解成相对独立的原则，主要研究了将系统分解为不同模块的方法与技术，分析系统分解时产生的各种影响，提出了评价模块结构质量的具体标准，还给出了从表达用户要求的数据流程导出模块结构图的规则。

使用结构化设计法在设计功能结构时，不仅要考虑重要的部分，也要兼顾考虑次重要的部分；不仅考虑当前急待开发的部分，也要兼顾考虑今后扩展部分；结构化设计法用自顶向下分解方法，将一个完整的系统分解为若干个子系统，各子系统功能总和为上层系统总的功能，再将各个子系统分解为若干个功能模块，所有下层功能模块的功能总和为上层子系统的总功能。这种从上往下进行功能分层的过程就是由抽象到具体、由复杂到简单的过程。这种步骤从上层看，容易把握整个系统的功能而不会遗漏，也不会冗余，从下层看各功能容易具体实现，如图 5.1 所示。

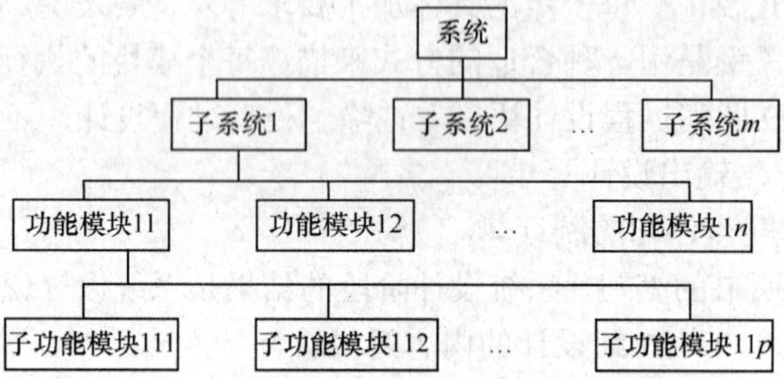

图 5.1　结构化分解的功能结构图

5.2.2　模块化设计

模块是把系统分解成若干个彼此独立又具有一定联系能完成特定任务的组成部分，称为功能模块，简称模块，是组成系统的基本单位。一个模块的规模可大可小，可以是系统中的任何一个处理功能，可以是一个程序也可以是程序中的一个程序段或函数、过程等子程序。模块化设计的基本思想是将系统设计成由相对独立、单一功能的模块组成的结构，从而简化研制工作，防止错误蔓延，提高系统的可靠性。在这种模块结构中，模块支点的调用关系非常明确、简单。每个模块可以单独地被理解、编写、调试、查错与修改。模块结构整体上具有较高的正确性、可理解性、可维护性、低耦合、高聚合。

模块应具备下列要素。

- 输入/输出：正常情况下，从调用者获得输入信息，经过本身的加工后，将输出返回给调用者，即模块的输入来源和输出去向都是同一个调用者。
- 逻辑功能：描述了模块能够做什么，具备什么功能，怎样将输入信息加工成输出信息。
- 内部数据：模块执行的指令和在运行时需要的属于模块自己的数据，仅供该模块本身引用。
- 运行环境：模块的运行环境说明了模块的调用与被调用的关系。

在结构化设计中，首先关心的是外部特性，其内部特性只做必要了解。

模块具有独立性（具有独立功能），而且和其他模块之间没有过多的相互作用，我们称其为独立模块。所谓两个彼此完全独立的模块，是指其中任意一个模块在运行时，与另一个模块存在完全无关。当然，独立只是一个抽象的、相对的概念。既然各个模块隶属于一个系统，那它们之间就必然存在或多或少的某种联系，从而才使得它们组成一个有机整体。独立性对于模块化设计是非常重要的，具有独立性的系统比较容易开发，这是由于能够分割功能，而且结构可以简化。另外，模块独立性越好，模块空间的相互影响时间就越少。当系统中某一模块出错时，产生连锁反应的概率就越低，从而提高了系统的可靠性。

同时，独立模块比较容易测试和维护。这是因为错误的传播范围小，比较容易定位，而且对一个模块进行修改和维护时，不必担心其他模块内部是否会受到影响。判断模块的独立性通常使用两个定性标准来衡量：耦合与内聚（聚合）。

耦合衡量不同模块彼此间互相依赖的紧密程度；内聚衡量一个模块内部各个元素彼此结合的紧密程度。以下分别详细阐述。

1．耦合

耦合是对一个系统结构内不同模块之间互联程度的度量。耦合强弱取决于模块间接口的复杂程度，在系统设计中应该追求尽可能的松散耦合。在这样的系统中可以开发、测试或维护任何一个模块，而不需要对系统的其他模块有很多了解。此外，由于模块间联系简单，发生在此处的错误传播到整个系统的可能性就很小。因此，模块间的耦合程度强烈影响着系统的可理解性、可测试性、可靠性和可维护性。

如果两个模块中的每一个都能独立地工作而不需要另一个模块的存在，那么它们彼此完全独立，这意味着模块间无任何连接，耦合程度最低。但是在一个软件系统中，不可能所有模块之间都没有任何连接。

如果两个模块彼此间通过参数交换信息，而且交换的信息仅仅是数据，那么这种耦合称为数据耦合。如果传递的信息中有控制信息（尽管有时这种控制信息以数据的形式出现），则这种耦合称为控制耦合。

数据耦合是低耦合。系统中必须存在这种耦合，因为只有当某些模块的输出数据作为另一些模块的输入数据时，系统才能完成有价值的功能。一般说来，一个系统内可以只包含数据耦合。控制耦合是中等程度的耦合，它增加了系统的复杂程度。控制耦合往往是多余的，在把模块适当分解之后通常可以用数据耦合代替它。

当两个或多个模块通过一个公共数据环境相互作用时，它们之间的耦合称为公共环境耦合。公共环境可以是全程变量、共享的通信区、内存的公共覆盖区、任何存储介质上的文件、物理设备等。

公共环境耦合的复杂程度随耦合的模块个数而变化，当耦合的模块个数增加时复杂程度显著增加。如果只有两个模块有公共环境，那么这种耦合有下面两种可能。

（1）一个模块往公共环境送数据，另一个模块从公共环境取数据。这是数据耦合的一种形式，是比较松散的耦合。

（2）两个模块都既往公共环境送数据又从里取数据，这种耦合比较紧密，介于数据耦合和控制耦合之间。

如果两个模块共享的数据很多，都通过参数传递可能很不方便，这时可以利用公共环境耦合。

最高程度的耦合是内容耦合。如果出现下列情况之一，两个模块间就发生了内容耦合。

（1）一个模块访问另一个模块的内部数据。

（2）一个模块不通过正常入口而转到另一个模块的内部。

（3）两个模块有一部分代码重叠（只可能出现在汇编程序中）。

（4）一个模块有多个入口（这意味着一个模块有多种功能）。

应该坚决避免使用内容耦合。事实上许多高级程序设计语言已经设计成不允许在程序中出现任何形式的内容耦合。

总之，耦合是影响软件复杂程度的一个因素，应该采取的设计原则是：尽量使用数据耦合，少用控制耦合，限制公共环境耦合的范围，完全不用内容耦合。

2．内聚

内聚标志一个模块内各个元素彼此结合的紧密程度，简单地说，理想内聚的模块只做一件事情。设计时应该力求做到高内聚，通常中等程度的内聚也是可以采用的，而且效果和高内聚相差不多。但是，低内聚就不要使用了。

内聚和耦合是密切相关的，模块内的高内聚往往意味着模块间的松散耦合。内聚和耦合都是进行模块化设计的有力工具，但是实践表明内聚更重要，应该把更多注意力集中到提高模块的内聚程度上。

低内聚有偶然内聚、逻辑内聚和时间内聚三类。如果一个模块完成一组任务，这些任务彼此间即使有关系，关系也是很松散的，就称为偶然内聚。有时在写完一个程序之后，发现一组语句在两处或多处出现，于是把这些语句作为一个模块以节省内存，这样就出现了偶然内聚的模块。如果一个模块完成的任务在逻辑上属于相同或相似的一类（如一个模块产生各种类型的全部输出），则称为逻辑内聚。如果一个模块包含的任务必须在同一段时间内执行（如模块完成各种初始化工作），就称为时间内聚。

在偶然内聚的模块中，各种元素之间没有实质性联系，很可能在一种应用场合需要修改这个模块，在另一种应用场合又不允许这种修改，从而陷入困境。事实上，偶然内聚的模块出现修改错误的概率比其他类型的模块高得多。

在逻辑内聚的模块中，不同功能混在一起，合用部分程序代码，即使局部功能的修改有时也会影响全局。因此，这类模块的修改也比较困难。

时间内聚在一定程度上反映了程序的内在实质，所以时间内聚要比逻辑内聚好。

中内聚主要有过程内聚和通信内聚两类。如果一个模块内的处理元素是相关的，而且必须以特定次序执行，则称为过程内聚。使用程序流程图作为工具设计软件时，常常通过研究流程图确定模块的划分，这样得到的往往是过程内聚的模块。如果模块中所有元素都使用同一个输入数据和（或）产生同一个输出数据，则称为通信内聚。

高内聚有顺序内聚和功能内聚两类。如果一个模块内的处理元素和同一个功能密切相关，而且这些处理必须顺序执行（通常一个处理元素的输出数据作为下一个元素的输入数据），则称为顺序内聚。根据数据流程图划分模块时，通常得到顺序内聚的模块，这种模块彼此间的连接往往比较简单。如果模块内所有处理元素属于一个整体，完成一个单一的功能，则称为功能内聚。功能内聚是最高程度的内聚。

耦合和内聚的概念是Constantine、Yourdon、Myers和Stevens等人提出来的。按照他们的观点，如果给上述七种内聚的优劣评分，得到的结果是：功能内聚：10 分；分顺序内聚：9 分；通信内聚：7 分；过程内聚：5 分；时间内聚：3 分；分逻辑内聚：1 分；偶然内聚：0 分。

事实上，没有必要精确确定内聚的级别。重要的是设计时力争做到高内聚，并且能够辨认出低内聚的模块，有能力通过修改设计提高模块的内聚程度、降低模块间的耦合程度，从而获得较高的模块独立性。

总之，划分功能模块应遵循的原则主要如下。

（1）功能模块或子系统有相对独立性，即功能模块或子系统内部联系紧密（内聚度高），而功能模块或子系统之间依赖尽量小（耦合度低）。

（2）功能模块或子系统便于管理，责任明确，有利于管理信息系统分阶段实施和运行，有利于信息的收集和处理，并利于检查。

（3）应考虑今后管理发展的需要。

在使用结构化方法设计时，还应该考虑系统的深度与宽度。所谓系统的深度表示系统结构中的控制层数；而系统的宽度则表示控制的总分布，即同一层次的模块总数的最大数。一般而言，深度和宽度分别标志系统的大小和复杂程度。比例应该合适，深度过大，系统分割得过分细化；宽度过大，系统管理上会比较困难。

在系统设计中，我们用模块的扇入系数和扇出系数来描述系统模块之间的层次调用情况。按照结构化设计方法，一个信息系统是由多个功能相对独立的模块所组成。模块的扇出（Fan_Out）系数是指该模块直接调用的下级模块的个数，表达了一个模块对它的直属下级模块的控制范围，是指直属下级模块的个数。扇出系数大表示模块的复杂度高，需要控制和协调过多的下级模块；但扇出系数过小（如总是 1）也不好。扇出系数过大一般是因为缺乏中间层次，应该适当增加中间层次的模块。扇出系数太小时，可以把下级模块进一步分解成若干个子功能模块，或者合并到它的上级模块中去。模块的扇入（Fan_In）系数是指直接调用该模块的上级模块的个数，表达了一个模块与直属上级模块的关系，是指直接上级模块的个数。扇入系数大表示模块的复用程度高。

设计良好的系统结构，通常顶层扇出系数比较大，中间扇出系数小，底层模块则有大的扇入系数。扇出系数越大，则要控制的模块多，所要做的事情也就越多，它的内聚性可能越低。所以要尽量把一个模块的扇出系数控制在较小的范围之内。模块的扇入系数越大，表明它要被多个上级模块所调用，其公用性很强，说明模块分解得较好，在系统维护时能够减少对同一功能的修改。

模块的控制范围和作用范围的关系，直接决定了系统中模块关系的复杂性和系统的可修改性和可维护性。模块的控制范围指它可以调用的所有下层和其本身所组成的集合。模块的作用范围指该模块判断处理所影响到的所有其他模块的集合。

所以，我们在进行模块设计时，要尽可能降低模块之间的耦合程度，尽可能提高模块内部的组合程度；对于任何一个模块，其作用范围应当是它的控制范围的一个子集。

但如果遇到作用范围不是控制范围的子集情况，可以在整个系统结构中向上移动判断点的位置，扩大模块的控制范围。将具有判断功能的模块合并到它的上层调用模块当中去，从而提高判断点的位置。在系统结构层次中，将受到某判断模块影响而又不在其控制范围内的模块下移，使它处于判断模块的控制范围之内。

5.2.3 系统功能结构图

在结构化方法中，系统功能结构图是描述系统结构的主要工具。结构图反映程序中模块之间的层次调用关系和通信关联，它以特定的符号表示模块、模块间的调用关系和模块间信息的传递。下面分别介绍结构图中各主要成分的符号及含义。

1. 模块的表示

如图 5.2 所示，模块用矩形框表示，并用模块的名字标记它。模块的名称一般使用一个动宾结构的短语描述其功能，如“计算每月利息”、“计算月销售额”等。对于一些现有的或语言环境自身内嵌不需要编程实现的功能，用两边带双线的特殊方框符号表示，这样的功能模块被称为已定义模块。例如，程序运行时如果输入了非法数据，系统会自动报错，这一功能就不需要编程实现，但是为了表示系统功能模块划分的结构完整性，在结构图中需要将其表示出来，即用两边带双线的特殊方框符号表示它。

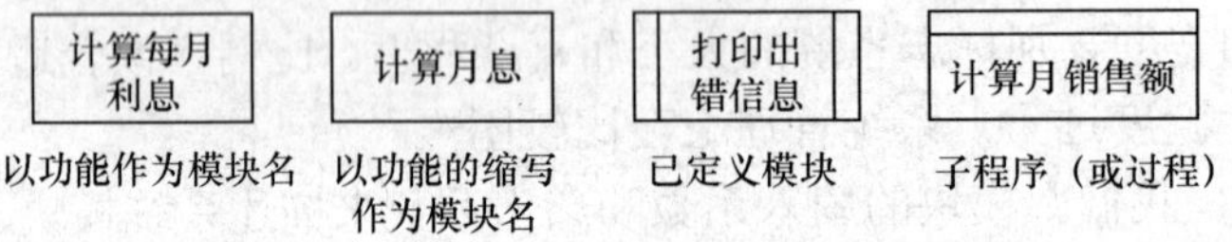

图 5.2　模块的表示

2. 模块间调用关系的表示

在结构图中，上级模块（又称为调用模块）一般都会调用下级模块（又称为被调用模块）为其完成一个具体的功能，这种关系被称为模块间的调用关系。模块的调用关系可以用直线表示，也可以用带单向箭头的直线表示，箭头从调用模块指向被调用模块。如图 5.3（a）所示，表示模块 A 调用模块 B。

3. 模块间接口的表示

模块调用过程中，一般都伴随着信息的传递。当上级模块调用下级模块时，上级模块把数据信息传送给下级模块，这个信息是完成下级模块功能必需的参数或输入。下级模块在执行过程中又把它产生的数据或控制信息回送给上级模块，这个信息就是上级模块调用下级模块希望得到的结果。这些信息大多数是数据型的，但也有描述性的控制信息。如图 5.3（b）所示，被调用模块“查找学生记录”在获得上级“查询学生成绩”模块传来的“学号”信息以后，开始执行“查找学生记录”功能，找到了就把“记录地址”返回给上级模块，这一结果就是一个数据型的信息。但是，也会有查不到的时候，这时就只能返回一个“查无此人”的描述性标志，上级模块会根据这个对“执行结果的描述”自己决定如何处置。

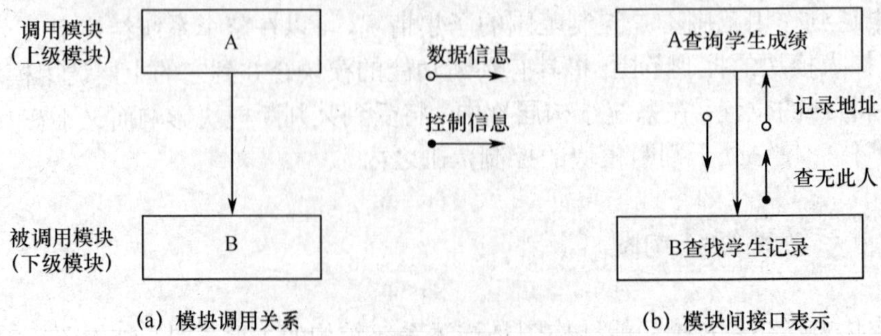

图 5.3　模块间调用关系与通信的表示

被传送的“数据型信息”用尾部带空心圆圈的箭头线表示，被传送的描述性的“控制信息"用尾部带实心圆圈的箭头线表示。

4．选择调用和循环调用的表示

如图 5.4（a）所示，在调用线尾部标有菱形符号，表示上级模块 A 有条件地调用下级模块 B。如图 5.4（b）所示，在调用线尾部标有一个弧形符号，表示模块 A 反复循环调用下级模块 B、C、D。

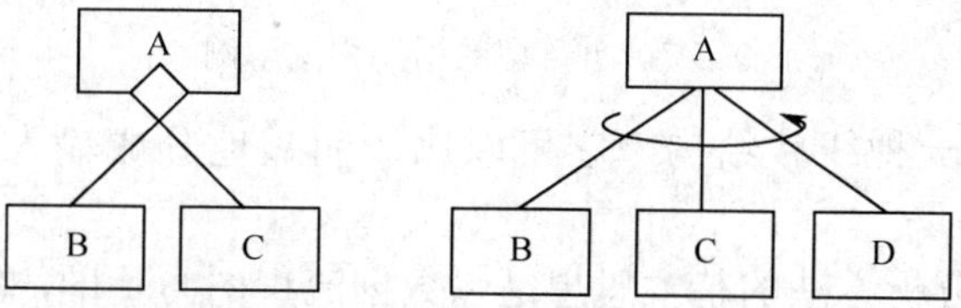

图 5.4　模块的选择调用和循环调用的表示

5．结构图的布局原则

结构图是对系统结构设计的结果，不同的开发人员往往会设计出不同的系统结构，不同的设计结构有优劣之分。如图 5.5 所示，描述结构图布局的特征要素包括深度、宽度、扇入、扇出等概念。这些概念是为了衡量结构优劣而引入的。

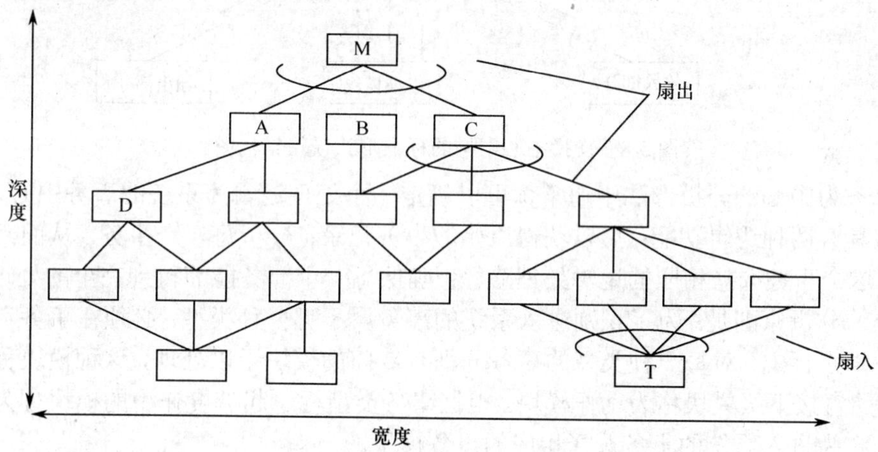

图 5.5　结构图的布局特征

模块结构图通常可以从数据流程图中导出，典型的数据流程图结构有变换型结构和事务型结构两种。这两种典型的结构可分别通过以变换为中心（如图 5.6 所示）和以事务为中心的分析（如图 5.7 所示）技术，导出标准形式的模块结构图。

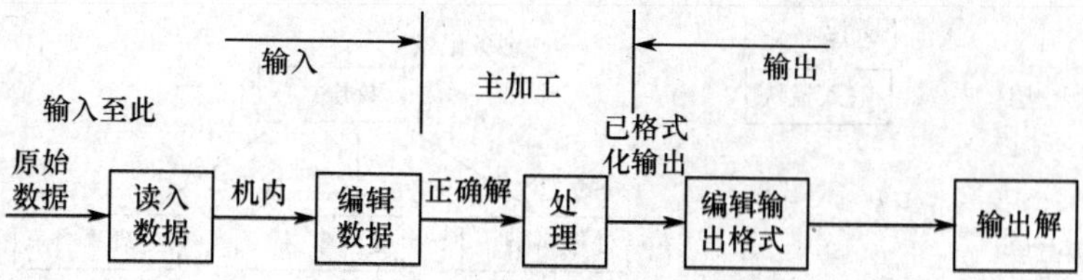

图 5.6　变换型数据流程图举例

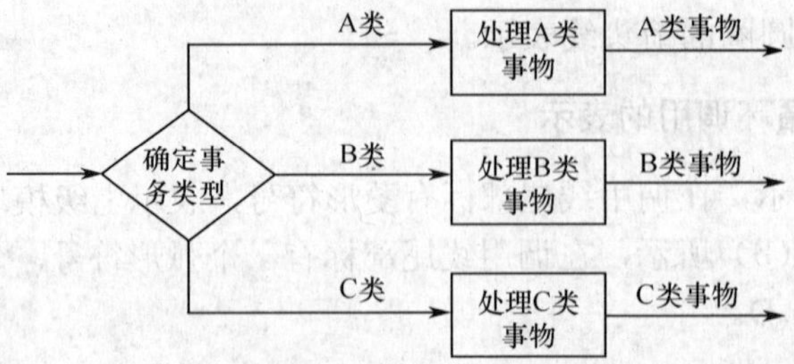

图 5.7　事务型数据流程图举例

变换型结构图是一种线状结构，它可以比较明显地分成输入、中心加工和输出三部分。

以变换为中心的分析方法的基本思想是以数据流程图为基础，首先找出变换中心，确定模块结构图的顶模块。然后，按照自顶向下的设计原则逐步细化：先将数据流程图映射到变换型结构的标准式模块结构图（如图 5.8 所示），并对其中的输入部分、输出部分进行分解得到模块结构的第一层。再对第一层中的各个模块逐步细化，设计模块结构的中、下层模块。最后，对模块结构图进行优化，得到一个满足数据流程图所表达用户需求的模块结构。

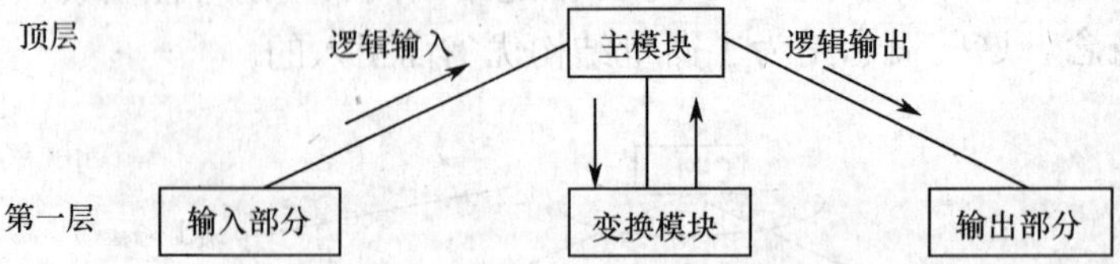

图 5.8　变换中心结构的标准形式模块结构图

以事务为中心的分析方法中通常都可以确定一个处理逻辑为系统的事务中心，该事务中心应该具有四种逻辑功能：可以获得原始的事务记录；分析每一个事务，从而确定它的类型；为这个事务选择相应的逻辑处理路径；确保每一个事务能够得到完全的处理。以事务为中心的分析原则是：为了识别进入系统的事务属于哪一种类型，必须在事务记录中有一个类型识别标志，对每一种类型的事务分别有专门的模块予以处理，这种模块称为事务模块，它的直接下级模块称为动作模块。根据事务类型标志起调度作用的模块称为事务中心模块，它为进入系统的事务选择相应的事务模块。

以事务为中心的分析方法的基本思想仍然是根据自顶向下的设计原则逐步细化。但是，事务型结构的标准形式模块结构图（如图 5.9 所示）不同于变换中心结构的标准形式模块结构图，因而在设计模块结构图时应特别注意上层模块结构的设计。

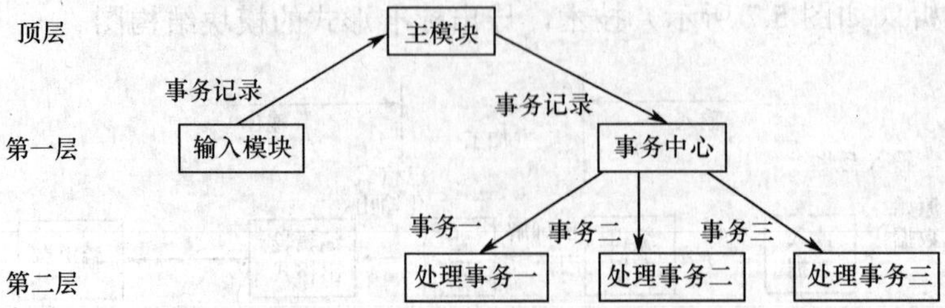

图 5.9　事务结构的标准形式模块结构图

最高层模块不仅具有控制功能，而且还具有分析事务类型和调度的功能。

图 5.10 是一个订单处理模块结构图的实例，它是典型的变换中心法。图 5.11 是层次化模块结构图中一个功能模块 C5.3.2 修改库存文件的展开。

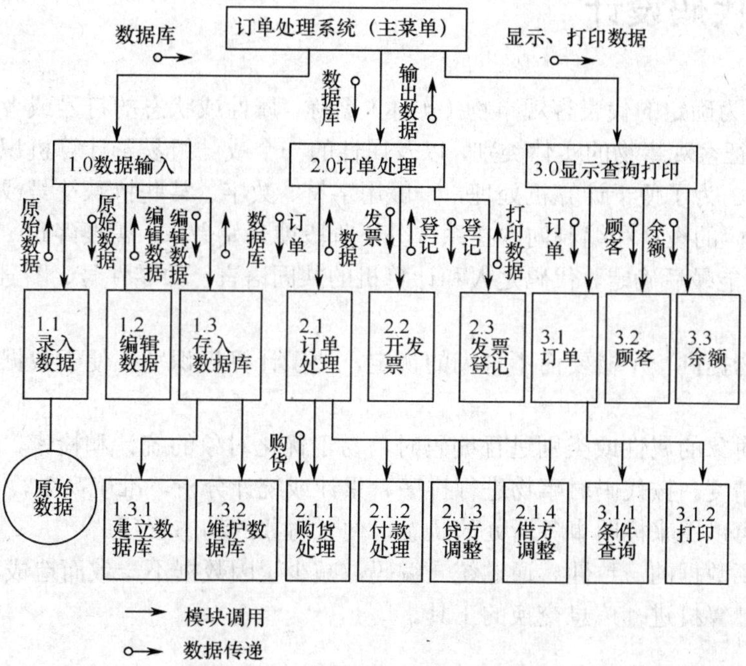

图 5.10　订单处理模块结构图

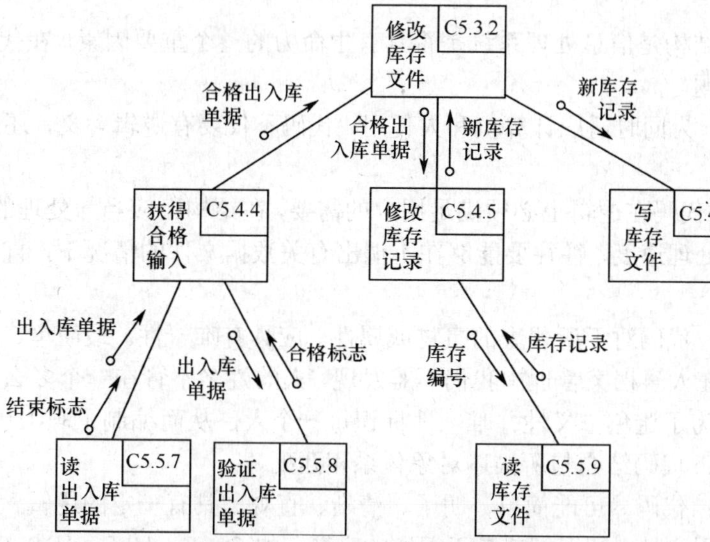

图 5.11　层次化模块结构图

模块结构图反映了模块与模块之间的调用关系和传递数据的通信联系，是系统开发者的有力工具。实际使用中，以变换为中心的分析方法和以事务为中心的分析方法常常混合起来使用。

5.3 代码设计

代码是人为确定的代表客观事物（实体）名称、属性或状态的符号或者是这些符号的组合，用来表征客观事物的实体类别，以及属性的一个或一组易于计算机识别和处理的特定符号或记号。为了便于计算机处理，一般用字符、数字、某些特殊符号或它们的组合来表示代码。代码的设计和编制问题在系统分析阶段就开始考虑。需要经过一段时间，在系统设计阶段才能最后确定。代码是人和计算机的共同语言，如零件号、图号等。使用代码的意义如下。

- 为事物提供一个概要而不含糊的认定，便于计算机识别，便于数据的存储以节省空间。
- 当按对象的属性或类别进行编码时，易于优化对象的统计和检索，提高处理的效率和精度。按代码对事物进行排序、累计或统计分析，准确高效，以节省时间。
- 代码可以用来标明事务所处的状态，便于对象的动态管理。
- 提高了数据的一致性。通过统一编码，减少了因数据不一致而造成的错误。
- 人和计算机进行信息交换的工具。

5.3.1 代码的设计原则

合理的代码结构是信息处理系统是否具有生命力的一个重要因素，在代码设计时，应注意以下一些问题。

（1）适应性：为同时适应计算机和人使用，代码不仅要有逻辑含义，还应该便于识别和记忆。

（2）统一性：代码在逻辑上必须满足用户的需要，在结构上应当与处理的方法相一致。例如，为了提高处理速度，往往要能够在不调出有关数据文件的情况下，直接根据代码的结构进行统计。

（3）唯一性：代码对于所代表的事物或属性，应具有唯一性。最简单、最常见的例子就是职工编号。在人事档案管理中我们不难发现，人的姓名不管在一个多么小的单位里都很难避免重名。为了避免二义性并唯一地标识每一个人，从而编制了职工代码。

（4）合理性：代码结构与所描述对象体系相匹配。

（5）简明性：代码尽可能简单、明了、清晰、直观，具有一定的逻辑含义，便于识别和记忆。避免使用容易引起误解或易于混淆的字符，如 O、Z、I、S、V 与 0、2、1、5、U 等。同时，尽量采用不易出错的代码结构，如字母—字母—数字的结构比字母—数字—字母的结构发生错误的机会要少等，以降低误码率，以及提高工作效率。

（6）简短性：在不影响容量与可扩充性的情况下，代码尽可能短，以节省存储空间、提高输入速度、方便记忆和使用、减少输入出错。

（7）系统性：可以分组，有一定的分组规则，保证代码具有通用和一贯性。

（8）稳定性：代码的定义和描述具有相对稳定性，避免过多改动。

（9）可扩充性：设计代码时，留有一定的后备余量，足够的位置，要足以包括规定范围内的所有对象，以适应不断变化的需要。如果容量不够，不便于今后变化和扩充，随着环境的变化这种分类很快就失去了生命力。

（10）标准化：尽量采用已标准化、系列化的代码，系统内部使用的代码应该统一，并使代码结构便于理解，较好地表达与所对应事物。例如，财政部关于会计科目编码的规定，以“1”开头的表示资产类科目；以“2”表示负债类科目；“3”表示权益类科目；“4”表示成本类科目等。

除了上述编码原则外，在编码时还应注意一些编码技巧，如编码多于 4 个字母或 5 个数字字符时，应分段记忆。这样在读写时不易发生错误。如 086-2S-83411283 比 0862583411283 易于记忆，并能更精确地记录下来。同时，还应注意本分类编码与外系统、已有系统编码的协调。任何一项工作都是从原有的基础上发展起来的，故分类时一定要注意新老分类的协调性，以便于系统的联系、移植、协作和新老系统的平稳过渡。

在设计代码时，应明确代码目的；确定代码对象；决定代码使用范围和期限；分析代码对象的特性，包括代码使用频率、变更周期、追加删除情况及处理要求等；决定代码结构；对每一种代码编写代码设计书；汇集全部的代码设计书并编制成代码本，建立相应的代码管理制度，以便于代码的使用与维护。

5.3.2　代码的分类

代码可以分为如下种类。

（1）顺序码（无含义码）：最简单、最常用的代码。将顺序的自然数和字母赋予编码对象。通常非系统化的编码对象采用此代码。优点：代码简短，易于管理，易于添加，对编码对象的顺序无特殊要求。缺点：代码本身不给出有关编码的其他信息。

（2）无序码（无含义码）：将无序的自然数或字母赋予编码对象。此种代码无任何规律，是靠机器的随机程序编写的。

（3）系列顺序码（有含义码）：又称为系列码，是一种用连续数字代表编码对象的代码。用连续数字代表编码对象的代码，通常从 1 开始。没有逻辑含义做基础，一般不能说明信息的任何特征，使用比较方便。例如：用 1001 代表张三，1002 代表李四等。

顺序码的优点是简单，缺点是没有逻辑基础且不便于对代码的操作。新增加的代码只能列在最后，删除则会造成空码。

区间码（块码）是系列顺序的特例，把数据项分成若干组，每一区间代表一个组，码中数字的值和位置都代表一定意义。例如，1 代表厂长，2 代表科长，3 代表科员，4 代表生产工人等。典型的例子是邮政编码。区间码的优点：容易进行数据处理的操作，如排序、分类、检索等。这种代码的长度与分类概念有关，在编码设计时，首先要对各种代码分类进行平衡，避免造成很长的代码或很多富余的代码。

（4）数值化字母顺序码（有含义码）：按照编码对象名称的字母顺序编写的代码。将所有的编码对象按其名称的字母顺序排列，然后分别赋予不断增加的数字码。优点：编码对象容易归类，容易维持并可起到代码索引的作用，便于检索。缺点：编制标准时，需要一次性给新的分类编码对象留有足够空位，有时为了保证新增加的分类编码对象的排列次序，而原有空位又不多时，需要重新编码，因此相对来说，这种编码使用寿命较短，给类目密集的程度不均匀。

（5）层次码（有含义码）：适用于线性分类体系，按分类对象的从属、层次关系为排列顺序的一种代码。将代码分为若干层次，并与分类对象的层次相对应，代码至左自右表示的层次由高到低，代码的左端为最高位层次代码，右端为最低层次代码。每个层次均可采用顺序码或者序列顺序码。例如，我国目前使用的居民身份证就是采用一个 18 位的数字码，前 6 位表示地区编码，中间 8 位表示出生年、月、日，最后 4 位表示顺序号和其他状态（性别等）。优点：能明确地表示分类对象的类别；有严格的隶属关系；代码结构简单；容量大，便于机器汇总。缺点：代码结构弹性较差，当层次较多的时候，代码位数较长，不便记忆。

（6）特征组合码（有含义码）：常用于面分类体系。将分类对象按其属性或特征分成若干个“面”，每个“面”内的诸对象再按其规律分别进行编码。“面”与“面”之间的代码没有层次关系，也没有隶属关系。优点：代码结构具有一定的柔性，适于机器处理。缺点：代码容量利用率低，不便于求和、汇总。

（7）复合码（有含义码）：应用较广的有含义码。常常是由两个或两个以上完整的、独立的代码组成。分类部分表示分类编码对象的属性或特征的层次属性关系。标识部分起分类编码对象注册号的作用，常采用顺序码或系列顺序码。以数字和字符混合形式编码。复合码是在各类管理中最常用的另一类编码形式，如汽车牌照编号。

助忆码是复合码的一种。助忆码用文字、数字或文字数字结合起来描述，其特点是可以通过联想帮助记忆。优点：代码结构具有很大的柔性，易于扩大代码容量和调整对象的所属类别，易于识别，易于表现对象的系列性，同时，代码的标识部分可以用于不同的信息系统，因此便于若干个系统之间的信息交换。缺点：代码总长较长，不易校对。

（8）字符码：以纯字符形式编码，如英文、汉语拼音等。这类编码常见的有我们在程序设计中的字段名、变量名。例如，在开发一个成本管理信息系统时，在数据库设计中，所有表名均以 C-开始（如材料成本表 C-CLCB），视图名用 C-V-开始（如产生各种材料汇总的视图 C-V-CLHZ），这就是一个典型的纯字符码。优点：可辅助记忆。缺点：校对不易，不易反映分类的结构。

5.2.3 代码的校验

代码输入的正确性直接会影响整个信息处理工作的质量。特别是人工处理时，发生错误的可能性更大。为了保证正确的输入，有意识地在编码设计中，在原代码的基础上，通过事先规定的数学方法计算出校验码（一位或两位），附加在原代码后面，使其变成代码的一个组成部分。

代码一旦输入，计算机会用事先规定的算法按输入的代码数字计算出校验位，并将它与输入的校验位进行比较，以证实输入是否有错。

常见的代码输入错误有：易位错误，如 1234 写成 1324；双易位错误，如 26913 写成

21963；抄写错误，如 1 写成 7、1234 记录为 7235；随机错误，上述两种或两种以上的错误出现，如 1234 记录为 2234 等。所以，在设计代码时尽量不采用易混淆数字、字符作为代码。

计算校验位的方法主要有：算术级数法、几何级数法、质数法等。它们的基本原理都是属于随机数法。其计算过程：输入原代码；将原代码的各位数分别乘以权重；计算各乘积之和；用一个模数去除乘积之和；所得余数作为校验位；将校验位置于原代码之后，组成新代码。模数一般取 9～13，而各位权重之间的关系可以是算术级数、几何级数或质数等。

设有一组代码为 $C_1C_2C_3C_4\cdots C_i$，校验码的生成过程：

第一步：为设计好的代码每一位 C_i 确定一个权数 P_i（权数可为算术级数、几何级数或质数）。

第二步：求代码每一位 C_i 与其对应的权数 P_i 的乘积之和 S。

$$S = C_1 \times P_1 + C_2 \times P_2 + \cdots + C_i \times P_i (i=1,2,\cdots,n)$$
$$= \sum_{i=1}^{n} C_i \times P_i (i=1,2,\cdots,n)$$

第三步：确定模 M。

第四步：取余 $R = S$ MOD（M）。

第五步：校验位 $C_{i+1}= R$。

最终代码为：$C_1C_2C_3C_4\cdots C_iC_{i+1}$。

使用时：$C_1C_2C_3C_4\cdots C_iC_{i+1}$。

【例 1】校验位的确定。

解：原设计的一组代码为五位，如 32456，确定权数为 7，6，5，4，3，求代码每一位 C_i 与其对应的权数 P_i 的乘积之和 S。

$$S=C_1\times P_1+C_2\times P_2+\cdots+C_i\times P_i\ (i=1,\ 2,\ \cdots,\ n)$$
$$=3\times7+2\times6+4\times5+5\times4+6\times3$$
$$=21+12+20+20+18=91$$

确定模 M，M=11。

取余 R，$R = S$ MOD（M）= 91 MOD（11）= 3。

校验位 $C_{i+1} = R = 3$。

最终代码：$C_1\ C_2\ C_3\ C_4\cdots C_iC_{i+1}$，即 324563。

使用时为 324563，该组代码中的其他代码按此算法，分别求得校验位，构成新的代码。

【例 2】假如存在原代码为 12345，设定权因子为 13579，模为 9，那么计算出校验码是什么？

解：计算加权和：

$$1\times1+2\times3+3\times5+4\times7+5\times9=95$$

计算余数：

$$95\div9=10\cdots5$$

计算校验码：

$$9-5=4$$

得到带校验码的代码：123454。

这样，就完成了代码校验码的生成过程。

接下来就是代码的校验过程，是前一过程的逆过程，下面举例说明。

【例 3】假如存在待校验代码为 123459，设定权因子为 13579，模为 9，那么校验该校验码是什么？

解：计算加权和：

$$1\times1+2\times3+3\times5+4\times7+5\times9+9\times1=104$$

这里待校验代码的最后一位乘以的是 1（对待最后一位校验码均是如此），这是在校验过程中比较特殊的地方。

计算余数：

$$104\div9=11\cdots5$$

根据余数是否为 0 来判断待校验代码是否错误！

如果为 0，则说明该代码一般是正确的；而不为 0，则说明该代码肯定错误。但当余数为 0 的时候是不能判定该代码一定正确！因为通过上述的计算过程可以很容易看出，存在多个代码同时满足余数为 0 的条件，这就说明对于代码的校验，侧重点在于代码是否错误。

结论：该代码输入错误！

5.4 数据存储设计

5.4.1 文件设计

管理信息系统基于文件系统或数据库系统，而文件是数据管理（即存储和维护数据）的基本方式。文件设计就是根据文件的使用要求、处理方式、存储量、数据的活动性及硬件设备的条件等，合理地确定文件类别，选择文件介质，决定文件的组织方式和存取方法。

1. 文件的分类

按文件的存储介质分类，可把文件分为卡片文件、磁盘文件和打印文件等。

按文件的信息流向分类，可把文件分为输入文件、输出文件和输入/输出文件。

按文件的组织方式分类，可把文件分为顺序文件、索引文件和直接存取文件。

常用文件的组织方式性能比较如表 5.1 所示。

表 5.1 常用文件的组织方式性能比较

使用效果 / 组织方式	文件处理方式		文件大小	随机查找速度	顺序查找速度	适于何种活动率	对软件要求
	顺序	随机					
顺序	很好	不好	无限制	慢	很快	高	
索引	好	好	中等大	快	快	低	中
随机	不好	很好	有限制	很快		低	高

不同用途文件适宜的存储介质和组织方式如表 5.2 所示。

表 5.2 不同用途文件适宜的存储介质和组织方式

因素和选择 用途	保存期	活动率	存取方式	存储介质	组织方式
主文件	长	高	顺序	磁盘	索引
		低	随机		直接
业务文件	中			磁盘或磁带	顺序
工作文件	短			磁盘或磁带	顺序

按文件的用途分类，可将文件分为以下几种。

（1）主文件。系统中最重要的文件是共享文件，主要存放具有固定值属性的数据，是设计的重点。主文件必须准确、完整并能及时更新且保存期长。主文件又分为静态文件和动态文件。静态文件包含的是相对来说变化不大的数据记录，如顾客文件的顾客号、顾客姓名、地址、电话等都具有相对稳性；动态文件是用来存放具有固定个体变动属性的数据，包含的记录将随着业务的发展而不断修改和更新，如库存文件、销售账文件、图书馆的借阅文件等。日常使用中，为了减少不同文件的数据冗余和文件处理工作量，常将两者结合，常将动态文件和静态文件相结合，如工资文件中既包括员工固定信息，也包括员工的社保基金，所得税扣款等变动信息。

（2）业务文件。又称为事务文件，是在业务处理过程中，用来存放事务数据的临时文件，包含了对主文件进行更新的全部数据。这种文件实时记载业务过程中的数据发生的变化，以流水账形式记录业务的处理过程。

（3）顺序文件。此种文件用于统一更新主文件或转换成其他文件，如用出入库流水账文件一次更新库存文件。这类文件的保存期较短。

（4）转存文件。转存文件是用于存储在一定恢复点上的系统部分状态的复制文件。它可能是一个正在更新过程中的文件，一组正在处理的业务或一个运行错误的程序。建立转存文件的目的主要是为了安全。

（5）工作文件。工作文件是在处理过程中暂时使用的中间文件，起缓冲作用。例如，排序过中建立的排序中间文件等，处理结束后即可删除。

另外，输入文件是指将需要输入的大量数据建立成数据文件，经校验后一次输入，进行处理，这种文件多用于批处理。输出文件是指在处理过程中输出的结果文件，它可以是打印文件或其他形式的文件。

2. 文件设计的步骤

（1）确定文件设计的基本指标。例如，与其他文件的接口文件的数据量；文件的逻辑结构；文件的处理方式；文件的使用率；文件的存取时间；文件的保密；确定合适的文件组织方式；存取方式和介质。

（2）设计共享文件。这是因为共享文件与其他文件的关系密切，先设计共享文件，其他文件中与它相同的数据项目就可以用它作为基准，尽量求得一致。

（3）设计文件记录的格式。文件由记录组成，所以设计文件主要是设计文件记录的格式，如每一数据项的名称、变量名、类型、宽度和小数位数字。记录设计中还应注明记录由哪个程序形成，又输出到哪个程序。文件设计还应考虑文件的管理问题。

（4）编写文件设计说明书。文件设计说明书是实施阶段建立文件的根据，具体包括文件的组织方式、存取方法和存储介质等的选择和确定根据；文件用途，适用范围，处理方式，使用要求，存取时间和更新要求等；文件数据量和存储介质需要量的初步估算，文件保密要求及有关安全措施，文件数据的收集，整理和格式要求的说明，建立和更新文件所需要的程序选行说明及提出的要求，建立文件的注意事项及其他需要说明的内容。

5.4.2 数据库设计

管理信息系统本质上是信息处理系统，因此，在管理信息系统的整个开发过程中都必须考虑两方面的问题：数据及对数据的处理。在需求分析阶段既要分析用户的数据要求（即需要哪些数据、数据之间有什么联系、数据本身有什么性质、数据的结构等），又要分析用户的处理要求（即对数据进行哪些处理、每个处理的逻辑功能等）。管理信息系统中对于大量数据的存储与共享，一般都会用到数据库的支持，即录入的大量数据或信息需要以某种方式存储到数据库中，并在数据库管理系统的支持下，对数据进行各种加工处理，以实现查询、统计等功能。因此，管理信息系统开发过程中，对于数据库的设计是一种重要的任务。

数据库是长期储存在计算机内的、有组织的、可共享的数据集合。数据库仅仅是一个概念，是对这种数据集合的统称。数据库由数据库管理系统统一管理，以保证数据的安全性、可靠性，并供多用户共享。因此，数据库管理系统是对这一类软件的统称，如 MS SQL Server、Foxpro、Mysql、Oracle 等。按数据库对数据管理的模式进行分类，数据库有层次型、网状型和关系型，较常见的是关系型数据库。数据处理是指对各种数据进行收集、存储、加工和传播的一系列活动的总称。数据管理是指对数据进行分类、组织、编码、存储、检索和维护等，它是数据处理的中心问题。

为了把用户的数据要求清晰地表达出来，系统分析员通常建立一个概念性的数据模型（也称为信息模型）。概念性数据模型是一种面向问题的数据模型，是按照用户的观点来对数据和信息建模。它描述了从用户角度看到的数据，反映了用户的现实环境，且与软件系统中的实现方法无关。如何将实体、信息转化为相应的数据，并以与数据库相适合的模式存到数据库中，以实现数据共享，这是数据库设计的中心任务。因此，数据库设计的主要任务包括实体的代码设计、实体概念模型到数据模型的转换，以及对数据存储结构的规范化处理。

数据库设计是在选定的数据库管理系统基础上建立数据库的过程。数据库的生命周期可以分为两个阶段：一是数据库分析与设计阶段；二是数据库实现阶段。其中，数据库分析与设计阶段又可分为以下四个子阶段：需求分析、概念设计、逻辑设计和物理设计。在管理信息系统分析阶段主要完成数据库的需求分析、概念设计和逻辑设计阶段。也就是，根据用户对数据的需求，进行数据库的概念设计和逻辑设计。

由于数据库系统已形成一门独立的学科，所以，当我们把数据库设计原理应用到管理信息系统开发中时，数据库设计的几个步骤就与系统开发的各个阶段相对应，且融为一体，它们的对应关系如图 5.12 所示。

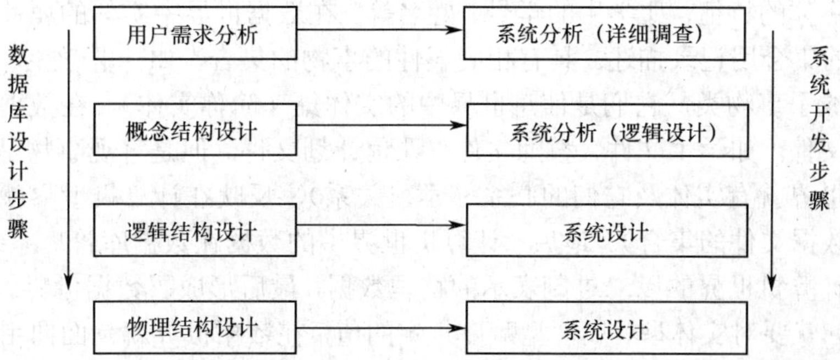

图 5.12　数据库设计与系统开发阶段的对应关系

1．数据库设计的步骤

（1）数据需求分析。在系统分析阶段获得的数据流程图和数据词典是数据库设计的重要依据，同时参照用户调查时获得的用户的非功能性需求，抽取分析的实体及其联系。可参照的用户非功能性需求包括用户对数据存取的一些要求（如用户希望使用哪种类型的数据库系统）、对存取模式的特殊要求等。

（2）概念模型设计。用概念模型将用户的数据要求表达出来，绘制 E-R 图。

（3）将概念模型转化为数据模型。将概念模型（E-R 图）转换为与选用的数据库管理系统所支持的数据模型相符的逻辑数据模型，对关系型数据库就转为关系模型。

（4）将关系型数据结构规范化。对初步获得的关系型结构进行数据结构规范化设计，同时做适应 DBMS 限制条件的修改，并对性能、存储空间等进行优化。

（5）物理设计。物理设计是指对数据库在物理设备存储和存储方法上的设计。包括：①确定数据的存储结构；②存取路径的选择和调整；③确定数据的存放位置；④确定存储空间的分配；⑤确定数据的安全性。

2．实体、信息和数据

实体、信息和数据分别描述了人们在认识客观事物、记录客观事物的过程中三个不同范畴的概念。分清这三个相互映射的范畴的对应概念非常重要。要将反映客观事物状态的数据经过一定的组织成为计算机机内的数据，要经历四个不同的状态：现实世界、信息世界、计算机世界、数据世界，在不同的世界中使用的概念与术语是不同的，但它们在转换过程中都有一一对应关系，如表 5.3 所示。

表 5.3　三个不同世界术语的对照

客观世界	信息世界	数据世界
组织（事物及其联系）	实体及其联系	数据库（概念模型）
事物类	实体集	文件
事物（对象、个体）	实体	记录
特征（性质）	属性	数据项

如图 5.13 所示，现实世界中的一个事物，对应于信息世界中是一个实体。实体可以是一个学生，一个零件或一张订货合同。事物总有一些性质反映事物的特征。实体总是有

一些属性反映实体的特征，如学生的学号、姓名等。在数据世界中实体的属性用数据项描述，实体属性的集合用记录描述。具有相同属性的事物的集合，如一群学生、一群教师和授课计划就形成了事物类，它们是信息世界中的实体集（简称实体），在数据世界中则形成一个个数据文件，如学生文件、教师文件、课程计划文件。但是客观事物是复杂的，因此反映在信息世界就有实体及它们的联系（学习关系），反映在计算机世界就形成了逻辑数据库（许多数据文件的集合）。最后，计算机世界中的数据在数据库管理系统 DBMS 的支持下映射成计算机世界的以二进制表示的物理数据，最后形成了数据世界。当具体地研究某个实体时，就要对实体型、属性型赋以一定的值，在数据世界就是面向用户的一条记录值、一项数据值。

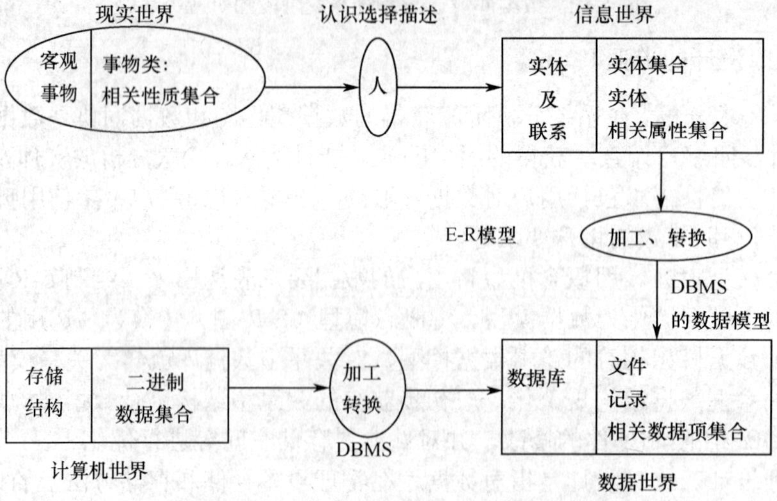

图 5.13　实体、概念模型、数据模型的关系

在系统开发过程中，首先要选择确定信息系统被管理的对象，如物资、产品、原材料、定额、工序等，这些是客观事物。对客观事物进行分析，抽取能够表述其特征与行为的属性，需要用到信息范畴的相关概念，我们常用实体关系模型来表示对这些客观事物的认识和描述。最后，要把这些信息存储在计算机管理信息系统中，则必须将其转变为数据库中的相关概念，如关系、记录、字段等概念。

3．“实体–关系”模型

最常用的表示概念性数据模型的方法，是实体-关系方法（Entity-Relationship Approach，简称 E-R 方法）。这种方法用 E-R 图描述现实世界中的实体、属性和关系，而不涉及这些实体在系统中的实现方法。用这种方法表示的概念性数据模型又称为 E-R 模型。

1）E-R 图

E-R 图中包括实体、属性和联系三种基本图素。约定实体用方框表示，属性用椭圆框表示、联系用菱形框表示，框内填入相应的实体名、属性名及联系名作为标识。

（1）客观存在并可相互区分的事物称为实体。如图 5.14（c）中的学生、课程，在管理信息系统中，这些实体对应的事物就是被管理的对象。实体不仅是客观世界中存在的有形物体，也可以是我们思维过程中的一个概念，如定额、职称级别、工资等级、学生类别、学科性质等。

（2）属性是实体所具有的一些特性，一般使用一组属性来描述一个实体的特征，即一个实体可以由若干个属性来刻画。如图 5.14（c）所示，学生可由学号、姓名、系别等组成，课程可以用课程编号、课程名、学时数等属性来描述。

（3）域是属性的取值范围。例如，性别的域为男、女，月份的域为 1～12 的整数。

（4）关系是实体之间的相互关联。例如，学生与老师间的授课关系，学生与学生间的班长关系。关系有一对一、一对多、多对多三种不同类型。如图 5.14 所示，表示了两个实体间的三种不同联系方式（1∶1，1∶m，m∶n）。关系也可以有属性，例如，学生与课程之间有选课联系，每个选课联系都有一个成绩作为其属性。

（5）关系的元或度。参与关联的实体集的个数称为关系的元。

（6）能唯一标识实体的属性称为主码。一个实体集中任意两个实体在主码上的取值不能相同，如学号是学生的实体主码。注意：主码对应数据库中的关键字域，但在实体-关系图中将码称为主码，而不是称为关键字，关键字是数据库中的概念。

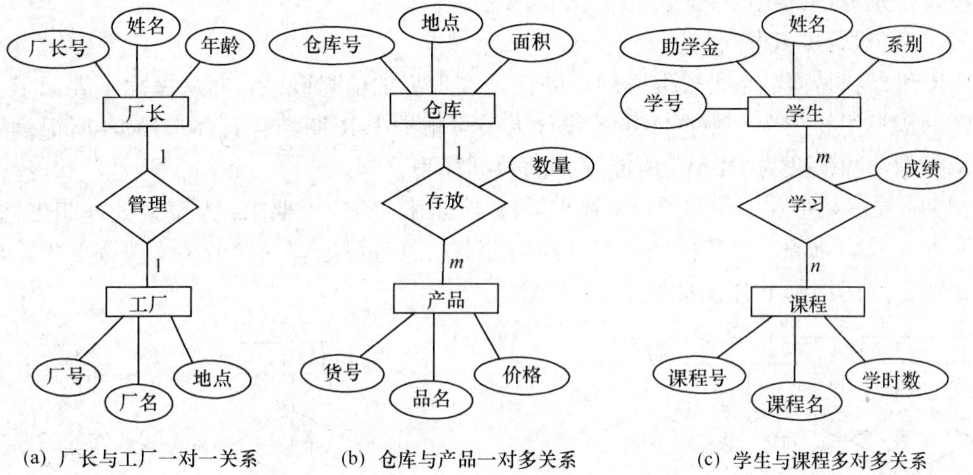

图 5.14　E-R 图表示

2）关系型数据库中的关系类型

在家中，你与其他成员一起存在着许多关系。例如，你和你的母亲是有关系的，你只有一位母亲，但是你母亲可能会有好几个孩子；你和你的兄弟姐妹是有关系的，你可能有很多兄弟和姐妹，同样，他们也有很多兄弟和姐妹；如果你已经结婚了，你和你的配偶都有一个配偶，这是相互的，但是一次只能有一个。数据库关系和上面所描述现象中的联系非常相似。数据库关系有三种不同类型：

一对一（1∶1）：在这种关系中，关系表的每一边都只能存在一个记录。每个数据表中的关键字在对应的关系表中只能存在一个记录或者没有对应的记录。大多数的一对一的关系都是某种商业规则约束的结果，而不是按照数据的自然属性来得到的。如果没有这些规则的约束，你通常可以把两个数据表合并成一个数据表，而且不会打破任何规范化的规则。

一对多（1∶m）：主键数据表中只能含有一个记录，而在其关系表中这条记录可以与一个或者多个记录相关，也可以没有记录与之相关。

多对多（$m:n$）：两个数据表里的每条记录都可以和另一个数据表里任意数量的记录（或者没有记录）相关。多对多这种关系需要引入第三个数据表，这种数据表称为联系表或者连接表，因为关系型系统不能直接实现这种关系。

建立关系：在开始着手考虑建立关系表之间的关系之前，可能需要对数据非常熟悉。只有在熟悉数据之后，关联才会更明显。数据库系统依赖于在两个数据表中找到的匹配值来建立关系。如果在数据库系统中发现了一个匹配值，系统将从两个数据表中提取数据并创建一个虚拟的记录。例如，要查看某个特定的作者所写的全部书籍，系统将从“Books”和“Authors”这两个数据表中查找相关的匹配值。

进行匹配的值都是主键和外键的值。主键（primary key）唯一地识别表中的每个记录。而外键（foreign key）只是简单地将一个数据表中的主键存放在另外一个数据表中。唯一需要注意的是，外键字段的数据类型必须和主键的数据类型相同。但是有些系统可以允许这条规则有一个例外，它允许在数字和自动编号（auto numbering）字段（如在 SQL 服务器系统中访问 identity 和 auto number）之间建立关系。此外，外键的值可以是空（null），但在没有特别原因的情况下，不要让外键为空。

3）如何设计 E-R 图

E-R 图直观易懂，能比较准确地反映出现实世界的信息联系，并从概念上表示了一个数据库的信息组织情况，数据库系统设计人员可根据 E-R 图结合具体 DBMS 所提供的数据模型类型，再演变为 DBMS 所能支持的数据模型。

例如，假定某企业的信息系统，要求适应不同用户的应用要求：人事科处理职工档案，供应科处理采购业务，生产科处理产品组装业务，总务科处理仓储业务。根据要求，我们假定企业各部门局部 E-R 图如图 5.15 所示。

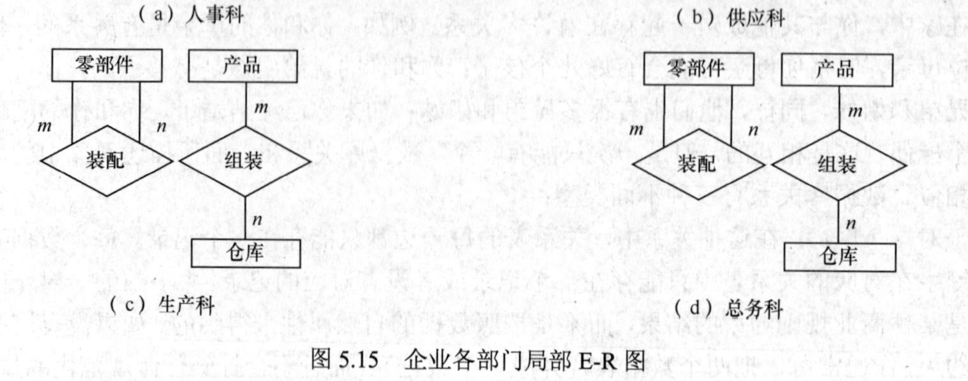

图 5.15　企业各部门局部 E-R 图

现在需要对各部门 E-R 图加以综合，产生总体 E-R 图，综合后的总体 E-R 图如图 5.16

所示，但要注意以下几点。

（1）在进行综合中，同一实体只出现一次。

（2）保存基本关系，除去导出关系。总体 E-R 图中并未反映“产品”与“材料”之间的联系，即供应科图中出现的“产品”与“材料”之间的联系在总体 E-R 图中被除去了。因为这种联系是多余的，它可以从“零件”所“消耗”的“材料”（一种更为基本的联系）中推导出来。

（3）总体 E-R 图中“供应商”与“材料”之间被增加了新的联系“合同”，该联系并未出现在局部 E-R 图中，这里增加它是允许的，表示该信息系统能支持“材料”合同处理。

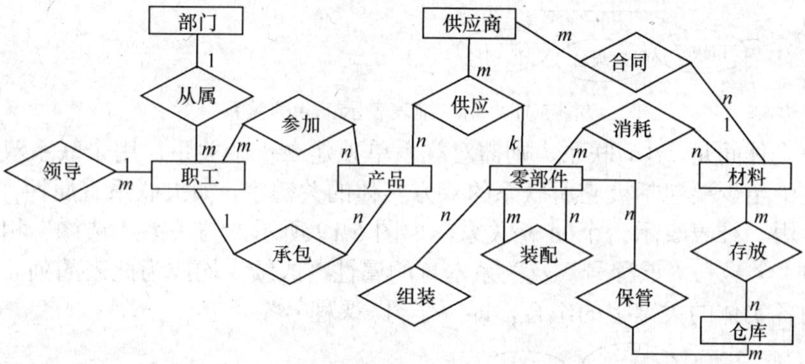

图 5.16　综合后的总体 E-R 图

4．概念模型到数据模型的转换

E-R 图是建立数据模型的基础，从 E-R 图出发导出计算机系统上安装的 DBMS 所能接受的数据模型，这一步工作在数据库设计中称为逻辑设计。具体转换方法如下：

E-R 图中每个实体都相应地转换为一个关系，该关系应包括对应实体的全部属性，并应根据该关系表达的语义确定出关键字，因为关系中的关键字属性是实现不同关系联系的主要手段。在 E-R 图中，要根据联系方式的不同，采取不同的手段，以使它联系的实体所对应的关系彼此实现某种联系。

用二维表表示一个实体的信息，如图 5.17 所示，将实体的相关信息表示为二维表时，实体的具体某个属性对应二维表中的一个列，每一列对应一个字段。每个实体的信息，在二维表中对应一行，每一行对应一条记录。实体的主码就是二维表的关键字。图 5.17 中“学生（*学号，姓名，籍贯）”是关系模型，在设计数据结构时，常需要将这种关系模型表示为图 5.17 右侧的数据结构形式。

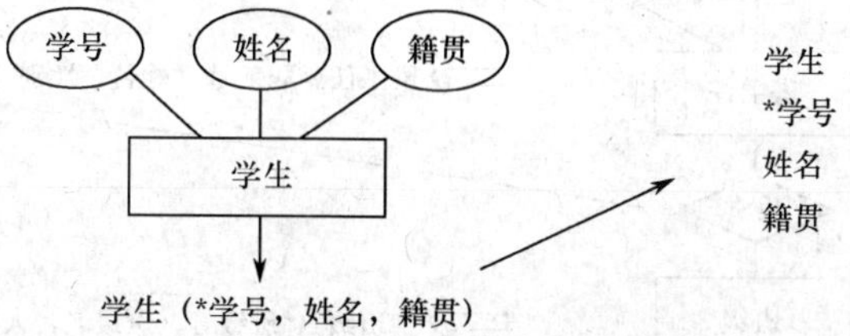

图 5.17　用二维表表示实体信息

如果两实体间是 1∶*m* 联系，就将“1”方的关键字纳入“*m*”方实体对应关系中作为外部关键字，同时把联系的属性也一并纳入“*m*”方的关系中。

用二维表表示一个 1∶m 关系，如图 5.18 所示，使用两个二维表表示这种 1∶m 的关系，将一端实体的关键字并入 m 端实体，即在 m 端实体的表中增加 1 端实体的代码，如“班级号”。

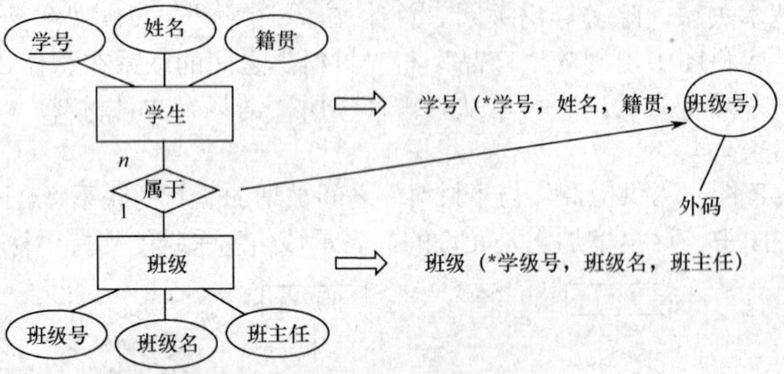

图 5.18　用二维表表示 1∶n 的关系

如果两实体间是 m∶n 联系，则需对联系单独建立一个关系，用来联系双方实体，该关系的属性中至少要包括被它所联系的双方实体的关键字，如果联系有属性，也要归入这个关系中。用二维表表示一个 m∶n 关系，如图 5.19 所示，与关系“选修”相连的各实体的代码，如“学号”、“课程号”及关系本身的属性“成绩”均成为此表的列。此表的关键字为相连的各实体的关键字的组合，即“学号+课程号”。

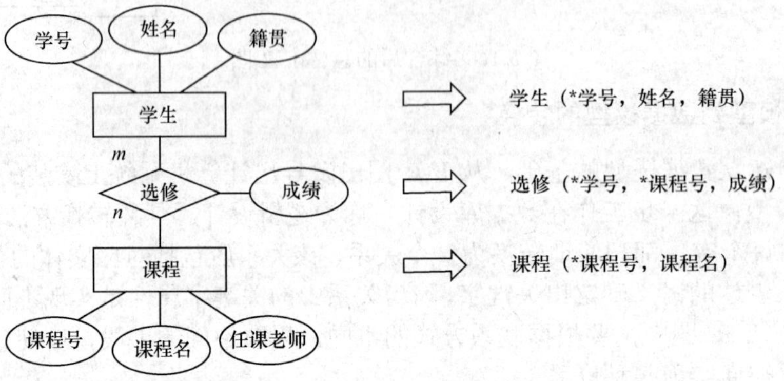

图 5.19　用二维表表示 m∶n 的关系

如果两实体间是 1∶1 联系，用二维表表示一个“1∶1 关系”。如图 5.20 所示，使用两个二维表来表示这种关系，将任一端实体的标识码并入另一端实体，即在该端实体的表中增加另一端实体的代码，如在“学生”实体信息中，增加其所属的“班级号”。

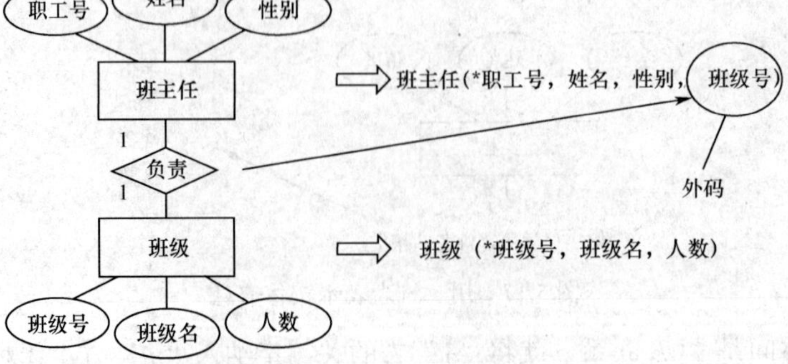

图 5.20　用二维表表示 1∶1 的关系

5．数据库的规范化设计

通常，管理信息系统中有许多数据是需要长期保存的，为减少数据冗余，简化修改数据的过程，应该对数据进行规范化。数据库设计在信息系统的开发中占有重要的地位，数据库设计的质量将影响信息系统的运行效率及用户对信息系统使用的满意度。如何根据用户的需求，在指定的数据库规律系统上，设计数据库的逻辑模型，最后建成数据库，这是一个从现实世界向计算机世界转换的过程。

通常用“范式（Normal Forms）”定义消除数据冗余的程度。第一范式（1NF）数据冗余程度最大，第五范式（5NF）数据冗余的程度最小。但是，范式级别越高，存储同样数据就需要分解成更多张表，因此，“存储自身”的过程也就越复杂。随着范式级别的提高，数据的存储结构与基于问题域的结构间的匹配程度也随之下降，因此，在需求变化时数据的稳定性较差。范式级别提高则需要访问的表增多，因此性能（速度）将下降。高度规范化的数据库固然有数据冗余小、结构清晰、操作不易出错等各种优点，但相关表之间大量的连接在执行查询等操作时都需要耗费大量资源，所以，并非规范化程度越高效果就越好。在设计数据库时，需要具体情况具体分析，权衡利弊，再做决策。从实用角度来看，在大多数场合选用第三范式都比较恰当。

通常按照属性间的依赖情况区分规范化的程度。属性间依赖情况满足不同程度要求的为不同范式，满足最低要求的是第一范式，在第一范式中再进一步满足一些要求的为第二范式，其余依次类推。

所谓非规范化形式就是不能满足二维表特点的数据关系形式。表 5.4 所列的数据关系不符合二维表的特点，所以该数据关系为非规范化的。比较明显的地方是，储备定额域存在层次表头，表格内容中存在一行对多行的情形，这样的数据关系不符合二维表的特点，无法存入关系型数据库。当然，在当前的任何关系数据库管理系统（DBMS）中，不允许把数据库表的一列再分成二列或多列。因此，在现有的 DBMS 中设计出不符合第一范式的数据库都是不可能的。下面给出第一范式、第二、第三范式的定义。

表 5.4　物资库存情况

物资名称	型号规格	…	储备定额			当前库存量	供应商	供应商地址
			最高储备量	最低储备量	经常储备量			
矿灯	冷光源	…	300	50	150	200	西安××	西安
							南宁××	南宁
							北京××	北京
灭火器	干粉	…	400	70	100	80	广州××	广州
							上海××	上海
…	…	…	…	…	…	…	…	

第一范式：每个属性值都必须是原子值，即仅仅是一个简单值而不含内部结构。如果将表 5.4 中的层次表头的现象去掉，表中各行消去一行对多行的情形，该表就符合二维表的特点了，该数据结构就转变为规范化形式了。任何满足规范化要求的数据结构都称为第一规范形式，记为 1NF。由此可见，将一个非规范化的数据结构转化为规范化的结构方法

就是设法将其变为二维表，本例中，将表 5.4 拆分成表 5.5 和表 5.6 之后，就由一个非规范化的数据结构转化为了两个 1NF 的数据结构了。

表 5.5 物资库存量一览表

物资名称	型号规格	…	最高储备量	最低储备量	经常储备量	当前库存量
矿灯	冷光源	…	300	50	150	200
灭火器	干粉	…	400	70	100	80
…	…	…	…	…	…	…

表 5.6 供应商信息一览表

物 资 名 称	供 应 商	供应商地址
矿灯	西安××	西安
矿灯	南宁××	南宁
矿灯	北京××	北京
灭火器	广州××	广州
灭火器	上海××	上海
…	…	…

符合 1NF 的数据结构仍然存在严重的存储缺陷，如下所述。

（1）删除异常。当目前供应商不再供应该物资，删除厂家信息后，物资信息也会随之被删除，但本单位还需要使用该物资。

（2）插入异常。数据库需要添加一种新的物资，但还没有供应厂家时，无法添加。

（3）修改麻烦。当某个供应商地址变化以后，需要多处修改其在数据库中的信息，且很难保证修改彻底。

（4）存在严重的数据冗余。供应商的信息随每条物资记录都要重复存储多遍。

第二范式：满足第一范式条件，而且每个非关键字属性都由整个关键字决定（而不是由关键字的一部分来决定）。1NF 的数据结构存在缺陷的主要原因是数据结构中存在非关键字字段部分依赖整个关键字的情形，如图 5.21 所示。

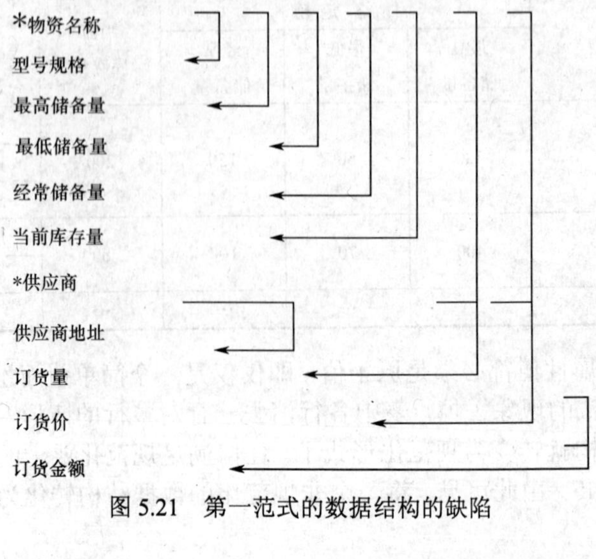

图 5.21 第一范式的数据结构的缺陷

该结构的关键字“物资名称+供应商”是一个复合关键字，这样就要求所有非关键字段都要同时依赖于这两个字段才是“依赖于整个关键字”。但事实上，我们看到“型号规格”、“最高储备量”、“最低储备量”、“经常储备量”和“当前库存量”都只依赖于“物资名称”，这就是所谓的“部分地依赖关键字”的情形。同样，“供应商地址”也只依赖于“供应商”。

改进的办法就是，通过分解结构，取消“部分依赖”关系，将其转化为多个第二范式的结构。换言之，如果所有非关键字数据项完全函数依赖于它的整个关键字，则称该数据结构是第二范式的，记为 2NF。具体方法是通过分解结构，去掉部分依赖关系，确保所有非关键字元素依赖于整个关键字。可将图 5.21 中第一范式的结构分解为三个符合第二范式要求的结构，如图 5.22 所示，并分别指定关键字。

* 物资名称	* 供应商	* 物资名称
型号规格	供应商地址	* 供应商
最高储备量		订货量
最低储备量		订货价
经常储备量		订货金额
当前库存量		

图 5.22　符合第二范式的数据结构

第三范式：符合第二范式的条件，每个非关键字属性都仅由关键字决定，而且一个非关键字属性不能仅仅是对另一个非关键字属性的进一步描述（即一个非关键字属性值不依赖于另一个非关键字属性值）。分析图 5.22 中的数据结构，不难发现“订货金额”是一个冗余数据项，因为订货金额可以从订货价和订货量计算得出，所以没必要存入数据库中。因此，符合第二范式的数据结构仍然存在缺陷，那就是可能存在数据冗余。产生冗余的原因是这个数据结构中存在着“传递依赖”情形，即“订货金额”通过“订货价”和“订货量”传递依赖主关键字“物资名称+供应商”，“传递依赖”是第二范式产生缺陷的本质。优化的办法是删除冗余数据项，去掉“传递依赖”情形。

数据结构规范化的过程可以归纳为如图 5.23 中所示的步骤。

非规范化形式
（非规范化形式的数据结构，即不平坦结构，有层次表头、有重复组项）

⇩ 针对不平坦项，将原结构分解成多个二维表，并分别指定关键字

第一范式 1NF
（没有不平坦的结构，符合二维表的性质）

⇩ 进一步分解结构，去掉部分依赖关系，并分别指定关键字

第二范式 2NF
（当关键字不止一个时，必须确保每个非关键字属性完全函数地依赖于整个关键字）

⇩ 再分解结构，去掉传递依赖关系，并分别指定关键字

第三范式 3NF
（所有非关键字属性彼此独立）

图 5.23　数据结构规范化过程

6. 数据库物理结构设计

完成了数据库的概念设计和逻辑设计后，还要进行数据库的物理设计，即为每个关系模式选择合适的存储结构和存取方法，使得数据库上的事务能够高效地运行。从而，完成整个数据库的全部设计过程。数据库的物理结构设计是为数据模型在设备上选定合适的存储结构和存取方法，以获得数据库的最佳存取效率。物理结构设计的主要内容如下。

（1）库文件的组织形式。例如，选用顺序文件组织形式、索引文件组织形式等。

（2）存储介质的分配。例如，将易变的、存取频繁的数据存放在高速存储器上；稳定的、存取频度小的数据存放在低速存储器上。

（3）存取路径的选择等。

5.5 输入/输出设计

输入/输出是管理信息系统与用户的界面，一般而言，输入/输出设计对于系统开发人员并不重要，但对用户来说，却显得尤为重要。因为它是一个组织系统形象（Cooperation Identify System，CIS）的具体体现；它能够为用户建立良好的工作环境，激发用户努力学习、主动工作的热情；符合用户习惯，方便用户操作，使目标系统易于为用户所接受；为用户提供易读、易懂的信息形态。

在进行输入/输出设计时，应遵循如下原则。

（1）对话要清晰、简洁、明了，不能有二义性。

（2）对话要适合操作人员的水平，并且容易学习、掌握。

（3）对话本身应该具有指导操作人员如何操作和回答问题的能力。

（4）对话应该能够反映用户的观点，尽可能的考虑用户的业务用语和习惯。

（5）当操作人员输入的内容有错时，系统应将错误信息的细节显示给操作人员，并能指导其改正错误。

（6）需要保密的对话应提供保密措施。

（7）必须很快地反映用户的输入状态（尤其是出错的状况），不能让用户犹豫和等待。

（8）对话应该适合于用户的环境和具体情况，允许具有不同经验的用户在不同的速度下进行操作。

5.5.1 输出设计

输出是系统产生的结果或提供的信息。对于大多数用户来说，输出是系统开发目的和使用效果评价的标准。尽管有些用户可能直接使用系统或从系统输入数据，但都要应用系统输出的信息。输出设计的任务是使管理信息系统输出满足用户需求的信息。输出设计的目的是为了正确及时反映和组成用于管理各部门需要的信息。

1．输出设计的内容

（1）输出信息使用情况。信息的使用者、使用目的、信息量、输出周期、有效期、保管方法和输出份数。

（2）输出信息内容。输出项目、精度、信息形式（文字、数字）。

（3）输出格式。表格、报告、图形等。

（4）输出设备和介质。设备如打印机、显示器等；介质如：磁盘、磁带、纸张（普通、专用）等。

2．输出设计的方法

在系统设计阶段，设计人员应给出系统输出的说明，这个说明既是将来编程人员在软件开发中进行实际输出设计的依据，也是用户评价系统实用性的依据。因此，设计人员要能选择合适的输出方法，并以清楚的方式表达出来。输出主要有以下几种。

（1）表格信息。表格信息以表格的形式提供，一般用来表示详细的信息。

（2）图形信息。管理信息系统用到的图形信息主要有直方图、饼图、曲线图、地图等。图形信息在表示事物的趋势、多方面的比较等方面有较大的优势，可以充分利用大量历史数据的综合信息，表示方式直观，常为决策用户所喜爱。

（3）图标。图标也用来表示数据间的比例关系和比较情况。由于图标易于辨认，在信息系统中的应用也日益广泛。

3．输出报告

输出报告标出了各常量、变量的详细信息，也给出了各种统计量及其计算公式、控制方法。设计输出报告时要注意以下几点。

（1）方便使用者。

（2）要考虑系统的硬件性能。

（3）尽量利用原系统的输出格式，确实需要修改，应与有关部门协商，征得用户同意。

（4）输出表格要考虑系统发展需要。例如，是否在输出表格中留出位置，满足将来新增项目需要。

（5）输出的格式要根据硬件能力，并试制输出样品，经用户同意后才能正式使用。

保持输出内容和格式的统一性，可以提高系统的规范化程度和编程效率。对于同一内容的输出，在显示器、打印机、文本文件和数据库文件上都应具有一致的形式。

4．输出设计评价

对输出设计的评价从以下几个方面进行。

首先，该输出设计能否为用户提供及时、准确、全面的信息服务。

其次，该设计是否便于阅读和理解，符合用户的习惯。

再次，这个设计是否充分考虑和利用了输出设备的功能。

最后，是否为今后的发展预留一定的余地。

5.5.2 输入设计

输出数据的正确性直接影响处理结果的正确性，如果输入数据有误，即使计算和处理过程正确，也无法获得可靠的输出信息。同时，输入设计决定着人机交互的效率，输入界面是管理信息系统与用户之间交互的纽带，设计的任务是根据具体业务要求，确定适当的输入形式，使管理信息系统获取管理工作中产生的正确信息。输入设计的目的是提高输入效率，减少输入错误。

1．输入设计的原则

输入设计包括数据规范和数据准备过程。提高效率和减少错误是两个最根本的原则。

（1）控制人工输入量。由于数据录入工作一般需要人的参与，数据输入速度与计算机处理比较起来相对缓慢，系统在大多数时间都处于等待状态，效率显著降低，增加系统的运行成本。因此，在输入设计中，应尽量控制人工输入数据总量。在实际输入数据时，只需输入基本数据，其他的数据可以通过计算由系统自动产生。

（2）减少输入延迟。输入数据的速度往往成为提高信息系统运行效率的瓶颈，为减少延迟，可以采用周转文件、批量输入等方式。

（3）减少输入错误。输入设计中应采用多种输入校验方法和有效性验证技术，减少输入错误。

（4）避免额外步骤。应尽量避免不必要的输入步骤。

（5）简化输入过程。输入设计在为用户提供纠错和输入校验的同时，保证输入过程简单易用。

2．输入设计的内容

（1）输入界面设计。

（2）输入设备选择。

（3）输入设计首先要确定输入设备的类型和输入介质，目前常用的输入设备有：键盘—磁盘输入装置；光电阅读器。

（4）输入数据正确性校验。

3．输入检验

在输入设计中，要设想其可能发生的输入数据错误，并对其进行校验。常见的输入错误有由于原始数据填写错误或穿孔出错等原因引起的输入数据错误；在数据收集过程中产生的数据多余或不足的差错，如数据单据、卡片等的遗漏或重复等原因引起的数据错误；或者虽然数据本身正确，如内容和数据量正确，但是数据的处理时间超过了数据使用时间而导致数据失去应有的价值。因此，数据的收集与运行必须具有一定的缓冲时间，并事先确定对数据延迟的处理对策。

4．校验错误数据的方法。

常用的检验数据的方法有以下几种，可单独地使用，也可组合使用。

（1）重复校验。这种方法将同一数据先后输入两次，然后由计算机程序自动予以对比校验。

（2）视觉校验。在输入的同时，由计算机打印或显示输入数据，然后与原始单据进行比较。视觉校验的差错率为 75%～85%。

（3）检验位校验。

（4）控制总数校验。先用人工算出输入数据总数，然后由计算机程序累计输入总数，将两者对比校验。

（5）逻辑校验。根据各种数据的逻辑性来检查有无矛盾。例如，月份超过 12 即为出错。

5．改正错误的方法

当发现原始数据有错时，应将原始单据送交填写单据的原单位修改，不应由键盘输入操作员或原始数据检查员等想当然地予以修改。

当由机器自动检错时，出错的恢复方法有以下几种。

（1）待输入数据全部校验并改正后，再进行下一步处理。

（2）舍弃出错数据，只处理正确的数据。适用于不需要太精确的输出数据，如求百分比。

（3）只处理正确的数据，出错数据待修正后再进行同法处理。

（4）剔出出错数据，继续进行处理，出错数据留待下一运行周期一并处理。此方法适用于运行周期短而剔出的错误不致引起输出信息正确性显著下降的场合。

6．输入设计的评价

评价输入设计时，要看该输入设计的输入界面是否明晰、美观、大方；是否便于填写，符合工作习惯；是否便于操作；是否有保证输入数据正确性的校验措施。如果这几个要求都能得到满足，那么这就是个良好的输入设计。

5.6 处理流程设计

在详细设计阶段，处理流程设计的任务是编制出每个模块的计算机处理的流程图和确定其数据存取需求，为系统实施中的编程与测试提供依据。这一活动主要依据是概要设计对各模块功能的要求，并兼顾系统开发环境与开发工具的特点。

处理流程设计的主要内容如下。

1．选择或设计算法

描述系统的功能特征及其各功能模块之间的调用关系，但并未表达各功能之间的数据传递关系。算法设计涉及所开发项目的具体要求和每个模块的具体功能。为每一模块设计可靠的、高效的算法或处理流程是这一活动的目标。

2．精确地表达算法

为了进一步表达系统的处理过程和系统中数据传递关系，对于算法需要给出适当的算法表达形式，或者说应该选择某种表达工具来描述处理流程，以便为程序设计提供详细资料。

5.6.1 系统处理流程图设计

管理信息系统的处理流程图是系统流程图的展开和具体化，所以其内容更为详细。在系统流程图中，只是给出了每一处理功能的名称，而在处理流程图中，则需要使用各种符号具体地规定处理过程的每一步骤。

系统中每一个功能模块都可以作为一个独立子系统分别进行设计。由于每个处理功能都有自己的输入和输出，对处理功能的设计过程也应从输出开始，进而进行输入、数据文件的设计，并画出较详细的处理流程图。

系统处理流程图是以新系统的数据流程图为基础绘制的。首先为数据流程图中的处理功能画出数据关系图。图 5.24 是数据关系的一般形式，它反映了数据之间的关系，即输入什么数据、产生什么中间数据和输出什么信息之间的关系。最后，把各个处理功能的数据关系图综合起来，形成整个系统的数据关系图，即系统处理流程图。

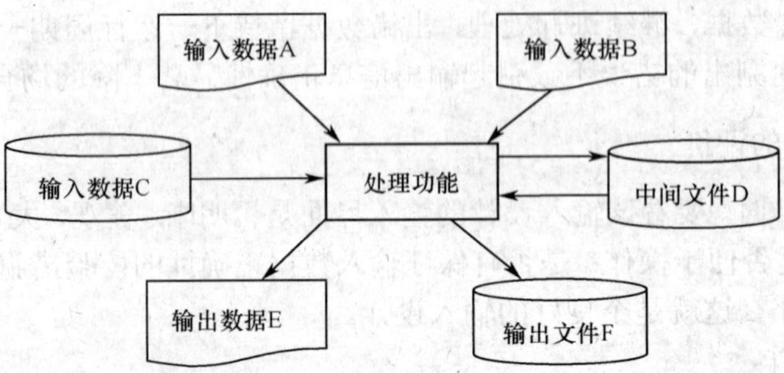

图 5.24 数据关系的一般形式

绘制系统处理流程图应当使用统一符号。目前，我国国家标准 GB−1526—1979 信息处理流程图符号和国际标准化组织标准 ISO1028、2636 及美国国家标准协会 ANSI 的图形符号大致相同，常用的系统流程图符号如图 5.25 所示。

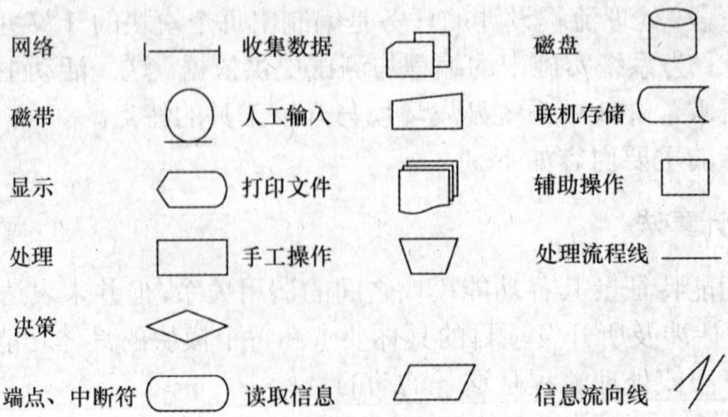

图 5.25 常用的系统流程图符号

从数据流程图到系统处理流程图并非单纯的符号改换，系统处理流程图表示的是计算机的处理流程，而并不像数据流程图那样还反映了人工操作那一部分。因此，绘制系统处理流程图的前提是已经确定了系统的边界、人—机接口和数据处理方式，同时还要考虑哪些处理功能可以合并，或进一步分解，把有关的处理看成是系统流程图中的一个处理功能。

例如，图 5.26 是某库存管理子系统的数据流程图中的一部分，图 5.27 是所转换的信息系统流程图。

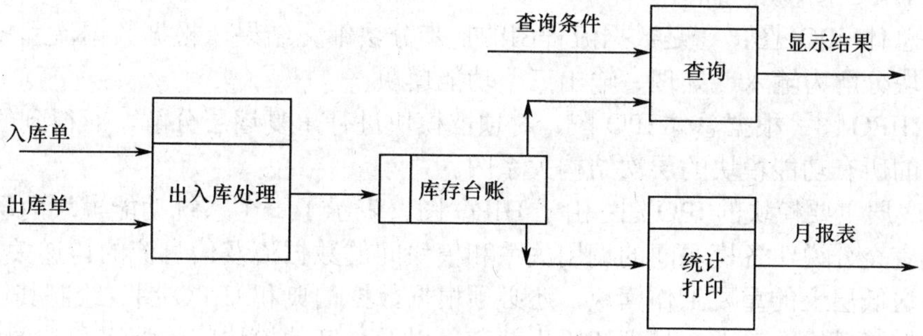

图 5.26 库存管理子系统数据流程图

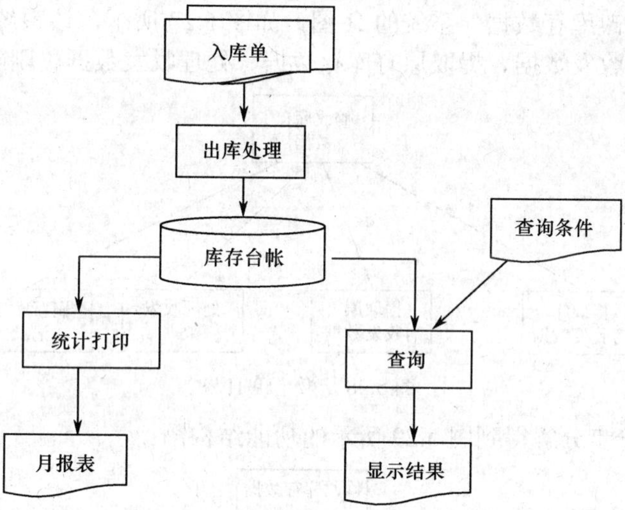

图 5.27 库存管理子系统信息系统流程图

5.6.2 HIPO 图

HIPO（Hierarchy Plus Input-Processing-Output）图是美国 IBM 公司 20 世纪 70 年代发展起来的表示软件系统结构的工具。它既可以描述软件总的模块层次结构 H 图（层次图），又可以描述每个模块输入/输出数据、处理功能及模块调用的详细情况 IPO 图。HIPO 图以模块分解的层次性和模块内部输入、处理、输出三大基本部分为基础建立的。

在由系统分析阶段产生数据流程图，并经转换和优化形成系统模块结构图的过程中，产生大量的模块，开发者应为每个模块写一份说明。IPO 图就是用来表述每个模块的输入、输出和数据加工的重要工具。IPO 图实际上是一张图形化的表格。它描述分层图中每一个模块的输入/输出关系、处理内容、本模块的内部数据和模块间的调用关系，是系统设计的重要成果，是系统实施阶段编制程序设计任务书和进行程序设计的出发点和依据。

IPO 图中要标明输入/输出的数据与结果及其来源或去向所涉及相关模块、文件及系统外部项，并需在数据词典中描述。局部数据项是指本模块内部使用的数据，与系统的其他部分无关，仅在本模块定义、存储和使用。注释是对本模块有关问题做必要的说明。IPO 图是系统设计中一种重要的文档资料。IPO 图的主体是处理过程说明。

绘制 HIPO 图步骤如下。

（1）总体 IPO 图：它是数据流程图的初步分层细化结果，根据数据流程图，将最高层处理模块分解为输入、处理、输出三个功能模块。

（2）HIPO 图：根据总体 IPO 图，对顶层模块进行重复逐层分解，而得到的关于组成顶层模块的所有功能模块的层次结构关系图。

（3）底层主要模块的 IPO 图：由于 HIPO 图仅表示了一个系统功能模块的层次分解关系，还没有充分说明各模块间的调用关系和模块间的数据流及信息流的传递关系。因此，对某些输送低层上的重要工作模块，还必须根据数据词典和 HIPO 图，绘制其详细的 IPO 图，用来描述模块的输入、处理和输出细节，以及与其他模块间的调用和被调用关系。

下面以库存管理系统中“修改库存数据”为例介绍 HIPO 技术的应用。

首先绘制“修改库存数据”系统的 H 图，如图 5.28 所示，该系统需具备的数据处理过程包括提取库房收发数据、提取原有库存数据、处理收发数据、刷新记录。

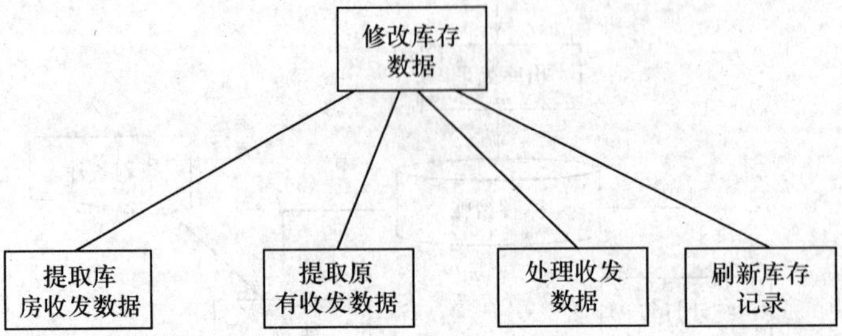

图 5.28　第一轮 H 图

对图 5.28 进一步分解得到图 5.29 所示的功能结构图。

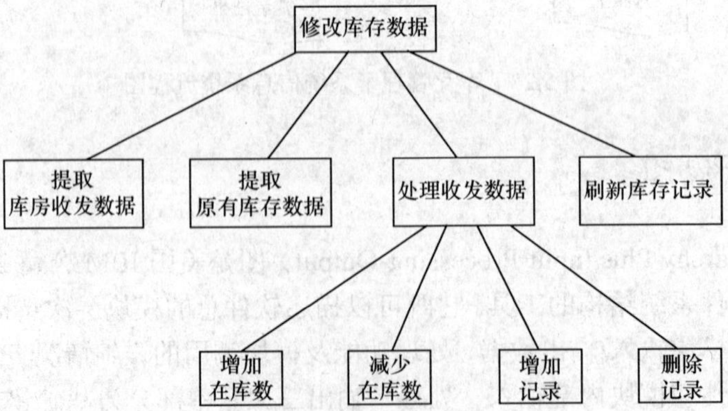

图 5.29　第二轮 H 图

底层详细的 IPO 图的形式如表 5.7 所示。

HIPO 图表示了系统的模块层次结构，但它只能一般地看到各模块之间的调用关系。模块间的具体通信与控制关系、数据流在模块之间的流动状况，HIPO 图没有明确描述。

表 5.7　底层详细的 IPO 图的形式

IPO 图（处理收发数据模块 IPO 图）	
系统名：库存管理	制图者
模块名：处理收发数据	日期：2012-03-20
由下列模块调用：修改库存数据	调用下列模块 增加在库数 减少在库数 增加记录
输入：由修改库存数据模块提供	输出：由修改库存数据模块接收
处理内容：如果有入库，则增加在库量；如果出库，则减少库存量。	
内部数据元素	备注

5.6.3　控制流程图

控制流程图（Flow Chart，FC）又称为框图、程序流程图。它是用统一规定的标准符号描述程序运行具体步骤的图形表示，是描述模块内部处理过程的主要工具。控制流程图不仅表示一个系统功能模块的结构关系，还表示了模块的调用关系及模块之间数据流和控制流等信息的传递关系。控制流程图的设计是在系统处理流程图的基础上，通过对输入/输出数据的详细分析，然后将具体的处理过程在计算机中的主要运行步骤标识出来，作为程序设计的最基本依据。

控制流程图和 HIPO 图一样，用方块表示模块。模块之间用箭线连接，箭头指示方向为被调用的模块。调用关系分为直接调用（无条件调用）、选择调用（判断调用）和重复调用（循环调用）三种。绘制控制流程图的出发点仍是数据流程图。但是如果已经具有了 HIPO 图，则在此基础上加注模块间的控制与通信标志就成了控制流程图。

利用结构化程序设计方法描述模块内部的处理过程，主要采用以下五种基本的处理结构：顺序处理结构、选择处理结构、先判断后执行的循环结构、先执行后判断的循环结构、多种选择处理结构。控制流程图的基本结构如图 5.30 所示。

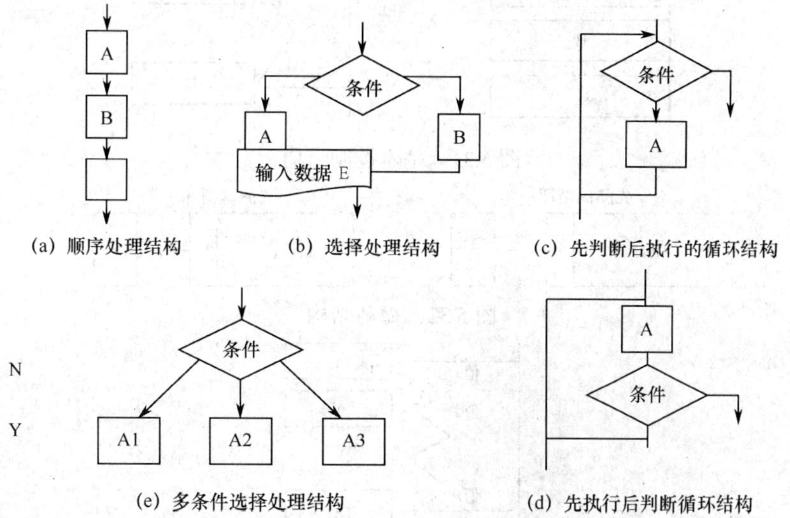

图 5.30　控制流程图的基本结构

5.6.4 问题分析图

问题分析图（Problem Analysis Diagram，PAD）在1974年由日本的二村良彦等人提出的又一种主要用于描述软件详细设计的图形表示工具。与方框图一样，PAD图也只能描述结构化程序允许使用的几种基本结果。发明以来，已经得到一定程度的推广。它用二维树形结构的图表示程序的控制流，以PAD图为基础，遵循机械的走树（Tree Walk）规则就能方便地编写出程序，用这种图转换为程序代码比较容易。

问题分析图具有的特征：结构清晰，结构化程度高；易于阅读；最左端的纵线是程序主干线，对应程序的第一层结构；每增一层PAD向左扩展一条纵线，程序的纵线数等于程序层次数；从PAD最左主干线上端结点开始，自上而下、自左向右依次执行，程序终止于最左主干线等。常见的结构描述如图5.31、图5.32、图5.33所示。

在使用问题分析图来设计程序控制流程时，具有如下优点。

（1）使用表示结构优化控制结构的PAD符号所设计出来的程序必然是程序化程序。

（2）PAD所描述的程序结构十分清晰。PAD中最左边的竖线是程序的主线，即第一层控制结构。随着程序层次的增加，PAD逐渐向右延伸，每增加一个层次，图形向右扩展一条竖线。PAD中竖线的总条数就是程序的层次数。

（3）用PAD表现程序逻辑，易读、易懂、易记。PAD图是二维树型结构的图形，程序从PAD中最左边上端的结点开始执行，按自上而下、从左到右顺序执行。

（4）很容易将PAD转换成高级程序语言源程序，这种转换可由软件工具自动完成，从而可省去人工编码的工作，有利于提高软件可靠性和软件生产率。

（5）既可用于表示程序逻辑，也可用于描述数据结构。

（6）PAD的符号支持自顶向下、逐步求精方法的使用。开始时设计者可以定义一个抽象程序，随着设计工作的深入而使用“def”符号逐步增加细节，直至完成详细设计。

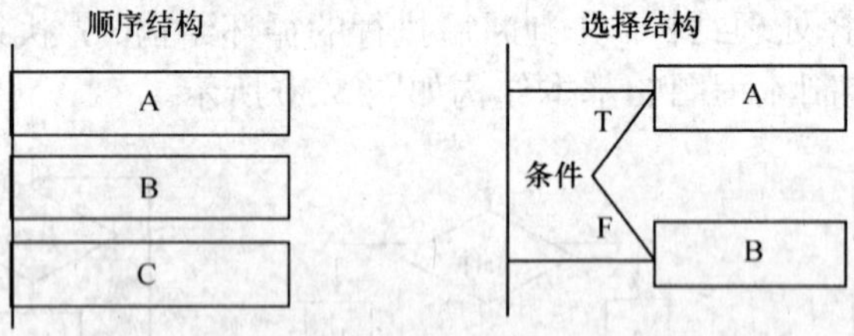

图5.31 基本控制结构

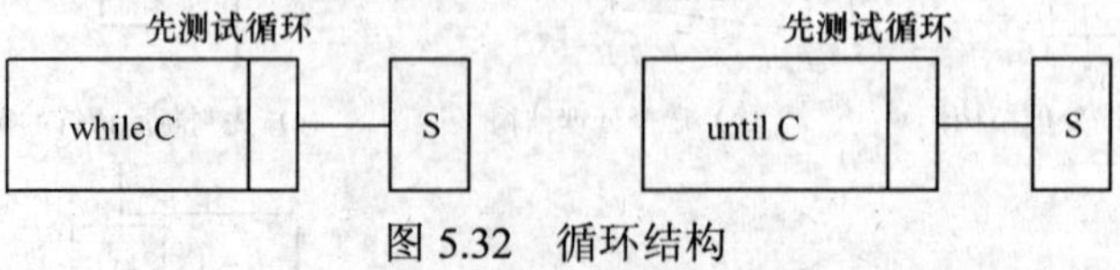

图5.32 循环结构

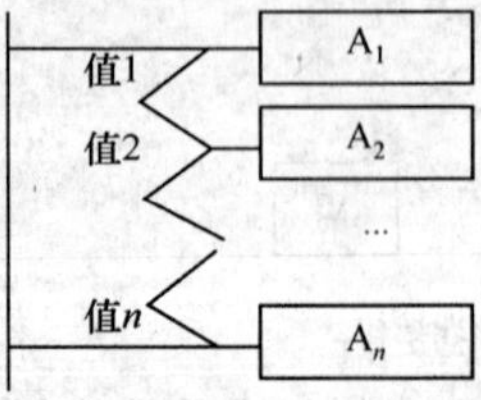

图5.33 多分支结构

PAD 是面向高级程序设计语言的，为每种常用的高级程序设计语言都提供了一整套相应的图形符号。由于每种控制语句都有一个图形符号与之对应，显然将 PAD 图转换成与之对应的高级语言程序比较容易。

PAD 是一种程序结构可见性好、结构唯一、易于编制、易于检查和易于修改的详细设计表现方法。用 PAD 可以消除软件开发过程中设计与制作的分离，也可消除制作过程中的“属人性”。虽然目前仍需要由人来编制程序，一旦开发的 PAD 编程自动化系统实现的话，计算机就能从 PAD 自动编程，到那时程序逻辑就是软件开发过程中人工制作的最终产品。显然在开发时间上大大节省，开发质量上将会大大提高。

5.6.5　盒图（N–S 图）

用流程图表示结构化程序的三种基本结构时，虽然看起来还清楚，但是情况复杂时，图形中的流向线多，仍不便于阅读。所以，美国人 I.纳斯（I.Nassi）和 B.施内德曼（B.Schneiderman）提出了一种绘制流程图的方法。由于他们的名字以 N 和 S 开头，故把这种流程图称为 N-S 图。这种结构化流程图，完全去掉了在描述中引起混乱的带箭头的流向线，全部算法由三种基本结构的框表示。那一个个框，就像一个个封闭的盒子。所以，N-S 图又被形象地称为盒图。

N-S 图（盒图）的特性就像盒子一样，结构性很强。由于取消了流程线，如“goto”这样乱跳的语句，也就没有了表达的形式。所以，N-S 图又被称为结构化流程图。也就是说，对于传统的流程图，结构化编程依赖于程序员的自觉自律；而对于 N-S 图，结构化编程则是由绘图规则来强制保证的。N-S 图除了表示几种标准结构的符号之处，不再提供其他如“流程线”这样的描述符号，这就有效地保证程序的质量。

N-S 图的另一个优点是形象直观，如循环的范围、条件语句的范围都是一目了然的，所以容易理解设计意图，为编程、排错、调试、维护都带来了便利。

在 N-S 图中，一个算法就是一个大矩形框，框内又包含若干小框。其实，只要掌握 N-S 图的 3 个基本结构画法，即可掌握 N-S 图。

下面列出描述四种基本控制结构的图形构件。

（1）选择型（if–then–else）（如图 5.34 所示）。

（2）多分支选择型（CASE 型）（如图 5.35 所示）。

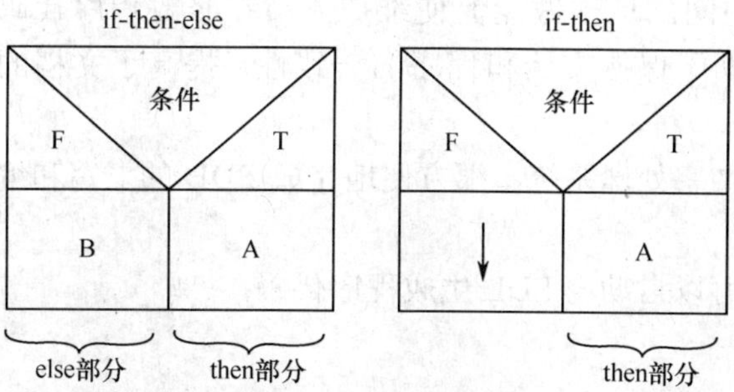

图 5.34　if-then-else 选择结构

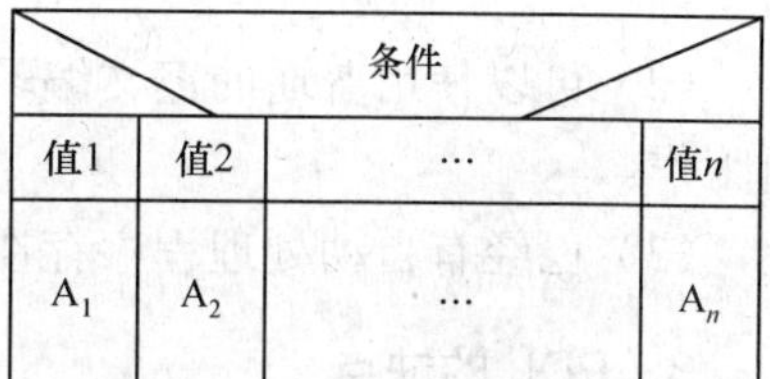

图 5.35　多分支选择结构

（3）循环结构（while 型，until 型）（如图 5.36 所示）。

（4）并行结构（如图 5.37 所示）。

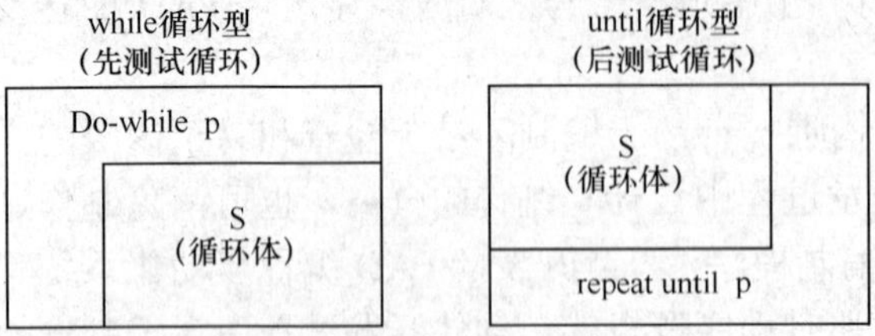

图 5.36　循环结构

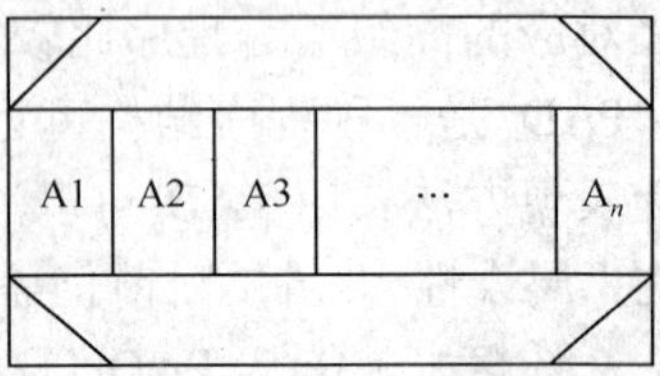

图 5.37　并行结构

N-S 图最大的缺点就是手工画图时，修改起来没有流程图方便。尤其是在分支嵌套层次较多时，就比较难画了。手工画图不便，计算机画图也不便。目前，也没有找到比较适合画 N-S 图的计算机绘图软件。这些，可能是阻碍 N-S 图进一步推广应用的原因。

5.6.6　过程设计语言

过程设计语言（Process Design Language，PDL），也称为程序描述语言（Program Description Language），又称为伪码。它是一种用于描述模块算法设计和处理细节的语言。过程设计语言与程序很相似，但它仅仅是对算法的一种描述，是不可执行的。

1. PDL 的特点

（1）关键字的固定语法，它提供了结构化控制结构、数据说明和模块化的特点。为了使结构清晰和可读性好，通常在所有可能嵌套使用的控制结构的头和尾都有关键字，如 if…fi（或 endif）等。

（2）自然语言的自由语法，它描述处理特点。

（3）数据说明的手段既包括简单的数据结构（如纯量和数组），又包括复杂的数据结构（如链表或层次的数据结构）。

（4）模块定义和调用的技术，应该提供各种接口描述模式。

2. PDL 的优点

（1）可以作为注释直接插在源程序中间。这样做能促使维护人员在修改程序代码的同时也相应地修改 PDL 注释，因此有助于保持文档和程序的一致性，提高了文档的质量。

（2）可以使用普通的正文编辑程序或文字处理系统，很方便地完成 PDL 的书写和编辑工作。

（3）已经有自动处理程序存在，而且可以自动由 PDL 生成程序代码。

3. PDL 的缺点

不如图形工具形象直观，描述复杂的条件组合与动作间的对应关系时，不如判定表清晰简单。

5.7 物理配置方案设计

系统的总体结构是指整个系统由哪些部分组成，以及各部分在物理上、逻辑上的相互关系，包括硬件部分和软件部分。而系统的总体布局是指系统的硬、软件资源及数据资源在空间上的分布特征。在进行系统集成方案设计时，应遵循下列原则。

1. 可靠性原则

系统建设要采用主流产品，以保证系统的高质量和稳定性。系统应最大限度集成最稳定和最优秀的技术及组件，采用成熟技术以降低系统的不稳定因素，使系统能进行 7×24 小时的不间断工作。同时也应该充分考虑故障处理方案，以保证系统在出现意外故障情况下的快速恢复能力。

2. 实用性原则

系统要充分体现实用性，满足个性化服务需要，采用便于使用的多种信息形式，实现信息采集、处理、传输、共享、发布、交流等各种功能。应用系统要能涵盖主要业务，并在实际使用中发挥巨大作用，体现项目的意义。

3. 成熟性原则

成熟性原则包括硬件平台技术、操作系统环境、应用平台及开发工具、应用系统及数据库系统等，尤其是构成应用系统的基础平台，其基础软件、中间件、和构建应该具有很好的技术和应用成熟性，同时也得到了较广泛的应用。

4. 可扩展性原则

为适应系统的不断发展，应尽量采用统一的、易于维护的管理平台，硬件和软件上应具有可扩展的能力，以提高整个系统的灵活性，适应系统动态发展的变化需要。

5. 安全性原则

在系统设计中应考虑全面的安全性：硬件设备安全性、数据存取安全性、数据传输安全性等。加载全面的安全措施，在保证物理安全和网络运行安全的基础上，确保涉密信息在产生、存储、传递和处理过程中可用、完整、保密和访问修改数据的抗抵赖。除了在技术上保障系统安全，在管理上也要对系统的运行维护的安全性提出合理化建议。

6. 先进性原则

系统技术水平要保证先进性，符合当今计算机科学的发展潮流，使系统能够在较长的一段时间内保持技术上的领先，并能随主流技术的发展不断更新优化，从而延长系统的生命周期。一个先进的系统必定会在系统运行性能、系统稳定程度、系统操作方便程度等方面体现出一定的优势。

7. 经济性原则

系统设计应尽量考虑对已有投资的保护，在充分满足系统建设发展需要的前提下，对已有系统进行有效的整合；在提升完善系统的同时，充分利用原有资源，尤其是原有系统的建设经验将成为后续工作的宝贵财富。

8. 标准化原则

系统建设应参照国家信息化建设的有关标准，有效利用信息资源，建立统一化、规范化平台标准。系统在建设过程中，系统实施采用 ISO9001 2000 质量管理标准，有计划、有步骤地管理信息系统项目的建设。

目前，多种多样的计算机产品技术为管理信息系统的建设提供了极大的便利，可以根据应用的需要选择性能各异的软、硬件产品。在选择时应依据系统吞吐量、系统响应时间、系统可靠性、系统的架构及地域范围等因素来确定。

5.7.1 系统软、硬件的选择

管理信息系统对计算机的基本要求是速度快、容量大、通道能力强、操作灵活方便。但计算机的性能指标越高，其费用也越大。管理信息系统的内容包括数据库主机、数据存储、系统软件平台、备份系统、网络系统的完善和现有网络安全系统的建设。

计算机硬件的选择主要取决于数据处理方式和运行的软件系统。应选择技术上成熟可靠、处理速度快、数据存储容量大、具有良好的兼容性、可扩充性与可维修性、有良好的性价比的机型。同时，还应注意选择技术服务与售后服务好的厂家或供应商，并且所选系统在一定时间内能保持一定的先进性。在选择硬件平台时，还应考虑应用软件对计算机处理能力的需求，包括计算机主存、CPU 时钟、输入/输出和通信通道数目、显示方式、外接转储设备及其类型等因素。但计算机的性能越高，价格就越昂贵。一般来说，如果系统的数据处理是集中式的，系统应用的主要目的是利用计算机的强大计算能力，则可以采用主机—终端系统，以大型机或中小型机作为主机。对于企业管理分布式的应用，采用微机网络更为灵活、经济。

选择应用软件应考虑以下几点。

（1）是否能够满足用户的需求。根据系统分析的结果，在软件功能上应注意：系统必须处理哪些事件和数据？软件能否满足数据表示的需要？系统能够产生哪些报告、报表、文档或其他输出？系统要储存的数据量是多少，以及必须满足哪些查询需求？

（2）软件的灵活性。由于存在管理需求上的不确定性，系统应用环境会经常发生变化。因此，应用软件要有足够的灵活性，以适应对软件的输入/输出和系统平台升级要求。

（3）软件的技术支持。对于商品化软件，稳定的技术支持是必需的。这一方面是为了保证软件能够满足需求的变化，另一方面是便于今后不断升级。

（4）相关企业对应用软件的选择情况。

数据库服务器管理信息系统的核心承担着业务数据的存储和处理，具有业务量大、存储量大的特点，特别是关键数据库服务器的选择尤为重要。数据库服务器的可靠性和可用性是首要的需求，其次才是数据处理能力和安全性，然后是可扩展性和可管理性。

数据库管理系统选择的原则是：支持先进的处理模式，具有分布处理数据，多线索查询，优化查询数据，联机事务处理功能；具有高性能的数据处理能力；具有良好图形界面的开发工具包；具有较高的性能/价格比；具有良好的技术支持与培训。管理信息系统是以数据库系统为基础，一个好的数据库管理系统对管理信息系统的应用有着举足轻重的影响。在数据库管理系统的选择上，主要考虑：数据库的性能、数据库管理系统的系统平台、数据库管理系统的安全保密性能、数据的类型。

目前，软件市场上有许多数据库管理系统，如Oracle、Sybase、MS SQL Server、Informix、FoxPro等，可以根据管理信息系统的规模及架构选择适当的数据库管理系统。

5.7.2 网络的设计和选择

计算机网络设计是将初步规划中的各个子系统从内部用局域网连接起来，以及合理地与外部系统相连接，但并不是去设计或开发出一个网络，而是根据实际业务的需要去考虑如何配置和选用一个网络产品。主要包括确定建设目标、网络主干设计、办公大楼网络设计、实时系统与联网设计、相关子网设计、零散用户联网设计、软硬件平台的选择等。

在进行计算机网络设计之前，应该在管理信息系统的系统分析阶段完成以下工作。

（1）调查并分析系统内部组织机构及信息处理功能的物理分布情况，包括其所处的建筑物名称、各部门（子系统）之间的布线实际距离。

（2）确定使用计算机网络的相关组织与人员。

（3）确定网络的处理能力，包括数据传送能力的确定和网络响应时间的确定。

在网络设计时，首先要确定网络建设目标。要充分考虑建网单位的生产、经营与管理特点，地理分布状况，以及未来发展需要，从而确定网络建设目标。其次进行网络主干设计。网络主干作为整个系统的数据交换中心，应具有较强的数据交换能力。设计依据是数据量与响应时间的具体要求。然后进行办公大楼网络设计。一般单位的办公大楼是信息中心所在地，服务器的信息流量较大。在网络设备的选择与连接上，要解决通信瓶颈问题。办公大楼网络通常采用结构化布线与分级的星形结构，其优点是可提供互相独立的信道，便于集中式管理，易于重组，支持多种应用。布线工程多选用超五类系统布线产品。随着我国改革开放和科教兴国等国策的深入人心，大部分企业近年来已建设了计算机监控系统、计算机调度系统及计算机过程控制等系统。这些系统的实时数据应能连接到企业管理信息系统上，供有关管理部门共享。一般可采用网关，通过专线将实时系统与企业管理信息系统相连。网关可保护实时系统数据安全，同时收集实时系统数据，并将其写入服务器供企业共享。

部分企事业单位还包括下属二级单位。为了各自的相对独立性和全网的安全性，可在二级单位内部建立局域网络。考虑到距离较远、雷击、电磁干扰等因素，多用单模光纤将相关子网与主干网连接，或采用集团程控电话网与网络中心相连。为提高访问速度，可采用远程访问服务器。

5.8 系统设计说明书

系统设计说明书是从系统总体的角度出发对系统建设中各主要技术方面的设计进行说明，是系统设计阶段的产物，其着重点在于阐述系统设计的指导思想，以及所采用的技术路线和方法。系统设计说明书是以每个处理过程作为单位，定义处理过程的书面文件。这种说明书由系统设计员编写，交给程序员使用。程序员根据说明书指示内容进行程序设计。在系统设计工作结束后，提交系统设计说明书。

系统设计说明书应全面、准确和清楚地阐述系统设计的指导思想及所采用的技术路线和方法，阐明系统在实施过程中具体采取的手段、方法和技术标准，以及相应的环境要求，另外，系统建设的标准化问题也是系统设计说明书中应阐明的一项重要内容。

系统设计说明书应当包括的内容：系统名、所属系统及子系统名、系统的功能、系统的输入/输出数据关系图、输入文件和输出文件的格式、处理逻辑说明（包括计算公式、决策表及控制方法等）。具体内容如下。

1. 概述

概述内容包括系统的功能；设计目标及设计策略项目开发者；用户、系统与其他系统或机构的联系；系统的安全和保密限制。

2. 系统设计规范

系统设计规范就是对系统名、文件名及变量名的规范化。

3. 计算机系统的配置

硬件配置包括主机、外存、终端与外设、其他辅助设备、网络形态的配置；

软件配置包括操作系统、数据库管理系统、语言、软件工具、服务程序、通信软件的配置。

4. 系统结构

系统结构的内容就是系统的模块结构图、各个模块的 IPO 图。

5. 代码设计

代码设计就是指各类代码的类型、名称、功能、使用范式及要求等。

6. 文件（数据库）设计

数据库总体结构：各个数据文件的逻辑关系；

文件结构设计：各类数据文件的数据项名称，类型及长度等；

文件存储要求；访问方法及保密处理。

7. 输入设计

输入设计包括各种数据输入方式的选择、输入数据的格式设计、输入数据的校验方法。

8．输出设计

输出设计包括输出介质、输出内容及格式的设计。

9．系统安全保密性设计

系统安全保密性设计就是关于系统安全保密性设计的相关说明

10．系统实施方案及说明（包括实施方案，进度计划，经费预算等）

一旦系统设计被审查批准，整个系统开发工作便进入系统实施阶段。

5.9 制订开发设计规范

管理信息系统软件，特别是大型系统软件的开发是一项浩大的工程，需要十几个人、几十个人甚至几百个人合作开发几个月、十几个月甚至几年。要保证系统的协调性、统一性和连续性，就需要在开发之前制订严格、详细的开发规范。

开发规范的内容主要包括系统设计规范、程序开发规范和项目管理规范等。系统设计规范规定字段、数据库、程序和文档的命名规则，应用界面的标准和风格，各类报表的输出格式等。程序开发规范对应用程序进行分类，如可将程序分成代码维护类、业务处理类、业务查询类和统计报表类等，并给出各类应用程序的标准程序流程，有必要时可编制出标准程序。项目管理规范规定项目组中各类开发人员的职责和权力，开发过程中各类问题（如设计问题、程序问题等）的处理规范和修改规则，开发工作的总体进度安排和奖惩措施等。

开发规范的制订需要花费一定的时间和精力，但是“磨刀不误砍柴工”，它相当于把今后开发过程中开发人员都要遇到的问题提前做了一个考虑。有了开发规范，在后续的开发过程中，设计人员就不必每次考虑如何为一个字段命名，编程人员也不必去想某个程序的结构和布局应当怎样，测试人员也有了判断程序对错的标准。

开发规范在项目开发工作中起着事前约定的作用，需要所有开发人员共同遵守。它约束开发人员的行为和设计、编程风格，使不同子系统和模块的设计、编程人员达成默契，以便形成整个系统的和谐步调和统一风格，也便于今后的系统维护和扩展工作。

5.10 酒店管理信息系统系统设计实例

1．完成子系统模块的划分及子系统模块分析

酒店管理信息系统可以划分成接待、点单、楼层管理、餐饮、收银、财务、查询、报表、部门和人员管理、系统维护等 10 个子系统。在各子系统中，凡在前台与客人直接打交道的那些模块，都是按照并行方式设计的，可以采用快捷方式反复启用或激活，多用户多模块的交叉使用不会产生系统级的软件冲突。下面介绍各子系统常用模块的内部处理过程。常用的功能模块结构图如图 5.38 所示。

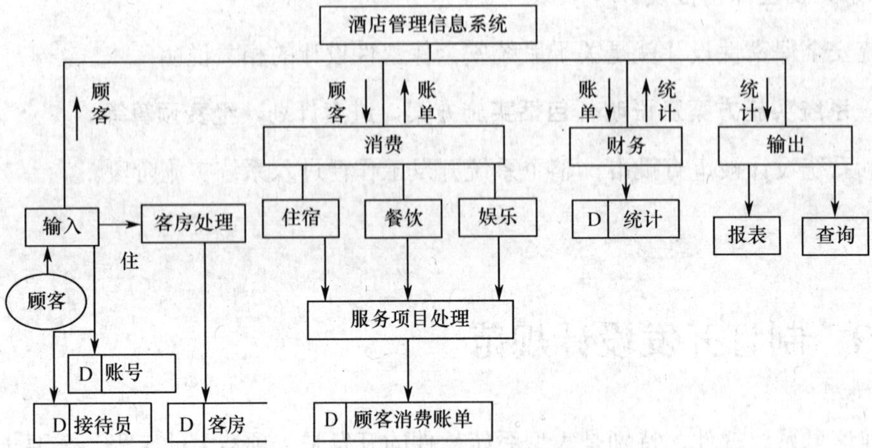

图 5.38 常用的功能模块结构图

1）接待

（1）基本信息输入。这是客人到达酒店之后，首次与计算机进行交互所要完成的任务，即把客人的基本情况快速输入计算机中，供各操作点共享。其具体内容包括主客人姓名、性别、宾客类型、来宾人数（其中女宾人数）、预交押金数量、预定的结账方式、是否持有储值卡或折扣卡、对应的手牌号、对酒店的特殊要求等。

（2）主客其他信息的补充输入。这是在完成该次接待任务后，为掌握更详细的客人信息而在必要时再进行的补充输入。这类信息只提供给个别操作点或其他社会管理部门在特殊情况下查询。具体内容包括客人的出生日期、工作单位或职业、客人证件类型和号码、客人单位地址或住址、联系电话等。

（3）客房分配、选手牌。根据客人的数量和他们对房型/房价类别的要求，经查询当前房源后，为客人选择适当的客房，确定房价类别（普通房价、钟点房价、优惠房价、长包房价），征询主客的意见，从与客房中各床位相对应的一批手牌号中确定唯一的主手牌，将其交与主客随身携带，然后将本批客人应持有的其他附属手牌也全部交给主客，由主客实施再分配。

（4）主手牌更换。当团队客人中的主手牌持有者发生变更时，应当在其附属手牌中重新确定一个主手牌，原先的主手牌变为附属手牌。

（5）客房更换。根据客人的要求对其客房进行更换，为客人重新分配对应的手牌。

（6）修改登记。按客人进住后发生的变化情况进行相应的修改。

（7）增加登记。当有新的客人进住酒店并要求加入某在店客人的行列时，进行相应的处理。

（8）删除登记。当客人在规定的不计费时间内（如 30min）要求离店时，进行相应的处理。包括退房、退牌，或部分退房/牌。

2）点单

（1）确认客人的手牌号，选择消费或服务类别。

（2）必要时确定提供服务的技师或服务生的工号。

（3）通过查找点单项目表，以整数或小数为单位，确定其消费或接受服务的规格、数量和金额，另加到相应手牌的账单下。

（4）允许各操作员删除自己输入的单据，但系统对输入和删除应有详细的在线记录，可供系统管理员事后查询。

3）楼层管理

（1）选择服务生所在的楼层，确认服务生的编号和姓名。

（2）浏览所辖房间的状态，对属性已变化的房间进行修改。

（3）可进行房源查询和指定手牌的消费查询。

（4）填写客人的退房检查单，确认客人需要赔偿的事宜。

（5）进行交接班时的查询、房源和在店客人确认、特殊事项的移交。

4）餐饮

（1）点菜。将菜、酒水、主食和有关服务的类型、名称、数量，通过速记码或鼠标输入相应的餐饮记录单。

（2）加菜、换菜、退菜。按要求对就餐客人提供加菜、换菜、退菜服务，并调整对应的记录单。

（3）收银结账。根据餐饮记录单按金额、折扣或免单形式与客人结算、打印。既可现结，也允许按规定将餐费挂到相应的手牌下，待客人离店时统一结算，还可按照事先的约定，将餐费挂到某一合同账户下，由设账人定期结算。

（4）查询。对餐饮业务的历史账单、已挂到客房的账单、餐厅内各营业部门的库存量和当前价值的查询。

5）收银

（1）结账。以指定主手牌为索引，分别计算该主客及其相关客人的所有房费开支、附加手牌费、各种消费、代他人付账等项目，经汇总并扣除客人已交纳和补交的所有押金，得到该批客人应付款的总额，接受客人的各种付款方式，为其提供所有费用的查询/结账明细单。

（2）余额处理。若客人不立即付款或不全部付款，则将未付款的余额挂账，或并入另一主客的压单内，由他人代付。

（3）退房、退手牌。指一批客人中，有部分人提前退房或退掉散客手牌，则这部分人的房费或散座费只计算到退房/退牌时为止。涉及主客退房/退牌时，应先做主手牌变更。

（4）开账户、清理欠账。为新的挂账单位（个人）设立合同账户，接受挂账单位的批量付款。

（5）消费调整。根据酒店临时出台的各种优惠政策，通知有关输单员调整客人的消费明细账，将其中一部分作为赠送或折扣处理。

6）财务

（1）消费项目配方。对具体的有形消费项目所耗用的原物料配方进行定义和修正。

（2）手单管理。对下发和交回的各种手工单据进行顺序性和一致性核对。

（3）部门盘点。定期打印出空白的营业部门盘点表，交各部门盘点，记录其暂存的商品，计算部门商品的差异量。

（4）历史账单核查。逐个或抽取历史账单进行一致性和权限性核查。

7）查询

（1）规定项目的查询。包括房源、在店客人情况、费用明细账、历史账单、交接班情况、点单/撤单记录、餐饮结账单等项目查询。

（2）自定义项目的查询。由使用者按照一定的规则查询其关心的项目。

（3）远程查询。系统支持通过电话的远程定制查询。

8）报表

（1）日常性业务报表。其内容包括客房使用率/周转率、各营业部门收入、消费项目分类统计、分单位记账明细、库存变动分析、销售品变动成本分析、毛利润分析等。

（2）业绩报表。其内容包括技师/服务生工作量、折扣/免单情况明细统计、储值卡使用情况统计、消耗品控制情况统计分析等。这些有助于加强对职员考核的科学性，提高劳动效率。

9）部门及人员管理

（1）部门及权限定义。设定业务部门并确定其在系统中的权限，维护人员可以自定义部门及部门下属的消费项目和价格。

（2）操作员定义。设定操作员姓名、编号、所属部门、用户口令及权限。每一个编号对应一个操作员，不同权限的操作员进入系统后其界面和功能范围不同。

（3）批准人定义。设定折扣和免单的批准人、权限范围。

（4）技师定义。设定一些有特殊技能的工作人员，如按摩师、美容师、调酒师等。这些人一般要参与业务提成。

10）系统维护

（1）系统初始化。其内容包括系统运行的账单起始编号和参数设置。如定义系统数据的更新频率、超时提醒时限等。

（2）客房。其内容包括楼层、房间、类别、数量、各类收费标准、计费办法、房间手牌的属性。

（3）消费。其内容包括营业部门、类别、项目、明细。在定义服务项目时需确定该项目的计量单位，是计次、计时还是计量。对于只能整数计算的，称为计次（个）；对于可能输入小数的，称为计量。另外，对于一些服务项目还应指出该项目是否需要技师来完成，所有需要考虑给技师提成的项目，都须设置该选项。

（4）餐饮。其内容包括台号、包间、食品分类、菜谱、厨师等。

（5）磁卡。其内容包括按一定顺序或单独制作各种面值的储值卡、各种折扣比例的折扣卡，允许增减卡中的金额，修改折扣比例，指定卡的停/启用；查询、统计卡上的各种数据，多级加密和安全恢复机制。

（6）整理数据。定期清理、整理数据，备份、恢复和清空数据。

2．完成编码设计

系统中需要编码的数据有：账单号、手牌号、房间号、部门编码、职工编码、服务项目编码、食品编码等。

账单号的编码方式是采用 6 位顺序码，系统开始运转时可从 000001 开始，每个账单号依次增加 1。取值范围：000001～999999，取值方法：开新账单时由计算机自动累计加 1。

手牌号的编码方式是所有手牌号一律为 4 位。采用与实际安排相关的编码方法，例如，该酒店房号为 3 位数字，房间里的床位号为 1 位数字，201 房间的一个手牌号可以是 2011。

房间号的编码方式是所有房间号一律为 3 位，第一位代表房间所在的楼层，后两位代表房间号。

部门编码取部门名称汉语拼音的首字母，如财务部的编码为 CW。

职工编码的编码方式是采用 6 位顺序码，系统开始运转时可从 000001 开始，每个职工依次增加 1。某一职工离开后其职工编码就作废，不再使用。取值范围是 000001～999999，新增加职工时由计算机自动累计加 1。

服务项目编码取服务项目名称汉语拼音的首字母。

食品编码取食品名称汉语拼音的首字母。

3．进行输入/输出设计

系统的输入全部由屏幕输入，包括客人登记、客人点菜、客人点单等，屏幕界面如图 5.39、图 5.40 所示。

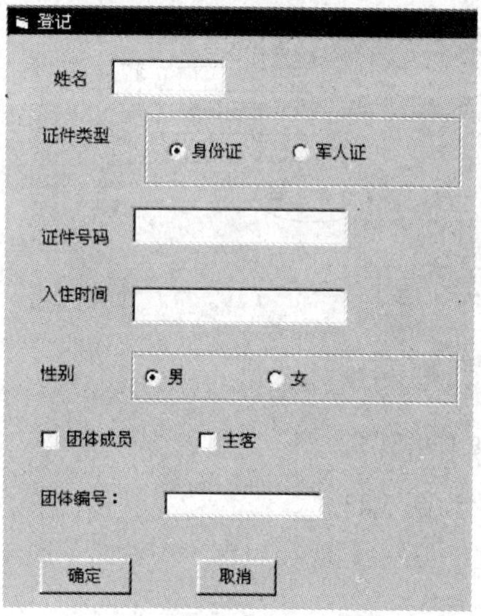

图 5.39　输入界面——登记

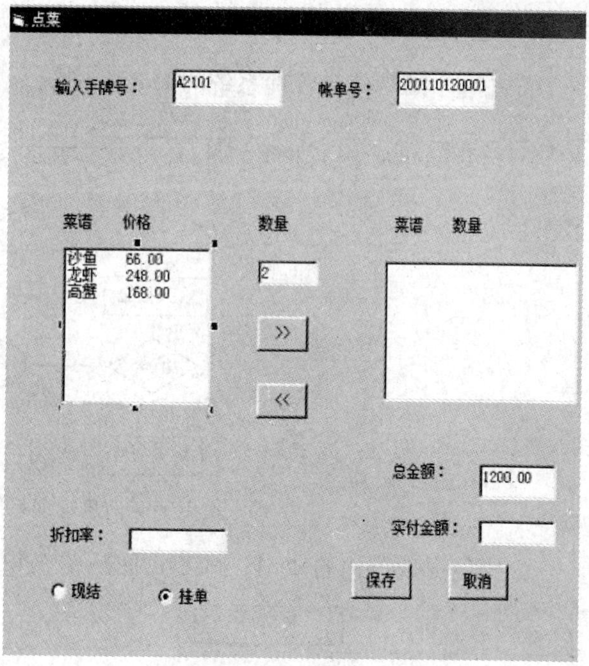

图 5.40　输入界面——点菜

其中，对身份证、手牌号、账单号的输入，必须检验数据格式的正确性，对入住时间的输入，必须满足数据有效性检验（不能小于当前时间）。

系统需要输出各种单据和报表，输出的形式有打印输出和屏幕输出；打印输出由专门的票据打印机完成，屏幕输出则只需要在屏幕上以表格的形式显示数据即可。系统网络结构图如图 5.41 所示。

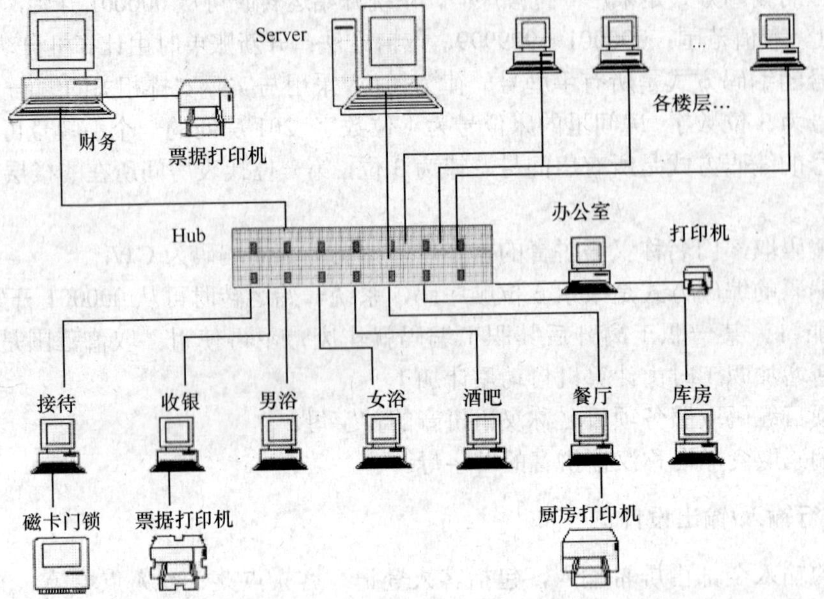

图 5.41 系统网络结构图

4. 进行数据库设计

首先给出酒店信息管理系统的 E-R 模型图，如图 5.42 所示。

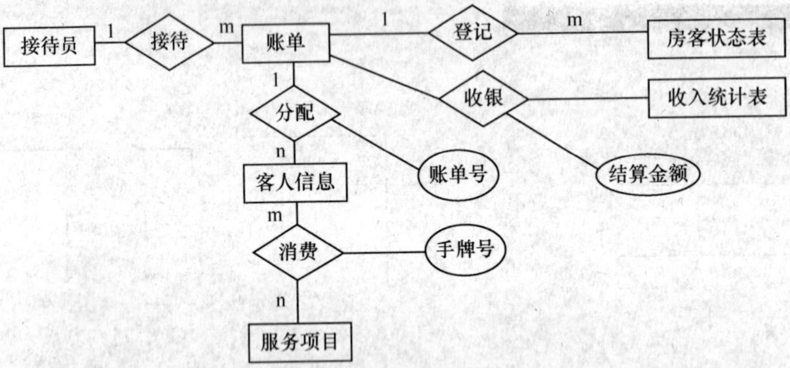

图 5.42 酒店信息管理系统的 E-R 模型图

根据数据规范化的知识，将 E-R 图从图 5.42 简化为图 5.43。

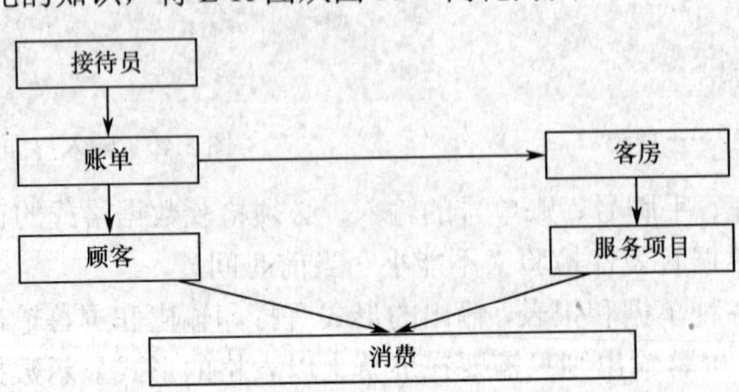

图 5.43 数据模型

由图 5.43 可知，数据库由 6 个相互关联的数据表组成：

+接待员表：接待员编号#、接待员姓名、……；

+账单表：账单编号#、日期、项口、金额、接待员编号*；

+客房表：客房编号#、客房类型、客户床位、……账单编号*；

+顾客表：顾客姓名#、性别、单位、电话、……账单编号*；

+服务项目表：服务项目编号#、服务名称、单价；

+消费表：服务项目编号#，顾客姓名#，数量，时间。

除了上述的主要数据表外，为了保存酒店经营的历史数据，以供查询、统计、分析和决策使用，同时为防止数据库规模迅速增长而影响到系统业务运行的响应速度，对主要的数据库都设置了对应的历史数据库。历史数据库中存放的都是已离店客人的各种数据资料，其数据库结构与当前数据库基本一致。这些历史数据库记录的信息有：历史账单、客人历史信息、历史消费、历史客房使用等。

另外，餐饮部门可以有自己可以独立运行的软件模块，也有自己的一套相当复杂的数据库系统，这里就不详细说明了。

由数据库设计导出的数据字典举例如下。

1）数据结构：账单信息

含义说明：定义与一个客人或客人群对应的账单信息。

组成：账单号、主客手牌号、入店时间。

（1）数据项：账单号。

含义说明：主客入店登记时由计算机自动生成的账单号，又称为单号，也是该批客人在店时的账户编号，在该账单下逐条记录该批客人本次的各种消费。

取值范围：000001～999999；取值方法：开新账单时由计算机自动累计加 1。

（2）数据项：主客手牌号。

含义说明：一个客人群的主客的唯一标识。

（3）数据项：入店时间。

含义说明：主客在前台登记时系统锁定的时间。

取值方法：取接待员为该主客登记时的系统日期和时间。

2）数据结构：客人信息

含义说明：定义一个客人或客人群的有关信息。

组成：手牌号、账单号、离店时间、房费、消费额、是否主客、已离开否、实付金额、结算方式。

（1）数据项：账单号。

含义说明：主客入店登记时由计算机自动生成的账单号，也是该批客人在店时的账户编号，在该账单下逐条记录该批客人本次的各种消费。

取值范围：000001～999999；取值方法：开新账单时由计算机自动累计加 1。

（2）数据项：手牌号。

含义说明：一个客人的惟一标识，与房间内床位或存衣箱号相对应。

（3）数据项：离店时间。

含义说明：主客在前台提出要结账时系统锁定的时间。若该批客人中仍有人在店，则应进行主手牌变更。

取值方法：取收银员为该主客的进入结账模块时的系统日期和时间。

（4）数据项：房费。

含义说明：以客人所住房间/房价类型确定基本费用，然后根据其在店时间并考虑超时情况进行累计验算。

取值方法：通过公式计算而得。

（5）数据项：消费额。

含义说明：指主客及所属其他客人以签单形式所累计的消费总额。

取值方法：从对应的账单库中统计而得。

（6）数据项：结算方式。

含义说明：用户结账时所使用的付款方式或欠款方式。

取值说明：可以是现金、支票、信用卡、代金券或刷卡等，或是这些方式的混合。欠款分余额挂账和余额挂单两种情况。

3）数据结构：客人消费信息

含义说明：定义了每批客人中每位客人的具体消费情况。

组成：手牌号、服务项目代码、应付金额、已支付。

（1）数据项：手牌号。

含义说明：唯一标识一个客人的编号。

（2）数据项：服务项目代码。

含义说明：唯一标识一个服务项目的编号。

（3）数据项：应付金额。

含义说明：客人在该服务项目上应支付的总金额。

（4）数据项：已支付。

含义说明：取值为 T 表示已支付，取值为 F 表示未支付。

取值说明：逻辑型 T/F。

4）数据结构：客房状态

含义说明：记录了每间客房的当前状态。

组成：房号、房型、所属楼层、目前状态、已选中、已清理。

（1）数据项：房号。

含义说明：对客房的编号，是该房间的唯一标识。

（2）数据项：房型。

含义说明：对房间的分类标识。

取值方法：标准间、二人间、三人间、四人间、豪华套间、豪华标准间、泰式四人间等。

（3）数据项：所属楼层。

含义说明：标识该房间所处的楼层。

（4）数据项：目前状态。

含义说明：标识该房间当前的状态，是对一个房间进行操作时的重要依据。

取值方法：有 OK 房、脏房、入住房、预订房、备用房等几种状态，只有该房间为

OK 房时才可以登记。客人入住后，状态变为入住房，客人结账离开后变为脏房，待服务员打扫后，可进行“翻牌”操作，再变为 OK 房。

（5）数据项：已选中。

含义说明：当其取值为 F 时，才能入住，若为 T 时表示该房为入住房或停用房。

数据类型：布尔型。

（6）数据项：已清理。

含义说明：当取值为 F 时，表示该房为脏房，需立即进行清扫。

数据类型：布尔型。

5）数据结构：收入统计

含义说明：记录每一项收入的具体内容。

组成：账单号、收入来源部门、结账时间、合计金额、支付方式、收款员。

（1）数据项：账单号。

含义说明：一个账单的唯一标识。

（2）数据项：收入来源部门。

含义说明：该账单的收款部门的标识。

取值方法：收款部门的代码。

（3）数据项：结账时间。

含义说明：客人的收银台提出要结账时系统锁定的时间。

取值方法：取收银员为该客人的进入结账模块时的系统日期和时间。

（4）数据项：合计金额。

含义说明：账单的合计金额。

（5）数据项：支付方法。

含义说明：账单的支付方法。

取值方法：取现金、支票、信用卡、储值卡中之一。

（6）数据项：收款员。

含义说明：该账单的收款员。

取值方法：取收款员的职工编号。

6）数据结构：服务项目

含义说明：记录一个服务项目的具体内容。

组成：项目代码、项目类别、项目名称、单价、单位、是否以小数计量、当前该项目是否能提供、所属营业部门。

（1）数据项：项目代码。

含义说明：一个项目的唯一标识。

（2）数据项：项目类别。

含义说明：该项目所属的项目大类。

取值方法：服务项目类别数据库中的数据项。

（3）数据项：项目名称。

含义说明：一个服务项目的唯一标识，不允许重名。

（4）数据项：单价。

含义说明：该服务项目的当前价格。

（5）数据项：单位。

含义说明：该服务项目对应的度量标准。

取值说明：可以为件、克、个、次等。

（6）数据项：是否小数计量。

含义说明：该服务项目能否拆分成更小的单位向客人提供。

数据类型：布尔型。

（7）数据项：所属营业部门。

含义说明：该类项目归属在哪个营业部门，客人进行该项目的消费后，系统从这个营业部门的原物料存量中核减有关的项目配料。

取值说明：各营业部门的名称。

5．系统可靠性和安全性设计

对系统的控制主要体现在对各种流的把握上，即对参与处理客流、信息流、资金流和物流的模块进行分析和协调，从中找出相互之间的逻辑关系，以便采取不同的控制对策。

1）对各种流的导向和互锁

（1）客流：客人入住或换房时，必须提供已清扫的OK房，若无OK房时，系统可提示现有的脏房供参考，前台接待员可指定其中某些房间并要求楼层服务生立即清扫、修改房态。主手牌持有者提前离开时必须先进行“主手牌变更”。

（2）信息流：当进入结账模块，客人也表示同意付款时，就不能倒退或取消操作，必须把账结掉并一次性打印结账单。此时信息流程是不可逆的，若确实出现差错，则只能到网管中心通过“历史数据处理”模块进行修正。有主从关系的账户必须遵循规定的结账次序。

（3）资金流：点单和收银模块有互锁关系，不能在同一时刻对同一批客人既点单又结账。系统的超押金提示可控制客人的过度消费。同一账户下的客人分别付款时，最终结算前支付的均按照“补押金”来操作。

（4）物流：确认无法重新使用的消费，即便做了“撤销点单”处理，也要进行等量的报损。

2）权限控制

系统运行初期，可以给各业务点适当多开放一些权限，目的是发生操作错误后能及时调整。一旦系统运行基本正常，操作员比较熟练后，应当将其权限控制在最小程度，防止因误操作而带来的责权上的矛盾。例如，初期在收银处设置了“点单修改”功能，使收银员能及时修正点单中的错误，但后来发现在结账单中体现的消费数据与各业务点的原始签单有不一致的情况，所以在操作人员对系统基本熟悉后就取消了收银员的这个权力。

为了防止恶意操作，在关键点处要有意识地设置多重的检查、校验和记录。

6．编写总体设计详细说明书

（略）

本 章 小 结

本章介绍了结构化系统设计的思想和方法，介绍了系统的模块设计、代码设计、数据存储设计、输入/输出设计、处理流程设计及物理配置方案设计。

设计阶段的主要目的是将系统分析阶段所提出的反映用户信息需求的系统逻辑方案转换成可以实施的基于计算机与通信系统的物理（技术）方案，主要是解决“怎样做”的问题。这一阶段的主要任务是从系统的总体目标出发，根据系统分析阶段对系统的逻辑功能的要求，并考虑到经济、技术、和运行环境等方面的条件，确定系统的总体结构和系统各组成部分的技术方案，合理选择计算机和通信的软、硬件设备，提出系统的实施计划、确保总体目标的实现。

结构化设计的基本思想是将一个系统分解成若干个大小适当、功能明确、彼此具有较强的独立性、又有一定联系的组成部分（模块），即将一个系统模块化。结构化设计根据数据流程图来建立系统控制结构图，用控制结构图来描述系统分层次的模块结构及模块之间的通信与控制关系。控制结构图最基本的组成部分是模块——可以组合、分解和更换的功能单元。其基本思想是将系统设计成由相对独立、单一功能的模块组成的结构，从而简化研制工作，防止错误蔓延，提高系统的可靠性。

模块具有独立性。判断模块的独立性通常使用两个定性标准来衡量：聚合（内聚）与耦合。耦合是对一个软件结构内不同模块之间互联程度的度量。内聚表示一个模块内各个元素彼此结合的紧密程度。

代码是人为确定的代表客观事物（实体）名称、属性或状态的符号或者是这些符号的组合，用来表征客观事物的实体类别，以及属性的一个或一组易于计算机识别和处理的特定符号或记号。为了便于计算机处理，一般用字符、数字、某些特殊符号或它们的组合来表示代码。在代码设计时，应注意①适应性；②统一性；③唯一性；④合理性；⑤简明性；⑥简短性；⑦系统性；⑧稳定性；⑨可扩充性；⑩标准化。

管理信息系统基于文件系统或数据库系统，而文件是数据管理即存储和维护数据的基本方式。文件设计就是根据文件的使用要求、处理方式、存储量、数据的活动性及硬件设备的条件等，合理地确定文件类别，选择文件介质，决定文件的组织方式和存取方法。

数据库设计是在选定的数据库管理系统基础上建立数据库的过程。数据库分析与设计阶段可分为以下四个子阶段：需求分析、概念设计、逻辑设计和物理设计。在信息系统分析阶段主要完成数据库的需求分析、概念设计和逻辑设计阶段。也就是，根据用户对数据的需求，进行数据库的概念设计和逻辑设计。

数据库设计的步骤：①数据需求分析；②概念模型设计；③将概念模型转化为数据模型；④将关系型数据结构规范化；⑤物理设计。

输入/输出是指管理信息系统与用户的界面，对用户来说显得尤为重要。

处理流程设计的任务是编制出每个模块的计算机处理的流程图和确定其数据存取需

求，为系统实施中的编程与测试提供依据。这一活动主要依据是概要设计对各模块功能的要求，并兼顾系统开发环境与开发工具的特点。处理过程设计的主要内容是：①选择或设计算法；②精确地表达算法。

系统集成方案设计原则：①可靠性；②实用性；③成熟性；④可扩展性；⑤安全性；⑥先进性；⑦经济性；⑧标准化。

系统设计说明书是从系统总体的角度出发对系统建设中各主要技术方面的设计进行说明，是系统设计阶段的产物，其着重点在于阐述系统设计的指导思想及所采用的技术路线和方法。程序设计说明书是以每个处理过程作为单位，定义处理过程的书面文件。

习　题

一、选择题

1. 物理模型设计是系统开发的____阶段的任务。
   A. 信息系统流程图设计　　B. 系统设计
   C. 系统分析　　D. 系统规划
2. 磁盘文件是一种____。
   A. 输入文件　　B. 输出文件　　C. 输入/输出文件　　D. 周转文件
3. 用质数法确定代码结构中的校验位时，校验位的取值是质数法中的____。
   A. 权　　B. 模　　C. 除得的商　　D. 除得的余数
4. 区间码是把数据项分成若干组，用区间码的每一区间代表一个组，在码中，____。
   A. 数字的值代表一定意义，但数字的位置是无意义的
   B. 数字的位置代表一定意义，但数字的值是没有意义的
   C. 数字的值和位置都代表一定意义
   D. 用字符而不用数字表示意义
5. 代码设计工作应在____阶段就开始。
   A. 系统设计　　B. 系统分析　　C. 系统实施　　D. 系统规划
6. 邮政编码是一种____。
   A. 缩写码　　B. 助忆码　　C. 顺序码　　D. 区间码
7. 系统的吞吐量是指____。
   A. 每天的数据输出量　　B. 每秒执行的作业数
   C. 每秒的数据处理量　　D. 每日的数据输入量
8. 绘制新系统的信息系统流程图的基础是____。
   A. 组织机构图　　B. 功能结构图　　C. 业务流程图　　D. 数据流程图
9. 文件按信息流向分类有输入文件、输出文件和____。
   A. 顺序文件　　B. 索引文件　　C. 直接文件　　D. 输入输出文件

10．校验输入月份最大不能超过 12 是属于____。
A．视觉校验 B．数据类型校验 C．逻辑校验 D．界限校验

11．输出设计应由____。
A．系统分析员根据用户需要完成 B．系统设计员根据用户需要完成
C．程序设计员根据输入数据完成 D．系统设计员根据输入数据完成

12．数据库的概念结构设计应在____。
A．系统分析阶段进行 B．系统设计阶段进行
C．系统实施阶段进行 D．系统评价阶段进行

13．信息系统流程图反映的是____。
A．管理业务流程 B．数据流程
C．表格分配关系 D．计算机的处理流程

14．系统设计过程中应____。
A．先进行输入设计，后进行输出设计 B．先进行输出设计，后进行输入设计
C．同时进行输入输出设计 D．由程序员进行输入输出设计

15．对系统设计阶段的工作不包括____。
A．程序设计 B．文件设计
C．输入输出设计 D．编写程序设计说明书

16．校验位不可能发现的错误是____。
A．抄写错 B．易位错 C．传输错 D．原数据错

17．概念模型描述的是____。
A．与数据库物理实现有直接关系的数据库
B．已确定了采用何种数据库管理系统的数据库
C．数据库的逻辑结构
D．从用户角度看到的数据库

18．系统设计阶段中进行新系统边界分析的目的是____。
A．为了确定管理人员和计算机人员之间的分工
B．为了划分子系统
C．为了确定系统的人机接口
D．为了确定新系统的业务流程

二、填空题

1．确定校验位值的方法有算术级数法、__________和质数法等。

2．在计算机中数据在硬磁盘的存储方式有________方式和_________两种。

3．设计规范是整个系统的_________，目的是避免管理上的混乱。

4．系统设计阶段，应尽量采用_______结构进行设计，这样，可以使系统具有对环境的_________，并提高系统各部分的独立性。

5．分解得到最小的功能模块可以是_______中的某一部分，而大的功能模块则可能指完成某一任务的_________。

6．数据库设计的内容包括________设计和_________设计两大部分。

7. 模块化是一种重要的________思想，它是把一个信息系统设计成若干________，目的是把一个系统分解为一些规模较小的、功能较简单的、便于建立和修改的模块。

8. 每一代码对其所代表的事物的名称、属性和状态都必须具有________性。

9. 代码是代表事物名称、属性和状态等的________。

10. 数据库逻辑结构设计时，需要用数据库管理系统提供的________语言对________模型加以定义。

11. 处理流程图用的各种符号具体规定了处理过程的步骤，包括有关的______和______。

12. 人对信息系统流程图是以新系统的________为基础绘制的。绘制时，首先按处理功能画出__________图，然后再把这些图综合起来。

13. 信息系统流程图和数据流程图的区别在于后者比前者更多地反映了__________的那一部分，因此绘制信息系统流程图的前提是已经确定了系统的__________，即人机分工。

14. 程序设计说明书由_________编写，交给_________使用。

三、简答题

1. 简述系统划分的原则。
2. 简述系统设计的目的、任务和方法。
3. 简述模块结构设计需要考虑的几个问题。
4. 什么是“耦合小、内聚大”原则，请简要说明。
5. 简述代码设计的原则。
6. 简述如何从变换型结构的数据流程图导出变换型模块结构图。
7. 什么是模块，它有哪些要素？模块结构图的基本符号有哪些？
8. 简要说明输入设计的原则，以及如何进行输入格式的设计？

第6章 系统实施

6.1 系统实施概述

系统实施是指将系统设计阶段的成果在计算机上实现。将原来纸面上的、类似于设计图式的新系统方案转换为可执行的应用软件系统。系统实施阶段的目标，是把前一个阶段设计的新系统物理模型加以实现，建成一个符合系统分析和系统设计要求的实际可运行的新系统，并完成对新系统的各种测试工作，最后交给用户使用。

按照系统实施的过程，系统实施阶段的任务可以归结为：购置和安装设备以建立计算机网络环境和系统软件环境，计算机程序设计，系统调试和测试，人员培训，系统切换并交付使用。

1．购置和安装设备，建立网络环境

系统实施的该项工作是依据系统设计中给出的管理信息系统的硬件结构和软件结构购置相应的硬件设备和系统软件，建立系统的软，硬件平台。建立网络环境，进行网络系统的安装与调试。

2．计算机程序设计

计算机程序设计也常常被称为软件开发，是实现系统分析和设计中提出的管理模式和业务应用。在进行软件开发之前，开发人员要学习所需的系统软件，包括操作系统、数据库系统和开发工具。必要时，需要对程序设计员进行专门的系统软件培训。

3．系统调试与测试

在进行计算机程序设计之后，需要进行系统的调试。通过系统的调试与测试可以发现并改正隐藏在程序内部的各种错误及模块之间协同工作存在的问题。

4．人员培训

在管理信息系统投入使用之前，需要对未来系统的使用人员进行培训，包括系统操作员，系统维护人员等。

5. 系统切换

管理信息系统实施的最后一项任务是进行系统的切换，它包括进行基本数据的准备，数据的编码、系统的参数设置、初始数据的录入等多项工作。在系统正式交付使用之前，必须进行一段时间的试运行，以进一步发现及更正系统存在的问题。

系统实施成功的主要因素有管理因素及技术因素。系统实施涉及大量的人力、物力，以及各个部门和应用环境，执行过程中具体情况十分复杂，需要领导班子具有较大的权利，能够调动各种人、财、物资源，制定整个企业的各种规章制度，来保障系统的顺利实施。同时，系统实施时的数据整理与规范化、软硬件及网络环境的建设、开发技术的选择和使用也十分重要。

6.2 购置和安装设备、建立运行环境

按照系统物理配置方案的要求，选择购置该系统所必需的硬件设备（计算机系统）和软件系统。硬件设备包括主机、外围设备、稳压电源、空调装置、机房的配套设施及通信设备等，软件系统包括操作系统、数据库管理系统、各种应用软件和工具软件等。计算机硬件设备选择的基本原则是在功能、容量和性能等方面能够满足所开发的管理信息系统的设计要求。值得注意的是，选择计算机系统时要充分进行市场调查，了解设备运行情况及厂商所能提供的服务等。购置计算机系统的基本原则是能够满足 MIS 的设计要求。此外，还应当考虑计算机系统是否具有合理的性能/价格比、系统是不具有良好的可扩充性及能否得到来自供应商的售后服务和技术支持等。

管理信息系统通常是一个由通信线路把各种设备连接起来组成的网络系统。网络系统的实施主要是通信设备的安装、电缆线的铺设及网络性能的调试等工作。在许多情况下，所开发的管理信息系统是基于已有的网络架构，但是，如果新开发的信息系统要求创建新网络或修改已有的旧网络，那么就必须建立和测试新网络。网络环境的建立应根据所开发的系统对计算机网络环境的要求，选择合适的网络操作系统产品，并按照目标系统将采用的 C/S、B/S 或混合工作模式，进行有关的网络通信设备与通信线路的架构与连接，网络操作系统软件的安装和调试，整个网络系统的运行性能与安全性测试及网络用户权限管理体系的实施等。

在建立硬件环境的基础上，还需建立适合系统运行的软件环境，包括购置系统软件和应用软件包。按照设计要求配置的系统软件，包括操作系统、数据库管理系统、程序设计语言处理系统等。在企业管理信息系统中，有些模块可能有商品化软件可供选择，也可以提前购置，其他则需自行编写。在购买或配置这些软件前应先了解其功能、适用范围、接口及运行环境等，以便做好选购工作。

计算机硬件和软件环境的配置，应当与计算机技术发展的趋势相一致，硬件选型要兼顾升级和维护的要求；软件选择特别是数据库管理系统，应选择 C/S 或 B/S 模式下的主流软件产品，为提高系统的可扩展性奠定基础。

6.3　程序设计

程序设计的主要任务是以用户需求为出发点，以系统分析与系统设计阶段的结构图、判断表、设计说明书等为依据，选择适当的程序设计语言及软件开发环境和工具，编制程序和调试程序，检查运行结果是否符合设计要求。

由于已在系统设计说明书中规定了系统各模块的功能、要求，所以，计算机程序员可以根据系统设计员的要求进行程序的编制工作。程序的编写可以利用最新的技术、软件和方法，也可以采用购买成套软件或平台。再编写一些接口程序的方式。程序完成后，要注意程序的调试工作。

由于一般系统的程序编写工作要由多人完成，因此，要重视程序设计的组织管理工作。应综合考虑任务的轻重缓急、程序的相关程度、程序员的多少、编程能力强弱等因素，进行合理分工。分配任务时，要下达有关的程序设计任务书及有关系统设计资料。要有专人负责验收。最后，要编写程序设计说明书与操作手册或使用说明书。程序设计说明书的主要内容包括程序概述、程序结构图、程序控制图、算法、程序流程图、源程序和程序注释说明等。

为了为软件测试和系统调试时提供真实的数据，在确定数据库物理模型之后，就应进行数据的收集、整理和录入。数据的收集、整理、录入是一项既烦琐，劳动量又大的工作，且没有一定基础数据的准备，系统调试就不能很好地进行。而据的收集、整理、录入工作往往容易被人忽视，甚至系统完成后只能作为摆设放在那里而不能真正运行。所以数据的收集、整理、录入工作也应引起足够的重视，不能把系统的实现仅仅归结为编写程序或购买机器。这几方面的任务是相互联系、彼此制约的。

6.3.1　程序开发工具的选择

1. 程序开发工具的选择

随着计算机在信息系统中的广泛应用，对各种管理信息系统的软件开发工具的研究十分迅速，各种各样的软件及程序的自动设计、生成工具日新月异，为各种信息系统的开发提供了强有力的技术支持和方便的实用手段。利用这些软件生成工具，可以大量减少手工编程环节的工作，避免各种编程错误的出现，极大地提高系统的开发效率。

选择适当的程序开发工具，应考虑：用户的要求，语言的人机交互能力，丰富的软件支持工具，软件的可移植性，以及开发人员的以往经验与熟练程度。

一般来说，比较流行的工具有：一般编程语言工具、数据库系统工具、程序生成工具、专用系统生成工具、客户/服务器型工具及面向对象编程工具等。其各性能特点如下。

（1）一般编程语言工具：主要指各种常用的程序设计语言，如 C、C++、COBOL、LISP、PROLOG 等，利用这类工具进行程序设计的基本形式是手工编程。

（2）数据库系统工具：指流行的数据库软件产品，可分为微机上的小型 DBMS（如 XBASE 系列、VFP、Access 等）和大型数据库系统工具（如 Oracle 系统、Sybase 系统、Informix 系统、DBZ 系统、MS SQL Server 系统等）。前者适用于小型系统（EDP/TPS）的开发，后者则可以支持基于局域网、Intranet 和 Internet 的大型管理信息系统的开发。

（3）程序生成工具：主要指基于常用数据处理功能与程序相对应的自动编程工具，一般称为第四代程序生成语言（4GL）工具，大多结合在流行软件产品中，构成其中的一部分，它能实现系统中的某些模块程序代码的自动生成。

（4）专用系统生成工具：指在程序生成工具基础上发展的，除了具有 4GL 的各种功能外，具有功能更强大、综合化程度更高、图形化及其他功能的集成工具。一般可归为两类：专用功能开发工具（如电话各类套装软件、专用图表生成工具等）和综合系统开发上具（如 CASE、Jasmine、Team Enterprise Developer 等）。

（5）客户/服务器型工具：是基于网络环境的系统开发工具，它是完全符合管理信息系统发展趋势和要求的新型系统开发工具，如 Delphi、PowerBuilder、Java、Visual C++、C#等。

（6）面向对象编程工具：是指与面向对象开发方法相对应的各类 OOP 工具，主要代表性产品如 Java、C#、Visual C++、PowerBuilder、Delphi、Smalltalk 等。这类工具针对性强，必须与面向对象开发方法相结合，是目前主流的系统开发工具。

在选择软件开发工具时，应遵循下列原则。

（1）最少工作量原则。使用最小代价让系统工作。

（2）最少技巧性原则。最好无须培训或很少培训就能编制程序。

（3）最少错误原则。对于常用的高级语言来说，要提供结构化控制结构、类型检查、数据结构描述、易于检验测试等机制。

（4）最少维护原则。对于一般的高级语言来说，应提供独立编译能力和系统软件包。独立编译意味着可分别编译各个程序单元，无须因修改了一个程序单元而重新编译所有的程序。软件包意味着系统工具能提供较多功能，以减轻开发强度，提高开发效率，如用于实时检查语法错误的功能、调试排错功能、随机提示功能、提供程序框架功能等。

（5）减少记忆原则。

2．程序开发语言的选择

开发信息系统时必须做出的一个重要抉择是，使用什么样的程序设计语言实现这个系统。适宜的程序设计语言能使根据设计去完成编码时困难最少，可以减少程序测试量，并且可以得出更容易阅读和更容易维护的程序。由于管理信息系统的绝大部分成本用在生命周期的测试和维护阶段，所以容易测试和容易维护是极为重要的。

那么，在种类繁多的高级语言中选择哪一种呢？从程序设计语言的特点可以想到，为了使程序容易测试和维护，以减少生命周期的总成本，选用的高级语言应该有理想的模块化机制，以及可读性好的控制结构和数据结构；为了便于调试和提高软件可靠性，语言特点应该使编译程序能够尽可能多地发现程序中的错误；为了降低软件开发和维护的成本，选用的语言应该有良好的独立编译机制。上述这些要求是选择语言的理想标准，但是在实际选用语言时不能仅仅考虑理论上的标准，还必须同时考虑实用方面的各种限制。重要的实用标准有下述几条。

（1）系统用户的要求。如果所开发的系统由用户负责维护，用户通常要求用他们熟悉的语言书写程序。

（2）可以使用的编译程序。运行目标系统的环境中可以提供的编译程序往往限制了可以选用的语言范围。

（3）可以得到的软件工具。如果某种语言有支持程序开发的软件工具可以利用，则目标系统的实现和验证都变得比较容易。

（4）系统规模。如果系统规模很庞大，现有的语言又不完全适用，那么设计并实现一种供这个系统专用的程序设计语言，可能是一个正确的选择。

（5）程序员的知识。虽然对于有经验的程序员来说，学习一种新语言并不困难，但是要完全掌握一种新语言却需要实践。如果和其他标准不矛盾，那么应该选择一种已经为程序员所熟悉的语言。

（6）软件可移植性要求。如果目标系统将在几台不同的计算机上运行，或者预期的使用寿命很长，那么选择一种标准化程度高、程序可移植性好的语言就是很重要的。

6.3.2 程序开发的原则

在开发管理信息系统时，质量控制应该贯穿整个开发过程。每一个开发环节，每一项任务都必须保证软件的质量。在进行程序设计工作中，应尽量采用各种开发工具进行编码，以保证开发质量及加快开发进程。成功的程序设计应具有如下几个特点。

（1）可靠性。对于管理信息系统的应用而言，可靠性是非常重要的，包括程序运行的安全可靠性、数据存取的正确性、操作权限的控制等。程序应有较好的容错能力，保证不仅在正常情况下工作，而且在异常情况下也有相应的处理。对于这些问题，在系统的分析与设计阶段就应该有充分的考虑。

（2）安全性。系统的安全性包括软件系统安全性、数据安全性、系统运行平台和环境的安全性等。数据安全性指数据库管理系统的健壮性和某应用系统数据库设计模式与实现数据处理功能的可靠性。系统运行平台的安全性一般是指服务器或用户机上运行的操作系统的可靠性。运行环境安全性是指网络平台的可靠性，也包括防病毒和防火墙系统的有效性等。

（3）实用性。它是从用户的角度来看系统界面是否友好，操作使用是否方便，响应速度是否可以接受。程序设计的实用性是系统顺利交付使用的重要条件。

（4）维护性。程序的应变能力强，当系统的流程有变化时，可以方便地修改、调整。随着系统被交付使用，系统中的某些问题或错误会慢慢暴露出来，用户也会就系统的功能和性能提出一些新的需求。这时，系统的维护工作随即开始了。如果系统在运行中发现的问题或错误能够得到及时、顺利的修改，用户提出的新需求能够得到及时、容易的满足，则这样的系统就具备较好的可维护性。

（5）高效性。程序的高效性是指程序的结构严谨，运行速度快，节省机时。程序和数据的存储、调用安排得当，节省存储空间。

（6）规范性。程序的规范性指的是程序的命名、书写的格式、变量的定义和解释语句的使用等应参照统一的标准，具有统一的规范。

（7）可读性。程序的可读性是指程序的内容清晰、明了，并给出充分的文字说明，以便于理解。可读性要求程序设计结构清晰，可理解性好，程序中要避免复杂的个人程序设计技巧，使他人也能够很容易地读懂，以利于对程序的修改和维护。因为编程人员的流动是经常的，若一个软件在运行中出了问题，是很难再由原来的编程人员解决的，所以，程序的可读性是衡量其质量的标准之一。提高和改善程序的可读性，必须作为一个目标来追求。这就要求编程人员在开发过程中遵循编码规范，以使他人能读懂自己的代码及设计思路。

程序的规范性和可读性对于未来程序的维护和修改是非常重要的。如果程序的规范性和可读性不强，除了具体的程序设计人员，别人很难读懂程序，也就很难进行程序的维护和修改，影响未来的系统使用。

6.3.3 程序设计方法

1. 程序设计过程

程序设计是给出解决特定问题程序的过程，是管理信息系统软件构造活动中的重要组成部分。程序设计往往以某种程序设计语言为工具，给出这种语言下的程序。程序设计过程应当包括分析、设计、编写程序、测试、编程程序文档等不同阶段。

（1）分析。理解系统的设计要求。首先要仔细地阅读系统设计说明书，吃透系统设计所提出的任务、功能和目标，明确自己所编程序在系统中所处的位置及与之相关的环境条件，进行认真的分析，研究所给定的条件，分析最后应达到的目标，找出解决问题的规律，选择解题的方法，完成实际问题。

（2）设计。系统设计说明书中给出的处理过程的描述还是比较粗糙的，程序设计者在编程前要根据所选择的程序设计语言予以细化，并用一定的方法对处理过程进行描述，即设计出解题的方法和具体步骤。

（3）编写程序。编写程序是指将算法翻译成计算机程序设计语言，对源程序进行编辑、编译和连接。

（4）测试。运行可执行程序，得到运行结果。能得到运行结果并不意味着程序正确，要对结果进行分析，看它是否合理。程序编制完成以后，要对程序的正确性做出评价，这就需要对程序进行测试。测试的目的是为了发现错误并加以改正。程序中常见的错误有：语法错误、逻辑错误、输入/输出格式错误等。有关统计表明，程序测试所占用的时间和经费与开发系统的规模成正比。因此，组织测试数据、选择测试方法应引起系统开发者足够的重视。程序测试时应根据程序错误的特点选择有代表性的测试方法进行测试。发现运行结果不合理时要对程序进行调试，即通过上机发现和排除程序中故障的过程。

（5）编写程序文档。许多程序是提供给别人使用的，如同正式的产品应当提供产品说明书一样，正式提供给用户使用的程序，必须向用户提供程序说明书。内容应包括程序名称、程序功能、运行环境、程序的装入和启动、需要输入的数据，以及使用注意事项等。

2．程序设计的分类

（1）按照结构性质，分为结构化程序设计与非结构化程序设计。前者是指具有结构性的程序设计方法与过程。它具有由基本结构构成复杂结构的层次性，后者反之。

（2）按照用户的要求，分为过程式程序设计与非过程式程序设计。前者是指使用过程式程序设计语言的程序设计，后者指非过程式程序设计语言的程序设计。

（3）按照程序设计的成分性质，分为顺序程序设计、并发程序设计、并行程序设计、分布式程序设计。

（4）按照程序设计风格，分为逻辑式程序设计、函数式程序设计、对象式程序设计。

3．结构化程序设计方法

程序的设计方法有面向过程的结构化程序设计及面向对象的程序设计方法。

面向过程的结构化程序设计分三种基本结构：顺序结构、选择结构、循环结构。

结构化程序设计的原则如下。

（1）自顶向下：指从问题的全局下手，把一个复杂的任务分解成许多易于控制和处理的子任务，子任务还可能做进一步分解，如此重复，直到每个子任务都容易解决为止。

（2）逐步求精：对复杂问题，应设计一些子目标作为过渡，逐步细化。

（3）模块化：一个复杂问题，肯定是由若干稍简单的问题构成。模块化是指解决一个复杂问题是自顶向下逐层把软件系统划分成一个个较小的、相对独立但又相互关联的模块的过程。

结构化程序设计的基本要点如下。

（1）使用顺序、选择、循环等有限的基本结构表示程序逻辑。

（2）选用的控制结构只准许有一个入口和一个出口。

（3）程序语句组成容易识别的块，每块只有一个入口和一个出口。

（4）复杂结构应该用基本控制结构进行组合或嵌套来实现。

（5）程序设计语言中没有的控制结构，可用一段等价的程序段模拟，但要求等价的程序段在整个系统中应前后一致。

（6）严格控制 GOTO 语句。

结构化程序的三种基本结构如图 6.1 所示。

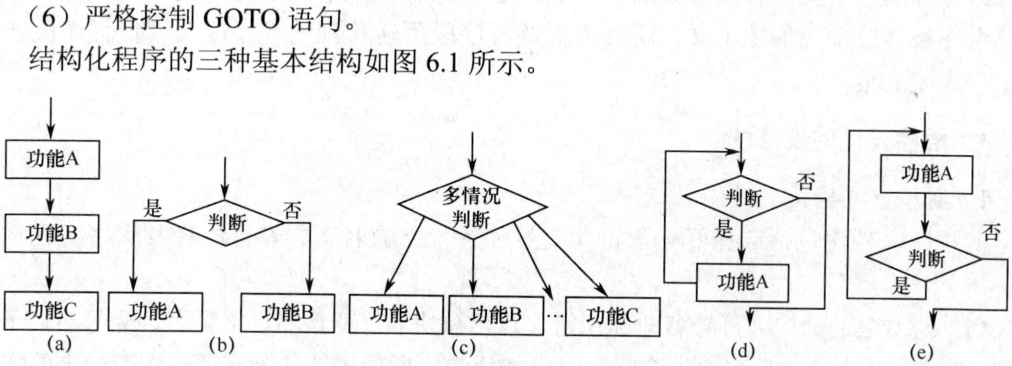

图 6.1　结构化程序的三种基本结构

（1）顺序结构表示程序中的各操作是按照它们出现的先后顺序执行的，如图 6.1（a）所示。

（2）选择结构表示程序的处理步骤出现了分支，它需要根据某一特定的条件选择其中的一个分支执行。选择结构有单选择、双选择和多选择三种形式，如图 6.1（b）、（c）所示。

（3）循环结构表示程序反复执行某个或某些操作，直到某条件为假（或为真）时才可终止循环。在循环结构中最主要的是：什么情况下执行循环？哪些操作需要循环执行？循环结构的基本形式有两种：当型循环和直到型循环，如图 6.1（d）、（e）所示。

当型循环：表示先判断条件，当满足给定的条件时执行循环体，并且在循环终端处流程自动返回到循环入口；如果条件不满足，则退出循环体直接到达流程出口处。因为是“当条件满足时执行循环”，即先判断后执行，所以称为当型循环。

直到型循环：表示从结构入口处直接执行循环体，在循环终端处判断条件，如果条件不满足，返回入口处继续执行循环体，直到条件为真时再退出循环到达流程出口处，是先执行后判断。因为是“直到条件为真时为止”，所以称为直到型循环。

结构化程序中的任意基本结构都具有唯一入口和唯一出口，并且程序不会出现死循环。在程序的静态形式与动态执行流程之间具有良好的对应关系。

由于模块相互独立，因此在设计其中一个模块时，不会受到其他模块的牵连，因而可将原来较为复杂的问题化简为一系列简单模块的设计。模块的独立性还为扩充已有的系统、建立新系统带来了不少的方便，因为我们可以充分利用现有的模块进行积木式的扩展。

非结构化程序中每一部分都可能有多个入口和多个出口，这就使程序的正确性验证要复杂得多。结构化程序的正确性只受到它的前一部分程序的运行结果和其本身运行结果的影响，而非结构化程序正确性还要受到其后续部分运行结果的影响，即几乎受到程序中其他所有部分的影响。这就使得程序的验证要比结构化程序困难得多。

结构化程序良好的线性结构，使它易阅读、易理解、易维护。结构化程序的阅读和程序的空间位置是一致的，程序读到哪，理解到哪。而非结构化程序由于转移语句的存在，使人们在读完一部分程序后，并不能够完全理解该程序部分。因为后续部分中的转移语句，可能会在某种条件下会再次转移到该处执行。结构化程序的维护修改只要考虑被修改部分的上下文，考虑修改后会对它产生什么样的影响。而非结构化程序的修改不仅要考虑被修改部分的上下文，还要考虑该程序段所转移到的程序段及其他程序段转移到本程序段的情况。

4．程序设计的规范性

1）源程序文档化

源程序文档化包括选择好标识符（变量和标号）的名字、安排注释及程序的视觉组织等。

（1）符号名的命名。符号名即标识符，包括模块名、变量名、常量名、标号名、子程序名、数据区名、缓冲区名等。这些名字应能反映它所代表的实际东西，应有一定的实际意义，使其能够见名知意，有助于对程序功能的理解。

（2）程序的注释。夹在程序中的注释是程序员与日后的程序读者之间通信的重要手段。正确的注释能够帮助读者理解程序，可为后续阶段进行测试和维护提供明确的指导。因此注释不是可有可无的，大多数程序设计语言允许使用自然语言写注释，这给阅读程序带来很大的方便。一些正规的程序文本中，注释行的数量占到整个源程序的 1/3 到 1/2。

（3）视觉组织——空格、空行和移行。一个程序如果写得密密麻麻，分不出层次来常常是很难看懂的。优秀的程序员在利用空格、空行和移行的技巧上显示了他们的经验。恰当地利用空格，可以突出运算的优先性，避免发生运算的错误。

2）数据说明

（1）数据说明的次序应当规范化，使数据属性容易查找，也有利于测试、排错和维护。原则上，数据说明的次序与语法无关，其次序是任意的。但出于阅读、理解和维护的需要，最好使其规范化，使说明的先后次序固定。一般顺序为：常量说明、简单变量类型说明、数组说明、公用数据块说明、所有的文件说明。

（2）当多个变量名用一个语句说明时，应当对这些变量按字母的顺序排列。

3）语句结构

在设计阶段确定了软件的逻辑流结构，但构造单个语句则是编码阶段的任务。语句构造力求简单、直接，不能为了片面追求效率而使语句复杂化。

（1）在一行内只写一条语句，并且采取适当的移行格式，使程序的逻辑和功能变得更加明确。例如，许多程序设计语言允许在一行内写多个语句。但这种方式会使程序可读性变差。因而不可取。

（2）程序编写首先应当考虑清晰性，简单，直截了当地说明程序员的用意，不要刻意追求技巧性或程序执行速度，使程序编写得过于紧凑。

（3）首先要保证程序正确，然后才要求提高速度。

（4）避免使用临时变量而使可读性下降。例如，有的程序员为了追求效率，往往喜欢把表达式 X=A[I]+l/A[I]写成 AI=A[I]；X=AI+l/AI。因为他意识到简单变量的运算比下标变量的运算要快。这样做虽然效率要高一些，但引进了临时变量，把一个计算公式拆成了几行，增加了理解的难度。而且将来一些难以预料的修改有可能会更动这几行的顺序，或在其间插入语句，并顺带着改变了这个临时变量的值，就容易造成逻辑上的错误。不如在一个算式中表达较为安全可靠。

（5）尽量用公共过程或子程序代替重复的功能代码段。要注意，这段代码应具有一个独立的功能，不要只因代码形式一样便将其抽出组成一个公共过程或子程序（模块的偶尔内聚）。

（6）使用括号清晰地表达算术表达式和逻辑表达式的运算顺序。

（7）用逻辑表达式代替分支嵌套，以避免过多的循环嵌套和条件嵌套。

（8）尽量减少使用“否定”条件的条件语句。例如：if(!(char＜'0' ‖ char＞'9'))…，可以改为：if(char＞='0'＆＆char＜='9'…。

（9）经常反躬自省：“如果我不是编码的人，我能看懂它吗？”考虑它的可理解性达到什么程度。

6.4 系统测试

在 IEEE 提出的软件工程标准术语中，对软件测试做了如下定义：“软件测试是使用人工或自动手段来运行或测试某个系统的过程，目的在于检验它是否满足规定的需求或弄清预期结果与实际结果之间的差别”。MYERS 在《THE ART OF SOFTWARE TESTING》一书中认为：“软件测试是为了发现错误而执行程序的过程”。以上两种观点并不矛盾，因为软件在不同阶段，由于测试的目的不同，必须做不同层次的测试。在软件代码编写阶段，必须进行单元测试、集成测试、有效性测试、系统测试，多数采用白盒测试的方法，目的是尽可能多地找出软件存在的错误并加以改正。而在软件验收阶段，主要是对软件进行确认测试，可以在实际运行环境中进行测试，也可以在模拟环境下，运用黑盒方法进行测试，目的是验证软件的功能、性能及其他特性是否满足需求规格说明书的规定，是否符合合同的条款。由此看来，软件测试在任何软件工程项目中是最关键的环节，如果软件开发过程中，对测试环节把关不严，将不可能开发出高质量及符合应用需求的软件，存在的问题也必将在应用过程中逐步暴露出来，轻者需长期对软件进行修改，影响用户的实际应用，重者软件无法应用，导致整个工程项目失败。

6.4.1 系统测试概述

测试是对软件计划、软件设计、软件编码进行查错和纠错的活动。测试的目的是以最少的时间和人力找出系统中潜在的各种错误和缺陷，以便分析错误的性质和确定错误的位置，并纠正错误。同时，通过测试也能证明管理信息系统的功能和性能是否与需求说明相符。系统测试的意义不仅在于发现系统内部的错误，人们还通过某些系统测试，了解系统的响应时间、事务处理吞吐量、载荷能力、失效恢复能力及系统实用性等指标，以对整个系统做出综合评价。

在系统测试中，应遵循以下基本原则。

（1）测试应尽早地并不断地进行。

（2）测试计划应该在需求分析完成后就开始制订，与系统分析与设计同步进行。

（3）测试应该从小规模开始，逐步转向大规模，从单元测试转向集成测试。

（4）设计测试用例不仅要包括合法的或有效的输入数据，还要包括无效的或不合法的各种输入数据形式。一个好的测试用例在于能够发现至今尚未发现的错误。

（5）穷举测试是不可能的，应该采用适当的方法，覆盖尽可能多的测试目标。

（6）测试不仅要检验程序是否执行了规定的操作，还要检查它是否同时做了不该做的事情。

（7）应该由开发与用户之外的第三方来完成测试。

（8）保留测试用例，将给今后进行重新测试和追加测试等提供方便。妥善保存测试计划、测试用例、出错统计和最终分析报告，为维护提供方便。

（9）一个成功的测试是发现了至今尚未发现过的错误。

（10）系统测试是贯穿系统开发全过程的一项全局性活动，不同的测试具有不同的目标，分别与相应的开发阶段对应。

根据不同的情形来划分，测试的分类如下。

（1）按测试阶段来划分：单元测试、组装测试、确认测试、验收测试。

（2）按是否运行来划分：静态测试、动态测试。

（3）按测试是否查看源代码来划分：白盒测试、黑盒测试。

（4）按软件架构形态划分：面向对象软件测试、Web 系统软件测试、嵌入式系统软件测试。

（5）按其他类划分：回归测试、冒烟测试、确认测试、恢复性测试、探究性测试。

6.4.2　系统测试的内容

1. 单元测试

单元测试也称为模块测试，在模块编写完成且无编译错误后就可以进行，可以选用人工测试或上机测试。当在计算机上进行测试时，一般采用白盒测试法，多个模块可以同时进行。

在单元测试中，主要从模块的五个特征进行检查：模块接口、局部数据结构、重要的执行路径、出错处理和边界条件。如果所测模块的数据流不能正确地输入、输出，则根本就无法进行其他测试。所以，模块接口测试应该在任何其他测试开始前进行。

接口测试主要的测试要点如下。

（1）输入参数和形式参数在个数、数据类型和顺序上是否一致。

（2）调用标准函数时所用的参数在个数、数据类型和顺序上是否正确。

（3）全局变量在各模块中的定义和用法是否一致。

（4）输入是否仅改变了形式参数。

如果模块要执行对外部文件的输入或输出操作时，还应该再检查以下要点。

（1）文件是否被正确地打开/关闭。

（2）文件格式是否与输入/输出语句一致。

（3）缓冲区大小是否和记录大小匹配。

（4）输入/输出的错误是否检查并处理。

（5）输出的提示信息是否有误。

单元测试中，局部数据结构出错是比较常见的错误，测试时应重点考虑以下因素。

（1）变量的类型说明是否合适。

（2）是否使用了尚未赋值或尚未初始化的变量。

（3）变量的初始值或默认值是否正确。

（4）变量名是否有错（如拼写错）。

（5）是否出现上溢、下溢或地址异常的错误。

（6）如果有可能，还应确定全局变量对模块的影响。

在单元测试中，对路径的测试是最基本的任务。由于不能进行穷举测试，所以需要精心设计测试用例来发现是否有计算、比较或控制流等方面的错误。

计算方面的错误主要有：算术运算的优先次序不正确或理解错误、精度不够、运算对象的类型彼此不相容、算法错误、表达式的符号表示不正确等。

比较和控制流是紧密结合的，一般是通过比较来发生控制流的改变。关于这方面的错误主要有：本应相等的量由于精度造成不相等、不同类型进行比较、逻辑运算符不正确或优先次序错误、循环终止不正确（如多循环一次或少循环一次）、死循环、不恰当地修改循环变量、当遇到分支循环时出口错误等。

好的设计应该能预测到出错的条件并且有对出错处理的路径。虽然计算机可以显示出错误信息的内容，但仍需要程序员对出错进行处理，以保证逻辑的正确性，便于用户维护。对出错的测试应该着重考虑这些常见错误：错误的描述难于理解，错误提示与实际错误不相符，出错的提示信息不足以确定错误或确定造成错误的原因，在对错误进行处理之前系统已经对错误条件干预等。

边界条件的测试是单元测试的最后工作，也是非常重要的工作。软件容易在边界出现错误，如一个 n 维数组，在处理数组第 n 个下标时常常有错误。要仔细选择测试用例，重点考查数据流、控制流在刚好等于、大于或小于最大值（或最小值）的情况。

模块测试通常由程序员本人来完成。但项目负责人应该注意测试结果，将这些测试资料妥善保存，为后续的测试工作打下良好的基础。

单元测试的方法通常由测试人员使用或开发专门的模块进行。由于模块不是独立运行的程序，各模块之间存在联系，即存在调用与被调用的关系。所以在对每个模块进行测试时，需要开发两种模块。

（1）驱动模块。相当于一个主程序，接收测试用例的数据，将这些数据送到被测模块，输出测试结果。

（2）桩模块。也称为存根模块，用来代替被测模块中所调用的子模块，其内可进行少量的数据处理，目的是为了检验入口、输出调用和返回的信息。

驱动模块和桩模块是测试用的软件，不是要交给用户的软件组成部分，但需要花费一定的开发费用。为了降低成本，对于一些不能用简单的测试软件进行充分测试的模块，可以用增量式测试方法，在组装测试的同时完成对模块的详细测试。

提高模块的内聚度可以简化单元测试。如果每个模块只完成一种功能，对于具体模块来讲，所需的测试方案数目就会显著减少，而且更容易发现和预测模块中的错误。

2. 组装测试

组装测试也称为集成测试。通常有两种方法：一种是分别测试各个模块，再把这些模块组合起来进行整体测试，这种方法称为非增量式集成测试；另一种是把下一个要测试的模块组合到已测试好的模块中，测试完后再将下一个需测试的模块组合进来测试，逐步把所有模块组合在一起，并完成测试，该方法称为增量式集成测试。非增量式集成测试可以对模块进行并行测试，能充分利用人力，加快工程进度。但这种方法容易混乱，出现错误不容易查找和定位。增量式集成测试的范围是一步步扩大的，所以错误容易定位，而且已测试的模块可在新的条件下进行测试，程序测试得更彻底。

增量式测试技术有自顶向下的增量方式和自底向上的增量方式两种测试方法。

1）自顶向下的增量方式

自顶向下的增量方式是模块按程序的控制结构、从上到下的组合方式。在增加测试模块时有先深度后宽度和先宽度后深度两种次序。如图 6.2 所示的自顶向下组合示例中，先深度后宽度的方法是把程序结构中的一条主路径上的模块相组合，测试顺序可以是 M1、M2、M5、M6、M3、M7、M4。先宽度后深度的方法是把模块按层进行组合，测试顺序是 M1、M2、M3、M4、M5、M6、M7。

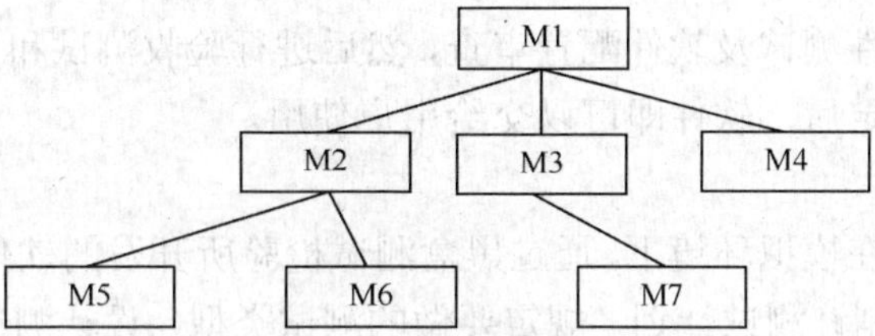

图 6.2　自顶向下的组合示例

组装过程可分成以下步骤。

（1）用主模块作为驱动模块，与之直接相连的模块用桩模块代替。

（2）根据所选的测试次序，用下一个模块替换所用的桩模块；而新引入模块的直接下属模块用桩模块代替，构成新的测试对象。

（3）为了避免引入新模块，产生新问题，需要进行必要的重复测试，即重复部分或全部已经进行过的测试。

（4）所有模块是否已经组合到系统中，并完成测试呢？如果没有，则返回到步骤（2），重复进行；如果是，则停止测试。

自顶向下的增量方式可以较早地发现问题，从而出现问题能够及时纠正。在测试时不需要编写驱动模块，但需要编写桩模块。另外，如果高层模块对下层模块依赖性很大，则需要返回大量信息，在用桩模块代替时，桩模块的编写比较复杂，必然会增加开销，这时可以用下面介绍的自底向上的增量方式。

2）自底向上的增量方式

自底向上的增量方式是从最底层的功能模块开始，边组合边测试，从下向上地完成整个程序结构的测试。其步骤可以概括如下。

（1）将最底层的模块组合成能完成某种特定功能的模块组，为每个模块组设计驱动程序，用驱动程序来控制并进行测试。

（2）按从下向上的方向，用实际模块替换相对应的驱动程序，组成新的模块组，再为该模块组设计驱动程序，用新的驱动程序进行控制和测试。

（3）所有模块是否已经组合到系统中，并完成测试呢？如果没有，则返回到步骤（2），重复进行；如果是，则停止测试。

自底向上的增量方式可以较早地发现底层关键性模块出现的错误。在测试时不需要编写桩模块，但需要编写驱动模块。另外，对程序中的主要控制错误发现较晚。

组装测试的方法选择取决于软件的特点和进度安排。在工程中，通常将这两种方法结合起来使用，即对位于软件结构中较上层的使用自顶向下的方法，而对位于软件结构中较底层的使用自底向上的方法。

3．确认测试

确认测试又称为系统测试，经过组装测试之后，软件就被集成起来，接口方面的问题已排除，就可以进入软件测试的最后一个环节——确认测试了。确认测试的任务是进一步验证软件的有效性，也就是说，检查软件的功能和性能是否与用户的要求一样。系统分析说明书描述了用户对软件的要求，所以是软件有效性验证的标准，也是确认测试的基础。

首先要进行有效性测试及软件配置审查，然后进行验收测试和安装测试，经过管理部门的认可和专家的鉴定后，软件即可以交给用户使用。

1）有效性测试

有效性测试就是在模拟环境下，通过黑盒测试检验所开发的软件是否与需求规格说明书一致。为此，需要制订测试计划，规定要做的测试类型，设计测试用例，组织测试人员对已集成的软件进行测试。在设计测试用例时，除了检测软件的功能和性能之外，还需要对软件的容错性、维护性等其他方面进行检测。测试人员可由开发商的内部人员组成，但最好是没有参加该项目的有经验的软件设计人员。

确认测试是根据系统分析说明书来设计测试用例的，确认测试主要检查系统的功能方面（如系统输入、处理、输出等）是否满足要求；系统的性能方面（如数据精确度、时间特性、适应性）是否满足设计要求；系统的其他限制条件（如可使用性、安全保密性、可维护性、可移植性、故障处理能力等）是否满足要求。

常见的确认测试主要有以下内容。

（1）恢复测试。恢复测试是检测系统的容错能力。检测方法是采用各种方法让系统出现故障，检验系统是否按照要求能从故障中恢复过来，并在预定的时间内开始事务处理，而且不对系统造成任何损害。如果系统的恢复是自动的（由系统自动完成），需要验证重新初始化、检查点、数据恢复等是否正确。如果系统的恢复需要人工干预，就要对恢复的平均时间进行评估并判断它是否在允许的范围内。

（2）安全性测试。系统的安全性测试是检测系统的安全机制、保密措施是否完善且没有漏洞，主要是为了验证系统的防范能力。测试的方法是测试人员模拟非法入侵者，采用各种方法冲破防线。例如，以系统的输入作为突破口，利用输入的容错性进行正面攻击；故意使系统出错，利用系统恢复的过程，窃取口令或其他有用的信息；想方设法截取或破译口令；利用浏览非保密数据，获取所需信息等。从理论上说，只要时间和资源允许，没有进入不了的系统。所以，系统安全性设计准则是使非法入侵者所花费的代价比进入系统后所得到的好处要大，此时非法入侵已无利可图。

（3）强度测试。强度测试是对系统在异常情况下的承受能力的测试，是检查系统在极限状态下运行时，性能下降的幅度是否在允许的范围内。因此，强度测试要求系统在非正常数量、频率或容量的情况下运行。例如，运行使系统处理超过设计能力的最大允许值的测试用例；设计测试用例使系统传输超过设计最大能力的数据，包括内存的写入和读出、外部设备等；对磁盘保留的数据设计产生过度搜索的测试用例等。强度测试主要是为了发现在有效的输入数据中可能引起不稳定或不正确的数据组合。

（4）性能测试。性能测试是检查系统是否满足系统分析说明书对性能的要求，特别是实时系统或嵌入式系统。即使软件的功能满足需求，但性能达不到要求也是不行的。性能测试覆盖了软件测试的各阶段，但不是等到系统的各部分都组装之后才确定系统的真正性能，通常与强度测试结合起来进行，并同时对软、硬件进行测试。软件方面主要从响应时间、处理速度、吞吐量、处理精度等方面来检测。

（5）可靠性测试。对于系统分析说明书中提出的可靠性要求，要对系统的可靠性进行测试。通常使用以下几个指标来衡量系统的可靠性：一是平均失效间隔时间 MTBF（Mean Time Between Failures）是否超过了规定的时限；二是因故障而停机时间 MTTR（Mean Time To Repairs）在一年中应不超过多少时间。

（6）安装测试。在安装软件系统时，会有多种选择。安装测试就是为了检测在安装过程中是否有误，是否易操作等。主要检测：系统的每一个部分是否齐全；硬件的配置是否合理；安装中需要产生的文件和数据库是否已产生，其内容是否正确等。

在所有测试用例完成之后，测试结果有两种情况：功能和性能等都满足需求，可以接受；发现测试结果与预期的不符，这时要列出缺陷清单。在这个阶段才发现的严重错误一般很难在预定的时间内纠正，需要与用户协商，寻找妥善解决问题的办法。

2）软件配置审查

确认测试的另一个环节是软件配置的审查，主要是检查软件（源程序、目标程序）和文档（包括面向开发和用户）是否齐全及分类是否有序。确保文档、资料的正确和完善，以便维护阶段使用。

最后，再强调一下，信息系统的开发过程通常为系统分析、设计、编码实现等阶段。而每个阶段都有可能出现错误，测试过程正好与开发过程相反。单元测试主要是发现实施阶段的错误，组装测试主要发现设计阶段产生的错误，依次类推。如果在确认测试中发现系统分析有错误，则需要重新修改系统分析、设计和程序。这说明越早犯的错误要到最后才能发现，因此要重视开发的前期工作。

4. 验收测试

系统测试完成，且系统试运行了预定的时间后，企业应进行验收测试。验收测试是以用户为主的测试，软件开发人员和质量保证人员也应参加。在验收测试之前，需要对用户进行培训，以便熟悉该系统。验收测试的测试用例由用户参与设计，主要验证软件的功能、性能、可移植性、兼容性、容错性等，测试时一般采用实际数据。

系统验收测试尽可能在现场进行实际运行测试，如果受条件限制，也可以在模拟环境中进行测试，无论何种测试方式，都必须事先制订测试计划规定要做的测试种类，并制订相应的测试步骤和具体的测试用例。一般软件工程项目验收测试的项目有：文档审查、功能测试、性能测试、安装测试、界面测试、配置测试、加载测试、恢复测试、安全测试等。凡是需求规格说明书中有要求的，都要进行测试，确认是否满足。

系统验收测试的主要内容如下。

（1）文档审查。软件项目验收应提供的文档有：项目研制总结报告、项目技术、经济分析报告、软件需求规格说明书、测试总结报告、用户使用操作手册及维护手册等，主要审查文档的完整性、正确性和可理解性，编写是否规范。文档如果不齐全或描述不清甚至错误，将给用户使用带来不必要的麻烦，甚至阻碍软件的升级。

（2）安装测试。安装测试第一个目的是验证软件在最基本要求的配置情况下安装后能否正常运行？第二个目的是检验软件在非正常条件（包括磁盘空间不足、内存不够、缺乏创建目录的特权等）下安装，安装程序能否给用户足够的提示。

（3）功能测试。功能测试是按照软件需求规格说明书规定的功能需求，逐项检验软件功能是否正确，有无严重错误。测试时，一般事先准备好测试用例，检验是否得到期望的输出。测试用例至少要包含以下情况：合法数据、边界数据和非法数据。

（4）性能测试。性能测试是检查系统是否满足需求规格说明书中规定的性能要求，一般主要是测试软件的运行速度和对资源的利用率。性能的主要表现：响应时间、吞吐量、辅助存储区（如缓冲区、工作区）的大小、处理精度等。性能测试中很重要的一项是极限测试，因为很多软件系统会在极限状态下崩溃。例如，连续不停地向服务器发出请求，测试服务器是否会陷入死锁状态；给系统输入特别大的数据后，检测程序的运行状况等。

6.4.3 系统测试的方法

1. 常用的方法

系统测试常用的方法有人工测试和计算机辅助测试（机器测试）两种。

1）人工测试

人工测试能相当有效地查找程序中的错误，对每一个信息系统的测试都应用一种或几种人工测试技术进行测试。人工测试的目的在于检查程序的静态结构，找出编译过程不能发现的程序算法错误。其主要的任务就是进行程序代码复审，一般采用以下三种具体形式。

（1）个人复查。指程序源代码编写结束后，由程序员自行进行检查。由于是自查，出于程序员对自身所编写的程序的心理偏爱，习惯性错误不易发现。自身对程序功能算法的理解错误也很难纠正。一般这种形式效率不高，仅限于小型程序模块的检查。

（2）小组复查。由未参与系统程序设计的有经验的3～5个程序员组成测试小组，对系统程序进行复查。通过对系统软件资料和源程序的检查、分析和手工模拟，从中发现并纠正存在的各种错误。由于是人工方式，运行速度较慢，一般采用少量的简单的测试用例进行。

（3）会审。测试小组的组成同上。测试小组成员在进行会审时应仔细阅读有关资料，根据错误类型清单（包括常见的各种编程错误）实施会审，通过测试小组成员与程序员的提问、讲解、回答及讨论的各种交互过程，发现并纠正错误。同时，审定有关系统程序的功能、结构。

2）计算机辅助测试（机器测试）

计算机辅助测试就是准备一些测试程序在计算机上运行，以查找程序中的错误。按执行顺序，测试活动一般分成四个层次，即单元测试、组装测试、确认测试和系统测试。单元测试是对源程序中的每一个程序单元进行测试，以验证每个模块是否满足系统设计说明书的要求；组装测试是将已测试过的模块组合成子系统，重点测试各模块之间的接口和联系；确认测试是对整个软件进行验收，根据系统分析说明书来考查软件是否满足要求；系统测试是将计算机软件、硬件、网络等系统的各个部分连接起来，对整个系统进行总的功能、性能等方面的测试。

机器测试采用的形式主要有以下两种。

（1）黑盒测试：也称为功能测试，即不管程序内部的结构是如何设计和编制的，仅从外部根据 IPO 图的要求，对模块进行测试。也就是说，在程序的输入和输出特性上，测试程序模块是否满足设计的功能。

（2）白盒测试：也称为结构测试，即将软件看作透明的白盒，按照程序的内部结构和处理逻辑，设计测试用例，对软件的逻辑过程进行测试，检查是否符合设计的要求。

2. 黑盒测试

黑盒测试被称为功能测试或数据测试，在测试时，将被测软件视为一个不能打开的盒子，在完全不考虑程序内部结构和内部特性的情况下来进行测试，采用黑盒测试的主要目的是检查程序功能是否按照需求规格说明书的要求正常使用，测试每个功能是否有遗漏，测试性能特性是否满足要求；测试人机交互是否错误，检测数据结构或外部数据库访问是否错误，程序是否能适当的输入数据而产生正确的输出结果，保持外部信息（如数据库或文件）的完整性；检测程序初始化和终止方面的错误等。

黑盒测试的常用方法有等价类划分法、边界值分析法、因果图法等。

1）等价类划分法

等价类是指输入域的子集合。在该子集合中，各个输入数据对于揭示程序的错误是等效的。

等价类可以分为两类，即有效等价类和无效等价类。有效等价类就是由那些对程序员规格说明有意义的、合理的输入数据所构成的集合，利用有效等价类可检验程序是否实现了规格说明中所规定的功能和性能。无效等价类就是那些程序规格说明不合理的或是无意义的输入数据构成的集合。

等价类的设计方法：

在输入条件规定了取值范围或值的个数的情况下，则可以确立一个有效等价类和两个无效等价类。如要求输入的数值在 1～50 之间，则有效等价类是 1～50，而无效等价类就是小于等于 1 和大于等于 50 的数值。

在输入条件规定了输入值的集合或者是规定了“必须如何”的条件的情况下，可确立一个有效等价类和一个无效等价类。

输入条件是布尔量的情况下，可确定一个有效等价类，如在 VB 中 option 按钮中选择一项。

在规定了输入数据的一组值（假定是 n 个），并且程序要对每一个输入值分别处理的情况下，可确立 n 个有效等价类和一个无效等价类。如输入数据为地名时，显示当输入“南京”时，输入其他地名均为错误。

在规定对了输入数据必须遵守的规则的情况下，可确立一个有效的等价类和若干个无效等价类。例如，输入非 0 的正整数，可以把这个条件拆分成为非 0、数字、整数、正数。所以，无效等价类是：输入的是 0、非数字、不是整数（包括小数、字符）、负数等都是无效的等价类。

在确知划分的等价类中各个元素在程序中处理的方式不同的情况下，则应再将该等价类进一步地划分为更小的等价类。例如，在日期中核对日期的正确性时，初步的有效等价类是 1≤Month≤12，1≤day≤31。可是还要考虑到 2 月及闰年、闰月、长月、短月等，需要进一步细分。

等价类划分方法优点：考虑了输入域的各类情况，避免了盲目或随机的选取输入数据的不完整性和覆盖的不稳定性。等价类划分方法简单易用，但是没有对组合情况进行充分的考虑。需要结合其他测试用例设计的方法进行补充。

2）边界值分析法

边界值分析法通常是对等价类划分法的补充，使程序更加健全。边界值分析法是用来测试等价类的边界值。使用边界值分析方法设计测试用例，首先应确定边界情况。通常输入和输出等价类的边界，就是应着重测试的边界情况。应当选取正好等于、刚刚大于或刚刚小于的边界值作为测试数据，而不是选取等价类中的典型值或是任意值作为测试数据。

3）因果图法

上述所说的等价类划分法和边界值分析法都只是考虑了输入的条件，但是没有考虑到输入条件之间的组合，因果图法是用来描述多种条件组合产生相应的动作的测试方法。

因果图法着重分析输入条件的各种组合，每种组合条件就是“因”，它必然有一个输出的结果，这就是“果”。等价类划分法与边界值分析法的缺点是没有检查各种输入条件的组合，而因果图法就能有效地检测输入条件的各种组合可能引起的错误。因果图是一种形式语言，由自然语言转换而成，这种形式语言实际上是一种使用简化记号表示数字逻辑图。因果图法还能指出程序规范中的不完全性和二义性。

3. 白盒测试

白盒测试又称为结构测试、透明盒测试、逻辑驱动测试或基于代码的测试。白盒测试是一种测试用例设计方法，盒子指的是被测试的软件，白盒指的是盒子是可视的，可以看清楚盒子内部的东西及里面是如何运作的。白盒测试的目的是通过检查软件内部的逻辑结构，对软件中的逻辑路径进行覆盖测试；在程序不同地方设立检查点，检查程序的状态，以确定实际运行状态与预期状态是否一致。白盒测试的特点是依据软件设计说明书进行测试；对程序内部细节的严密检验；针对特定条件设计测试用例；对软件的逻辑路径进行覆盖测试。

白盒测试的实施步骤如下。

（1）测试计划阶段。根据需求说明书，制订测试进度。

（2）测试设计阶段。依据程序设计说明书，按照一定规范化的方法进行软件结构划分和设计测试用例。

（3）测试执行阶段。输入测试用例，得到测试结果。

（4）测试总结阶段。对比测试的结果和代码的预期结果，分析错误原因，找到并解决错误。

白盒测试的用例设计时需要做到：用例要保证一个模块中的所有独立路径至少被使用一次；对所有逻辑值均需测试 true 和 false；能测试在上下边界及可操作范围内运行所有循环；能检查内部数据结构以确保其有效性。

白盒测试总体上分为静态分析和动态分析两大类方法。静态分析是一种不通过执行程序而进行测试的技术。静态分析的关键功能是检查软件的表示和描述是否一致，没有冲突或者没有歧义。动态分析的主要特点是当软件系统在模拟的或真实的环境中执行之前、之中和之后，对软件系统行为的分析。动态分析包含了程序在受控环境下使用特定的期望结果进行正式的运行。它显示了一个系统在检查状态下是正确还是不正确。在动态分析技术中，最重要的技术是路径和分支测试。下面要介绍的六种覆盖测试方法就属于动态分析方法。

白盒测试的优点是迫使测试人员去仔细思考软件的实现，可以检测代码中的每条分支和路径，揭示隐藏在代码中的错误，对代码的测试比较彻底。缺点是测试代价昂贵，无法检测代码中遗漏的路径和数据敏感性错误，不能验证规格的正确性等。

下面介绍六种白盒测试方法：（强度由低到高）语句覆盖、判定覆盖、条件覆盖、判定条件覆盖、条件组合覆盖、路径覆盖。

（1）语句覆盖。就是设计若干个测试用例，运行被测程序，使得每一可执行语句至少执行一次。这里的“若干个”，意味着使用测试用例越少越好。语句覆盖率的公式可以表示如下：

语句覆盖率=被评价到的语句数量/可执行的语句总数×100%

（2）判定覆盖。使设计的测试用例能够保证程序中每个判断的每个取值分支（ture or false）至少经历一次。判定覆盖具有比语句覆盖更强的测试能力，而且具有和语句覆盖一样的简单性，无须细分每个判定就可以得到测试用例。但往往大部分的判定语句是由多个逻辑条件组合而成（如判定语句中包含 AND、OR、CASE），若仅仅判断其整个最终结果，而忽略每个条件的取值情况，必然会遗漏部分测试路径。

（3）条件覆盖。条件覆盖是指选择足够的测试用例，使得运行这些测试用例时，判定中每个条件的所有可能结果至少出现一次，但未必能覆盖全部分支。条件覆盖要检查每个符合谓词的子表达式值为真和假两种情况，要独立衡量每个子表达式的结果，以确保每个子表达式的值为真和假两种情况都被测试到。

（4）判定条件覆盖。判定条件覆盖就是设计足够的测试用例，使得判断中每个条件的所有可能取值至少执行一次，同时每个判断的所有可能判断结果至少执行一次，即要求各个判断的所有可能的条件取值组合至少执行一次。

（5）条件组合覆盖。在白盒测试法中，选择足够的测试用例，使所有判定中各条件判断结果的所有组合至少出现一次，满足这种覆盖标准称为条件组合覆盖。

（6）路径覆盖。是每条可能执行到的路径至少执行一次。

以上六种测试方法中，语句覆盖是一种最弱的覆盖，判定覆盖和条件覆盖比语句覆盖强，满足判定条件覆盖标准的测试用例一定也满足判定覆盖、条件覆盖和语句覆盖，条件组合覆盖是除路径覆盖外最强的，路径覆盖也是一种比较强的覆盖，但未必考虑判定条件结果的组合，并不能代替条件覆盖和条件组合覆盖。

举例：

```
if A and B then Action1
```

if C or D then Action2

- 语句覆盖最弱，只需要让程序中的语句都执行一遍即可。上例中只需设计测试用例使得 A=true，B=true，C=true 即可。
- 分支覆盖又称为判定覆盖：使得程序中每个判断的取真分支和取假分支至少经历一次，即判断的真假均曾被满足。上例需要设计测试用例使其分别满足下列条件即可：①A=true，B=true，C=true，D=false；②A=true，B=false，C=false，D=false。
- 条件覆盖：要使得每个判断中的每个条件的可能取值至少满足一次。上例中第一个判断应考虑到 A=true，A=false，B=true，B=false；第二个判断应考虑到 C=true，C=false，D=true，D=false。所以，上例中可以设计测试用例满足下列条件：①A=true，B=true，C=true，D=true；②A=false，B=false，C=false，D=false。
- 路径覆盖：要求覆盖程序中所有可能的路径。所以，可以设计测试用例满足下列条件：①A=true，B=true，C=true，D=true；②A=false，B=false，C=false，D=false；③A=true，B=true，C=false，D=false；④A=false，B=false，C=true，D=true。

与黑盒测试相反，白盒测试是对系统的内部过程性细节做细致的检查，把被测试的程序看成是透明的盒子。测试人员利用程序内部的逻辑结构及相关信息来设计或选择测试用例，对被测试程序的所有逻辑路径进行覆盖测试。通过在不同点检查程序的状态，来确定实际的状态是否与预期的状态一致。

6.4.4 系统测试的过程及步骤

系统测试过程一般包括程序测试、功能调试和系统调试三部分。

1．程序测试

对所设计的程序进行语法检查和逻辑检查，测试程序运行的时间和存储空间的可行性。程序测试一般从代码测试、程序功能测试两方面进行。程序的逻辑检查的方式是代码测试。通常需要编写各种测试数据，通过考察程序对正常数据、异常数据和错误数据输入的反映，检验程序执行的逻辑正确性，以及程序对各种错误的监测和处理能力。程序经过代码测试后，验证了它的逻辑正确性，但是否实现了规定的功能，尚未可知。因此，还应该测试其应用功能的需求，即面向程序的应用环境，考察是否达到了设计的功能和性能指标。

2．功能调试

通常系统总是由多个功能模块组成的，而每个功能模块又是由一个或多个程序构成，因此，在完成对单个程序的测试以后，应当将组成一个功能模块的所有程序按照其逻辑结构加以组合，以功能模块为单位，检查该功能模块内各程序之间的接口是否匹配，控制关系和数据传递是否正确，联合操作的正确性及模块运行的效率。

3．系统调试

在实际环境或模拟环境中调试系统是否正常。主要检查各子系统之间的接口正确性。系统运行功能是否达到目标要求，系统的再恢复性等。其目的就是保证调试的系统能够适应运行环境。一般也可从以下两方面进行。

（1）主控程序和调度程序调试。将所有控制程序与功他模块的接口“短路”，以某种联系程序代替原功能模块，验证控制接口和参数传递的正确性，并发现和解决资源调度过程中的效率等问题。

（2）程序总调。将主控程序和调度程序与系统中的各功能模块及所有程序联合起来进行整体调试。调试应对系统的各种可能的使用形态及组合进行考察，全面测试新系统的综合性能。以确认是否达到设计目标。

除了上述常规测试以外，有时根据系统需求还可进行一些特殊测试。如峰值负载测试、容量测试、响应时间测试、恢复能力测试等。另外，交付使用之前，还可进行实况测试，以考察系统在实际运行环境下的运行合理性与可靠性。系统测试流程图如图 6.3 所示。

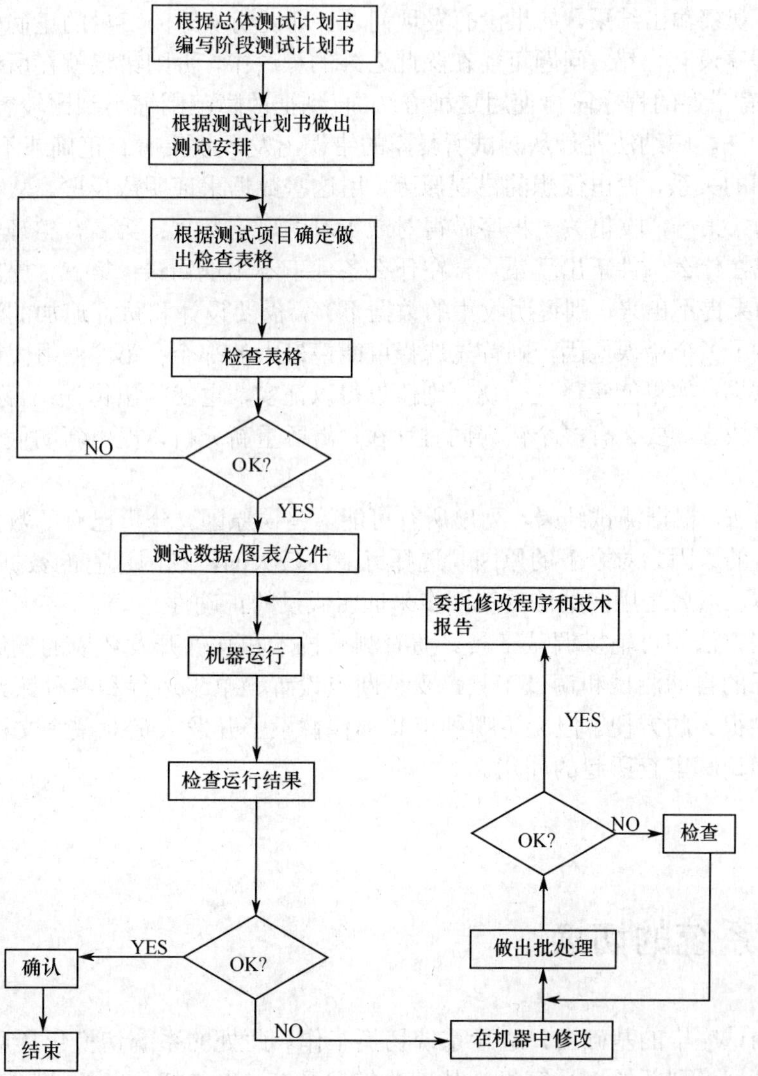

图 6.3　系统测试流程图

4. 系统调试的方法

无论哪种调试方法，其目的都是为了对错误进行定位。目前，常用的调试方法有如下几种。

（1）试探法。调试人员分析错误的症状，推测问题的所在位置，利用在程序中设置输出语句、分析存储内容等手段来获得错误的线索，一步步地试探和分析找到错误所在。这种方法效率很低且缓慢，适合于结构比较简单的程序。

（2）回溯法。调试人员从发现错误症状的位置开始，沿着程序的控制流程往回跟踪程序代码，直到找出错误根源为止。这种方法适合于小型程序，对于大规模程序，由于其需要回溯的路径太多而变得不可操作。

（3）对分查找法。这种方法主要用来缩小错误的范围。如果已经知道程序中的变量在若干位置的预期正确取值，可以在这些位置上用赋值语句或输入语句给这些变量以正确值，运行程序观察输出结果，如果没有发现问题，则说明从给的变量的正确值开始到输出结果之间的程序没有出错，问题可能在除此之外的程序中，否则错误就在所考查的这部分程序中。对含有错误的程序段再使用这种方法，直到把故障范围缩小到比较容易诊断为止。

（4）归纳法。归纳法就是从测试所暴露的错误出发，收集所有正确或不正确的数据，分析它们之间的关系，提出假想的错误原因，用这些数据来证明或反驳，从而查出错误所在。其步骤为：第一，收集关于程序做得对或不对的所有数据；第二，整理数据，找出规律，主要发现在什么条件下出现错误，在什么条件下不出现错误；第三，提出一个或多个错误原因，如果提不出来，则说明收集的数据不够，需要设计和执行追加的测试用例来得到。如果提出了多个错误原因，则首先选择可能性最大的那个；第四，用假设来解释所有的原始测试结果，如果能解释这一切，则假设得以证实，也就找出错误；否则，要么是假设不完备或不成立，要么有多个错误同时存在，需要重新分析，提出新的假设，直到发现错误为止。

（5）演绎法。根据测试结果，列出所有可能的错误原因。分析已有的数据，排除不可能和彼此矛盾的原因。对余下的原因，选择可能性最大的，利用已有的数据完善该假设，使假设更具体，然后运用归纳法的第四步来证明假设的正确性。

以上这些方法均可辅以调试工具。随着测试技术和软件开发环境的发展，可以提供功能越来越强的自动测试和调试工具，支持断点设置、单步运行和各种跟踪技术，为软件的调试提供很大的方便。但无论哪种工具都代替不了开发人员对整个文档和程序代码的仔细研究和认真审查所起的作用。

6.5 系统的切换

在系统调试完毕的基础上，进行系统切换工作。此处的系统切换包括原来全部用人工处理的系统切换到新的以计算机为基础的信息系统，也包括从旧的信息系统向新的信息系统的切换过程。切换工作包括旧系统的数据文件向新系统数据文件切换，人员、设备、组织机构的改造和调整，有关资料的建档和移交等。系统切换的终结形式是将全部控制权移交用户单位。

6.5.1 系统切换前的准备工作

系统切换前，要做好切换前的各项准备工作，包括组织结构准备、人员准备、数据准备和文档准备。

1. 组织结构准备

为使系统切换工作顺利进行，必须加强管理。组织建立专门机构，并明确权力和职责，落实各项工作的分工，使系统的切换工作能够有序地顺利进行。

2. 人员准备

对系统使用人员和维护人员的培训是系统投入应用的重要前提。所以在系统切换之前要做好有关人员的培训工作，这些人员包括管理决策人员、操作人员和系统管理员。对管理决策人员、操作人员和系统管理员培训的侧重点不同。管理决策人员的培训内容主要是信息系统能做什么，子系统有什么功能、是怎么工作的，系统能够为管理和决策提供哪些信息等；对操作人员的培训是在系统操作使用层面上进行培训，培训内容主要是信息管理制度、计算机软硬件基础知识、相关功能子系统的操作使用等；对系统管理员的培训内容主要涉及系统运行安全与数据备份等系统管理和维护方面的技能。

3. 数据准备

除了能做好组织结构准备和人员培训以外，最重要的而且工作量最大的是数据准备工作。数据准备是指按照系统分析所规定的内容，组织系统运行所需要的数据。在数据准备过程中要注意以下几个方面。

（1）数据准备工作要科学化，首先企业需要实现科学化的管理，在具体收集准备数据时，方法要做到程序化和规范化。

（2）收集数据的计量工具、计量方法和数据采集渠道及程序都应固定化、程序化。

（3）各类统计和数据采集报表要标准化、规范化。

4. 文档准备

系统调试完以后应有详细的说明文档供人阅读。该文档应使用通用的语言说明系统各部分如何工作、维护和修改。系统说明文件大致可分以下三类。

1）系统一般性说明文件

（1）用户手册。给用户介绍系统的全面情况，包括目标和有关人员情况。

（2）系统规程。为系统的操作和编程等人员提供的总规程，包括计算机操作规程、监理规程、编程规程和技术标准。

（3）特殊说明。随着外部环境的变化而使系统做出相应调整等，这些是不断进行补充和发表的。

2）系统开发报告

（1）系统分析说明书。包括系统分析建议和系统分析执行报告。

（2）系统设计说明书。涉及输入、输出、数据库组织、处理程序、系统监控等方面。

（3）系统实施说明。主要涉及系统分调、总调过程中某些重要问题的回顾和说明；人员培训、系统切换的计划及执行情况。

（4）系统利益分析报告。主要涉及系统的管理工作和职工所产生的影响，系统的费用、效益分析等方面。

3）系统说明书

系统说明书包括的内容如下：

整个系统程序包的说明；

系统的计算机系统流程图和程序流程图；

作业控制语句说明；

程序清单；

程序实验过程说明；

输入/输出样本；

程序所有检测点设置说明；

各个操作指令、控制台指令；

操作人员指示书；

修改程序的手续，包括要求填表的手续和样单。

4）操作说明

（1）系统规程。系统的总规程，包括系统技术标准、编程、操作规程、监理规程等。

（2）操作说明。包括系统的操作顺序、各种参数输入条件、数据的备份和恢复操作方法，以及系统维护的有关注意事项。

6.5.2 系统切换的方式

系统切换是指系统开发完成之后新旧系统之间的切换，即终止旧系统的使用，将新系统交付使用，把新系统的控制权交给最终用户。系统进行切换并交付使用通常有三种方式：直接切换方式，并行切换方式和逐步切换方式.

1. 直接切换方式

直接切换方式采用的是一刀切的方法，在完成系统测试后且确认新系统没有问题的情况下，选定某一时刻终止旧系统的使用并开始启用新系统，如图 6.4 所示。这种方式在切换中间没有过渡阶段。直接切换的优点是切换最简单，费用最省。但是，这种切换方式具有一定的危险性，一旦新系统出现了预想不到的问题，就会影响系统的正常工作，因此这种方式对重要系统不太适用，一般只适用于处理过程比较简单，初始数据量不大的小型管理信息系统的切换。在实际应用时，应有一定措施，以便新系统一旦失灵，旧系统尚能顶替工作。

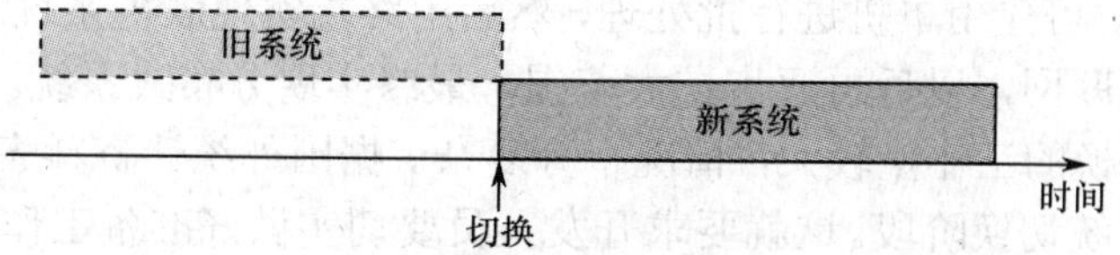

图 6.4　系统的直接切换方式

2．并行切换方式

并行切换方式就是新系统和原系统并行工作一段时间，经过这段时间的试运行后，再用新系统正式替换下原有系统。在并行工作期间，手工处理和计算机处理系统并存，一旦新系统有问题就可以暂时停止而不会影响原有系统的正常工作，如图 6.5 所示。

并行切换通常可分两步走。首先以原有系统的作业作为正式作业，新系统的处理结果作为参考，直至最后原有系统退出运行。根据系统的复杂程度和规模大小不同，并行运行的时间一般可在二、三个月到 1 年之间。

采用并行切换方式的风险较小，在切换期间还可同时比较新旧两个系统的性能，并让系统操作员和其他有关人员得到全面培训。因此，对于一些较大的管理信息系统，并行切换是一种最常用的切换方式。

由于在并行运行期间，要两套班子或两种处理方式同时并存，因而人力和费用消耗较大，这就要周密地做好计划并加强管理。

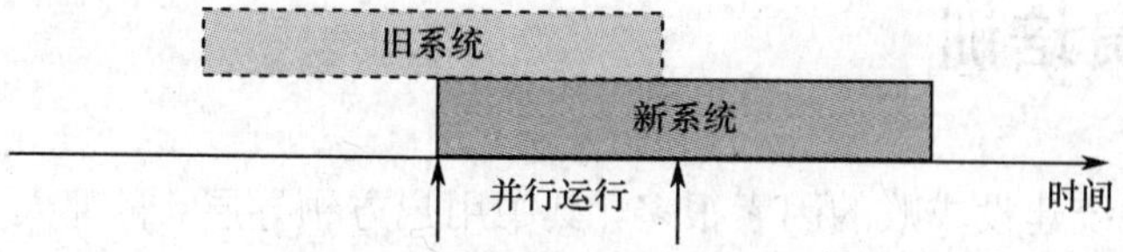

图 6.5　系统的并行切换

3．逐步切换方式

这种切换方式是上述两种方式的结合，采取分期分批逐步切换。一般比较大的系统采用这种方式较为适宜，它能保证平稳运行，费用也不太大，如图 6.6 所示。

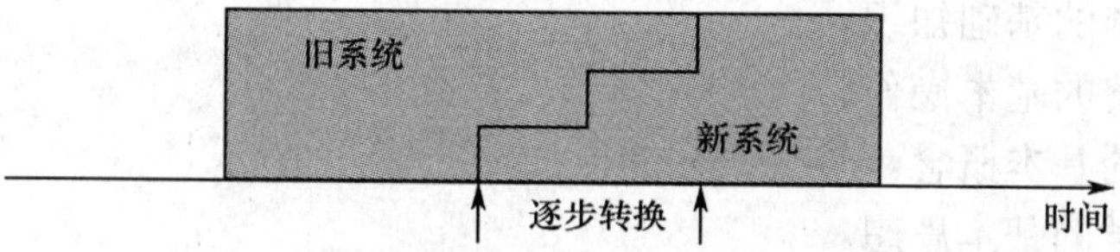

图 6.6　系统的并行切换

采用逐步切换方式时，各自系统的切换次序及切换的具体步骤，均应根据具体情况灵活考虑，通常可采用如下策略。

（1）按功能分阶段逐步切换。首先确定该系统中的一个主要的业务功能，例如，财务管理率先投入使用，在该功能运行正常后再逐步增加其他功能。

（2）按部门分阶段逐步切换。先选择系统中的一个合适的部门，在该部门设置终端，获得成功后再逐步扩大到其他部门。这个首先设置终端的部门可以是业务量较少的，这样比较安全可靠，也可以是业务最繁忙的，这样见效大，但风险也大。

（3）按机器设备分阶段逐步切换。先从简单的设备开始切换，再推广到整个系统。例如，对于联机系统，可先用单机进行批处理，然后用终端实现联机系统。对于分布式系统，可以先用两台微机联网，以后再逐步扩大范围，最终实现分布式系统。

总之，系统切换的工作量较大，情况十分复杂。据国外统计资料表明，软件系统的故障大部分发生在系统切换阶段。这就要求开发人员要切实做好准备工作，拟定周密的计划，使系统切换不至于影响正常的工作。

以上各种方式也可混合使用，例如，不重要部分采用直接切换；重要部分采用并行切换方式等。此外，在拟订系统切换计划时，应着重考虑以下问题。

（1）系统说明文件必须完整。

（2）要防止系统切换时数据的丢失。

（3）要充分估计输入初始数据所需的时间，对管理信息系统而言，首次运行前需花费大量人力和时间输入初始数据，对此应有充分准备，以免措手不及。

在系统切换过程中，可能会发现一些系统的错误和功能缺陷。对于这些问题，应对照系统目标决定是否进行系统修改。一般对于程序的错误和漏洞必须改正，但若是超出目标和设计方案的其他问题，应视影响的范围、程度和工作量的大小而定，不可一概而论。在新系统中应允许存在某些不足，可通过在运行过程中的维护和系统更新方式逐步解决。

6.6 人员培训

导致一个新系统建设成败的因素很多，其中用户方领导层、管理人员及技术人员的计算机应用水平、对信息系统基本概念的了解程度、对新系统实际操作的熟悉程度等方面是不容忽视的重要因素。为保证新系统的顺利实现，必须使用户方有关人员尽快了解新系统的建设情况、功能及性能，尽早适应和掌握新系统的操作方法。在系统实现的同时，开展对用户方有关人员的岗位培训是非常有必要的。

系统开发后期，要对新系统用户进行系统的培训，培训的内容主要如下。

- 计算机系统的基础知识。
- 计算机系统的基本操作。
- 信息系统的基本概念。
- 现代管理学的基本思想。
- 本企业对信息系统的需求状况。
- 本企业对信息的收集、整理等处理方式。
- 新系统的操作方法。
- 新系统操作注意事项。
- 可能出现的故障及排除方法。

针对受训者各自的实际情况制订培训计划，确定侧重点，理论联系实际，通过讲座、报告会的形式，向他们说明新系统的目标、功能，系统的结构与运行过程，以及对企业组织机构、工作方式等产生的影响。实践证明，要取得良好的效果，培训中和培训后应安排必要的考试、考核环节，结果应与受训者的工作业绩、上岗资格结合起来，与其切身利益挂钩。

1. 事务管理人员

对事务管理人员进行培训时，必须做到通俗、具体、尽量不采用与实际业务领域无关的计算机专业术语。例如，可以就他们最关心的以下问题展开对话。

（1）计算机管理信息系统能为我们干些什么？

（2）采用新系统后，我们和我们的职工必须学会什么新技术？

（3）采用新系统后，我们的机构和人员将发生什么变动？

（4）今后如何衡量我们的任务完成情况？

大量事实说明，许多管理信息系统不能正常发挥预期作用，其原因之一就是没有注意对有关事务管理人员的培训，因而没有得到他们的理解和支持。所以，今后在新系统开发时必须注意这一点。

2. 系统操作员

系统操作员是管理信息系统的直接使用者，统计资料表明，管理信息系统在运行期间发生的故障，大多数是由于使用方法错误而造成的。所以，系统操作员的培训应该是人员培训工作的重点。

对系统操作员的培训应该提供比较充分的时间，除了学习必要的计算机软、硬件知识，以及键盘指法、汉字输入等训练以外，还必须向他们传授新系统的工作原理、使用方法，简单出错的处置等知识。一般来说，在系统开发阶段就可以让系统操作员一起参加。例如，录入程序和初始数据，在调试时进行试操作等，这对他们熟悉新系统的使用，无疑是有好处的。

3. 系统维护人员

对于系统维护人员来说，要求具有一定的计算机软、硬件知识，并对新系统的原理和维护知识有较深刻的理解，在较大的企业和部门中，系统维护人员一般由计算机中心和计算机室的计算机专业技术人员担任。有条件时，应该请系统维护人员和系统操作员，或其他今后与新系统有直接接触的人员，参加一个或几个确定新系统开发方针的讨论会，因为他们今后的工作将与新系统有直接联系，参加这样的会议，有助于他们了解整个系统的全貌，并将给他们打好今后工作的基础。

对于大、中企业或部门用户，人员培训工作应列入该企业或部门的教育计划中，在系统开发单位配合下共同实施。

6.7 酒店 MIS 系统实施实例

1. 前期工作

依照系统设计，酒店管理信息系统是一个 B/S 结构的应用系统，因此需要建立一个局域网环境来完成系统的开发、调试与部署。这个局域网需要一台服务器运行 Windows Server 2008 操作系统，同时它也要作为数据库服务器运行 MS SQL Server 2005 系统。还需要一些工作站作为客户端，这些工作站运行 Windows XP 系统。在财务处、收银台及餐厅要配备专用的票据打印机，在办公室要配备普通打印机。

酒店管理信息系统的开发使用 C#来完成，因此需要在开发机上安装 C#运行环境。

2．数据库的建立

依照系统设计，我们在 MS SQL Server 2005 中首先新建一个数据库，命名为“酒店管理信息”，再在这个数据库下建立数据表，详细情况如表 6.1～表 6.6 所示。

表 6.1 客人基本信息表

字段名	类型	宽度	描述
HandCode	Text		客人手牌号
Name	char		姓名
Sex	text		性别
GroupID	Text		所属团体编号
GuestNum	Integer		团体人数
RoomNum	Integer		团体房间数

表 6.2 客人附加信息表

字段名	类型	宽度	描述
HandCode	Text		客人手牌号
Name	Char		姓名
Sex	text		性别
Certificate	Text		登记证件类型
CertifyCode	Text		登记证件号码
GroupID	Text		所属团体编号
RoomCode	Text		房间号

表 6.3 房间状态表

字段名	类型	宽度	描述
GuestID	Text		入住客人编号
RoomCode	Text		房间号
RoomType	Char		房间类型
Floor	Integer		楼层号
Phone	Text		房间电话
RoomStatus	Char		房间状态
Price	Money		房间单位时间价格

表 6.4 账单表

字段名	类型	宽度	描述
BillCode	Text		账单号
HandCode	Char		应付款客人手牌号
Sum	Money		应付总金额

（续表）

字段名	类型	宽度	描述
Paid	Money		实付总金额
Rebate	Float		折扣率
Striked	Char		是否已付款

表 6.5　收入统计表

字段名	类型	宽度	描述
BillCode	Text		账单号
Depart	Char		收款部门
StrikeTime	Datetime		收款时间
TotalPay	Money		实收总金额
PayType	Char		支付方式

表 6.6　员工表

字段名	类型	宽度	描述
EmployeeCode	Text		员工编号
Name	Char		姓名
Depart	Char		所属部门

数据表建好以后，就可以准备必要的数据了。我们为客人信息表准备好 10 个记录，为房间状态表准备好 5 个记录，为账单表准备好 20 个记录，为收入统计表准备好 3 个记录，为员工表准备好 5 个记录，然后录入到数据库中。

3．程序的编写

依照系统设计中的子模块划分、各个子模块内的过程描述、模块之间的关系和接口信息，完成各个子模块的编码工作。

因为子模块中有许多涉及数据库的操作，故先连接 SQL Server 数据库。

以接待子模块为例。按照系统分析，接待子模块的功能分解为六项，对每一项功能，我们用一个子过程或函数来实现。

本 章 小 结

本章介绍了系统实施的方法与过程。

系统实施阶段的任务可以归结为：购置和安装设备以建立计算机网络环境和系统软件环境，计算机程序设计，系统调试和测试，人员培训，系统切换并交付使用。

购置和安装设备，建立网络环境是依据系统设计，建立系统软、硬件平台和网络环境。

程序设计的主要任务是以用户需求为出发点，以系统分析与系统设计阶段的结构图、判断表、设计说明书等为依据，选择适当的程序设计语言及软件开发环境和工具，编制程序和调试程序，检查运行结果是否符合设计要求。

在进行计算机程序设计之后，需要进行系统的调试，通过系统的调试与测试可以发现并改正隐藏在程序内部的各种错误，以及模块之间协同工作存在的问题。

根据不同的情形来划分，测试可以分为：单元测试、组装测试、确认测试、验收测试；或者静态测试、动态测试；或者白盒测试和黑盒测试。

单元测试也称为模块测试，它在模块编写完成且无编译错误后就可以进行，并可以选用人工测试或上机测试。当在计算机上进行测试时，一般采用白盒测试，多个模块可以同时进行。在单元测试中，主要从模块的五个特征进行检查：模块接口、局部数据结构、重要的执行路径、出错处理和边界条件。

组装测试也称为集成测试。通常有两种方法：一种是分别测试各个模块，再把这些模块组合起来进行整体测试，这种方法称为非增量式集成测试；另一种是把下一个要测试的模块组合到已测试好的模块中，测试完后再将下一个需测试的模块组合进来测试，逐步把所有模块组合在一起，并完成测试，该方法称为增量式集成测试。

确认测试的任务是进一步验证软件的有效性，也就是说，检查软件的功能和性能是否与用户的要求一样。系统分析说明书描述了用户对软件的要求，所以是软件有效性验证的标准，也是确认测试的基础。

系统切换前，要做好切换前的各项准备工作，包括组织结构准备、人员准备、数据准备和文档准备。系统进行切换并交付使用通常有三种方式：直接切换方式、并行切换方式和逐步切换方式。

习　题

一、选择题

1．设计测试用例最困难的问题是设计测试的____。

A．输入数据　　B．预期结果　　C．输出数据　　D．功能组成

2．从程序的逻辑结构入手进行测试的方法是____。

A．白盒测试　　B．黑盒测试　　C．全面测试　　D．部分测试

3．具有增加新的记录、修改数据项或记录、删除某些不需要的记录等功能的模块是____。

A．分类合并　　B．数据检索　　C．文件更新　　D．优化

4．系统的划分、书写的格式、变量的命名等都按统一的规范进行是符合系统质量指标中____。

A．可靠性　　B．规范性　　C．可维护性　　D．适应性

5．白盒测试技术不包括____。

A．语句覆盖　　B．判定覆盖　　C．条件覆盖　　D．输入组合

6．下列不属于结构化程序设计的结构是____。

A．消息　　B．顺序　　C．选择　　D．循环

7．以下不属于处理模块的是____。

A．文件更新模块　B．分类合并模块　C．计算模块　D．重复输入校验

8．下列不适用于黑盒测试的测试方法是____。

A．等价划分法　B．边界值分析法　C．错误推测法　D．逻辑覆盖法

二、填空题

1．系统总调应由_______和程序员合作进行。

2．程序调试中的分调是指将一个功能内的所有程序按次序_______起来调试，目的主要是保证内部_______关系正确。

3．在系统实施阶段中，用新系统取代旧系统通常采用_________转换方法，即新旧两系统同时运行，在这过程中对照两者的_______。

4．主控制和调度程序调试是调试所有控制程序和各_______相连的接口，保证控制通路和_______传送的正确性。

5．整个系统程序的总调是将主控制程序和_______连接起来进行调试。

6．循环结构是重复执行一个或几个模块，直到满足某一_______为止。

7．选择结构根据条件的_______或_______选择程序执行的通路。

8．结构化程序设计方法的特点是对任何程序都设计成顺序结构、_______和_______三种基本逻辑结构。

9．选用软件开发工具是为了减少甚至避免_______，提高开发效率。

10．现在DBMS往往不只用于数据管理，而且还具备一定的生成功能，如具有_______生成功能和_______生成功能等。

11．在系统转换过程中，不仅要进行机器转换和程序转换，而且要进行更难的_______转换。

12．程序调试中发现程序错误的方法有_______和_______两种。前者目前尚处于研究之中，后者是已普遍使用的方法，但用这种方法调试的程序，只能说是基本正确，要经过应用才能得到验证。

13．程序调试时应当用正常数据、_______数据和_______数据去进行调试。

三、简答题

1．简述系统实施的主要内容。

2．简述系统测试的策略，以及测试阶段的基本原则。

3．简述系统实施的主要内容和步骤。

4．简述管理信息系统的基本程序模块。

5．试述如何对系统进行测试。

6．请简述系统转换的方式，并画出系统转换方式的示意图。

7．通过你对黑盒测试的理解，说一说你对测试的理解。

8．白盒测试能否单独完成系统测试的任务？

第7章

管理信息系统的维护和评价

7.1 管理信息系统的维护

管理信息系统的维护阶段是系统生命周期的最后一个阶段，但也是很重要的一个阶段，新系统是否有生命力取决于此阶段的工作。

管理信息系统是复杂的大系统，系统内、外环境的变化，各种人为的、技术的、设备的影响，要求系统能够适应这种变化，不断地完善，这就要进行系统的维护。一般管理信息系统的使用寿命，短则一两年，长则五六年。在系统的整个使用寿命中，都将伴随着系统维护工作的进行。

软件工程认为，在一个管理信息系统从开发投用到消亡的生命周期中，系统开发工作量（包括系统分析、系统设计、系统实施、系统调试）仅占总工作量的20%～30%，而系统维护工作量要占到总工作量的70%～80%。在管理信息系统建设中，系统开发固然重要，系统维护更为重要。然而系统维护工作在整个系统生命周期中常常被忽视，人们往往热衷于系统的开发，开发工作完成后，开发队伍解散或撤走，系统开始运行后没有配备适当的系统维护人员。这样，一旦系统发生问题或环境发生变化，最终用户将无从下手，这就是为什么有些管理信息系统在运行环境中长期与旧系统并行运行而不能转换，甚至最后被废弃的原因。

相对具有“开创性”的系统开发来讲，系统维护工作属于“继承性”工作，挑战性不强、成绩不显著，使很多技术人员不安心于系统维护工作，这也是造成人们重视开发而轻视维护的原因。但系统维护是管理信息系统可靠运行的重要技术保障，应给予足够的重视。

新系统在试运行成功，进行系统转换之后，就进入了系统运行与维护阶段。该阶段的主要任务是做好系统的正常管理和维护工作，使系统经常处于良好状态，在系统运行中根据环境变化和用户要求不断修改、扩充软件，使目标系统更加完善，以增强系统的生命力，延长系统的生命周期，提高系统的管理水平和经济效益。

7.1.1 系统维护的要求与内容

系统维护是管理信息系统生命周期内的一个重要阶段，工作量大，需要人员和资金保证。系统维护工作的内容大致如下。

（1）程序的维护。管理信息系统的业务处理是以计算机为主的。因此，如果处理的业务、数据或业务量等稍有变化，则会引起程序的变化，尤其是一些新的业务规定，对程序的影响最大，有时会需要重新编制程序。一般来说，管理信息系统的主要维护工作是及时完成对程序的修改，以保证系统的正常、准确地运行。程序维护还包括一些程序运行所需要的系统参数文件的更新和修改。

（2）数据库的维护。系统的业务处理对数据的需求是不断变化的，要经常对文件或数据库进行修改（不包括正常更新），增加数据库的新内容和建立新的文件等。

（3）编码的维护。随着系统的变化，旧的编码不能适合新的要求，需要进行改革。编码的变更包括制定新的或修改旧的编码系统，但是，更重要的工作还在于如何使新编码系统得到贯彻。

系统维护的重点是系统应用软件的维护工作。按照系统维护的不同性质，可以分为下面四种类型。

- 纠错性维护：诊断和改正错误，约占21%。
- 适应性维护：软、硬件升级，约占25%。
- 完善性维护：满足用户新需求，约占50%。
- 其他维护：预防性维护等，约占4%。

（1）纠错性维护。由于系统测试不可能揭露系统存在的所有错误，因此在系统投入运行后的实际应用过程中，就有可能暴露出系统内隐藏的错误。诊断和修正系统中遗留的错误，就是纠错性维护。纠错性维护是在系统运行中发生异常或故障时进行的，这种错误往往是遇到了从未用过的输入数据组合或是在其他部分接口处产生的，因此只是在某些特定的情况下，有些系统运行多年后才遇到这种情况，暴露出在系统开发中遗留的问题，这是不足为奇的。

（2）适应性维护。适应性维护是为了使系统适应环境的变化而进行的维护工作。一方面计算机科学技术的迅速发展，硬件的更新周期越来越短，新的操作系统和原来操作系统的新版本不断推出，外部设备和其他系统部件经常有所增加和修改，这就必然要求管理信息系统能够适应新的软、硬件环境，以提高系统的性能和运行效率；另一方面，管理信息系统使用寿命的延长，超过了最初开发这个系统时应用环境的寿命，即应用对象也在不断发生变化，机构的调整、管理体制的改变、数据与信息需求的变更等都将导致系统不能适应新的应用环境。如编码改变、数据结构变化、数据格式、输入/输出方式的变化、数据存储介质的变化等，都将直接影响系统的正常工作。因此有必要对系统进行调整，使之适应应用对象的变化，以满足用户的要求。

（3）完善性维护。在系统的使用过程中用户往往要求扩充原有的功能、提高其性能，如增加数据输出的图形方式、增加联机在线帮助功能、调整用户界面等，尽管这些要求在原来系统开发的需求规格说明书中并没有，但用户要求在原有系统的基础上进一步改善和提高；并且随着用户对系统的使用和熟悉，这种要求不断提出。为了满足这些要求而进行的系统维护工作就是完善性维护。这种类型的维护是系统维护的主要形式，工作量最大。

（4）预防性维护。系统维护工作不应总是被动地等待用户提出要求后才进行，应进行主动的预防性维护，即选择那些还有较长使用寿命、目前尚能正常运行、但可能将要发生变化或调整的系统进行维护，目的是通过预防性维护为未来的修改与调整奠定更好的基础。例如，将目前尚能应用的报表功能改成通用报表生成功能，以应付今后报表内容和格式可能的变化。

搞好系统维护有两个关键：第一个关键是系统开发的质量高，可维护性好，这是系统维护的基础和保证；第二个关键是有一支胜任工作的系统维护队伍。很多企事业单位的管理信息系统是委托协作单位开发的，系统维护也依靠他们是“远水解不了近渴”，必须培养本单位的人担负起系统维护的工作。

系统维护不仅范围广，而且影响因素多。通常，在进行某项维护修改工作之前，要考虑的因素有：系统的当前情况、维护工作的复杂性与规模；维护工作对新系统目标的影响、对当前工作的影响、对其他系统的影响；维护提出的时间要求、维护所需费用、维护所需的工作人员等。

7.1.2 系统维护工作的管理

一个过程的修改，往往会影响其他过程或其他系统。因此，系统的维护工作一定要特别慎重。系统的各项维护工作名目繁多，每项工作都应由专人负责，并且通过一定的批准手续。通常，对于一些重大的修改项目还要填写变更申请表，由审批人正式批准后，才能进行维护工作。维护工作的审批人要对系统非常熟悉，能够判断各种变更的必要性、影响范围和产生的后果。有时，在操作运行中发生中断，也许会被当时在场的操作人员进行修改，及时排除了故障，但是，事后也要填写修改记录，注明事故原因和解决的措施，以便有据可查。

综上所述，从维护申请的提出到维护工作的执行有如下步骤。

（1）提出修改要求。由系统操作的各类人员或业务领导提出对某项工作的修改要求，申请形式可以是报告或填写专门申请表。

（2）领导批准。由系统维护小组的领导负责审批各项申请。审批工作也要进行一定调查研究，在取得比较充分的第一手资料后进行批示。

（3）分配维护任务。根据维护的内容向系统软、硬件人员进行任务分配，并定出完成期限和其他有关要求。

（4）验收工作成果。当有关人员完成维护性任务后，由维护小组和用户人员验收成果，并将新的成果正式投入使用。同时，也要验收有关的资料，如将程序的第二版本改为第三版本时的说明及源程序等。

另外，系统的维护工作需要使用很多资源，对于某些重要的修改，甚至可看成是一个小系统的开发项目。因此，也要求按照系统开发的步骤进行。

系统维护中的绝大部分问题源于系统分析和系统设计阶段，而程序代码本身造成的错误比例并不高。

从系统维护的特点可以看到，系统维护工作是直接受到系统可维护性影响的。影响系统可维护性主要有以下三个因素：可理解性、可测试性、可修改性。三个可维护性因素是密切相关的，只有正确地理解，才能进行恰当的修改，只有通过完善的测试才能保证修改的正确，防止引入新的问题。

提高系统可维护性应从系统分析与设计开始，直至系统实施的开发全过程，在系统维护阶段再来评价和注意可维护性为时已晚。所以提高系统可维护性的工作应贯穿系统开发过程的始终。

系统维护工作并不仅仅是技术性工作，为了保证系统维护工作的质量，需要付出大量的管理工作。系统投入运行后，事实上在一项具体的维护要求提出之前，系统维护工作就已经开始了。系统维护工作，首先必须建立一个维护组织，确定系统维护工作应遵循的原则和规范化的过程。此外，还应建立一套用于具体系统维护过程的文档及管理措施及进行审批的标准。

7.2　管理信息系统安全管理

信息安全管理是管理信息系统安全的重要组成部分，管理是保障信息安全的重要环节，是不可或缺的。实际上，大多数安全事件和安全隐患的发生，与其说是技术上的原因，不如说是由于管理不善而造成的。因此可以说，管理信息系统的安全是“三分靠技术，七分靠管理”，可见管理的重要性。安全管理的内容十分广泛，贯穿于管理信息系统规划、设计、实施、运行、维护等各个阶段。

从安全的角度来看，任何管理信息系统都是有安全隐患的，都有各自的系统脆弱性和漏洞，零风险的管理信息系统只是一种理想状态，是一个可期而不可达的目标。因此，在实际应用中，管理信息系统成功的标志是风险的最小化和可控性，并非是零风险。安全的威胁因素包括硬件故障、软件故障、人员行为、终端访问渗透、数据窃取、程序错误、远程通信及灾难和供电问题等，可以将这些威胁概括为灾难、系统安全问题，系统错误和质量问题等。

灾难是指人为引起的灾难或者自然灾难，包括水灾、火灾、雷电、电力故障及其他导致信息系统瘫痪的灾难。

系统安全问题是指未经授权的任何个人或者组织利用任何手段进入企业管理信息系统，并且修改和窃取数据文件，对系统的软、硬件或者数据文件进行破坏所引发的问题。可以说计算机黑客入侵、计算机病毒泛滥是目前信息系统最为突出和最为严重的安全问题。

系统错误问题是指由于数据处理错误、数据传输错误、程序错误、计算机硬件及软件错误等引发的系统本身的错误。这种错误不仅会导致产生错误的信息，给决策者提供错误的决策依据，严重的还会导致整个系统瘫痪。系统的质量问题是指由于系统软件或者数据存在缺陷而引发的系统问题。

7.2.1 安全管理需求

管理信息系统的安全不是一个局部问题，不可能只依靠某个产品就解决所有的安全问题，而是要从一个整体的角度出发，针对系统的各个层次、各个环节采取不同的防范措施与管理手段，并且互相补充、联合动作。从技术角度来看，管理信息系统安全一般包括计算机安全、网络安全、信息安全、系统运行安全等方面。

1．计算机安全

对于单独运行的计算机系统而言，计算机安全的主要目标是保护计算机资源免受毁坏、替换、盗窃和丢失。这些资源涵盖计算机设备、储存介质、软件、计算机输出材料和数据等。

计算机安全主要包括进入计算机系统之后，对文件、程序等资源的访问进行控制；防止或控制不同种类的病毒和计算机破坏程序对计算机施加的影响；对信息编码和解码，以保证只有被授权人才能访问信息，即加密；保证计算机装置和设备的安全；伴随网络和电信系统增长的通信安全问题；计划、组织和管理计算机相关设备的策略和过程，以保证资源安全。

2．网络安全

相对于计算机安全，网络安全主要关心联网设备上的系统、程序和数据的安全。计算机系统的互联在大大扩展信息资源共享空间的同时，也将其本身暴露在更多的能够损坏或毁坏计算机系统和数据的攻击之下。因此，正是由于网络的独有特点增加了网络安全问题发生的可能性。网络安全涉及网络的各个层面，包括物理层、链路层、网络层的安全，也包括操作系统、应用平台、应用系统等的安全。当内部网络通过路由器同 Internet 互联后，网络除了面临来自其自身的内部威胁外，还有来自于 Internet 庞大系统的外部威胁。

3．信息安全

计算机安全和网络安全的核心问题是信息安全。信息安全是指防止信息财产被故意地或偶然地非授权泄露、更改、破坏，或是信息被非法系统所辨识或控制，即确保信息的完整性、保密性、可用性和可控性。信息安全主要包括信息的存储安全和信息的传输安全两个方面。

信息的存储安全指信息在静止存放状态下的安全，包括是否会被非授权调用等。信息的传输安全是指信息在流动传输状态下的安全，主要包括对网上信息的监听、对用户身份的仿冒、对网络上信息的篡改，以及对发出信息的否认等。

4．系统运行安全

系统在运行过程中有良好的操作规程和制度，对系统的操作和运行维护有必要的措施。如数据备份与恢复机制、系统权限管理制度等。

信息安全管理的目标是在组织管理、人员、应用程序、数据库、操作系统、网络、硬件等各个层次上建立安全防范机制和审计机制，防范恶意攻击、非法访问、盗窃篡改数据、中断服务和防范病毒等。因此，需要从安全的不同需求方面，即从安全威胁预警、安全防护、安全管理、安全响应多个方面着手建立，争取在整个系统范围内做到安全的主动控制，而不是被动地防护。另外，还应从不同的角度来考虑安全问题，根据需要逐步考虑网络级安全、系统级安全、应用级安全和管理级安全。这样做的目的是力求最大限度地主动控制各种安全威胁和安全风险，当威胁到来时可以尽量把其抵挡在外或延迟攻击的发生，使企业有足够的时间来进行响应，力求把影响减到最小。

7.2.2　管理信息系统的安全策略

管理信息系统的安全策略是为了保障系统一定级别的安全而制定和必须遵守的一系列准则和规定，它是考虑到入侵者可能发起的任何攻击，以及为使系统免遭入侵和破坏而采取的必然措施。实现信息安全，不但要靠先进的技术，而且还要靠严格的安全管理、法律约束和安全教育。不同组织机构开发的信息系统在结构、功能、目标等方面存在着巨大差别。因而对于不同的信息系统必须采取不同的安全措施，同时还要考虑保护信息的成本、被保护信息的价值和使用的方便性之间的平衡。一般来说，信息安全策略的制定要遵循以下几个原则。

1. 选择先进的网络安全技术

先进的网络安全技术是网络安全的根本保证。用户应首先对安全风险进行评估，选择合适的安全服务种类及安全机制，然后融合先进的安全技术，形成一个全方位的安全体系。

2. 进行严格的安全管理

根据安全目标，建立相应的网络安全管理办法，加强内部管理，建立合适的网络安全管理系统，加强用户管理和授权管理，建立安全审计和跟踪体系，提高整体网络安全意识。

3. 遵循完整一致性

一套安全策略系统代表了系统安全的总体目标，贯穿于整个安全管理的始终。它应该包括组织安全、人员安全、资产安全、物理与环境安全等内容。

4. 坚持动态性

由于入侵者对网络的攻击在时间和地域上具有不确定性，因此信息安全是动态的，具有时间性和空间性，因而信息安全策略也应该是动态的，并且要随技术的发展和组织内外环境的变化而变化。

5. 实行最小化授权

实行最小化授权是指任何实体只具有该主体需要完成其被指定任务所必需的特权，再没有更多的特权，对每种信息资源进行使用权限分割，确定每个授权用户的职责范围，阻止越权利用资源行为。这样可以尽量避免信息系统资源被非法入侵，同时减少损失，阻止越权操作行为发生。

6. 实施全面防御

建立起完备的防御体系，通过多层次机制相互提供必要的冗余和备份，通过使用不同类型的系统、不同等级的系统获得多样化的防御。若配置的系统单一，那么一个系统被入侵，其他的系统也就不安全了。要求员工普遍参与到网络安全工作中来，提高安全意识，集思广益，把网络系统设计得更加完善。

7．建立控制点

在网络对外连接通道上建立控制点，对网络进行监控。实际应用当中，在网络系统上建立防火墙，阻止从公共网络对本站点的侵袭行为，防火墙就是控制点。如果攻击者能绕过防火墙（控制点）对网络进行攻击，那么将会给网络带来极大的威胁，因此，网络系统一定不能有失控的对外连接通道。

8．监测薄弱环节

对系统安全来说，任何网络系统中总存在薄弱环节，这常成为入侵者首要攻击的目标。系统管理人员应全面评价系统的薄弱环节，确认系统各单元的安全隐患，改善薄弱环节，尽可能地消除隐患，同时还要监测那些无法消除的缺陷的安全态势，必须报告系统受到的攻击，及时发现系统漏洞并采取改进措施，增强对攻击事件的应变能力，及时发现攻击行为，跟踪并追究攻击者。

9．失效保护

一旦系统运行错误、发生故障时，必须拒绝入侵者的访问，更不能允许入侵者跨入内部网络。

安全风险防范对策如表 7.1 所示。

表 7.1　安全风险的防范对策

风　险		安全对策
用户风险	身份假冒	身份认证
	身份窃取	身份认证
	非授权访问	访问授权管理
	重放攻击	鉴别、记录、预警
	否认	审计、记录
	深度入侵	预警、阻断
数据风险	窃取	实体安全、加密
	篡改	完整性检验
	毁坏	灾难恢复
	有害数据（病毒）侵入所造成的破坏	检测、过滤、分析、捕获
应用和服务风险	非授权访问	访问授权
	身份假冒	身份认证
	密钥管理漏洞	CA、KDC、PKI
	数据库自身的漏洞	检测、打补丁、升级
	操作系统自身的漏洞	漏洞检测、打补丁、升级
	服务的脆弱性及漏洞	检测、打补丁、更新
	应用系统自身的缺陷	更新完善

（续表）

风　险		安全对策
服务器风险	入侵探测	实时监测、预警、回火
	非授权访问	访问控制
	策略漏洞	策略管理、检查
	系统配置缺陷	检查、调整
	系统版本	检测、更新
	系统平台	评测、选择
	实体安全缺陷	防辐射、防橇、防雷击
	服务器所存在的陷门和隐通道	尚无相应的解决技术及产品
网络风险	入侵探测	检测、预警、回火
	设备攻击	实时监测、管理、维护
	通道保密强度	采用高强度加密产品
	网络设备配置缺陷	定期检测、加强配置管理、日志、审计
	网络设备物理安全缺陷	更新
	网络设备存在的陷门和隐通道	尚无相应的解决技术及产品
	网络设备实体的安全	防盗、防辐射、防雷击

7.3 管理信息系统的运行管理

管理信息系统的运行管理主要是对系统每天运行状态、数据输入/输出情况及系统的安全性与完备性及时如实记录和处置。本项工作主要由系统运行管理人员来完成。

管理信息系统的运行管理工作必须要由一个专门的信息管理机构负责。信息管理机构的主要职责是信息的管理和信息系统的管理，该机构应由技术人员、管理人员及既懂技术又懂管理的复合型人员组成。

管理信息系统的运行管理主要分为系统运行的日常管理及系统运行状况的记录。

日常运行管理主要包括机房的管理、设备和耗材的管理、人员的管理、操作管理、安全管理、维护管理及系统运行情况的记录和日志归档等。机房的管理是指要保障机房的良好环境，注意防火、防尘、防潮、防磁、控制机房的温度等；设备和耗材的管理是指做好设备的日常保养、故障的诊断与排除以及易耗品的使用、更换与安装等；人员的管理是指落实各级人员的岗位责任和使用权限；操作管理是指制定系统的操作规程；安全管理主要包括软件安全、数据安全、系统运行安全的管理等，主要措施有加密技术、备份、病毒的防范、防盗和防窃等；维护管理是指程序、文件、代码的局部修改，必须通过一定的批准手续。

系统运行情况的记录是指对系统的任何操作都要详细记录时间、内容、用途、使用者姓名及系统运行情况等信息都要及时、准确、完整地记录下来。因为整个系统运行情况的记录能够反映出系统在大多数情况下的状态和工作效率，对于系统的评价与改进具有重要的参考价值。除了记录正常情况外，系统运行发生的不正常情况，应将所见的现象、发生的时间及可能原因做尽量详尽的记录。系统运行记录有人工记录和计算机自动记录运行日志两种。系统运行情况无论是自动记录还是手工记录，都应作为文档长期保存。

管理信息系统运行管理另一项重要工作是对数据的管理。数据管理包括输入数据、输出数据和存储数据的管理。对于输入数据，要制定统一的标准和要求，确保数据的完整性、准确性和安全性，并根据这些要求设计控制方法。对输出数据，要建立输出结果的检查制度和高效的传递机制，保质按时地提供到使用者手中。对于存储数据，为了防止数据和文件的丢失和有意无意地破坏，应有加密和保护措施。另外，还应做好数据和文件的备份和归档保存等管理工作。

同时，为了保证运行管理工作的顺利进行，应制定相应的系统运行管理制度。

7.4 系统评价

严格地讲，在管理信息系统开发的整个过程中，每当完成了一个工作阶段或步骤，都应该进行评价。对新系统的全面评价是在新系统运行了一段时间之后进行的。

新系统的建立花费了大量的资金、人力和物力，系统性能究竟怎样呢？不仅对用户来说是重要的，也是系统开发人员所关心的。因此，必须经过系统评价，对新系统质量进行全面考核，才能回答这些问题。新系统不可能尽善尽美，通过评审可以发现问题、解决问题，并进行必要的修改与维护。

管理信息系统应从技术和经济两方面进行评价，即功能评价和经济效益评价，同时作为应用于社会的人—机应用系统，还要进行社会效益的评价。管理信息系统中包括了信息资源、技术设备、人和环境的诸多因素，系统的效能是通过信息的作用和方式表现出来的，而信息的作用又通过人在一定的环境中，借助以计算机技术为主体的工具进行决策和行动表现出来的。管理信息系统的效能既有有形的，也有无形的；既有直接的，也有间接的；既有固定的，也有变动的。所以，管理信息系统的评价具有复杂性和特殊性。

所谓系统评价是对一个管理信息系统的性能进行估计、检查、测试、分析和评审，包括用实际指标与计划指标进行比较及评价系统目标实现的程度。

对新系统进行评价的目的是检查管理信息系统的目标、功能及各项指标是否达到设计要求，满足用户要求的程度如何。检查管理信息系统中各种资源的利用程度，包括人、财、物及软、硬件资源等方面的作用情况。根据评审和分析的结果，找出系统的薄弱环节并提出改进的意见。

系统评价的指标是进行系统评价、新旧系统对比分析的依据。对一个管理信息系统来说，评价指标可分为经济指标、性能指标和管理指标三个方面。

1. 系统性能指标

（1）人机交互的灵活性与方便性。

（2）系统响应时间、吞吐量或信息处理速度满足管理业务需求的程度。

（3）输出信息的正确性与精确度。

（4）单位时间内的故障次数与故障时间在工作时间中的比例。

（5）系统结构与功能的调整、改进及扩展、与其他系统交互或集成的难易程度。

（6）系统故障诊断、排除、恢复的难易程度。

（7）系统安全保密措施的完整性、规范性与有效性。

（8）系统文档资料的规范、完备与正确程度等。

2．与直接经济效益有关指标

（1）系统的投资额。包括系统硬件及软件的购置、安装，应用系统的开发等所投入的资金、人力、材料等成本。

（2）系统运行费用。包括消耗性材料费用、系统投资折旧费、硬件维护费及电等其他费用。

（3）系统运行新增加的效益。主要反映在成本降低、库存积压减少、流动资金周转加快与占用额减少、销售利润增加及人力的减少等方面。新增效益可采用总括性的在同等产出或服务水平有无信息系统所致的年生产经营费用节约额来表示。

（4）投资回收期。投资回收期为通过新增效益逐步收回投入的资金所需的时间，它也是反映信息系统经济效益好坏的重要指标。经简化后不考虑贴现率的投资回收期，可用下面公式计算：

$$T=t+I/(B-C)$$

式中　T——投资回收期（年）；

t——资金投入至开始产生效益所需的时间（年）；

I——投资额（万元）；

B——系统运行后每年新增的效益（万元/年）；

C——系统运行中每年所花费的开销（万元年）。

3．与间接经济效益有关指标

间接经济效益是通过改进组织结构及运作方式、提高人员素质等途径，促使成本下降。利润增加而逐渐地间接获得的效益，由于成因复杂，只能做定性分析，所以间接经济效益也称为定性效益。一般地，间接经济效益有关指标如下。

（1）对组织为适应环境所做的结构、管理制度与管理模式等的变革会起巨大的作用，这种作用一般无法用其他方法实现。

（2）能显著改善企业形象，对外提高客户对企业的信任度，对内增强员工的自信心和自豪感。

（3）使管理人员获得许多新知识、新技术与新方法，进而提高他们的技能素质，拓宽思路，进入学习与掌握知识的良性循环。

（4）系统信息的共享使部门间管理人员的联系更紧密，提高他们的协作精神及企业的凝聚力。

（5）能对企业的基础管理产生很大的作用，为其他管理工作提供有利条件。

完成系统评价工作后，应提交系统评价报告，就新系统的概况，系统组成，设计目标的实现程度，系统的可靠性、安全保密性、可维护性等的实现情况，系统的经济效益和社会效益等方面做出客观的评价。

4. 管理指标

（1）领导、管理人员对系统的态度。

（2）管理信息系统的使用者对系统的态度。

（3）外部环境对系统的评价。

系统评价小组根据上述内容对系统做出一定的评价后，要指出系统存在的问题和今后的改进方向，并写出评价报告，作为系统改进和下次评价的依据。

从广义上理解，系统评价应是贯穿整个生命周期各个阶段的重要决策和工作环节。在系统分析阶段通过评价进行可行性分析；在系统运行与维护阶段要不断进行功能、性能及效益的评价。而一般从狭义上理解，系统评价为系统投入运行以后的评价。

管理信息系统在投入运行后，在应用的不断深入过程中，伴随着应用环境的发展变化、管理科学及信息技术水平的不断提高。因此，有必要不断对系统进行评价，一方面应对系统当前状态有明确的认识，另一方面也为系统今后的发展和提高做准备。

7.5 酒店 MIS 系统维护实例

1. 系统使用的安全性

酒店管理信息系统使用时的安全性主要体现在操作员的权限和对业务流程的控制方面。前者要对各类操作员所涉及的业务内容进行详细的划分，防止其进入他人的业务范围。例如，在点单模块中，每个操作员只能删除自己输入的内容，不能删改其他人的工作成果。系统对所有由人工输入或删除的业务数据都有详细的在线记录，作为系统的运行日志供系统维护人员或酒店经理查询。

对业务流程的控制主要体现在防止人—机交互时的二义性，即避免系统的输入/输出数据与实际情况的差异。例如，酒店经常推出各种各样的促销和优惠活动，这些活动一般都体现在对客人费用的减免或赠送上。但是有些客人对自己应当享受的优惠并不是完全了解或者不太在意，这就可能出现这种情况：客人已按全额结账付款并离店，但计算机中记载的却是执行临时优惠政策后的收费金额。这种现金被私下截留的现象，虽然对酒店的直接收益并没有造成损失，但在声誉上却很受影响。因此，在考虑软件的业务连锁关系时就应当加以控制，避免这种情况发生。

另外，对于非 Client/Server 结构下的网络工作站，系统管理员要采取特殊措施，删减或彻底屏蔽其 Windows 桌面上的其他内容。在保证酒店业务正常进行的条件下，防止操作人员执行或打开与应用系统无关的程序或对象，避免其对酒店管理软件特别是对网络服务器的干扰。

2. 加密措施

为了保护开发者的著作权和使用者的利益，在应用软件上采用一种软、硬结合的简便的加密保护措施，即利用网络工作站和服务器硬件资源的特征性参数在网络上采取双向的多级算法的加密措施，来确认合法的用户。

由于每一台计算机的硬件在配置细节上是互不相同的，如 CPU 的类型和型号、内存和硬盘的类型容量、BIOS 和网卡的序号及网络所采用的通信协议、地址等。可以设计一个小程序将这些硬件和网络信息收集起来，再经过一系列特殊的算法处理过程就能生成该计算机所独有的一个 ID 号。用户首次在某台计算机上使用有关应用软件时，系统会显示出该机的 ID 号，然后用户必须向开发者通报该号码。当开发者确认是合法用户提供的 ID 号时，便将该号码输入一个极复杂的算法模型中运算，得到另外的一组新的应用软件使用许可号码并通知该用户。用户一次性输入该许可号码，则该应用软件可在计算机的硬件配置不变的前提下正常使用。当用户改变计算机的配置或想在另一台计算机中使用该应用软件时，则必须将新的 ID 号通知开发者，获得许可后方能使用。

3．系统调试

如前所述，应用系统软件由若干个子系统组成，每个子系统又由若干个模块(程序或控件）组成。所以可以把调试工作分为模块（程序）调试、分调（子系统调试）、模拟联调、现场联调和并行查错五个层次。在各调试过程中按照开发人员、使用者单独进行和双方联合进行的次序，分别检测出各方面的问题和漏洞。随后，将修改过的软件交付用户进行试运行，或者将其与修改前的软件并行使用，在保证基本业务正常运行的前提下开展动态测试，在实际操作和使用过程中找出软件的缺陷。

4．系统维护

1）系统说明文件

在系统开发和调试过程中，利用辅助工具软件，编写和整理出一份详细和全面的系统联机帮助文件，同时编制出相应的软件使用手册。这些文档资料既可提交给用户为今后使用和维护该系统做指导，也是鉴定和验收该系统时不可少的技术资料。

2）系统转换

在基本完成系统测试工作的基础上，就可以开始进行系统转换工作了。系统转换就是按预定计划用不断更新的计算机系统代替原有手工系统的一系列过程，它的最终目的是将软件的全部控制使用权移交给用户，用户逐步甩掉绝大部分的手工操作。为了使系统能够按预期目标正常投入运行，对用户进行必要的培训则是在系统转换之前不可忽视的一项工作。系统的转换方式通常有三种，而对于酒店管理信息系统而言，采用分段转换的方式比较适宜。

分段转换方式采取子系统分期多批逐步移交的方式。一般比较大的系统而且模块细化明确、关联简单者采用这种方式较为适宜，它能保证平稳运行，费用也不大。采用分段转换时，各子系统的转换次序及转换的具体步骤均应根据具体情况灵活考虑，通常可采用如下策略。

(1)按功能分阶段逐步转换。首先确定该系统中的一个主要的业务功能，在该功能运行正常后再逐步增加其他功能。

(2)按部门分阶段逐步转换。先选择系统中一个合适的部门，在该部门试运行，获得成功后，再逐步扩大到其他部门。

（3）计算机设备分阶段逐步转换。先从简单的设备开始转换，再推广到整个系统。

3）系统维护

酒店管理信息系统是一个相当复杂的人—机交互系统，系统的内、外部环境以及各种人为的、设备的和软件的因素都在不断地变化着。为了使系统能够适应这种变化并逐步地完善和健全，就需要随时进行细致和周到的系统维护。

根据维护活动具体内容的不同，可以将各类维护细分成程序维护、数据维护、编码维护和设备维护四种情况。程序维护指改写一部分或全部程序，通常要充分利用原有的程序框架。数据维护是指不定期地对数据文件或数据库进行整理和修补，这里不包括数据库的定期更新。编码维护或变更包括设置、修正、重新排列、添加和删除数据项等内容。设备维护指的是有关人员要定期对设备进行检查和保养，并设立专门的设备故障登记表和检修登记表，以便设备维护工作的开展。除了设备维护之外，其他的以软件方式进行的维护都能通过网络在远程进行。

本 章 小 结

本章介绍了管理信息系统的维护、运行管理及评价。

管理信息系统的维护阶段是系统生命周期的最后一个阶段，也是很重要的一个阶段，新系统是否有生命力取决于此阶段的工作。系统维护的目的是保证管理信息系统正常而可靠地运行，并能使系统不断得到改善和提高，以充分发挥作用。因此，系统维护就是为了保证系统中的各个要素随着环境的变化始终处于最新的、正确的工作状态。

运行与维护阶段的主要任务是做好系统的正常管理和维护工作，使系统经常处于良好状态，在系统运行中根据环境变化和用户要求不断修改、扩充软件，使目标系统更加完善。

系统维护工作的内容大致有程序的维护、数据库的维护和编码的维护。按照系统维护的不同性质，可以分为纠错性维护、适应性维护、完善性维护和其他维护四种类型。

信息安全管理是管理信息系统安全的重要组成部分，管理是保障信息安全的重要环节，是不可或缺的。威胁信息系统安全的因素包括硬件故障、软件故障、人员行为、终端访问渗透、数据窃取、程序错误、远程通信及灾难和供电问题等，可以将这些威胁概括为灾难、系统安全问题、系统错误和质量问题等。

从技术角度来看，信息系统安全一般包括计算机安全、网络安全、信息安全、系统运行安全等方面。

信息安全策略有选择先进的网络安全技术；进行严格的安全管理；遵循完整一致性；坚持动态性；实行最小化授权；实施全面防御；建立控制点；监测薄弱环节；和失效保护。

管理信息系统的运行管理主要是对系统每天运行状态，数据输入/输出情况，以及系统的安全性与完备性及时如实记录和处置。管理信息系统的运行管理主要分为系统运行的日常管理及系统运行状况的记录。

系统评价是对一个管理信息系统的性能进行估计、检查、测试、分析和评审，包括用实际指标与计划指标进行比较，以及评价系统目标实现的程度。对新系统进行评价的目的是检查信息系统的目标、功能及各项指标是否达到设计要求，满足用户要求的程度如何；检查信息系统中各种资源的利用程度，包括人、财、物及软、硬件资源等方面的作用情况。评价指标可分为经济指标、性能指标和管理指标三个方面。

习　题

一、选择题

1．经济效益评价中，提高管理效率属于管理信息系统的____。

A．间接效益　　B．直接效益　　C．管理效益　　D．开发效益

2．以下哪种系统转换方式的风险较小____。

A．直接转换　　B．平行转换　　C．分段转换

3．统计资料表明，软件系统的故障大部分发生在____。

A．系统分析阶段　B．系统设计阶段　C．系统转换阶段　D．系统维护阶段

4.在大型软件系统运行期间，用户难免会发现程序中的错误，这就要对错误进行____。

A．改正性维护　　B．适应性维护　　C．完善性维护　　D．安全性维护

5．用于维护管理员评价维护工作有效性的主要依据是（　　）。

A．维护组织　　B．维护报告　　C．维护记录　　D．维护的事件流

二、填空题

1．系统运行阶段的工作包括__________、__________、__________。

2．系统维护是指在管理信息系统交付使用后，为了改正系统中存在的错误及______而修改系统的过程。

3．系统是否能被很好地维护，可用系统的________来衡量。

4．________是所有软件都应具备的基本特点。

5．代码的维护是一项难度很大的工作，其困难不仅是代码本身的变动，而在于新代码能不能贯彻执行，为此________管理部门和________部门要共同负起责任。

6．对管理信息系统用货币指标进行评价时，主要是评价_________、_________和年生产费用节约额等指标。

7．MIS 投入运行后的日常运行管理内容，除机房、设备管理之外，还包括每天运行状况、数据输入/输出情况及系统的__________等的如实记录。

8．管理信息系统运行中的设备折旧、租金、人工费和消耗品费等总称为_________费用。

9．系统维护包括程序的维护，__________的维护和代码的维护。

10．维护应该针对__________，针对不应该只修改源程序代码。

11．为了避免片面性，系统评价通常由__________、__________共同进行。

12．要搞好系统的运行工作，首先要建立完备的________________。

13．软件系统的文档可以分为____________、____________两类。

三、简答题

1．什么是系统维护，维护工作中常见的问题有哪些？

2．什么是软件可维护性，系统的可维护性的评价指标有哪些？

3．简述维护活动的内容和类型。

4．请简要说明管理信息系统质量评价指标。

5．简要说明从哪几个方面进行设备运行效率的评价。

6．如何做好系统的运行维护工作？

第 8 章

管理信息系统开发的项目管理

8.1 管理信息系统开发中的项目管理

一般来讲，企业管理信息系统的建设是一个比较大型的项目，完全达到预先设定的系统目标几乎是不可能的，也曾有专家指出“计划完成或者达到预定目标的大型工程从来都只是梦想”。在项目的开发过程中会出现很多预想不到的问题，我们不得不采取相应的措施来预防和解决，而这些问题在制订系统目标时是无法控制的。虽然我们不能完全达到系统的预定目标，但是我们必须不断地向系统目标前进，明确能够实现的目标，顺利地完成相应的工作，以最经济、资源利用最有效的方式最终满足项目相关各方的需要。“三分技术，七分管理”是对管理信息系统项目开发与实施的高度概括，这种概括说明了项目管理的重要性。

项目是为完成某一独特的产品或服务所做的一次性努力。项目管理是指在一定资源，如时间、资金、人力、设备、材料、能源、动力等约束条件下，为了高效率地实现项目的既定目标（即到项目竣工时计划达到的质量、投资、进度），按照项目的内在规律和程序，对项目的全过程进行有效的计划、组织、协调、领导和控制的系统管理活动。项目是具有明确目标的一次性任务，具有明显的生命周期，阶段性强。项目管理要解决的基本问题就是如何按所选择的研制方法，对开发项目进行有效的计划、组织、协调、领导、控制。

项目的管理是“一把手”工程，领导参与是关键。项目经理必须合理配置项目参加人员，制订项目建设的有关规范，及时产生详尽的报表，正确评价项目的进展情况。

近年来，世界各国都开始对信息系统的建设实施项目管理，不少软件开发商还提供了项目管理软件，如美国微软公司的 Project 2000、美国 Primavera 公司的 Project Planner P3 和 OS/23.0、我国北京梦龙公司的 PERT 3.0 等。这些软件主要用于编排项目的进度计划，通过资源的分析和成本管理，合理配置资源使计划进度更为合理，同时按计划来安排工程进度，并对进度进行动态跟踪与控制等。

具体的项目管理的内容，大体涉及以下几方面：任务划分，时间进度安排，资金管理，质量管理和风险分析与管理。

8.1.1 管理信息系统项目的特点

管理信息系统开发也是一项系统工程项目，开发是一项长期的任务，必须根据企业组织的改革、发展的需要和可能，分成若干项目，分步进行开发。管理信息系统的“开发项目”包含系统分析、设计和实施的整个过程。它由项目经理负责，利用可获得的资源为用户组织系统的建设。

如同其他工程项目一样，研制开发一个管理信息系统也需要在给定的时间内计划、协调和合理使用配置各种资源。对管理信息系统进行项目管理的重要性有以下几点。

（1）可以进行系统的思考，进行切合实际的全局性安排。

（2）可为项目人力资源的需求提供确切的依据。

（3）通过合理的计划安排对项目进行最优化控制。

（4）能够提供准确、一致、标准的文档数据。

管理信息系统项目的建设有其自身的特点。

（1）管理信息系统和其他产品不同，信息是一种是无形的，没有物理属性的，看不见、摸不着、难以理解的“逻辑”产品。

（2）管理信息系统的需求难以明确且频繁变更。由于用户的成熟度或责任心的原因，用户刚开始时无法给出明确的需求。在开发过程中，需求可能一步步清晰，因此需要经常地修改程序与文档。

（3）管理信息系统的开发难以在早期发现问题。由于开始时需求不明确，加上后期修改可能没有进行全局性的考虑，产生的问题难以从早期的文档中直观地发现，需要等系统设计出来后才会发现。

（4）项目成员对文档的重视不够。符合用户需求的高质量系统需要依赖于大量准确规范的文档编辑工作，但项目组成员对它并不感兴趣，很少愿意认真去做，因而直接影响了系统的质量。

（5）管理信息系统开发是“劳动密集型＋智力密集型”的工作。系统开发过程需要大量高强度的脑力劳动，并且都是手工劳动，这些劳动非常细致、高度复杂、容易出错，使软件的正确性难以保证。对于不深入掌握软件工程知识或缺乏软件开发实践经验的人员，是难以做好管理信息系统开发项目管理的工作。

8.1.2 管理信息系统开发中的项目组织

要想保证管理信息系统开发工作的顺利启动，首先要建立项目的组织机构——项目组。项目组可以由负责项目管理和开发的不同方面的人员组成，项目组由项目组长或项目经理来领导。一般来说，可以根据项目经费的多少和系统的大小来确定相应的项目组。项目组根据工作需要可设若干小组，小组的数目和每个小组的任务可以根据项目规模、复杂程度和周期长短来确定，可以设立的小组有：过程管理小组、项目支持小组、质量保证小组、系统工程小组、系统开发与测试小组、系统集成与测试小组等。一个好的项目组不一定能保证项目的成功，但一个差的管理组将肯定会导致项目的失败。因此，在建立项目组时要充分利用项目组每个成员的特长，坚持将正确的开发方法贯穿始终。

1．项目经理

项目经理（项目组长）是整个项目的领导者，其任务是保证整个开发项目的顺利进行，负责协调开发人员之间、各级最终用户之间、开发人员和用户之间的关系。同时，他拥有资金的支配权，可以把资金作为强有力的工具来进行项目管理，对项目经理的资金运用情况可采用定期向上级汇报等方法进行合理监督。

在实施项目管理工作过程中，项目经理要时刻注意系统的开发工作是否符合最初制订的目标规划；是否运用了预先选择的正确开发方法，人员分工是否合理，能够充分发挥个人才能等。只有目标明确、技术手段适用、用人合理，才能保证系统开发的顺利进行。

对于小型项目，项目经理可以独立进行工作，直接管理各类开发技术人员，必要时可以求得外部机构的支持；对于中型项目，应划分出各个任务的界限，由不同的人去管理，项目经理通过这些人来实施各项管理工作；对于大型项目，应有专门的管理机构进行辅助管理，项目经理应能保证其思想的实施，并通过管理机构对开发技术人员的工作实施管理，同时注意对其产品的审核。

2．过程管理小组

过程管理小组的任务是负责整个项目的成本及进度控制、进行配置管理、安装调试、技术报告的出版、培训支持等项任务，这是一个综合性的机构，用以保证整个开发项目的顺利进行。

3．项目支持小组

项目支持小组的任务是后勤支持，及时提供系统开发所需要的材料、设备；负责对项目开发成本进行核算；负责合同管理和安全保证等。尤其对于大型开发项目，由于涉及的资金多，开发人员多，材料消耗大，更要抓好科学管理。

4．质量保证小组

质量保证小组的任务是及时发现影响系统开发的质量问题，着手解决。问题发现越早，对整个项目的影响越小，解决起来难度越小，对系统开发的成本影响也越小，项目成功的把握就越大。

5．系统工程小组

系统工程小组的任务是将各开发过程按阶段划分出若干任务，规定好每项任务的负责人，任务目标，检验验收标准，最后完成期限等。只有明确了每项任务的责、权、利，才能保证开发工作得以顺利进行。

6．开发测试小组

开发测试小组的任务是利用系统开发的一些关键技术、开发模型及一些成熟的商品软件，进行各子系统的开发、集成，并对各子系统进行测试，这是整个项目开发的关键，要组织好该小组的每一位成员，采用统一的方法和标准进行工作。

7．系统集成与测试小组

系统集成与测试小组是把整个信息系统进行综合的过程，该小组的成员要充分注意软、硬件产品与所开发的信息系统之间的结合，注意最大限度地保证系统的可靠性和高效率的前提下，完成对信息系统的软、硬件的集成工作，并做好测试。

8.2 任务划分

任务划分（任务分解）就是把整个管理信息系统项目的开发工作定义为一组任务的集合，这组任务进一步划分为若干个子任务，子任务进一步进行细划，最后形成具有层次结构的任务群。任务划分是整个工作计划和监督工作执行的基础；是进行资金分配的基础；是明确工作职责，保证系统开发按时按质完成的基础。

进行任务划分是实施项目管理的第一步，也是关键的一步。具体的内容如下。

（1）任务设置。在统一文档格式的基础上，详细说明每项任务的内容，应该完成的文档资料，以及任务的验收标准等。

（2）资金划分。根据任务的大小、复杂程度，需要的软、硬件及技术等因素，确定完成该任务所需的资金及其使用分配情况。

（3）任务计划时间表。根据所设置的任务确定各任务的完成时间及计划。

（4）协同过程与保证完成性。主要是指在进行任务划分时，考虑为了完成该任务所需要的内、外部条件，即哪些人要协助、参与该项任务，确定保证任务按时完成的人员、设备、技术支持等。

在进行任务划分过程中，应特别注意以下两点。

（1）任务划分的数量应该适中，不能过多，也不能过少。任务划分过多，容易引起项目管理的复杂性和系统集成的难度；任务划分过少，将会使对项目成员的要求提高，特别是对各项任务的负责人，要求会更高。

（2）在任务划分后，对于各项任务的负责人，应该赋予他们一定的权力，明确其权力和义务，加强管理。

在项目管理实践中，通常使用工作分解结构法（Work Breakdown Structure，WBS）来进行任务划分。WBS 的主要用途如下。

（1）WBS 是一个描述思路的规划和设计工具。它帮助项目经理和项目团队确定和有效地管理项目的工作。

（2）WBS 是一个清晰地表示各项目工作之间的相互联系的结构设计工具。

（3）WBS 是一个展现项目全貌，详细说明为完成项目所必须完成的各项工作的计划工具。

（4）WBS 定义了里程碑事件，可以向高级管理层和客户报告项目完成情况，作为项目状况的报告工具。

WBS 应包含项目产品或服务结构、项目组织结构、项目的阶段划分等信息。

较好的工作分解带来的好处：防止遗漏项目的可交付成果；帮助项目经理关注项目目标和澄清职责；建立可视化的项目可交付成果，以便估算工作量和分配工作；帮助改进时间、成本和资源估计的准确度；帮助项目团队的建立和获得项目人员的承诺；为绩效测量和项目控制定义一个基准；辅助沟通清晰的工作责任；为其他项目计划的制订建立框架；帮助分析项目的最初风险。

进行任务分解时应当注意任务之间关于知识和技术的耦合程度，以及任务内关于知识和技术的内聚程度，以减少项目内耗。尽量做到低耦合，以降低对成员之间交流的依赖程度，让大多数成员（需要把握全局的骨干成员除外）无须考虑太多繁杂的、不相干的东西；尽量做到高内聚，让成员可以尽量发挥能力并获得项目的相关信息。

用 WBS 对管理信息系统开发项目进行任务分解，可以从两个方向进行：横向分解（对问题域进行拆分）和纵向分解（对实现过程进行拆分）。

横向分解：即百分百原则，指 WBS 分解不能出现漏项，也不能包含不在项目范围之内的任何产品或活动，横向分解到边。

纵向分解：即 WBS 分解要足够细，以满足任务分配、检测及控制的目的，纵向分解到底。

WBS 的分解还可以采用其他多种方式进行，包括按产品的物理结构分解；按产品或项目的功能分解；按照实施过程分解；按项目的地域分布分解；按照项目的各个目标分解；按部门分解；按职能分解等。这些分解方式可按实际情况灵活运用、混合使用。

任务划分是实现项目管理科学化的基础，尽管进行任务划分将花费一定的时间和精力，但是在整个信息系统项目的开发过程中，其优越性会表现得越来越明显。

8.3　进度计划管理

管理信息系统的项目进度管理是指项目管理者围绕项目要求编制计划并付诸实施，在此过程中要经常检查计划的实际执行情况，分析进度偏差原因，并在此基础上不断调整、修改计划，直至项目交付使用；通过对进度影响因素实施控制及各种关系协调，综合运用各种可行方法、措施，将项目的计划控制在事先确定的目标范围之内，在兼顾成本、质量控制目标的同时，努力缩短时间。

项目进度管理可以通过以下方式完成：制订项目里程碑管理运行表；定期举行项目状态会议，由项目开发方报告进度和问题，用户方提出意见；比较各项任务的实际开始日期与计划开始日期是否吻合；确定正式的项目里程碑是否在预期内完成。

1．编制项目进度计划

识别所有者或负责开发所有或部分项目进度计划的个人，以可交付物设置为里程碑，用于管理检查点来测量成果；在确定了里程碑之后，进行逻辑排序，确定工作方式，整合任务计划；审查批准进度计划。

2．控制项目的进度

项目经理（组长）一定要对整个项目的开发周期有一个清楚的了解，把任务的划分要以天为单位，不要以模块为单位。项目组成员要对自己的工作有一个大致的估计。每天检查并且做好记录。作为项目组长要多与开发人员进行交流，要调动大家的积极性，让大家主动解决问题而不要等待问题的解决。把一些难点提出，让大家共同克服，或者由一些技术比较精通的人来解决。解决完以后让大家共享。做好项目的总结，无论是难点还是非难点，只要有问题，一定要提出，并且解决完以后一定让大家都熟悉，这样有助于整体技术水平的提高。做到日清日结，是保证项目进度的关键所在。

3．项目进度管理

开展项目管理要从项目各要素及各专项进行管理，并综合协调。掌握正确的需求调研方法，快速得到高质量的需求信息，缩短调研时间，使设计和实施的时间比较富裕，从而缩短进度。缩短团队组建与磨合时间。

4．项目进度管理技术

1）PERT 技术

PERT 又称为计划评审技术（Program Evaluation & Review Technique，PERT）。20 世纪 50 年代后期，美国海军和洛克希德公司首次提出这一技术，几十年来，它在许多工程领域获得了广泛的应用，有时也因此称为工程网络技术。下面，结合一个简单的例子说明如何利用 PERT 制订进度安排。

首先，建立 PERT 图（又称工程网络图）。图 8.1 是一个简单的软件项目开发工作的 PERT 图。图 8.1 中，假定持续时间以月为单位计算。在 PERT 图中，箭头表示作业，如分析、设计等；圆圈表示事件，圈内标明事件的编号，所谓事件是指某项作业的开始或结束。一般地，事件仅表示时间点，并不消耗工程的时间和资源；作业则通常既要消耗资源又要持续一定时间。虚线箭头表示虚拟作业，不消耗任何时间和资源，只表明作业间的先后依赖关系，事实上此作业并不存在，在进度安排时不必考虑。例如，在图 8.1 中虚线箭头表明“测试方案设计”要在“概要设计”结束后才能开始。

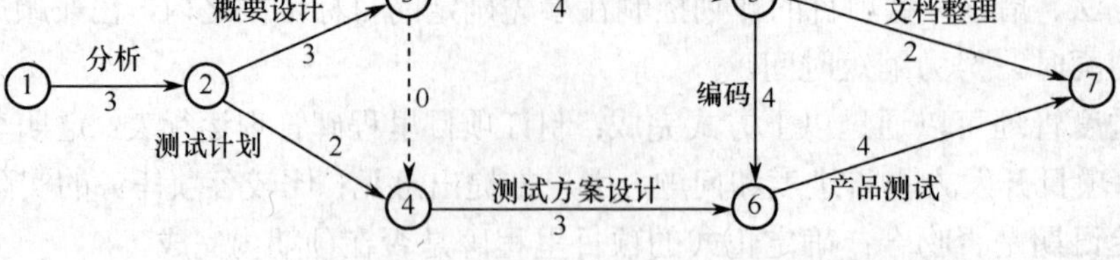

图 8.1　某简单的软件项目开发工作的 PERT 图

其次，计算每个事件的最早发生时刻（EET）和最迟发生时刻（LET），并在 PERT 图中标明。通常规定，起始事件的最早发生时刻为 0，工程最后一个事件的最迟发生时刻等于最早发生时刻。

对于事件的最早发生时刻 EET，其计算规则如下。

（1）考虑进入该事件的所有作业。

（2）对于每个作业都计算其起始事件的最早发生时刻 EET 与持续时间之和。

（3）选取上述和数中的最大值作为该事件的最早发生时刻 EET。

对于事件的最迟发生时刻 LET，其计算规则如下。

（1）考虑离开该事件的所有作业。

（2）对于每个作业都计算其结束事件的最迟发生时刻 LET 与持续时间之差。

（3）选取上述差数中的最小值作为该事件的最迟发生时刻 LET。

从计算规则可以看出，在计算 EET 时，是从起始事件开始计算到结束事件；在计算 LET 时，是从结束事件开始计算到起始事件。在上述计算规则中，事件的最早发生时刻 EET 表明了后续作业的最早开工时刻，因而应保证进入该事件的所有作业均做完；同样，事件的最迟发生时刻 LET 表明了进入该事件的所有作业的最迟结束时刻，应保证在最迟结束时刻开工时事件后续作业能如期完工。标上事件的最早发生时刻 EET 和最迟发生时刻 LET，完整的 PERT 图如图 8.2 所示。

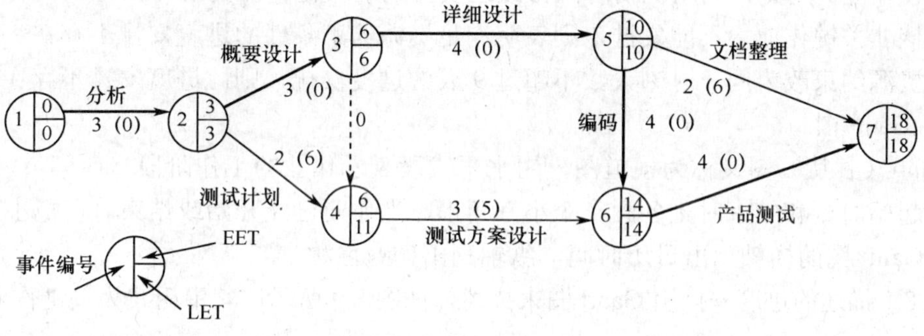

图 8.2　完整的 PERT 图

再次，确定关键路径。

从起点到终点，可能存在多条路径。其中，耗时最长的路径就是关键路径，因为它决定了工程完工所需的最短时间。显然，组成关键路径的作业（称为关键作业）必须如期完成；关键路径上的事件（称为关键事件）必须准时发生，即 EET 等于 LET。关键作业必须如期完成，表明关键作业没有机动时间。作业的机动时间计算公式：

作业的机动时间=作业结束事件的 LET−作业起始事件的 EET−作业的持续时间

对于图 8.2 中的作业，其机动时间标在圆括弧里。

将机动时间为 0 的作业收集起来，便可得到一条关键路径（如图 8.2 中的粗箭头所示）。

最后，在时间和资源的约束下，利用机动时间，安排进度。

在安排进度时，必须先保证关键作业得到满足，然后，利用机动时间安排非关键作业。即先无条件安排关键作业，再在约束条件下利用机动时间安排非关键作业。

假定有如下约束：“分析”需 8 人，“测试计划”需 4 人，“概要设计”需 5 人，“详细设计”需 8 人，“编码”需 10 人，“测试方案设计”需 2 人，“产品测试”需 3 人，“文档整理”需 3 人，且要求安排进度时同一时刻的人数不超过 10 人。

满足上述约束的一种进度安排方案如表 8.1 所示。

表 8.1 进度安排案

作业名称	起始时刻	结束时刻
分 析	0	3
测试计划	3	5
概要设计	3	6
详细设计	6	10
编 码	10	14
测试方案设计	6	9
产品测试	14	18
文档整理	16	18

对非关键作业在安排时，先考察该作业起始事件的 EET 和结束事件的 LET，以确定可安排的时间段。然后，考察在该时间段里能否安排该作业且满足资源约束，如存在，则安排该作业。否则，利用机动时间修改已安排的非关键作业的安排，再试；若无论如何修改该非关键作业均不能安排，则表明满足资源约束条件的进度安排不存在。例如，把上述资源约束改为同一时刻人数不超过 9 人的进度安排，则此进度安排不存在。

2）Gantt 图

Gantt（甘特）图又称为横道图，用水平线段表示作业的工作阶段（时间）；在每一作业的起始时刻和结束时刻各画一个小三角形，当作业已经开始或结束时，把小三角形涂黑；Gantt 图的横轴列出日历时间，纵轴列出作业名称。

表 8.1 描述的进度安排用 Gantt 图来描述，如图 8.3 所示，其中粗线为关键作业。

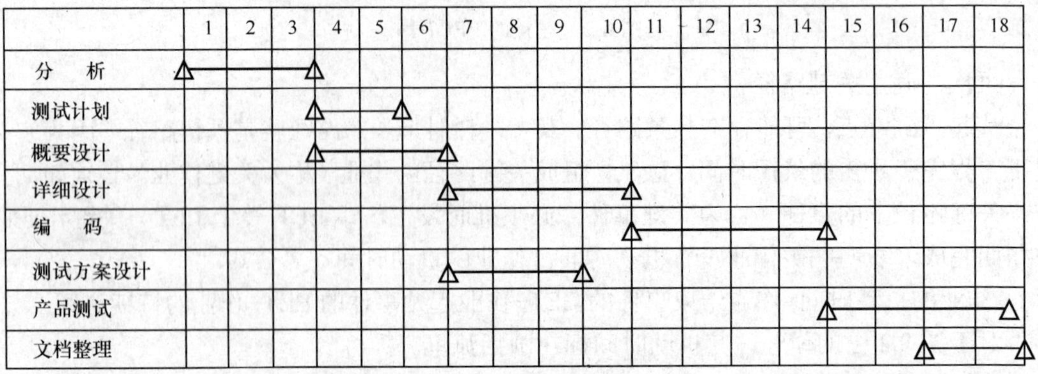

图 8.3 Gantt 图描述的进度安排

PERT 图能够显示各作业间的关系，但没有 Gantt 图那样简单直观。一般说来，两种方法可结合使用，以便取长补短，更好地进行进度安排。目前，这两种方法已在计算机上实现了相应的自动计划调度工具，对较大规模或较为复杂的软件项目来说，可起到一定的辅助和指导作用。

8.4　质量管理

在通常意义上讲，质量管理是为了保证和提高产品质量而进行的调查、计划、组织、协调、控制等一系列活动的总称。对于管理信息系统项目的质量管理，应该着眼于系统开发的各阶段。由于受系统项目本身的特点影响，对于管理信息系统项目的质量，不同人员会有不同的标准。对于用户来说，他们往往只关心其提出的要求能否得到满足，软件运行是否可靠，运行效率的高低及系统的适应性强弱等问题，至于系统内部结构如何、是如何开发实现的等，他们并不关心。对于开发人员，要求在系统开发的各阶段，工作高质量，并在总体目标约束下满足系统的质量要求。对于系统维护人员来说，他们对质量的要求往往是系统各阶段的文档资料清楚完整，系统的维护工作简便、易行。

项目开发的质量管理是整个管理信息系统质量保证的关键，而且系统开发初期的质量管理更为重要，它包括系统的开发质量与系统运行过程中的质量管理，因此质量管理应贯穿信息系统生命周期的全过程。错误发现得越早，就越易修改，所花代价就越小。据统计，如果修正在系统分析阶段隐藏的错误，所需费用为 1 时，那么拖到系统设计阶段才修正，则需 4 倍的费用，而到了系统运行阶段再修正，则需 30 倍的费用。因此，项目质量管理在一开始就应十分重视。

项目开发的质量保证包括如下几个方面的内容。

（1）确保获得完整正确的需求。

（2）在开发的每一阶段结束时，要充分审查并确保该部分工作与系统相协调。

（3）采用具有质量控制内容的程序开发规范，这包括结构化设计、结构化程序设计、程序逻辑性的独立检查和程序测试。

（4）规范的安装调试。

（5）事后审计评价。

在管理信息系统规划阶段要明确决策目标和解决手段是否正确合理？系统结构是否合理？系统资源是否有可利用性？管理信息系统开发的基础是否确实具备？工程计划安排是否切实可行？

在系统分析阶段要明确现行系统描述是否正确？新系统功能是否明确？新系统逻辑模型是否合理？子系统的划分是否合理？

在系统设计阶段要明确网络方案和软、硬件选型是否合理？模块的划分是否合理？数据结构设计是否合理？信息规范化程度如何？测试方案和测试用例是否完整？

在系统实施阶段要明确程序的结构化程度怎样？程序的正确性如何？运行的速度是否达到目标？安装测试报告是否内容规范、完整？技术指标的考核情况怎样？

在系统开发的全过程中，尤其在系统分析阶段运用质量控制和检查的方法，是质量管理的核心，也是使新系统满足管理人员要求的保证。

一般来说，可以采取下列方法与措施，对系统开发的全过程进行质量控制与检查。

（1）严格挑选系统开发组成员。

（2）加强培训工作。

（3）正确选择系统开发策略与方法。

（4）建立系统开发各阶段的质量检查制度。

（5）集体评议是质量检查的有效方法。

管理信息系统的质量控制指标如表 8.2 所示，而每个指标具体的定量值或定性要求则需要根据具体的信息系统而定，各项指标的重要程度也有赖于系统的应用领域与环境。

表 8.2 管理信息系统的质量控制指标

特性＼质量		特性内容
可用性	目的性	功能符合用户要求，信息处理高速化，作业效率提高
	操作性	易于学习，操作简便
	性能	响应速度，吞吐量等
正确性	可靠性	无故障运行
	准确性	数据的完整、准确、精确
	保密性	防止盗用破坏数据
	恢复性	出现故障后能自动恢复
适应性	维护性	能分析故障，及时修正
	扩充性	能变更、升级或扩充系统
	兼容性	与其他系统集成时能兼容
	可移植性	可方便地移植到其他系统环境
	连接性	能与其他系统相连接

8.5 人力资源管理

良好的人力资源管理对管理信息系统项目的成功有很大帮助。项目人力资源管理就是为了有效发挥所有项目参与人员作用的过程。项目人力资源管理主要分为人员规划、人员组织、人员发展三个主要内容。

项目中的人员规划是指在项目计划书的基础上撰写书面人员组织计划，包括项目虚拟组织架构并分配项目任务，明确各组成单位和个人的职责及报告关系。人员规划的主要作用是构建项目组织和职责，而且在项目实施的过程中可以根据情况适时调整。

在人员规划的过程中，要考虑以下几个问题。

（1）项目组成单位之间的组织关系。

（2）在什么时候需要具备什么技能的人。

（3）限制项目小组的制约因素有哪些。

人员规划往往是在全面分析和评估项目计划的基础上，综合考虑内、外部因素得出的项目组织框架和计划，主要内容应包括项目任务与职责分配明细（类似工作说明书）、人员管理计划（何时需要何种人及何时退出）和项目人员组织图（体现项目构成与报告关系）。

项目中的人员组织指挑选所需的人力资源，并将其安置在项目相应的位置上开展工作。项目组负责人必须保证项目成员能符合达成项目目标的要求，包括时间、质量等。结合人员规划中提到的人员管理计划，得到项目组人员配置的要求，进而确定成员胜任素质，可从工作经验、知识技能、兴趣、个性等方面进行考察，另外很重要的一点是能否在项目所需要的时间得到此人？

人员组织主要有以下方法。

（1）项目上级直接分配。

（2）在上级单位的支持下与各部门沟通协商取得。

（3）招聘项目临时人员。

这一阶段的主要工作是形成项目组人员名单，完成“人岗匹配”。

项目中的人员发展是指通过项目工作提高项目成员个人能力，并激励项目成员为达成项目目标而全力以赴的管理过程。项目中的人力资源管理的复杂性就在于项目组成员对部门经理和项目经理具有双重报告关系，而这种关系的有效管理是项目成功的重要因素之一。人员发展的主要工作包括人员培训、绩效评估与反馈、奖励体系设计和运用等内容。

在项目管理的各要素当中，人是项目实施的主体。离开人，项目管理就失去了意义。项目中的人力资源管理也包括项目成员的选拔、培训、激励、考核和团队建设等方面的内容，但由于项目的特殊性，并不能把传统组织企业的人力资源管理经验直接套用，而必须根据项目实际情况采取针对性的人力资源解决方案。

项目团队的组织是管理信息系统成功开发的重要因素之一。管理信息系统的建设是比较大的工程项目，必须进行任务的分解，由不同的人员共同来完成。项目团队的组建一般包括项目经理（项目负责人）、系统分析员、系统设计员、数据库系统管理员、系统管理员、程序设计员、文档管理员等。另外，管理信息系统项目的团队还要邀请部分投资企业的业务人员参加。项目团队中的各种角色的成员在项目开发的过程中分担着不同的工作，相互协作，共同来完成系统的开发工作。

8.6 资金管理

资金管理是指对系统开发与运行中所需要的资金的预算、使用和监督的管理工作。资金管理是管理信息系统开发项目管理的一个关键因素。项目经费的有效运用可达到节省开支、少花钱多办事的效果，反之，会造成资金的浪费，甚至影响到开发项目的完成。在项目管理中，应按任务的责任人赋予其一定的经费支配权，并同时对其进行适当的控制。

资金预算主要涉及系统开发各阶段成本的计算。在系统计划期，经费支出主要是进行系统开发规划、初步调查、系统的初步设计等一些调研费。在系统的开发期，经费支出主要受系统规模、开发期长短及开发人员技术水平和工作效益的影响。开发期越长，成本会越高。交付用户使用以后，经费支出主要集中在对系统所进行的维护工作上，如改正错误、完善系统功能、对系统进行优化等。系统开发各阶段的成本费用，对于不同项目是不同的，但从总体上呈现出一定的规律。计划期费用约占系统总费用的 10%，开发期约占系统总费用的 30%，维护期约占系统总费用的 60%。

由于管理信息系统项目开发建设是一个智力密集型和劳动密集型项目，系统开发过程中，人员成本往往是总成本中最大的部分。统计资料表明，对于一个信息系统项目，其总成本的 60%～80%是人员成本。这是因为系统开发和维护劳动强度大，随着人员工资水平的提高，人员工资占据开发成本的大部分。

为了降低系统开发的成本，必须降低人员成本，采取标准化和自动化方法。所谓标准化，就是对系统的开发和维护过程实行标准化，使得系统开发人员的创造性沿着一个标准的方向发展，表现在系统开发中的结构模块化、程序化，进一步提高开发人员之间的分工与协作。所谓自动化，就是在系统的开发过程中，对于一些可以使用辅助开发工具的工作（如文档编写、代码编制等），应尽量使用辅助开发工具，这样可以减轻人们烦琐的重复性劳动，并且能够保证较高开发效率。

在资金使用管理中要制订经费开支计划和预测计划。

经费开支计划主要如下。

（1）按任务所需的资金分配。

（2）确定任务的责权和考虑可能的超支情况。

（3）按项目进度的经费开支情况。

（4）开支计划需要变动情况。

经费开支预测计划主要包括如下。

（1）估算在不同的时间所需的经费情况。

（2）了解项目完成的百分比。

（3）与经费开支计划相比较。

（4）允许项目经理做有计划的经费调整情况。

8.7 风险管理

开发和完善管理信息系统并不是一项简单的工作，管理信息系统是一项耗资巨大、历时长、技术复杂且又内外交叉的工程。目前，管理信息系统项目超支、延时的现象十分普遍，而风险是导致这些现象的主要因素之一。所谓风险就是指在管理信息系统开发过程中可能遇到的危害或者遭受的损失。为把风险减少到可以接受的水平，保证管理信息系统开发的成功，进行风险管理被认为是在管理信息系统开发过程中的一项重要工作。管理信息系统开发存在风险，为了项目的开发成功，必须确定并管理风险。风险管理也是项目管理的重要内容。

8.7.1 管理信息系统开发中的风险类型

管理信息系统开发过程中不可避免地会有问题出现，避免问题出现的最好方法，就是提前考虑信息系统开发中的风险，进而实行有效的管理。一般只要预先考虑到风险并采取了相应的处理方法和步骤，大部分的风险是可以避免或者控制的。因此，这就要求在制订信息系统开发计划和定义开发进程时，要识别、分配和处理管理信息系统开发过程中可能遇到的风险，以便确定采取什么措施来处理。

风险按严峻程度可以分为两类：特殊风险和非特殊风险。特殊风险也称为非常风险，主要是指由于战争、政变等政治原因引起的政权更迭，从而导致项目合同作废；承包商财产被没收等后果的政治风险；由于地震、洪水、火灾等导致项目无法继续进行，财产遭受损失的自然风险。特殊风险一般是致命，几乎无法弥补。非特殊风险是指除以上特殊风险之外的风险，一般通过采取必要的防范措施，是可以进行转移或避免的。

按风险的来源性质，风险可以分为社会环境风险、经济风险、技术风险、公共关系风险和管理风险五类。社会环境风险是指由于国际政治、国内政治、经济政策的波动，或由于自然界产生的灾害，给信息系统项目的开发带来的后果。经济风险是指由于与信息系统项目开发相关的经济因素变化，而给项目开发带来的可能后果，主要是指价格、税收、工资水平等经济因素的变化。技术风险是指由于与信息系统开发相关的技术因素的变化，从而给开发带来的可能后果，例如，软、硬件水平的提高，开发工具的更新变化，会对项目带来影响。公共关系风险是指由于与信息系统开发相关的各种内、外部关系因素的变化，给项目开发带来的可能后果，主要是指在各类开发人员内部关系、开发商与用户、开发商之间的关系等因素的变化，会对系统开发带来影响。管理风险是指由于信息系统开发的管理职能或管理对象等因素的变化，给开发带来的可能后果，主要是指管理组织、开发监督等因素的变化，会对系统开发带来影响。

管理信息系统的风险主要有三种不同类型：管理风险、技术风险和产品质量风险。

管理风险是指潜在的预算、人力、进度、资源、用户及需求等方面的问题，会威胁到管理信息系统计划，影响进度，增加成本等。

技术风险是指潜在的方案、构架、分析、设计、接口、实现、测试和维护等方面的问题，以及技术的不确定性、旧的技术或新的技术、系统二义性等都可能造成技术故障或信息系统缺陷，这些问题会威胁到管理信息系统的质量。

产品质量风险是指因管理信息系统质量问题而造成的风险，是涉及各种缺陷、错误，并对其进行改正、维护而造成的风险。

管理风险、技术风险和产品质量风险在实际项目开发过程中往往是有关联的，并交织在一起。

风险具有以下特征。

（1）必然性。风险是不以人的意志为转移地客观存在。无论过去、现在还是将来，风险都是客观存在的必然现象。

（2）偶然性。风险的偶然性也称为不确定性，是指风险的发生在时间、地点、种类和损失程度上，完全是不确定的结果。

(3)可变性。风险的可变性是指风险的产生及后果在一定的条件下是可以发生变化的。随着人类生活方式的变化、科学技术水平的提高、风险因素的变化、人们识别风险和抵御风险的能力的提高，风险是可以发生变化的。

(4) 相对性。风险的相对性是指对于不同的主体风险的涵义是不同的。例如，发生暴雨对于野外作业的项目将会带来很大的风险，但它对于在室内施工的项目风险是很小的。所以说，风险的内涵，对于不同的主体来说是不同的，在风险的分析与管理工作中，应具体问题具体分析。

(5) 可测量性。风险的可测量性是指项目的某种风险发生的概率及可能造成的损失程度是可以进行判断、统计、测量的。

(6) 风险与效益共存性。风险不仅会给项目造成损失，也可以带来效益。事实证明，有些风险不一定是灾难性的，通过采取合适的措施（如风险分担、进行保险等），一些风险是会被限定在最小的程度之内，甚至会得到一定的收益。

8.7.2 管理信息系统开发中的风险管理策略

针对系统开发中的各类风险，应采用不同的风险管理策略。风险管理策略一般分为风险控制策略和风险融通策略两类。风险控制策略是一种主动策略，是指采取旨在避免或降低风险发生的可能及造成危害的策略，其主要目标是预防风险。风险控制策略应该在技术工作开始之前就启动，通过标识出潜在的风险，评估它们出现的概率及产生的影响，对风险按重要性进行排序，然后，管理信息系统开发组建立一个计划来管理风险。风险融通策略是一种被动策略，这种策略的做法是针对可能发生的风险来监督管理信息系统，直到它们变成真正的问题时，才会拨出资源来处理它们，采取旨在弥补风险可能产生的损失的策略。但是，不是所有的风险都能够预防，所以，管理信息系统开发组必须建立一个应付意外事件的计划，使其在必要时能够以可控的及有效的方式做出反应。具体方法有以下四种。

1. 风险回避

风险回避是指充分利用合同的条款，尽量减少风险的方法。一般是采取增设保险条款、选择合适的外汇计价结算方式，以及减少预、垫付资金等策略。

2. 风险的分散与转移

风险的分散与转移是指将风险向其他部门分散、转移，从而减少项目风险的方法。具体有两种方式，一种方式是向保险公司投保转移风险，主要是将一些不可抗拒的特殊风险通过投保，转移给保险公司来承担，如人身事故险、机械安全险、货物运输险及战争保险等。另一种方式是向子项目分包商转移风险，是指在签订子项目分包合同时，要求分包商接受合同中的各项条件，使得分包商分担风险的方法。这是目前国际通用的一种风险转移方法。

3. 风险损失的控制

风险损失的控制是指通过工程项目内部的经营与管理控制风险而达到减少经济损失的方法，包括控制成本和提出索赔两方面。控制成本是指将信息系统的各项开发费用控制在总成本之内。首先，要制订成本计划，并且要为不可预见的风险因素留有余地，在投标中应该考虑增加一定比例的风险费，通常称为不可预见费；其次，要加强信息系统开发过程中的成本管理，进行成本统计和指标核算，密切注意风险发生发展的征兆，以便及时采取控制措施。提出索赔是指根据合同条款向项目的所有权单位、保险公司、子项目承包商等要求经济赔偿的方式。

4. 风险的投机与利用

在系统开发中，风险分为两类，一种是纯粹风险，另一种是可利用风险。纯粹风险是有害的，是不受项目开发者控制的，应该想尽一切办法尽量减少或转移。可利用风险也称为可投机风险，它存在着有利和不利两个方面，只要充分认识这种风险的有利的一面，及时准确地做好预测，主动创造索赔条件，就可以变不利为有利，使风险因素成为获利的来源。

8.7.3 管理信息系统开发中的风险管理过程

管理信息系统项目的风险管理可以分为风险识别、风险估算、风险监控三个阶段。其中，风险识别和风险分析应在需求分析和系统设计完成之后进行，风险监控应该贯穿于管理信息系统开发的整个过程中。

1. 风险识别

风险识别就是试图确定管理信息系统开发中各种威胁到管理信息系统的计划、估算、进度和资源分配的风险因素和事件，并预测不良后果。通过识别已知的和可预测的风险，管理信息系统管理者就有可能避免这些风险，或在必要时控制这些风险。要识别风险，不仅要了解在管理信息系统实施的各个阶段都有可能发生哪些风险及风险的概率，也要了解哪些阶段发生的风险对信息系统损失的影响程度。

针对系统开发的四个阶段的风险特征，列举存在的风险事件并预测它的不良后果。

（1）起始阶段：管理信息系统目标不清；管理信息系统范围不明确；没有进行可行性研究。这个阶段的风险一般属于高级别的风险，有可能导致开发的失败甚至取消。

（2）设计阶段：管理信息系统队伍缺乏经验，例如，缺乏有经验的系统分析员；没有变更控制计划，以至变更没有依据；计划仓促，带来进度方面风险；由于设计人员疏忽某个功能没有考虑进去，造成漏项。这个阶段相对起始阶段，这些风险的应对比较明确，但需要更多的专业人员进行，如进行设计评审和确认、进行变更控制等。但是，如果设计上有些风险属灾难性的，其埋下的设计问题，可能导致整个项目全部无效，浪费了资源和时间。

（3）实施阶段：开发环境不具备；设计错误；程序员开发能力差，或程序员对开发工具不熟；管理信息系统范围改变，如突然要增加或修改一些功能，需要重新考虑设计；管理信息系统进度改变，如要求提前完成任务等；人员的变动，导致系统开发工作的不连续；开发团队内部沟通不够，导致程序员对系统设计的理解上有偏差；没有有效的备用方案；没有合理的测试计划及测试人员没有经验。此阶段的风险，大都属于中等风险，需要专业能力解决。例如，可进行编码培训防止编码混乱带来的风险，召开沟通会议消除对设计的理解不一致等。

（4）收尾阶段：开发的信息系统质量差；客户不满意；设备没有按时到货；资金不能回收。这些情况可在前面的阶段进行更好的控制来减轻这里的风险，当然也可以进行升级修改的方式。但是这里发生的风险在开始的时候对开发和项目的成败影响达到最大化，然后开始减少。

2．风险估算

风险估算，又称为风险评估，是指对风险辨识得到的各种风险因素进行测量，并得到项目的各风险因素发生的概率及导致的后果的严重程度和概率。风险评估主要是回答风险有多大的问题。风险评估是对未来风险不确定因素的测量，是一种定量估计，其结果是一个近似值。常用的估计方法有概率与数据统计法、蒙特卡罗模拟法、外推法、逻辑树法等。

3．风险监控

风险监控主要靠管理者的经验来实施，它是利用项目管理方法及其他技术，如原型法、软件心理学、可靠性等来设法避免风险或转移风险。风险监控作为一种项目跟踪活动，它有三个主要目标。

（1）判断一个预测的风险是否成为事实、是否会发生。

（2）进行风险再估计，确保针对某个风险而制订的风险消除计划正在实施。

（3）收集可用于将来进行风险分析的信息。

对辨识后的风险在系统设计开发过程中进行跟踪管理，确定还会有哪些变化，以便及时修正计划。具体内容如下。

（1）实施对重要风险的跟踪。

（2）每月对风险进行一次跟踪。

（3）风险跟踪应与项目管理中的整体跟踪管理相一致。

（4）风险的内容和对项目开发的影响应随着时间的不同而相应地变化。

通常影响项目内在风险的因素有三个：项目的规模、业务的结构化程度及项目的技术难度。因此，在项目实施管理过程中，随时研究项目的风险并做出相应的对策是管理工作不可缺少的。

项目管理中风险管理方法，是根据项目风险水平进行组织和管理。为了搞好项目管理，可采用以下四种措施和技术。

（1）项目组与用户结合的外部结合措施和技术，如用户项目管理组织、用户参加的项目小组和用户指导委员会。

（2）项目组协调工作的内部结合措施和技术，如项目评审会、备忘录和项目组参与决策。

（3）任务结构化、条理化的规范的计划措施和技术，如关键路线图、抓重大事件及项目审批程序等。

（4）估计项目进程的规范化控制措施和技术，如具有差异分析的一系列正式的状态报告。

对信息系统的建设来说，项目管理中风险管理十分重要，因其涉及方方面面的开发人员和广大的最终用户。为了保证系统开发的顺利进行，除了要建立一整套的管理职责和规范，坚持将一种正确的开发方法贯穿始终外，还要做好各类人员的思想沟通，使开发项目组的全体人员自始至终都能保持“一个声音说话”。

8.8　管理信息系统的监理和审计

1. 工程监理

管理信息系统工程监理是信息系统工程领域的一种社会治理结构，蕴含了监理所具有的政府推动与支持方面的政策性，以及制衡与监督作用。管理信息系统工程监理的目标是支持与保证信息系统工程的成功。

所谓管理信息系统监理，是指聘请开发方（乙方）与用户方（甲方）以外的第三方（丙方），根据信息系统的开发规律及开发合同和监理合同的要求，对信息系统开发过程中的行为、事件和文档进行审查和监督，为用户提供与项目有关的信息和信息处理能力的支持，以确保信息系统建设成功。

（1）信息系统监理与项目管理的关系。监理方的监理与开发方的项目管理既有联系，又有区别。联系是它们都按照信息系统的开发规律与项目管理的思想进行管理。区别是主体不一样，项目管理是由开发方实施，而项目监理由第三方负责。

（2）管理信息系统监理的模式。管理信息系统监理的模式按照监理的程度不同，可以分为咨询式监理、里程碑式监理和全程式监理。

（3）管理信息系统监理的内容。信息系统监理方的工作主要是协助用户方组织信息系统建设的招标、评标活动；协助用户方与中标单位签订信息系统的开发合同；根据用户方的授权，监督管理开发合同的履行；根据监理合同的要求，为用户方提供技术服务；监理合同终止后，向用户方提供监理工作报告。信息系统工程监理的内容可概括为四控、三管、一协调，即质量控制、进度控制、成本控制、变更控制；合同管理、信息管理、安全管理；组织协调。

2. 系统审计

管理信息系统审计的主要目标是确认信息系统的合法性、可靠性、机密性、有效性和安全性等，通过审查信息系统的运行状况，发现信息系统在使用和管理过程中存在的问题，确定是否存在漏洞和缺陷，有无非法和错误的处理和控制的薄弱环节，客观评价系统的现状，促进被审计调查单位进一步加强管理信息系统管理，完善系统功能，保证资金的安全与完整，防范利用计算机系统进行欺诈与舞弊，并提出具有建设性的建议。

管理信息系统审计重点内容主要有以下三个方面。

（1）系统运行方面，主要包括系统安全性、系统可靠性、系统机密性、系统合法性、系统效益性。

（2）系统管理方面，主要包括内部控制制度和保障措施。

（3）政策执行方面，主要包括政策执行及业务流程。

管理信息系统审计主要采取的方法有座谈及现场察看、计算机辅助审计、测试数据、应用程序检查、聘请计算机专家及整体测试。

8.9 管理信息系统开发中的文档管理

管理信息系统的文档是记录系统从无到有的整个发展与演变过程，描述系统各个状态的文字资料。从管理信息系统的生命周期的角度看，文档是先于系统实体的。例如，系统规划报告、系统分析与设计报告先于系统本身。管理信息系统实施后，文档将延续发展，直至系统被淘汰。因此，管理信息系统实际上由系统实体及其文档两大部分组成。

管理信息系统文档作为系统建设中的重要技术文件，记录了管理信息系统项目建设过程中各类人员的思维活动，以文字资料的形式描述出了系统开发过程的轨迹。文档在系统的开发中具有重要地位，体现在系统建设的各个阶段，在系统总体规划阶段，在进行系统概要调查的基础上，要形成良好的用户需求文档，否则系统分析、设计工作就失去了可靠的基础。在系统的分析设计阶段，在系统总体规划指导下，在进行详细调查的基础上，要形成良好的系统分析、设计文档，否则，将造成信息系统项目开发过程的混乱、无序状态，影响系统开发的效率，甚至导致失败。在系统的试运行、运行维护阶段，也应建立良好的文档，防止对系统运行、维护带来不必要的麻烦和困难。其重要作用表现如下。

（1）文档是开发人员、维护人员、用户及计算机间的接口。

（2）文档是系统开发过程各阶段的联系桥梁，也是阶段性工作的评审依据。

（3）文档是系统的运行与维护的依据。

（4）文档是评价管理信息系统质量的依据。

文档的地位和作用决定了文档管理的重要性。如果没有系统文档或没有规范的系统文档，管理信息系统的建设就会处于一种混乱的状态，这将会影响管理信息系统的质量，甚至会导致管理信息系统的失败。为了建立一个良好的管理信息系统必须要重视文档的建立工作，同时对这些文档资料进行有效的管理。

文档的重要性决定了文档管理的重要性，文档管理是有序地、规范地开发与运行信息系统所必须做好的重要工作。目前，我国信息系统的文档内容与要求基本已有了较统一的规定。根据不同的性质，可将文档分为技术文档、管理文档及记录文档等若干类。信息系统文档的内容及产生阶段如表 8.3 所示。

表 8.3 信息系统文档的内容及产生阶段

文档类别	文档内容	产生阶段
技术文档	系统规划报告	系统规划
	系统分析报告	系统分析
	系统设计说明书、程序设计说明书、数据设计说明书、系统测试计划	系统设计
	系统使用说明书、系统测试报告、系统维护手册	系统实施

（续表）

文档类别	文档内容	产生阶段
管理文档	系统需求报告、现行系统 BPR 方案、系统可行性分析报告	系统开发前
	系统开发计划、系统开发合同书、系统总体规划评审意见	系统规划
	系统分析审批意见	系统分析
	系统实施计划、系统设计审核报告	系统设计
	系统试运行报告、系统维护计划	系统实施
	系统运行报告、系统开发总结报告、系统评价报告、系统维护报告	运行与维护
记录文档	会议记录、调查记录	各阶段
	系统运行情况记录、系统日常维护记录、系统适应性维护记录	运行与维护

文档管理主要应从以下几方面着手进行。

（1）文档的标准化和规范化。在信息系统项目正式开发建设之初，应该选择制定文档标准，在统一标准的制约下，各类开发人员负责整理、编制相应工作任务的文档资料。

（2）维护文档的一致性。一旦某一时期的文档进行了修改，应及时地对其后期的相关文档做相应的修改，以保证文档资料的一致性。

（3）维护文档的可追踪性。鉴于信息系统项目开发建设的动态性特点，系统的某种修改是否合理、最终有效，往往要经过一段时间检验，因此，对文档要分成不同的版本来实现。

（4）维护文档完整性。做好文档的收存、保管与借用手续的办理等，这样可以防止文档资料的丢失和泄密，保证其安全完整性。

（5）文档管理的制度化。形成一整套的文档管理制度，其内容可包括文档标准、修改文档的条件、各阶段文档建立人员的责任和任务等。文档的标准与规范应按国家规定并结合具体系统的特点在系统开发前或至少在所产生的阶段前制定。

（6）专人负责制。在信息系统项目开发过程中，由于文档管理的重要性，文档资料的管理要由专人负责、集中负责，以保管项目开发中所形成的文档资料。

本章小结

本章介绍了管理信息系统开发过程中的项目管理，包括任务划分、进度管理、质量管理、人力资源管理、资金管理、风险管理、文档管理及工程监理和审计。

项目是为完成某一独特的产品或服务所做的一次性努力。项目管理是指在一定资源（如时间、资金、人力、设备、材料、能源、动力等）约束条件下，为了高效率地实现项目的既定目标，按照项目的内在规律和程序，对项目的全过程进行有效的计划、组织、协调、领导和控制的系统管理活动。

任务划分是把整个管理信息系统的项目开发定义为一组任务的集合，这组任务进一步划分为若干个子任务，子任务进行进一步细划，最后形成具有层次结构的任务群。任务划分是整个工作计划和监督工作执行的基础；是进行资金分配的基础；是明确工作职责，保证系统开发按时按质完成的基础。任务划分的具体内容包括任务设置、资金划分、任务计划时间表、协同过程与保证完成性。

项目进度管理是指项目管理者围绕项目要求编制计划，综合运用各种可行方法、措施，将项目的计划控制在事先确定的目标范围之内，在兼顾成本、质量控制目标的同时，努力缩短时间。

项目进度管理可以通过以下方式完成：制订项目里程碑管理运行表；定期举行项目状态会议，由项目开发方报告进度和问题，用户方提出意见；比较各项任务的实际开始日期与计划开始日期是否吻合；确定正式的项目里程碑是否在预期内完成。

项目开发的质量管理是整个信息系统质量保证的关键，质量管理应贯穿信息系统生命周期的全过程。项目开发的质量保证包括确保获得完整正确的需求；在开发的每一阶段结束时，要充分审查并确保该部分工作与系统相协调；采用具有质量控制内容的程序开发规范；规范的安装调试；事后审计评价。

项目人力资源管理是指在对项目目标的总体把握下，对项目过程中的所有人员，包括项目组成员、项目客户、项目投资者等进行有效的规划、组织和发展，充分发挥项目人员的能力，最终实现项目目标。项目人力资源管理程序主要分为人员规划、人员组织、人员发展三个主要内容。

资金管理是指对系统开发与运行中所需要的资金进行预算、使用和监督的管理工作。

风险管理被认为是在管理信息系统开发过程中的一项重要工作，管理信息系统的风险主要有三种不同类型：管理风险、技术风险和产品质量风险。

管理信息系统开发中的风险管理策略：风险回避；风险的分散与转移；风险损失的控制；风险的投机与利用。风险管理可以分为风险识别、风险估算、风险监控三个阶段。

管理信息系统监理是指聘请第三方根据信息系统的开发规律、开发合同和监理合同的要求，对信息系统开发过程中的行为、事件和文档进行审查和监督，为用户提供与项目有关的信息和信息处理能力的支持，以确保信息系统建设成功。信息系统工程监理的内容可概括为四控、三管、一协调。管理信息系统审计的主要目标是确认信息系统的合法性、可靠性、机密性、有效性和安全性等。审计重点内容主要有系统运行、系统管理、政策执行等方面。

管理信息系统的文档是记录系统的整个发展与演变过程，描述系统各个状态的文字资料。管理信息系统的文档主要包括三类文档：技术文档、管理文档及记录文档。

习 题

一、选择题

1．信息系统开发项目中子项目的依赖关系是决定项目计划的主要因素之一。以下各对子系统中，前者应计划在先的是____。

A．订单管理系统和销售计划管理系统

B．会计报表管理系统和账务处理系统

C．车间作业计划系统和生产计划系统

D．原材料库存管理系统和物料目录管理系统

2．企业信息系统开发项目大都无法按时完成，其主要原因是____。

A．合作方未按要求完成进度

B．有较多的细节要求在分发过程才能得到明确，增加了系统方案的修改与开发工作量

C．我国还缺乏得力的信息管理与信息系统专业人才

D．需要非常大的投资，往往超出预算而难以满足经费需要

3．如果企业信息系统开发项目过程中已经发现时间上的延误，那么可以采取些措施将进度拉回来，但以下措施中____是不可取的。

A．再分解工作内容，增加开发人员承担

B．经常性地与用户交换意见，及时地明确项目计划中遗留的不确定问题

C．适当调配或增加开发人员，解决延误工作

D．在不影响总体目标的前提下，删减个别项目或减低局部的功能指标

4．在 MIS 的开发设计过程中，采用科学的项目管理技术是为了____。

A．缩短工期

B．使系统开发具有可持续性

C．提高软件设计的质量

D．统筹和协调项目的各类资源，保证项目顺利进行

5．在项目管理中，下面哪三者之间的关系和合作是非常重要的。____

A．系统设计员、系统分析员、用户　B．系统设计员、管理人员、用户

C．技术人员、管理人员、用户　D．系统设计员、系统分析员、管理人员

6．系统开发的项目工作进度可用以下什么图描述？____

A．甘特图　B．U/C 矩阵图　C．业务流程图　D．数据流程图

7．划分子系统可用以下什么图描述？____

A．甘特图　B．U/C 矩阵图　C．业务流程图　D．数据流程图

8．项目管理的核心任务是项目的____。

A．目标管理　B．目标规划　C．目标控制　D．目标比较

9．风险管理的工作流程是____。

A．风险分析、风险辨识、风险控制、风险转移

B．风险控制、风险转移、风险分析、风险辨识

C．风险分析、风险辨识、风险转移、风险控制

D．风险辨识、风险分析、风险控制、风险转移

10．已知某工作 *i-j* 的持续时间为 5 天，其 *i* 节点的最早开始时间为第 18 天，最迟开始时间为第 21 天，则该工作的最早完成时间为____。

A．18 天　B．21 天　C．23 天　D．26 天

11．在甘特图中，横向维表示____。

A．进度的时间　B．活动的次数　C．工作包内容　D．项目的环境

12．在下述成本项目中，属于日常维护费用的是____。

A．设备购置费用　　　　B．通信设施费用

C．公用设施费用　　　　D．软件调试费用

二、填空题

1．项目是具有明确目标的__________，具有明显的__________，阶段性强。

2．任务划分是整个__________的基础；是__________基础；是__________按时按质完成的基础。

3．在项目管理实践中，通常使用__________来进行任务划分。

4．MIS 开发和实现中的项目管理是指对__________的管理和__________的管理等，目的是达到用最少的时间和资源消耗来完成预定目标。

5．企业信息系统的项目计划要确定工作量，但目前一般采用__________方法计算，常用__________表示。

6．信息系统的开发项目需要按时完成，除此之外，系统的质量也很重要。在进度控制和质量控制中，__________比__________更重要。

第9章 企业资源计划系统及其应用

20 世纪 90 年代以来，企业信息处理量不断加大，企业资源管理的复杂化也不断加大，这要求信息的处理有更高的效率，传统的人工管理方式难以适应以上系统，而只能依靠计算机系统来实现，信息的集成度要求扩大到企业的整个资源的利用、管理，从而产生了新一代的管理理论与计算机系统——ERP 系统。

ERP（Enterprise Resource Planning，企业资源计划）是美国 Gartner Group 公司于 1990 年提出的，其确切定义是：MRPⅡ（企业制造资源计划）下一代的制造业系统和资源计划软件。除了 MRPⅡ已有的生产资源计划，制造、财务、销售、采购等功能外，还有质量管理，实验室管理，业务流程管理，产品数据管理，存货、分销与运输管理，人力资源管理和定期报告系统。

ERP 系统是一种主要面向制造行业进行物质资源、资金资源和信息资源集成一体化管理的企业信息管理系统。ERP 系统是一个以管理会计为核心可以提供跨地区、跨部门甚至跨公司整合实时信息的企业管理软件，是集物资资源管理（物流）、人力资源管理（人流）、财务资源管理（财流）、信息资源管理（信息流）一体化的企业管理软件。

ERP 系统包括以下主要功能：供应链管理、销售与市场、分销、客户服务、财务管理、制造管理、库存管理、工厂与设备维护、人力资源、报表、制造执行系统（Manufacturing Executive System，MES）、工作流服务和企业信息系统等。此外，还包括金融投资管理、质量管理、运输管理、项目管理、法规与标准、过程控制等补充功能。

随着市场经济的进一步发展，尤其是进入 21 世纪，我国加入 WTO 后，企业面对复杂多变、不可预测、竞争激烈的全球市场环境，更加迫切地需要借助先进的管理工具来提高企业竞争力。在国家倡导“以信息化带动工业化”的政策推动下，体现了当今世界上最先进的企业管理理论的 ERP 就成为了我国企业实现信息化的首选。同时，国外 ERP 软件商的涌入（如德国 SAP 公司、美国 Oracle 公司等）和国内软件商的崛起（用友公司、金蝶公司等），加大了 ERP 软件行业的竞争，这不仅促进了系统功能的完善发展，也扩大了软件的选择范围。因此，近 10 年来，ERP 在我国获得了迅速发展。

9.1 ERP 的起源与发展

企业资源计划是指建立在信息技术基础上，以系统化的管理思想，为企业决策层及员工提供决策运行手段的管理平台。ERP 系统支持离散型、流程型等混合制造环境，应用范围从制造业扩散到了零售业、服务业、银行业、电信业、政府机关和学校等事业部门，通过融合数据库技术、图形用户界面、第四代查询语言、客户服务器结构、计算机辅助开发工具、可移植的开放系统等对企业资源进行了有效的集成。

从管理思想看，ERP 系统是打破企业的四壁，把信息集成的范围扩大到企业的上下游，管理整个供应链，实现供应链制造。

从软件产品看，ERP 系统是综合应用了客户机/服务器体系、关系数据库结构、面向对象技术、图形用户界面、第四代语言（4GL）、网络通信等信息产业成果，以 ERP 管理思想为灵魂的软件产品。

从管理系统看，ERP 系统是整合了企业管理理念、业务流程、基础数据、人力物力、计算机硬件和软件于一体的企业资源管理系统。

ERP 的发展经历了四个主要的发展阶段：基本 MRP、闭环 MRP、MRP II 及 ERP。

9.1.1 基本 MRP（物料需求计划）

MRP（Material Requirement Planning，物料需求计划）是被设计并用于制造业库存管理信息处理的系统，它解决了如何实现制造业库存管理目标——在正确的时间按正确的数量得到所需的物料这一难题。MRP 是 ERP 的雏形，MRP 与 ERP 的库存管理思想又源于求解制造业基本方程。

美国生产与库存控制协会（American Production and Inventory Control Society，APICS）对物料需求计划的定义：物料需求计划就是依据主生产计划（MPS）、物料清单、库存记录和已订未交订单等资料，经由计算而得到各种相关需求（Dependent demand）物料的需求状况，同时提出各种新订单补充的建议，以及修正各种已开出订单的一种实用技术。

MRP 起初出现在美国，美国生产管理与计算机应用专家 Oliver W.Wight 和 George W.Plosh 首先提出了物料需求计划（Material Requirement Planning），IBM 公司则首先在计算机上实现了 MRP 处理，并由美国生产与库存管理协会倡导而发展起来。

物料需求计划是一种以计算机为基础的生产计划与控制系统，它根据总生产进度计划中规定的最终产品的交货日期，编制所构成最终产品的装配件、部件、零件的生产进度计划、对外的采购计划、对内的生产计划。它可以用来计算物料需求量和需求时间，从而降低库存量。

MRP 通用计算公式：

净需求=毛需求+已分配量+安全库存−计划在途−实际在途−可用库存

1. MRP 系统的运行步骤

（1）根据市场预测和客户订单，正确编制可靠的生产计划和生产作业计划，在计划中规定生产的品种、规格、数量和交货日期，同时，生产计划必须是同现有生产能力相适应的计划。

（2）正确编制产品结构图和各种物料、零件的用料明细表。

（3）正确掌握各种物料和零件的实际库存量。

（4）正确规定各种物料和零件的采购交货日期，以及订货周期和订购批量。

（5）通过 MRP 逻辑运算确定各种物料和零件的总需要量，以及实际需要量。

（6）向采购部门发出采购通知单或向本企业生产车间发出生产指令。

MRP 的基本原理就是由产品的交货期展开成零部件的生产进度日程及原材料、外购件的需求数量和需求日期，即将产品出产计划转换成物料需求表，并为编制能力需求计划提供信息。MRP 主要功能及运算工具如表 9.1 所示。

表 9.1 MRP 主要功能及运算工具

处理的问题	所需的信息
1. 生产什么？生产多少？	1. 切实可行的主生产计划（MPS）
2. 要用到什么？	2. 准确的物料清单（BOM）
3. 已具备什么？	3. 准确的物料库存数据
4. 还缺什么？何时需要？	4. MRP 的计算结果（生产计划和采购计划）

2. 系统结构

MRP 的基本处理模型主要包括基本条件数据和展开数据两方面。

1）基本条件数据

组成 MRP 基本条件数据主要有：产品出产计划（主生产计划）、产品结构、库存状态。

（1）产品结构文件（BOM）。产品结构文件（Bill of Materials，BOM）也称为物料清单，是 MRP 的核心文件，它在物料分解与产品计划过程中占有重要的地位，是物料计划的控制文件，也是制造企业的核心文件。

（2）库存状态文件。MRP 中的库存状态文件的数据主要有两部分：一部分是静态的数据，在运行 MRP 之前就确定的数据，如物料的编号、描述、提前期、安全库存等；另一部分是动态的数据，如总需求量、库存量、净需求量、计划发出（订货）量等。MRP 在运行时，不断变更的是动态数据。下面对库存状态文件中的几个数据进行说明。

- 总需求量（Gross Requirements）。如果是产品级物料，则总需求由 MPS（Master Production Schedule）决定；如果是零件级物料，则总需求来自于上层物料（父项）的计划发出订货量。
- 预计到货量（Scheduled Receipts）。该项目有的系统称为在途量，即计划在某一时刻入库但尚在生产或采购中，可以作为 MRP 使用。
- 现有数（On Hand）。表示上期末转结到本期初可用的库存量。现有数=上期末现有数＋本期预计到货量−本期总需求量。
- 净需求量（Net Requirements）。当现有数加上预计到货不能满足需求时产生净需求。净需求=现有数+预计到货-总需求。

➢ 计划接收订货（Planned Order Receipts）。当净需求为正时，就需要接收一个订货量，以弥补净需求。计划收货量取决于订货批量的考虑，如果采用逐批订货的方式，则计划收货量就是净需求量。

➢ 计划发出订货（Planned Order Release）。计划发出订货量与计划接收订货量相等，但是时间上提前一个时间段，即订货提前期。订货日期是计划接收订货日期减去订货提前期。

另外，有的系统设计的库存状态数据可能还包括一些辅助数据项，如订货情况、盘点记录、尚未解决的订货、需求的变化等。

2）展开数据

MRP 的展开数据主要是生产与库存控制计划与报告，其内容、形式与企业生产的特点有关。

MRP 的展开数据主要有以下几个方面。

（1）计划发出的订单，主要是零部件的投入出产计划、原材料采购或外协件计划。这两种计划是 MRP 的主要展开数据。

（2）订单执行的注意事项通知。

（3）订单的变动通知。

（4）工艺装备的需求计划。

（5）库存状态数据。

此外，也有如下一些辅助的报告。

（1）例外情况报告，如迟到或过期的订货报告、过量的废品与缺件报告等。

（2）用于预测需求与库存的计划报告，如采购约定与评价需求的信息。

（3）交货期模拟报告，对不同的产品实际交货期进行模拟。

（4）执行控制报告，如指出呆滞物品、实际的使用量与费用的偏差报告。

3．运算逻辑

MRP 的运算逻辑基本上遵循如下过程：按照产品结构进行分解，确定不同层次物料的总需求量；根据产品最终交货期和生产工艺关系，反推各零部件的投入出产日期；根据库存状态，确定各物料的净需求量；根据订货批量与提前期最终确定订货日期与数量。MRP 有两种运行方式，即重新生成与净改变方式。重新生成方式是每隔一定时期，从主生产计划开始，重新计算 MRP。这种方式适合于计划比较稳定、需求变化不大的 MTS（面向库存生产）。净改变方式是当需求方式变化，只对发生变化的数据进行处理，计算那些受影响的零件的需求变化部分。净改变方式可以随时处理，或者每天结束后进行一次处理。MRP 逻辑流程图如图 9.1 所示。

尽管 MRP 的出发点是“围绕物料转化，组织制造资源，按需准时生产”，但是，实际上基本的 MRP 并没有能够获得真正的按需准时生产，因为 MRP 采用的是基于无限能力的基础上进行倒排的方法来确定物料需求计划，没有考虑能力占用的问题，因此这样的计划是不能真正达到准时生产的。以 MRP 为基础的计划，经常导致大量库存积压且应对变化较为迟缓。为了解决这样的问题，在物料需求计划之后需要一个能力需求计划，进行能力与负荷的平衡，然后调整物料需求计划，使物料需求计划建立在生产能力基础上，切实可行。

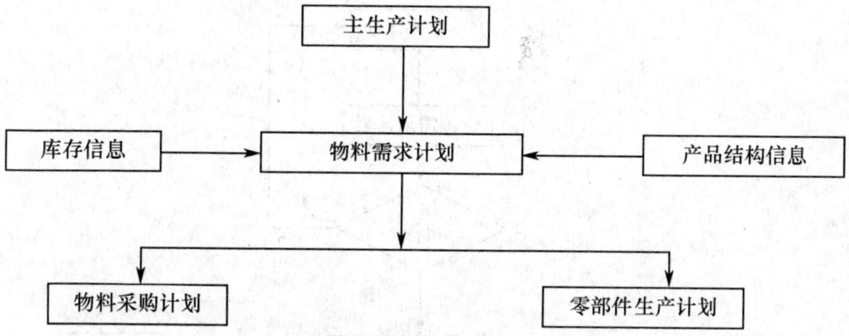

图 9.1　MRP 逻辑流程图

能力需求计划的主要任务如下。

（1）将物料需求计划转化为对车间的设备、人力等资源的能力需求（如工时）。

（2）按照时段和设备组（或工作中心）对所需要的能力进行汇总。

（3）用能力需求报告或负荷图检查能力与负荷之间的差异。

（4）提供解决能力与负荷之间差异的措施。

9.1.2　闭环 MRP

闭环 MRP 是在物料需求计划（MRP）的基础上，增加对投入与产出的控制，也就是对企业的能力进行校检、执行和控制。闭环 MRP 理论认为，只有在考虑能力的约束，或者对能力提出需求计划，在满足能力需求的前提下，物料需求计划（MRP）才能保证物料需求的执行和实现。在这种思想要求下，企业必须对投入与产出进行控制，也就是对企业的能力进行校检和执行控制。在物料需求计划执行之前，要由能力需求计划核算企业的工作中心的生产能力和需求负荷之间的平衡情况。

20 世纪 70 年代，在 MRP 的基础上，闭环 MRP 集成了粗能力计划、能力需求计划、生产和采购，形成反馈，构成封闭的循环。闭环 MRP 理论认为主生产计划与物料需求计划（MRP）应该是可行的，即考虑能力的约束，或者对能力提出需求计划，在满足能力需求的前提下，才能保证物料需求计划的执行和实现。在这种思想要求下，企业必须对投入与产出进行控制，也就是对企业的能力进行校检、执行和控制。闭环的 MRP 逻辑流程如图 9.2 所示。

围绕物料需求计划而建立的系统，包括生产规划、主生产计划和能力需求计划与其他计划功能。进一步地，当计划阶段完成并且作为实际可行的计划被接受以后，执行阶段随之开始，这包括投入/产出控制、车间作业管理、派工单及来自车间及供应商的拖期预报。“闭环”一词所指的不仅包括整个系统的这些组成部分，并且还包括来自执行部分的反馈信息，目的在于使计划在任何时候都保持有效。

MRP 系统的正常运行，需要有一个现实可行的主生产计划。它除了要反映市场需求和合同订单以外，还必须满足企业的生产能力约束条件。因此，基本 MRP 系统进一步发展，把能力需求计划，执行及控制计划的功能也包括进来，形成一个环形回路，称为闭环 MRP。闭环 MRP 为一个完整的生产计划与控制系统，而后者正是在前者的基础上进行计算的。

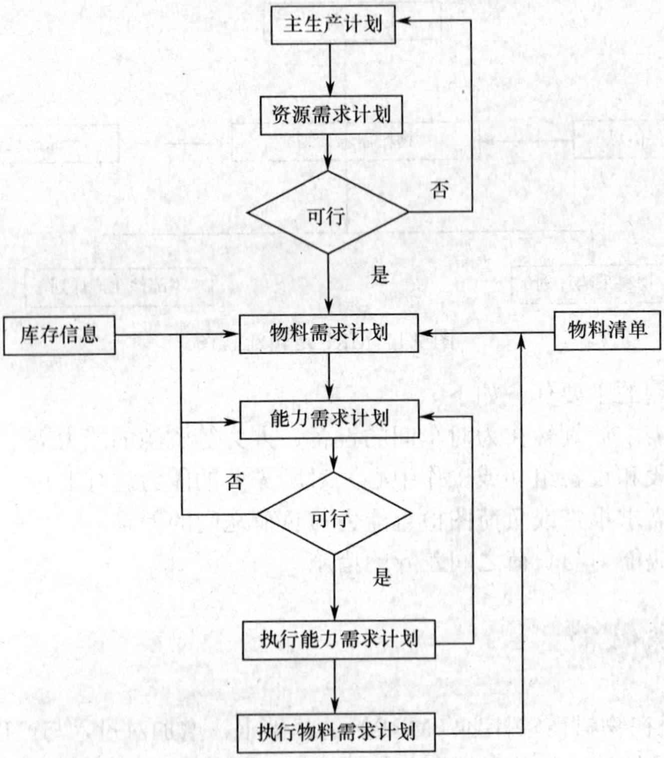

图 9.2　闭环的 MRP 逻辑流程

如图 9.3 所示，整个闭环 MRP 的过程：企业根据发展的需要与市场需求来制订企业生产规划；根据生产规划制订主生产计划，同时进行生产能力与负荷的分析。该过程主要是针对关键资源的能力与负荷的分析过程。只有通过对该过程的分析，才能达到主生产计划基本可靠的要求。再根据主生产计划、企业的物料库存信息、产品结构清单等信息来制订物料需求计划；由物料需求计划、产品生产工艺路线和车间各加工工序能力数据（即工作中心能力，其有关的概念将在后面介绍）生成对能力的需求计划，通过对各加工工序的能力平衡，调整物料需求计划。如果这个阶段无法平衡能力，还有可能修改主生产计划；采购与车间作业按照平衡能力后的物料需求计划执行，并进行能力的控制，即输入/输出控制，并根据作业执行结果反馈到计划层。因此，闭环 MRP 能较好地解决计划与控制问题，是计划理论的一次大飞跃（但它仍未彻底地解决计划与控制问题）。

闭环 MRP 的特点如下。

（1）主生产计划来源于企业的生产经营计划与市场需求（如合同、订单等）。

（2）主生产计划与物料需求计划的运行（或执行）伴随着能力与负荷的运行，从而保证计划是可靠的。

（3）采购与生产加工的作业计划与执行是物流的加工变化过程，同时又是控制能力的投入与产出过程。

（4）能力的执行情况最终反馈到计划制订层，整个过程是能力的不断执行与调整的过程。

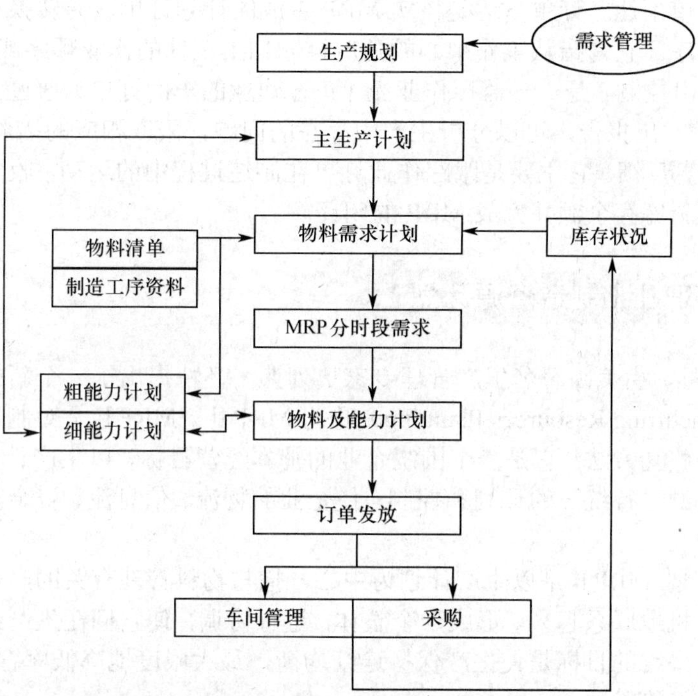

图9.3 闭环MRP的过程

在闭环MRP系统中，把关键工作中心的负荷平衡称为资源需求计划，或称为粗能力计划，它的计划对象为独立需求件，主要面向的是主生产计划；把全部工作中心的负荷平衡称为能力需求计划，或称为详细能力计划，而它的计划对象为相关需求件，主要面向的是车间。由于MRP和MPS之间存在内在的联系，所以资源需求计划与能力需求计划之间也是一脉相承的，而后者正是在前者的基础上进行计算的。

能力需求计划的依据如下。

（1）工作中心，它是各种生产或加工能力单元和成本计算单元的统称。对工作中心，都统一用工时来量化其能力的大小。

（2）工作日历，是用于编制计划的特殊形式的日历，它是由普通日历除去每周双休日、假日、停工和其他不生产的日子，并将日期表示为顺序形式而形成的。

（3）工艺路线，是一种反映制造某项“物料”加工方法及加工次序的文件。它说明加工和装配的工序顺序、每道工序使用的工作中心、各项时间定额、外协工序的时间和费用等。

（4）由MRP输出的零部件作业计划。

闭环MRP的基本目标是满足客户和市场的需求，因此在编制计划时，总是先不考虑能力约束而优先保证计划需求，然后再进行能力计划。经过多次反复运算，调整核实，才转入下一个阶段。能力需求计划的运算过程就是把物料需求计划订单换算成能力需求数量，生成能力需求报表。

各工作中心能力与负荷需求基本平衡后，接下来的一步就要集中解决如何具体地组织生产活动，使各种资源既能合理利用又能按期完成各项订单任务，并将客观生产活动进行的状况及时反馈到系统中，以便根据实际情况进行调整与控制，这就是现场作业控制。它的工作内容一般包括以下四个方面。

（1）车间订单下达。订单下达是核实 MRP 生成的计划订单，并转换为下达订单。

（2）作业排序。它是指从工作中心的角度控制加工工件的作业顺序或作业优先级。

（3）投入产出控制。是一种监控作业流（正在作业的车间订单）通过工作中心的技术方法。利用投入/产出报告，可以分析生产中存在的问题，采取相应的措施。

（4）作业信息反馈。它主要是跟踪作业订单在制造过程中的运动，收集各种资源消耗的实际数据，更新库存余额并完成 MRP 的闭环。

9.1.3 MRPⅡ（制造资源计划）

1977 年 9 月，由美国著名生产管理专家奥列弗·怀特提出了一个新概念——制造资源计划（Manufacturing Resources Planning）称为 MRPⅡ。MRPⅡ是对制造业企业资源进行有效计划的一整套方法。它是一个围绕企业的基本经营目标，以生产计划为主线，对企业制造的各种资源进行统一的计划和控制，使企业的物流、信息流、资金流流动畅通的动态反馈系统。

制造资源计划 MRPⅡ是以生产计划为中心，把与物料管理有关的产、供、销、财各个环节的活动有机地联系起来，形成一个整体，进行协调，使它们在生产经营管理中发挥最大的作用。其最终的目标是使生产保持连续均衡，最大限度地降低库存与资金的消耗，减少浪费，提高经济效益。

MRPⅡ核心思想是，MRPⅡ基于企业经营目标制订生产计划，围绕物料转化组织制造资源，实现按需要按时进行生产。具体地说，是将企业产品中的各种物料分为独立需求物料和相关需求物料，并按时间段确定不同时期的物料需求，从而解决库存物料订货与组织生产问题；按照基于产品结构的物料需求组织生产，根据产品完工日期和产品结构规定生产计划；根据产品结构的层次从属关系，以产品零件为计划对象，以完工日期为计划基准倒排计划，按各种零件与部件的生产周期反推出它们的生产与投入时间和数量，按提前期长短区别各种物料下达订单的优先级，从而保证在生产需要时所有物料都能配套齐备，不需要时不要过早积压，达到减少库存量和占用资金的目的。从一定意义上讲，MRPⅡ系统实现了物流、信息流与资金流在企业管理方面的集成，并能够有效地对企业各种有限制造资源进行周密计划，合理利用，提高企业的竞争力。

MRPII 系统分为以下五个计划层次。

- 经营规划（Business Planning，BP）。
- 生产计划大纲。
- 主生产计划（MPS）。
- 物料需求计划。
- 车间作业计划（PAC）（生产作业控制）。

MRPⅡ计划层次体现了由宏观到微观，由战略到战术，由粗到细的深化过程。MRPⅡ的计划层次结构及处理逻辑流程如图 9.4 所示。

MRPⅡ的特点：MRPⅡ不仅仅是一个计算机系统，它更是一个完整的生产经营管理体系，它反映了市场经济环境下制造企业生产经营的客观规律。从本质上讲，MRPⅡ本身的技术领域并不是计算机科学的延伸，相反，它是管理和组织理论的延伸。MRPⅡ实质是一种管理模式，它的推行与实施要靠全员参与，其主体应是管理者而不是计算机人员。

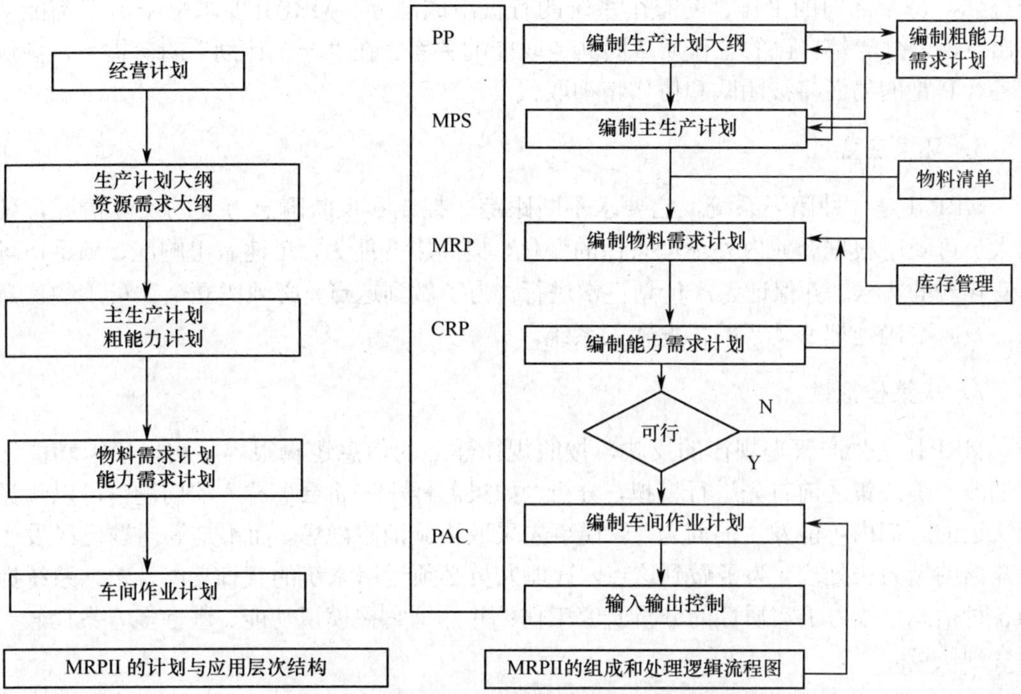

图 9.4　MRPⅡ的计划层次结构及处理逻辑流程

1．管理系统性

对企业的各种资源和产、供、销各个环节，实行有效、合理计划、组织、指挥和调整，使它们在生产经营中充分发挥作用，协调有序。

2．计划的可行性和统一性

全厂上下实行一个计划，把企业的三级计划统一于厂部制订。按零件组织生产，对生产计划进行层层分解细化，并经过粗、细能力平衡，达到均衡、连续的生产。同时，系统又可根据车间和市场信息的反馈，及时有效地调整生产计划，提高企业的应变能力和竞争力。

3．运作推动性

MRPⅡ是一种计划主导型的管理模式，它是依靠生产计划的层层分解和执行，推动企业的运作和目标的实现。这种推动式的生产管理方式表现了较好的自主性。

4．生产预见性

MRPⅡ在计划展望期里分时间区间进行生产计划的编排，并进行能力平衡，使下达的计划是可执行的，在当前就能够基本预知未来一定时段的加工对象和加工时间。在计划投产之前进行任务的分配和安排，出现突发需求变化时进行模拟仿真，因应防范，从而使生产过程中有很大的预见性。

5．协作整体性

MRPⅡ是一种系统工程，它把企业所有与经营生产活动直接相关部门的工作联成一个整体，每个部门的工作都是整个系统的有机组成部分。MRP Ⅱ要求每个员工都能从整体出发，十分清楚自己的工作质量同其他职能的关系，在“一个计划”的前提下，条块分割各行其是的局面将被团队和协作精神取代。

6．环境应变性

MRP Ⅱ是一种闭环系统，它要求不断跟踪、控制和反映瞬息万变的实际情况，使管理人员可随时根据企业内外环境条件的变化，提高应变能力，迅速做出响应、满足市场不断变化着的需求，并保证生产计划正常进行。为了做到这点，必须树立全体员工的信息意识，及时准确地把变动了的情况输入系统。

7．决策模拟性

MRP Ⅱ是生产管理规律的反映，按照规律建立的信息逻辑很容易实现模拟功能。在计划改变等决策之前首先进行模拟，分析“如果怎样——将会怎样”的问题，可以预见比较长远的时期内可能发生的问题，以便事先采取措施消除隐患，而不是等问题已经发生再花几倍的精力去处理。为了做到这点，管理人员必须运用系统的查询功能，熟悉系统提供的各种信息，致力于实质性的分析研究工作；并熟练掌握模拟功能、进行多方案比较，做出合理决策。

8．数据共享性

MRP Ⅱ是一种管理信息系统，企业各部门都依据同一数据库提供的信息、按照规范化的处理程序进行管理和决策；数据信息是共享的。手工管理中那种信息不通、情况不明、盲目决策、相互矛盾的现象将得到改善。

9．财物一致性

MRP Ⅱ包括了产品成本和财务会计的功能，可以由生产活动直接生成财务数据，把实物形态的物料流动直按转换为价值形态的资金流动，保证生产和财务数据的一致性。财会人员及时得到资金信息用来控制成本已通过资金流动状况反映物流和经营生产情况，随时分析企业的经济效益；参与决策、指导和控制经营生产活动。

10．管理机动性

MRP Ⅱ按计划的合理安排严格执行，有条不紊，管理具有更大的机动性，可以从忙忙碌碌的事务堆里解放出来，进行实际管理分析和协调控制工作。

MRP Ⅱ的局限性也有很多，随着企业之间的竞争范围的扩大，这就要求在企业管理的各个方面加强管理，要求企业的信息化建设应有更高的集成度，同时企业信息管理的范畴要求扩大到对企业的整个资源集成管理，而不单单是对企业的制造资源的集成管理；企业规模扩大化，多集团、多工厂要求协同作战，统一部署，这已经超出了 MRP Ⅱ的管理范围；信息全球化趋势的发展要求企业之间加强信息交流与信息共享，企业之间即是竞争对手，又是合作伙伴，信息管理要求扩大到整个供应链的管理，这些更是 MRP Ⅱ所不能解决的；在闭环 MRP 的基础上，集成了财务、供销链管理和制造，构成了完整的企业管理流程。

9.1.4 ERP（企业资源计划）

ERP（企业资源计划）是从制造资源计划MRPⅡ发展而来的新一代集成化企业资源管理系统，它扩展了MRPⅡ功能。ERP对MRPⅡ的扩展正在朝三个方向延伸：横向的扩展——功能范围的增加，从供应链上游的供应商管理到下游的客户关系管理；纵向的扩展——从低层的数据处理（手工自动化）到高层管理决策支持（职能化管理）；行业的扩展——从传统的以制造业为主到面向所有的行业。

厂房、生产线、加工设备、检测设备、运输工具等都是企业的硬件资源，人力、管理、信誉、融资能力、组织结构、员工的劳动热情等就是企业的软件资源，同时还包括三大流：物流、资金流、信息流。企业运行发展中，这些资源相互作用，形成企业进行生产活动、完成客户订单、创造社会财富、实现企业价值的基础，反映企业在竞争发展中的地位。ERP系统的管理对象便是上述各种资源及生产要素，通过ERP的使用，使企业的生产过程能及时、高质地完成客户的订单，最大限度地发挥这些资源的作用，并根据客户订单及生产状况做出调整资源的决策。概括地说，ERP是建立在信息技术基础上，利用现代企业的先进管理思想，全面地集成了企业所有资源信息，为企业提供决策、计划、控制与经营业绩评估的全方位和系统化的管理平台。

随着企业管理模式的发展，特别企业过程重组的应用，企业组织结构从传统的递阶组织向网络化、虚拟化发展，ERP将会出现更多的功能。

（1）支持实时、智能化管理。

（2）支持供应链的同步化运作。

（3）支持企业知识管理。

（4）支持电子商务和在线工作流管理。

（5）支持动态企业建模。

另外，在电子商务的推动下，将会有新的企业资源计划概念与形式出现，如e-ERP、企业协同管理系统、协同商务系统、ERPⅡ等、这些新概念说明，ERP还在不断发展与完善中。

下面的故事用最浅显的语言来解释什么是ERP。

一天中午，丈夫在外给家里打电话："亲爱的老婆，晚上我想带几个同事回家吃饭可以吗？"（订货意向）

妻子："当然可以，来几个人，几点来，想吃什么菜？"

丈夫："6个人，我们7点左右回来，准备些酒、烤鸭、番茄炒蛋、凉菜、蛋花汤……你看可以吗？"（商务沟通）

妻子："没问题，我会准备好的。"（订单确认）

妻子记录下需要做的菜单（MPS计划），具体要准备的东西：鸭、酒、番茄、鸡蛋、调料……（BOM物料清单），发现需要：1只鸭蛋，5瓶酒，4个鸡蛋……（BOM展开），炒蛋需要6个鸡蛋，蛋花汤需要4个鸡蛋（共用物料）。

打开冰箱一看（库房），只剩下2个鸡蛋（缺料）。来到自由市场，妻子："请问鸡蛋怎么卖？"（采购询价）

小贩："1个1元，半打5元，1打9.5元。若过秤就8元1斤。"（双单位采购）

妻子："我只需要8个，但这次买1打。"（经济批量采购）

妻子："这有一个坏的，换一个。"（验收、退料、换料）

回到家中，准备洗菜、切菜、炒菜……（工艺线路），厨房中有燃气灶、微波炉、电饭煲……（工作中心）

妻子发现拨鸭毛最费时间（瓶颈工序，关键工艺路线），用微波炉自己做烤鸭可能来不及（产能不足），于是在楼下的餐厅里买现成的（产品托外）。

下午4点，接到儿子的电话："妈妈，晚上几个同学想来家里吃饭，你帮忙准备一下。"（紧急订单）

"好的，你们想吃什么，爸爸晚上也有客人，你愿意和他们一起吃吗？"

"菜你看着办吧，但一定要有番茄炒鸡蛋，我们不和大人一起吃，6:30 左右回来。"（不能并单处理）

"好的，肯定让你们满意。"（订单确定）

"鸡蛋又不够了，打电话叫小店送来。"（紧急采购）

6:30，一切准备就绪，可烤鸭还没送来，急忙打电话询问："我是李太太，怎么订的烤鸭还不送来？"（采购委外单跟催）

"不好意思，送货的人已经走了，可能是堵车吧，马上就会到的。"

门铃响了。"李太太，这是您要的烤鸭。请在单上签一个字。"（验收、入库、转应付账款）

6:45，女儿的电话："妈妈，我想现在带几个朋友回家吃饭可以吗？"（呵呵，又是紧急订购意向，要求现货）

"不行呀，女儿，今天妈已经需要准备两桌饭了，时间实在是来不及，真是非常抱歉，下次早点说，一定给你们准备好。"（哈哈，这就是 ERP 的使用局限，要有稳定的外部环境，要有一个起码的提前期）

……

送走了所有客人，疲惫的妻子坐在沙发上对丈夫说："亲爱的，现在咱们家请客的频率非常高，应该要买些厨房用品了（设备采购），最好能再雇个小保姆。"（连人力资源系统也有缺口了）

丈夫："家里你做主，需要什么你就去办吧。"（通过审核）

妻子："还有，最近家里花销太大，用你的私房钱来补贴一下，好吗？"（最后就是应收货款的催要）

记住，每一个合格的家庭主妇都是生产厂长的有力竞争者！

9.2 ERP 的核心思想

9.2.1 ERP 思想来源

ERP 作为企业经营管理的整体解决方案，不仅是一套软件，更多的是先进管理思想和理念的结晶和体现。从某种意义上说，是衡量企业管理现代化的一个标尺。

ERP 是由 MRP/MRP Ⅱ发展而来的，随着实践和发展，至今已有了更深的内涵，主要表现如下。

（1）MRP 是 ERP 的核心功能。

（2）MRP Ⅱ是 ERP 的重要组成。

MRP 解决了企业物料供需信息集成，而 MRP Ⅱ运用管理会计的概念，用货币形式说明了执行企业“物料计划”带来的效益，实现物料信息同资金信息集成。MRP Ⅱ把传统的账务处理同发生账务的事务结合起来，不仅说明账务的资金现状，还要追溯资金的来龙去脉。按照物料位置、数量或价值变化，定义“事务处理”（Transaction），使与生产相关的财务信息直接由生产活动生成。保证了“资金流”（财务账）同“物流”（实物账）的同步和一致，改变了资金信息滞后于物料信息的状况，便于实时做出决策。

ERP 同 MRP Ⅱ的主要区别如下。

（1）ERP 是一个面向供需链管理（Supply Chain Management）的管理信息集成。ERP 除了传统 MRP Ⅱ系统的制造、供销、财务功能外，在功能上还增加了支持物料流通体系的运输管理、仓库管理（供需链上供、产、需各个环节之间都有运输和仓储的管理问题）；支持在线分析处理（Online Analytical Processing，OLAP）、售后服务及质量反馈，实时准确地掌握市场需求的脉搏；支持生产保障体系的质量管理、实验室管理、设备维修和备品备件管理；支持跨国经营的多国家地区、多工厂、多语种、多币制需求；支持多种生产类型或混合型制造企业，汇合了离散型生产、流水作业生产和流程型生产的特点；支持远程通信、Web/Internet/Intranet/Extranet、电子商务（E-commerce、E-business）、电子数据交换（EDI）；支持工作流（业务流程）动态模型变化与信息处理程序命令的集成。此外，还支持企业资本运行和投资管理、各种法规及标准管理等。事实上，当前一些 ERP 软件的功能已经远远超出了制造业的应用范围，成为一种适应性强、具有广泛应用意义的企业管理信息系统。但是，制造业仍然是 ERP 系统的基本应用对象。

（2）采用计算机和网络通信技术的最新成就。网络通信技术的应用是 ERP 同 MRP Ⅱ的又一个主要区别。ERP 系统除了已经普遍采用的诸如图形用户界面技术（GUI）、SQL 结构化查询语言、关系数据库管理系统（RDBMS）、面向对象技术（OOT）、第四代语言/计算机辅助软件工程、客户机/服务器和分布式数据处理系统等技术之外，还要实现更为开放的不同平台互操作，采用适用于网络技术的编程软件，加强了用户自定义的灵活性和可配置性功能，以适应不同行业用户的需要。网络通信技术的应用，使 ERP 系统得以实现供需链管理的信息集成。

（3）ERP 系统同企业业务流程重组（Business Process Reengineering，BPR）是密切相关的。信息技术的发展加快了信息传递速度和实时性，扩大了业务的覆盖面和信息的交换量，为企业进行信息的实时处理、做出相应的决策提供了极其有利的条件。为了使企业的业务流程能够预见并响应环境的变化，企业的内外业务流程必须保持信息的敏捷通畅。正如局限于企业内部的信息系统是不可能实时掌握瞬息万变的全球市场动态一样，多层次臃肿的组织机构也必然无法迅速实时地对市场动态变化做出有效的反应。因此，为了提高企业供需链管理的竞争优势，必然会带来企业业务流程、信息流程和组织机构的改革。这个改革，已不限于企业内部，而是把供需链上的供需双方合作伙伴包罗进来，系统考虑整个供需链的业务流程。ERP 系统应用程序使用的技术和操作必须能够随着企业业务流程的变化而相应地调整。只有这样，才能把传统 MRPⅡ系统对环境变化的“应变性”（Active）上升为 ERP 系统通过网络信息对内外环境变化的“能动性”（Proactive）。BPR 的概念和应用已经从企业内部扩展到企业与需求市场和供应市场整个供需链的业务流程和组织机构的重组。

ERP 侧重于各种管理信息的集成，而 CIMS（计算机集成制造系统）侧重于技术信息的集成，它们之间在内容上有重叠但又是互补的关系。制造业是否实现 ERP 系统，什么时候实现，取决于企业的性质、规模以及发展和经营战略的需要。但是不论如何，都应从 ERP 的高度来进行企业信息化建设的长远规划。作为制造业信息化建设的第一步，从实施 MRPⅡ入手，仍然是绝大多数企业必要和可行的方案。

9.2.2 ERP 的核心管理思想

ERP 的核心管理思想是供需链管理。供需链按原文 Supply Chain 直译是供应链，但实质上链上的每一个环节都含有“供”与“需”两方面的双重含义，“供”与“需”总是相对而言、相伴而生的；国外也称为 Demand/Supply Chain。在市场经济下，供应总是因为有了需求才发生的，没有需求，何谈供应？因此，译为供需链更为确切。作为供应系统，通常是指 Logistics（后勤体系）的内容，后勤体系是“从采购到销售”，而供需链是“从需求市场到供应市场”。

以集成管理技术和信息技术著称的美国生产与库存管理协会（APICS）从 1997 年起，将生产与库存管理资格（CPIM）考试增加了供需链管理的内容，并在 7 个主题中列为第一（其余主题依次为：库存管理、JIT、主计划、物料需求计划、生产作业控制、系统与技术），说明其重要性。供需链管理的考试内容有以下四个方面。

（1）经营范围的概念：供需链的要素；运作环境；财务基础；制造资源计划（MRPⅡ）；准时制生产（JIT）；全面质量管理（TQM）；MRPⅡ、JIT 及 TQM 之间的关系。

（2）需求计划：市场驱动；客户期望与价值的定义；客户关系；需求管理。

（3）需求与供应的转换：设计；能力管理；计划；执行与控制；业绩评价。

（4）供应：库存；采购；物资分销配送系统。

从以上考试内容可以看出供需链管理思想的重点，它兼顾“供”与“需”两方面的环境。

企业为了保持和扩大市场份额，先要有相对稳定的销售渠道和客户，为了保证产品的质量和技术含量，必须有相对稳定的原材料和配套件及协作件的供应商。企业同其销售代理、客户和供应商的关系，已不再简单地是业务往来对象，而是利益共享的合作伙伴关系，这是现代管理观念的重大转变。这种合作伙伴关系组成了一个企业的供需链，是“精益生产”（Lean Production）的核心思想。当遇到有特定的市场和产品需求时，企业的基本合作伙伴不一定能满足这类新产品开发生产的要求，这时，企业会组织一个由特定的供应和销售渠道组成的短期或一次性的供需链，形成“动态联盟”（或称“虚拟工厂”），把供应和协作单位（包括产品研究开发）看成是企业的一个组成部分，运用“同步工程”，用最短的时间将新产品打入市场，这是“敏捷制造”（Agile Manufacturing）的核心思想。当前，企业之间的竞争已不再是一个企业对一个企业的竞争，而是已经发展成为一个企业的供需链同竞争对手的供需链之间的竞争。ERP 系统正是适应这种竞争形势的需求发展起来的。

在供需链上除了人们已经熟悉的“物流”、“资金流”、“信息流”外，还有容易为人们所忽略的“增值流”和“工作流”。就是说，供需链上有五种基本“流”在流动。从形式上看，客户是在购买商品或服务，但实质上，客户是在购买商品或服务提供能带来效益的价值。各种物料在供需链上移动，是一个不断增加其技术含量或附加值的增值过程，在此过程中，还要注意消除一切无效劳动与浪费。因此，供需链还有增值链（Value-Added Chain）的含义。不言而喻，只有当产品能够售出，增值才有意义。企业单靠成本、生产率或生产规模的优势打价格战是不够的，要靠价值的优势打创新战，这才是企业竞争的真正出路，而 ERP 系统要提供企业分析增值过程的功能。

信息、物料、资金都不会自己流动，物料的价值也不会自动增值，要靠人的劳动来实现，要靠企业的业务活动——工作流（Work Flow）或业务流程（Business Process），它们才能流动起来。工作流决定了各种流的流速和流量，是企业业务流程重组（BPR）研究的对象。ERP 系统提供各种行业的行之有效的业务流程，而且可以按照竞争形势的发展，随着企业工作流（业务流程）的改革在应用程序的操作上作出相应的调整。

总之，ERP 所包含的管理思想是非常广泛和深刻的，这些先进的管理思想之所以能够实现，又同信息技术的发展和应用分不开。ERP 不仅面向供需链，体现精益生产、敏捷制造、同步工程的精神，而且必然要结合全面质量管理（TQM）以保证质量和客户满意度；结合准时制生产（JIT）以消除一切无效劳动与浪费、降低库存和缩短交货期；它还要结合约束理论（TOC，Theory of Constraint，是优化生产技术 OPT 的发展）来定义供需链上的瓶颈环节、消除制约因素来扩大企业供需链的有效产出。

在企业内部，ERP 几乎延伸到以下各个角落。

（1）将企业全体员工（MRPⅡ仅考虑车间工人）以人力资源来管理，不仅是使用，还包括培训、激励等更长远考虑的管理。

（2）将企业整体发展战略纳入系统，不仅是经营计划，还包括高层次的战略管理。

（3）将成本控制扩展为全面成本管理，而不仅仅是生产制造成本的管理，同时还延伸到会计财务的管理。

在企业外部，ERP 延伸到有密切合作关系的相关企业和客户。

（1）加入敏捷物流（Agile Logistics）管理，改进与供应商、零部件加工企业等合作伙伴的协作，提高物料供应的敏捷度和柔性能力。

（2）加入供应链中合作企业关系的管理，如供应商经营状况、信用、合作质量等信息的管理。

（3）加入下游企业或客户关系的管理，如有关客户的信息，客户的价值和客户的满意度的管理，让客户随时了解订单的执行进展情况等。

ERP 的核心处理逻辑是根据销售订单或销售预测来确定产品的独立需求（成品、备品备件），对独立需求根据产品结构文件（BOM）展开相关需求（我们需要什么），再与库存数据（我们有什么）进行比较，最终精确地制定出企业的生产计划（我们还要生产什么）和采购计划（我们还要采购什么），并通过能力需求数据确定企业是否能够在确定的时间生产出或采购回确定数量的产品，并与财务等其他系统集成。

ERP 的管理范围涉及企业的整个经营运作过程，包括分销、生产、库存、财务、质量、设备管理等内容。ERP 系统的主线是计划，核心是财务，在整个经营运作过程中贯穿了财务成本控制的概念。

（1）计划是主线。ERP 系统的计划管理体现了以客户需求为导向的运作模式。主生产计划（MPS）来源于企业的经营规划和市场需求（如合同、订单等），物料需求计划（MRP）根据 MPS、物料清单（BOM）和库存信息，计算出企业需要的全部加工件和采购件的需求量与需求时间，自动生成生产计划和采购计划，以指导企业的生产经营，帮助企业解决需要生产什么和在什么时候生产，以及相关地需要什么物料和在何时购买等问题，从而在保证正常生产的基础上达到降低库存的目的。

（2）财务是核心。ERP 系统的财务管理子系统与单一化的财务软件最大的区别就在于其实现了与分销、生产、库存等业务管理系统的高度集成，使财务管理的控制覆盖面延伸到了企业管理的各个领域，实现了对企业供、产、销等经营环节的有效控制，提高了会计信息的准确性、实时性和一致性，为管理者的经营决策提供了及时、全面的信息支持，以提高企业对外部环境变化的快速响应能力。

（3）成本控制贯穿始终。由于实现了财务与业务的同步，ERP 成本管理模块能够自动采集生产数据，自动生成相应的财务信息，实现对成本形成全过程的实时跟踪和控制，有利于优化生产过程，降低生产成本，从而提高企业的经济效益。

9.3 ERP 的功能模块

ERP 是将企业所有资源进行整合集成管理，简单地说是将企业的三大流：物流、资金流、信息流进行全面一体化管理的管理信息系统。它的功能模块以不同于以往的 MRP 或 MRPⅡ的模块，它不仅可用于生产企业的管理，而且在许多其他类型的企业如一些非生产，公益事业的企业也可导入 ERP 系统进行资源计划和管理。

在企业中，一般的管理主要包括三方面的内容：生产控制（计划、制造）、物流管理（分销、采购、库存管理）和财务管理（会计核算、财务管理）。这三大系统本身就是集成体，它们互相之间有相应的接口，能够很好地整合在一起来对企业进行管理。另外，要特别一提的是，随着企业对人力资源管理重视的加强，已经有越来越多的 ERP 厂商将人力资源管理纳入了 ERP 系统的一个重要组成部分。

9.3.1 供应链管理模块

供应链（Supply Chain，SC）是由供应商、制造商、仓库、配送中心和渠道商等构成的物流网络。同一企业可能构成这个网络的不同组成节点，但更多的情况下是由不同的企业构成这个网络中的不同节点。例如，在某个供应链中，同一企业可能既在制造商、仓库节点，又在配送中心节点等占有位置。在分工越细，专业要求越高的供应链中，不同节点基本上由不同的企业组成。在供应链各成员单位间流动的原材料、在制品库存和产成品等就构成了供应链上的货物流。

供应链管理（Supply chain management，SCM）是对企业供应链的管理，即对市场、需求、订单、原材料采购、生产、库存、供应、分销发货等的管理，包括了从生产到发货、从供应商到顾客的顾客的每一个环节。供应链管理使供应链运作达到最优化，以最少的成本，令供应链从采购开始，到满足最终客户的所有过程，包括工作流、实物流、资金流和信息流等均能高效率地操作，把合适的产品、以合理的价格，及时准确地送达消费者手上。

通过建立供应商与制造商之间的战略合作关系，可以达到以下三个最终目的。

（1）提升客户的最大满意度（提高交货的可靠性和灵活性）。

（2）降低公司的成本（降低库存，减少生产及分销的费用）。

（3）企业整体“流程品质”最优化（错误成本去除，异常事件消弭）。

供应链管理主要涉及四个领域：供应、生产计划、物流、需求。职能领域主要包括产品工程、产品技术保证、采购、生产控制、库存控制、仓储管理、分销管理。辅助领域主要包括客户服务、制造、设计工程、会计核算、人力资源、市场营销。

实施供应链管理，我们要做如下事情。

（1）分析市场竞争环境，识别市场机会。

（2）分析顾客价值。

（3）确定竞争战略。

（4）分析本企业的核心竞争力。

（5）评估、选择合作伙伴。

供应链管理的管理模块：

需求计划（预测）；

订单满足（当一方保证向顾客交货时则必须考虑到所需时间和制约因素）；

商业战略计划（对何种市场的何种产品应以何种事业及何种营运服务之）（月度－年度）；

供应商管理（月度－年度）；

库存管理（日度－周度）；

客户关系管理（日度－周度）；

分销计划（协调整个企业的实际生产和分配计划）（日度）；

生产排程（针对单一节点制定弹性生产日程）（以分钟计）；

运输计划（针对网络中的多个供应、制造、分销和仓储节点）；

运输执行（在批次的基础上制订长期计划，一般是通过所谓代理的集中组织）。

物流管理的主要模块如下。

1．分销管理

销售的管理是从产品的销售计划开始，对其销售产品、销售地区、销售客户各种信息的管理和统计，并可对销售数量、金额、利润、绩效、客户服务做出全面的分析，这样在分销管理模块中大致有三方面的功能。

1）对于客户信息的管理和服务

它能建立一个客户信息档案，对其进行分类管理，进而对其进行针对性的客户服务，以达到最高效率的保留老客户、争取新客户。在这里，要特别提到的就是新出现的 CRM

软件，即客户关系管理，ERP 与它的结合必将大大增加企业的效益。

2）对于销售订单的管理

销售订单是 ERP 的入口，所有的生产计划都是根据它下达并进行排产的。而销售订单的管理是贯穿了产品生产的整个流程。它包括如下。

（1）客户信用审核及查询（客户信用分级，来审核订单交易）。

（2）产品库存查询（决定是否要延期交货、分批发货或用代用品发货等）。

（3）产品报价（为客户作不同产品的报价）。

（4）订单输入、变更及跟踪（订单输入后，变更的修正，及订单的跟踪分析）。

（5）交货期的确认及交货处理（决定交货期和发货事物安排）。

3）对于销售的统计与分析

这是系统根据销售订单的完成情况，依据各种指标做出统计，如客户分类统计、销售代理分类统计等，再就这些统计结果来对企业实际销售效果进行评价。

（1）销售统计（根据销售形式、产品、代理商、地区、销售人员、金额、数量来分别进行统计）。

（2）销售分析（包括对比目标、同期比较和订货发货分析，来从数量、金额、利润及绩效等方面做相应的分析）。

（3）客户服务（客户投诉纪录，原因分析）。

2．库存控制

用来控制存储物料的数量，以保证稳定的物流支持正常的生产，但又最小限度的占用资本。它是一种相关的、动态的及真实的库存控制系统。它能够结合、满足相关部门的需求，随时间变化动态地调整库存，精确地反映库存现状。这一系统的功能又涉及如下内容。

（1）为所有的物料建立库存，决定何时订货采购，同时作为采购部门采购、生产部门做生产计划的依据。

（2）收到订购物料，经过质量检验入库，生产的产品也同样要经过检验入库。

（3）收发料的日常业务处理工作。

3．采购管理

确定合理的定货量、优秀的供应商和保持最佳的安全储备。能够随时提供定购、验收的信息，跟踪和催促对外购或委外加工的物料，保证货物及时到达。建立供应商的档案，用最新的成本信息来调整库存的成本，具体如下。

（1）供应商信息查询（查询供应商的能力、信誉等）。

（2）催货（对外购或委外加工的物料进行跟催）。

（3）采购与委外加工统计（统计、建立档案，计算成本）。

（4）价格分析（对原料价格分析，调整库存成本）。

9.3.2 财务管理模块

企业中，清晰分明的财务管理是极其重要的。所以，在 ERP 整个方案中它是不可或缺的一部分。ERP 中的财务模块与一般的财务软件不同，作为 ERP 系统中的一部分，它和系统的其他模块有相应的接口，能够相互集成。例如，它可将由生产活动、采购活动输入的信息自动计入财务模块生成总账、会计报表，取消了输入凭证烦琐的过程，几乎完全替代以往传统的手工操作。一般的 ERP 软件的财务部分分为会计核算与财务管理两大块。

1．会计核算

会计核算主要是记录、核算、反映和分析资金在企业经济活动中的变动过程及其结果。它由总账、应收账、应付账、现金、固定资产、多币制等部分构成。

（1）总账模块：它的功能是处理记账凭证输入、登记，输出日记账、一般明细账及总分类账，编制主要会计报表。它是整个会计核算的核心，应收账、应付账、固定资产核算、现金管理、工资核算、多币制等各模块都以其为中心来互相信息传递。

（2）应收账模块：是指企业应收的由于商品赊欠而产生的正常客户欠款账。它包括发票管理、客户管理、付款管理、账龄分析等功能。它和客户订单、发票处理业务相联系，同时将各项事件自动生成记账凭证，导入总账。

（3）应付账模块：会计里的应付账是企业应付购货款等账，它包括了发票管理、供应商管理、支票管理、账龄分析等。它能够和采购模块、库存模块完全集成以替代过去烦琐的手工操作。

（4）现金管理模块：它主要是对现金流入流出的控制以及零用现金及银行存款的核算。它包括了对硬币、纸币、支票、汇票和银行存款的管理。在 ERP 中提供了票据维护、票据打印、付款维护、银行清单打印、付款查询、银行查询和支票查询等和现金有关的功能。

此外，它还和应收账、应付账、总账等模块集成，自动产生凭证，过入总账。

（5）固定资产核算模块：即完成对固定资产的增减变动以及折旧有关基金计提和分配的核算工作。它能够帮助管理者对固定资产的现状有所了解，并能通过该模块提供的各种方法来管理资产，以及进行相应的会计处理。

它的具体功能有：登录固定资产卡片和明细账，计算折旧，编制报表，以及自动编制转账凭证，并转入总账。它和应付账、成本、总账模块集成。

（6）多币制模块：这是为了适应当今企业的国际化经营，对外币结算业务的要求增多而产生的。多币制将企业整个财务系统的各项功能以各种币制来表示和结算，且客户订单、库存管理及采购管理等也能使用多币制进行交易管理。多币制和应收账、应付账、总账、客户订单、采购等各模块都有接口，可自动生成所需数据。

（7）工资核算模块：自动进行企业员工的工资结算、分配、核算以及各项相关经费的计提。它能够登录工资、打印工资清单及各类汇总报表，计算计提各项与工资有关的费用，自动做出凭证，导入总账。这一模块是和总账，成本模块集成的。

（8）成本模块：它将依据产品结构、工作中心、工序、采购等信息进行产品的各种成本的计算，以便进行成本分析和规划。还能用标准成本或平均成本法按地点维护成本。

2．财务管理

财务管理的功能主要是基于会计核算的数据，再加以分析，从而进行相应的预测，管理和控制活动。它侧重于财务计划、控制、分析和预测。

财务计划：根据前期财务分析做出下期的财务计划、预算等。

财务分析：提供查询功能和通过用户定义的差异数据的图形显示进行财务绩效评估，

账户分析等。

财务决策：财务管理的核心部分，中心内容是做出有关资金的决策，包括资金筹集、投放及资金管理。

生产控制管理模块是 ERP 系统的核心所在，它将企业的整个生产过程有机地结合在一起，使得企业能够有效地降低库存，提高效率。同时，各个原本分散的生产流程的自动连接，也使得生产流程能够前后连贯的进行，而不会出现生产脱节，耽误生产交货时间。

9.3.3 生产控制管理

生产控制管理是一个以计划为导向的先进的生产、管理方法。首先，企业确定它的一个总生产计划，再经过系统层层细分后，下达到各部门去执行，即生产部门以此生产，采购部门按此采购等。

1．主生产计划

它是根据生产计划、预测和客户订单的输入来安排将来的各周期中提供的产品种类和数量，它将生产计划转为产品计划，在平衡了物料和能力的需要后，精确到时间、数量的详细的进度计划。是企业在一段时期内的总活动的安排，是一个稳定的计划，是以生产计划、实际订单和对历史销售分析得来的预测产生的。

2．物料需求计划

在主生产计划决定生产多少最终产品后，再根据物料清单，把整个企业要生产的产品的数量转变为所需生产的零部件的数量，并对照现有的库存量，可得到还需加工多少，采购多少的最终数量。这才是整个部门真正依照的计划。

3．能力需求计划

它是在得出初步的物料需求计划之后，将所有工作中心的总工作负荷，再与工作中心的能力平衡后产生的详细工作计划，用以确定生成的物料需求计划是否是企业生产能力上可行的需求计划。能力需求计划是一种短期的、当前实际应用的计划。

4．车间控制

这是随时间变化的动态作业计划，是将作业分配到具体各个车间，再进行作业排序、作业管理、作业监控。

5．制造标准

在编制计划中需要许多生产基本信息，这些基本信息就是制造标准，包括零件、产品结构、工序和工作中心，都用唯一的代码在计算机中识别。

（1）零件代码：对物料资源的管理，对每种物料给予唯一的代码识别。

（2）物料清单：定义产品结构的技术文件，用来编制各种计划。

（3）工序：描述加工步骤及制造和装配产品的操作顺序。它包含加工工序顺序、指明各道工序的加工设备、所需要的额定工时和工资等级等。

（4）工作中心：使用相同或相似工序的设备和劳动力组成的，从事生产进度安排、核算能力、计算成本的基本单位。

9.3.4　人力资源管理模块

以往的 ERP 系统基本上都是以生产制造及销售过程（供应链）为中心的。因此，长期以来一直把与制造资源有关的资源作为企业的核心资源来进行管理。企业内部的人力资源，开始越来越受到企业的关注，被视为企业的资源之本。在这种情况下，人力资源管理，作为一个独立的模块，被加入到了 ERP 系统中来，和 ERP 中的财务、生产系统组成了一个高效的、具有高度集成性的企业资源系统。它与传统方式下的人事管理有着根本的不同。

1．人力资源规划的辅助决策

（1）对于企业人员、组织结构编制的多种方案，进行模拟比较和运行分析，并辅之以图形的直观评估，辅助管理者做出最终决策。

（2）制定职务模型，包括职位要求、升迁路径和培训计划，根据担任该职位员工的资格和条件，系统会提出针对员工的一系列培训建议，一旦机构改组或职位变动，系统会提出一系列的职位变动或升迁建议。

（3）进行人员成本分析，可以对过去、现在、将来的人员成本做出分析及预测，并通过 ERP 集成环境，为企业成本分析提供依据。

2．招聘管理

人才是企业最重要的资源。优秀的人才才能保证企业持久的竞争力。招聘系统一般从以下几个方面提供支持。

（1）进行招聘过程的管理，优化招聘过程，减少业务工作量。

（2）对招聘的成本进行科学管理，从而降低招聘成本。

（3）为选择聘用人员的岗位提供辅助信息，并有效地帮助企业进行人才资源的挖掘。

3．工资核算

（1）能根据公司跨地区、跨部门、跨工种的不同薪资结构及处理流程制定与之相适应的薪资核算方法。

（2）与时间管理直接集成，能够及时更新，对员工的薪资核算动态化。

（3）回算功能。通过和其他模块的集成，自动根据要求调整薪资结构及数据。

4．工时管理

（1）根据该国或当地的日历，安排企业的运作时间及劳动力的作息时间表。

（2）运用远端考勤系统，可以将员工的实际出勤状况记录到主系统中，并把与员工薪资、奖金有关的时间数据导入薪资系统和成本核算中。

5．差旅核算

系统能够自动控制从差旅申请，差旅批准到差旅报销整个流程。并且通过集成环境将核算数据导进财务成本核算模块中去。

9.4 ERP 实施时应注意的问题

ERP 具有整合性、系统性、灵活性、实时控制性等显著特点。ERP 系统的供应链管理思想对企业提出了更高的要求，是企业在信息化社会、在知识经济时代繁荣发展的核心管理模式。它可以帮助企业有效利用全社会供应链上的一切资源来快速高效地响应市场需求的变化，形成企业供应链之间的竞争。

ERP 管理系统的主要特点如下。

（1）面向销售，能够对市场快速响应；它将供应链管理功能包含了进来，强调了供应商、制造商与分销商间的新的伙伴关系；并且支持企业后勤管理。

（2）更强调企业流程与工作流，通过工作流实现企业的人员、财务、制造与分销间的集成，支持企业过程重组。

（3）纳入了产品数据管理 PDM 功能，增加了对设计数据与过程的管理，并进一步加强了生产管理系统与 CAD、CAM 系统的集成。

（4）更多地强调财务管理，具有较完善的企业财务管理体系，这使价值管理概念得以实施，资金流与物流、信息流更加有机地结合。

（5）较多地考虑人的因素作为资源在生产经营规划中的作用，也考虑了人的培训成本等。

（6）在生产制造计划中，ERP 支持 MRP 与 JIT 混合管理模式，也支持多种生产方式（离散制造、连续流程制造等）的管理模式。

（7）采用了最新的计算机技术，如客户/服务器分布式结构、面向对象技术、基于 WEB 技术的电子数据交换 EDI、多数据库集成、数据仓库、图形用户界面、第四代语言及辅助工具等。

ERP 的优点主要体现在以下方面：缩短周转的时间；物流与资金流的集成；加强物料和生产计划；模拟不同市场状况对生产计划、能力需求计划、物料采购计划和储运等工作的影响；增强企业对经营环境改变的快速反应能力；实现管理层对信息的实时和在线查询；为企业决策提供更加准确、及时的财务报告；及时提供各种管理报告、分析数据；系统本身具有严格的内部控制功能。

中国企业实施 ERP 系统仍存在一些问题，主要表现如下。

（1）大量的外来词汇设置了较高的 ERP 心理门槛。围绕 ERP 系统集合了 BRP、JIT、CIMS、虚拟企业、协同商务等庞大的新名词和外文词汇，为广大的企业管理人员设立了心理门槛，对于 ERP 实施过程的把握显得非常难。

（2）国外 ERP 软件商有非常规范的 ERP 实施方法，但是不太了解我国企业的实际需求和定制过程。

（3）国内众多 ERP 企业管理软件商有丰富的 ERP 实施经验，但无科学规范的实施方法。

（4）ERP 软件商、提供业务流程重组的咨询公司、政府部门提供的 ERP 服务、倡导第三方监督的监理大都从自己的角度提供 ERP 实施建议和经验，但是企业由于不能全面看到具体的实施周期，使得企业不能深入了解具体的 ERP 实施方法和具体实施活动。

因此，选择一个合适的供应商是有利于企业成功实施ERP的。

（1）整体规划、分步实施、重点先行。整体规划主要指IT规划要与企业战略相结合，IT策略必须配合企业的竞争策略。分步实施主要指很多企业在应用ERP时，应当循序渐进，分阶段逐步深化应用，在提升管理基础的同时，逐步提升ERP的应用水平。重点先行是指要与企业管理的要点结合，抓住能够给实施带来效益的那几个关键点，先集中解决用户的关键问题，这个也符合管理的80/20原则。

（2）组织保障和制度保障。发现很多上信息化的企业，大部分都是生意比较好，很繁忙的企业。本来就很忙，就要加班，还要他们抽出时间来做信息化的工作，有很多人会受不了，受不了怎么办呢？所以要有组织保障，为了推行信息化，要有专门的组织来完成这些工作，即使没有设立专门的组织，也要规定相关的人员在规定的时间，保证质量地完成这些工作。另外，很多人天生就有抗体，一样新事物再好，可能刚开始都会很难适应。信息化工作也是一样，会关系到一些工作方式的调整，很多人刚开始也会不适应，甚至反对，所以要有制度保障。

（3）人员协调。主要包括三方面的人员，第一是高层领导，高层领导必须高度重视，适度参与。第二是业务人员，他们必须尽快适应新的计算机的工作模式。第三是企业里的IT人员，他们不光是系统维护员和程序员的角色，还必须起着不同视角的桥梁作用，因为业务人员讲的多半是管理语言和只在本企业里流行的一些名词，而ERP厂商即便是咨询能力很强，也难免会对业务人员的需求产生一些误解，这需要企业里的IT人员从不同的视角进行翻译，这一点对企业里的IT人员提出了更高的要求。

（4）基础数据的准备工作。基础数据如料号、BOM表、会计科目、未结案的客户订单、采购订单、生产订单、会计凭证，以及一些基础参数的设定，都必须在规定的时间准确地输入系统。后续的作业将会以这些数据为基础来运行，故控制好这个环节也至关重要。

（5）培训工作。如果培训工作不到位，则业务人员不能熟练掌握新的武器，使用新的方法，项目的风险会很大。另外，要让业务人员很明白，如果不掌握这些知识，将与企业发展脱节的关系。经过不断的实践和摸索，越来越多的企业对ERP的了解不断深入，企业自身的管理基础不断增强，ERP咨询服务商也不断积累经验，总结出成熟有效的方法论。目前ERP在越来越多的企业实现成功应用，取得了实实在在的效果，提高了企业经济增长的质量和效益，促进了经济增长方式的转变，使企业在日趋激烈的市场竞争环境中更具竞争力。因此，关于“国内企业上ERP的多，成功的比较少”等说法，是比较形象地反映了九十年代中期之前的状况，已经不能反映现在真实的情况了。

ERP应用过程中的十大忠告。

- 领导全面支持，始终如一，保持相对稳定的ERP系统队伍。
- 高度重视数据的准确性，建立必要的责任制度。
- 目标明确，不断检测，不断改进，评估系统的运行效果，检讨与持续改进流程。
- 不要将没有经验的人放到关键岗位上。
- 不要压缩人员培训的费用，培训、培训、再培训。
- 寻求专家的帮助。
- 不要把手工系统的工作方式照搬到计算机系统。
- 既要从容，又要紧迫。

- 树立全员参与意识，编辑、出版、发行 ERP 系统运行状况刊物，举行知识竞赛。
- ERP 不能医治百病，不要神话 ERP。
- ERP 系统的数据必须准确，如果你对它说假话，那它必然对你说废话。垃圾进，垃圾出。

判定 ERP 实施成败的标准如下。

（1）ERP 运行一段时间以后，它有没有用？

（2）上 ERP 以后，我们的投入和它发生的作用值不值？

本章小结

本章介绍了 ERP 的基本知识，包括 ERP 的起源与发展、ERP 的核心思想、ERP 的功能模块、ERP 的特点及实施 ERP 时应注意的问题。

ERP 是一种主要面向制造行业进行物质资源、资金资源和信息资源集成一体化管理的企业信息管理系统。ERP 的定义是：MRPⅡ（企业制造资源计划）下一代的制造业系统和资源计划软件。除了 MRPⅡ已有的生产资源计划，制造、财务、销售、采购等功能外，还有质量管理，实验室管理，业务流程管理，产品数据管理，存货、分销与运输管理，人力资源管理和定期报告系统。

ERP 系统包括以下主要功能：供应链管理、销售与市场、分销、客户服务、财务管理、制造管理、库存管理、工厂与设备维护、人力资源、报表、制造执行系统、工作流服务和企业信息系统等。此外，还包括金融投资管理、质量管理、运输管理、项目管理、法规与标准、过程控制等补充功能。

ERP 的发展经历了四个主要的发展阶段：基本 MRP、闭环 MRP、MRPⅡ及 ERP。

MRP 是一种以计算机为基础的编制生产与实行控制的系统，它不仅是一种新的计划管理方法，而且也是一种新的组织生产方式。MRP 是根据总生产进度计划中规定的最终产品的交货日期，规定必须完成各项作业的时间，编制所有较低层次零部件的生产进度计划，对外计划各种零部件的采购时间与数量，对内确定生产部门应进行加工生产的时间和数量。一旦作业不能按计划完成时，MRP 系统可以对采购和生产进度的时间和数量加以调整，使各项作业的优先顺序符合实际情况。

闭环 MRP 是在物料需求计划（MRP）的基础上，增加对投入与产出的控制，也就是对企业的能力进行校检、执行和控制。闭环 MRP 理论认为，只有在考虑能力的约束，或者对能力提出需求计划，在满足能力需求的前提下，物料需求计划（MRP）才能保证物料需求的执行和实现。

MRPⅡ是对制造业企业资源进行有效计划的一整套方法。它是一个围绕企业的基本经营目标，以生产计划为主线，对企业制造的各种资源进行统一的计划和控制，使企业的物流、信息流、资金流流动畅通的动态反馈系统。

制造资源计划 MRPⅡ是以生产计划为中心，把与物料管理有关的产、供、销、财各个环节的活动有机地联系起来，形成一个整体，进行协调，使它们在生产经营管理中发挥最大的作用。其最终的目标是使生产保持连续均衡，最大限度地降低库存与资金的消耗，减少浪费，提高经济效益。

ERP 作为企业经营管理的整体解决方案，不仅是一套软件，更多的是先进管理思想和理念的结晶和体现。从某种意义上说，是衡量企业管理现代化的一个标尺。

ERP 的管理范围涉及企业的整个经营运作过程，包括分销、生产、库存、财务、质量、设备管理等内容。ERP 系统的主线是计划，核心是财务，在整个经营运作过程中贯穿了财务成本控制的概念。

ERP 是将企业所有资源进行整合集成管理，简单地说是将企业的三大流：物流、资金流、信息流进行全面一体化管理的管理信息系统。

供应链管理使供应链运作达到最优化，以最少的成本，令供应链从采购开始，到满足最终客户的所有过程，包括工作流、实物流、资金流和信息流等均能高效率地操作，把合适的产品、以合理的价格，及时准确地送达消费者手上。

作为 ERP 系统中的一部分，它和系统的其他模块有相应的接口，能够相互集成，一般的 ERP 软件的财务部分分为会计核算与财务管理两大块。

生产控制管理是一个以计划为导向的先进的生产、管理方法。首先，企业确定它的一个总生产计划，再经过系统层层细分后，下达到各部门去执行。即生产部门以此生产，采购部门按此采购，等等。

人力资源管理和 ERP 中的财务、生产系统组成了一个高效的、具有高度集成性的企业资源系统。包括人力资源规划的辅助决策；招聘管理；工资核算；工时管理；差旅核算。

ERP 应用成功的标志是：①系统运行集成化，软件的运作跨越多个部门；②业务流程合理化，各级业务部门根据完全优化后的流程重新构建；③绩效监控动态化，绩效系统能即时反馈以便纠正管理中存在的问题；④管理改善持续化，企业建立一个可以不断自我评价和不断改善管理的机制。

在实施 ERP 实施时应注意：整体规划、分步实施、重点先行；组织保障和制度保障；人员协调；基础数据的准备工作；及时开展培训工作。

习　题

一、选择题

1. ERP 系统的形成和发展大致经过了五个阶段的发展，其中，第一个阶段是 20 世纪的____。

　　A．库存控制订货点法　　　　B．时段 MRP
　　C．闭环 MRP　　　　　　　　D．MRP2

2. ERP 系统的形成和发展大致经过了五个阶段的发展，其中，第二个阶段是 20 世纪的____。

A．库存控制订货点法　　　　　　　　B．时段 MRP
C．闭环 MRP　　　　　　　　　　　　D．MRP2

3．ERP 系统的形成和发展过程中，____主要解决库存的缺货和积压货物问题。

A．订货点法　　B．时段 MRP　　C．闭环 MRP　　D．MRP2

4．在 ERP 系统的形成和发展过程中，____主要解决间歇生产的生产计划控制和物料需求供应问题。

A．订货点法　　B．时段 MRP　　C．闭环 MRP　　D．MRP2

5．ERP 系统的形成和发展大致经过了五个阶段的发展，其中，第三个阶段是 20 世纪的____。

A．库存控制订货点法　　　　　　　　B．时段 MRP
C．闭环 MRP　　　　　　　　　　　　D．MRP2

6．ERP 系统的形成和发展大致经过了五个阶段的发展，其中，第四个阶段是 20 世纪的____。

A．库存控制订货点法　　　　　　　　B．时段 MRP
C．闭环 MRP　　　　　　　　　　　　D．MRP2

7．从 Gartner 的定义来看，ERP 仍然是以____为核心，但在功能和技术上却超越了传统的____，它是顾客驱动的、面向整个供应链的企业资源计划系统。

A．时代 MRP　闭环 MRP　　　　　　B．闭环 MRP　时段 MRP
B．闭环 MRP　MRP2　　　　　　　　D．MRP2　MRP2

8．在 ERP 系统的主要功能中，____是 ERP 系统的核心所在，它将企业的整个生产过程有机地结合在一起，使得企业能够有效地降低库存，提高效率。

A．财务管理　　　　　　　　　　　　B．物流管理
C．生产计划与控制管理　　　　　　　D．人力资源管理

9．____是一个获取、保持和增加可获利客户的方法和过程，同时可以最大限度地改善与提高整个客户关系生命周期的绩效。

A．ERP　　B．SCM　　C．BPR　　D．CRM

10．ERP 系统主要功能中，不可或缺的功能模块是____。

A．财务管理　　B．物流管理　　C．人力资源管理　D. 生产计划与控制管理

11．____用来控制存储物料的数量，以保证稳定的物流支持正常的生产，但又最小限度地占用资本，是一种相关的、动态的以及真实的控制系统。

A．销售控制　　B．库存控制　　C．生产控制　　D．采购控制

12．在 ERP 系统的主要功能中，____是 ERP 系统的基本组成部分。

A．财务管理　　　　　　　　　　　　B．物流管理
C．人力资源管理　　　　　　　　　　D．生产计划与控制管理

13．____是反映由购销双方确认的客户要货需求的单据。

A．销售合同　　B．销售订单　　C．产品报价　　D．询价单

14．企业在采购时，____是主要应用于生产企业，是生产企业根据生产计划和主产品的结构以及库存情况逐步推导出生产主产品所需要的零部件、原材料等的生产计划和采购计划的过程。

A．物料需求计划采购　　B．JIT 采购
C．供应链采购　　D．电子商务采购

15．____是指与库存物料相关的计划和控制活动。其主要是依据企业的生产经营计划，使物料管理工作标准化和高效化，实现降低库存成本和提高供货率。

A．销售管理　　B．生产管理　　C．采购管理　　D．库存管理

16．____是保证准确的库存记录的必要手段，其目的是为了查找出错的原因，修正错误，高水平地维护库存记录的准确性。

A．库存控制　　B．库存盘点　　C．库存总量　　D．库存费用

17．____是指产品的计划主要根据预测，并在接到用户订单之前已生产出产品。

A．按订单装配　　B．按库存生产　　C．按订单设计　　D．按订单生产

18．库存管理是指与库存物料相关的计划和控制活动，主要是依据企业的____，使物料管理工作标准化和高效化，实现降低库存成本和提高供货率。

A．营销计划　　B．生产经营计划　　C．存货计划　　D．采购计划

19．在 ERP 中有不同的计划层次，其中____是用来驱动物料、能力、成本计划与控制于一体的正式系统，它比上一层次的计划更加详细，可确定每一个具体的产品在每一个具体的时间段内的生产。

A．能力需求计划　B．生产计划　　C．主生产计划　　D．物料需求计划

20．在 ERP 中有不同的计划层次，其中____是将 MPS 排产的产品分解成原材料采购件的采购计划、外协件的外协计划和各种自制件的加工装配计划。

A．能力需求计划　B．主生产计划　　C．企业计划　　D．物料需求计划

21．在 ERP 中有不同的计划层次，其中____是将生产计划转换成相应的能力需求计划，计算可用的生产能力并确定协调措施，发现和解决能力与需求之间的瓶颈，实现均衡生产。

A．能力需求计划　B．生产计划　　C．主生产计划　　D．物料需求计划

22．ERP 的____可以真正使企业做到事前计算、事中控制、事后分析，可以从根本上改变企业为赶写成本数据，而在产品总成本产生后再反摊到各个组成物料上去的做法。

A．管理会计　　B．成本会计　　C．成本管理　　D．绩效衡量

二、简答题

1．简述 ERP 的核心管理思想。
2．简述 ERP 的变化趋势。
3．简述电子商务与 ERP 集成的条件。
4．简述电子商务和 ERP 的关系。
5．简述 CRM 与 ERP 的关系。
6．简述 ERP 实施中常见的问题。
7．简述实施 ERP 项目的前期工作有哪些。
8．简述 ERP 系统面向流程的实施战略。
9．简述在 ERP 系统中物料编码的基本原则。
10．简述 ERP 软件选型的原则。

第10章 客户关系管理系统及其应用

CRM（Customer Relationship Management，客户关系管理）最早产生于美国，由 Gartner Group 首先提出的 CRM 这个概念的。20 世纪 90 年代以后伴随着互联网和电子商务的大潮得到了迅速发展。不同的学者或商业机构对 CRM 的概念都有不同的看法。这个概念的原创者认为，CRM 是一种商业策略，它按照客户的分类情况有效地组织企业资源，培养以客户为中心的经营行为及实施以客户为中心的业务流程，并以此为手段来提高企业盈利能力、利润及顾客满意度。

IBM 公司认为，CRM 通过提高产品性能、增强顾客服务、提高顾客交付价值和顾客满意度，与客户建立起长期、稳定、相互信任的密切关系，从而为企业吸引新客户、维系老客户，提高效益和竞争优势。

SAP 公司：CRM 系统的核心是对客户数据的管理，客户数据库是企业重要的数据中心，记录企业在市场营销与销售过程中和客户发生的各种交互行为，以及各类有关活动的状态，提供各类数据模型，为后期的分析和决策提供支持。

总结以上经典的 CRM 概念，从销售理念、业务流程和技术支持三个层次，可将 CRM 定义为：CRM 是现代信息技术、经营思想的结合体，它以信息技术为手段，通过对以“客户为中心”的业务流程的重要组合和设计，形成一个自动化的解决方案，以提高客户的忠诚度，最终实现业务操作效益的提高和利润的增长。目前，很多媒体上介绍 CRM 时过多地介绍了其技术特性，使读者产生一种误解，以为可以像财务软件一样购买回来就可以使用，而忽略了 CRM 的本质实际上是营销管理，是一种对以客户为导向的企业营销管理的系统工程。

无论如何定义 CRM，“以客户为中心”将是 CRM 的核心所在。CRM 通过满足客户个性化的需要、提高客户忠诚度，实现缩短销售周期、降低销售成本、增加收入、拓展市场、全面提升企业盈利能力和竞争能力。任何企业实施客户关系管理的初衷都是想为顾客创造更多的价值，即实现顾客与企业的“双赢”。

10.1　客户关系管理的基本概念

10.1.1　客户关系管理的核心内容

客户关系管理是以客户为中心，收集、研究和使用各种客户信息，以便建立积极的客户关系，更好地满足客户需求，提高客户满意度和忠诚度，增加客户对企业的价值。客户关系管理的核心内容如下。

（1）以客户为中心。以客户为中心就是指企业的经营活动都围绕客户的需求展开，通过不断提升客户的满意度和忠诚度，使企业与客户能够建立并维持良好的关系，企业甚至可以与客户进行联盟，建立更深层次的客户关系。

（2）客户是企业发展最重要的资源之一。随着市场竞争的加剧，企业的发展由产品导向转变为客户导向，客户已经成为企业生存和发展最重要的资源之一。因为企业利润的真正源泉是客户，而不是各项产品或服务本身。

（3）客户的差别化管理。不同的客户会产生不同的价值。对不同价值的客户要提供不同的产品和服务，实现差别化和个性化管理。

（4）对客户信息资源的整合与共享。客户关系管理的本质是对与客户互动中产生的各类信息进行汇总、编码与管理，挖掘客户需求并对客户分类进行批处理，以对有价值的客户提供更个性化的服务。随着客户关系管理理论的发展，对客户信息和知识的管理进一步受到重视，集中体现在 CRM 系统对客户信息和知识强大地收集、传递、挖掘和共享等功能上。

（5）对业务流程再造，降低企业营运成本。业务流程是指企业使用各种资源，从客户需求出发，创造出客户满意的产品或服务的一系列活动。通过业务流程再造可以减少各种不必要的环节，极大地提高企业与客户沟通、交流和交易的速度和效果，从而达到节约时间与成本的目的。

客户关系管理的主要工作包含以下几个方面（简称 7P）。

（1）客户概况分析（Profiling）包括客户的层次、风险、爱好、习惯等。

（2）客户忠诚度分析（Persistency）指客户对某个产品或商业机构的忠实程度、持久性、变动情况等。

（3）客户利润分析（Profitability）指不同客户所消费的产品的边缘利润、总利润额、净利润等。

（4）客户性能分析（Performance）指不同客户所消费的产品按种类、渠道、销售地点等指标划分的销售额。

（5）客户未来分析（Prospecting）包括客户数量、类别等情况的未来发展趋势、争取客户的手段等。

（6）客户产品分析（Product）包括产品设计、关联性、供应链等。

（7）客户促销分析（Promotion）包括广告、宣传等促销活动的管理。

客户关系管理主要有从数据集成→数据分析→决策支持等三个逐级向上支撑的层面。

（1）客户关系数据的全面开发与合理组织。采集企业所有能够获得的客户和客户相关活动的数据，采用先进的信息技术手段集成和管理客户关系数据，让承担客户相关活动的部门和人员共享。

（2）客户关系数据的科学分析与规律探寻。基于客户关系数据，采用各种数学方法、数据分析技术和工具多角度多层次地分析客户与客户群的属性、现状和趋势，评估客户的价值和风险，分析客户与产品、服务、成本和利润之间的相互关系及其作用规律，以了解客户和掌握客户关系。

（3）客户关系分析结果对管理决策与业务过程的支持。充分利用客户关系分析结果，支持销售、营销和产品研发等管理决策与业务过程，以便更好地吸引和服务于客户，优化、扩展和巩固客户关系。

客户关系管理理论和方法的应用能使企业有关客户服务的活动更有针对性，在为客户提供满意的产品和服务的同时，以尽可能低的成本获取尽可能大的利润，提高市场竞争能力，扩大生存和发展的空间。

10.1.2 客户关系管理的原则

1. 客户策略

企业应根据自身情况确定客户关系管理模式，确立和实施以哪一类客户渗透为主，哪一类获取和渗透并重，哪一类以获取为主的市场策略。努力实现客户关系从“满意或忠诚”到“满意+忠诚”的提升转变，依托客户关系管理系统，从推出客户分类服务方案、建立客户双赢理念和文化等方面入手，推进三大客户关系管理转型：从粗放客户细分变为多维和精准客户细分；从单一客户营销为主变为单个客户、行业和产业链条式经营相结合；从单纯客户贡献分析为主变为综合客户评价、提高目标客户（群）的综合回报。

首先，从企业与客户关系的生命周期进行细分，建立精细化的客户关系提升体系。以企业与客户关系的生命周期为中轴，综合考虑客户潜力、客户风险、客户忠诚度、客户规模、区域及行业等因素，将其细分为获取、提升、维护、挽留、退出五个阶段，在与客户关系的各阶段配以相应的产品策略和服务策略；并力争不断持续提升客户关系，提高企业的客户占比。

其次，从客户行为模式进行细分，着力打造“核心客户”队伍。推动建立双赢的营销理念和关系文化，对客户由单纯贡献分析为主转化为综合评价，建立相应的评价体系。在当前通过客户贡献对客户进行细分的基础上，发挥客户关系管理系统鉴别客户价值的作用，深入分析客户行为，实现对客户忠诚度和贡献度的组合评价，筛选与确定对企业忠诚、稳定且具有较高价值贡献的核心客户队伍，作为重点发展的主要客户群体。对于核心客户群体，一方面提升服务水平，提高业务效率，形成标准化服务模式和要求，产品、效率、营销方面实现更高标准，另一方面予以资源配置和激励倾斜。

第三，从行业与产业链角度进行细分，建立“产业链条式”营销体系，实现产业链客户“串联”。具体而言，根据行业特点、资金流动规律、上下游结算方式和行业风险等，确定产业链上各环节的目标客户和金融需求，通过对产业链进行风险评估和监控，设计具有特色的产品及服务，实现对重点行业产业链上重点客户的重新梳理和营销渠道的整合（包括海外客户的联动和协同）。

企业的客户可分为个体消费者和团体客户、单个客户和客户群等，其中客户群指具有类似基本属性、偏好或实力、价值或信用等特征的客户群体。客户关系指客户与企业的相互关系，大体上可分为狭义和广义的两类，前者仅包括企业直接与客户接触而发生的关系，如服务与被服务、提供与接受产品、信息交互等；后者包括一切与客户相关的活动之间的关系，如直接与客户接触的销售业务、与客户间接有关的市场营销、产品研发等。

2．产品策略

围绕客户分层分类经营需求，匹配针对性的组合产品和服务方案。

3．区域策略

企业应制订提供产品与服务的区域策略，以区域差异化策略为引导，为客户提供协同性服务，不断提高企业在某一区域的竞争优势地位。

4．经营策略

（1）构建存量客户视图。客户视图的基础是企业的存量客户，面向存量客户，要完成整体情况、数量规模、分类标准、行业及消费特征、区域分布等方面的静态分析；同时根据客户发展趋势、客户生命周期、与企业的关系变化等进行动态分析，由此形成存量客户基础视图。在此基础上，结合企业战略、经济发展趋势及区域发展特色，向潜在客户延展，形成企业的全景客户视图。

（2）形成分层分类经营策略。加强客户关系的统一规划与管理，健全和完善客户关系管理制度，在制订客户视图的基础上，按客户特征进行客户细分，明确分层分类经营，细分客户群的针对性策略及实施方案，提供针对性组合产品和服务方案，对大中型客户在资源配置和产品服务等方面实行差别化营销策略。

10.1.3　客户关系生命周期管理

客户关系生命周期描述了企业与客户从建立业务关系到终止的全过程，展示了客户关系水平随时间变化演进的发展轨迹，反映了客户关系从一种状态（一个阶段）向另一种状态（一个阶段）运动的总体特征。根据客户关系生命周期有针对性地开展营销工作，能够较好地把握客户特征，掌握营销尺度与策略，取得事半功倍的效果。客户关系生命周期一般划分为获取、提升、维护、挽留、退出五个阶段，每个阶段体现不同的特征。

1．获取阶段

获取阶段是企业与客户关系的初建阶段，其关键环节包括发现潜在客户，成功开发客户并推动客户做出首次购买决策。

2．提升阶段

提升阶段是企业与客户关系逐步上升的阶段，是建立稳定客户关系的基础培育期。在这一阶段，企业逐渐增加对客户关系培育的成本投入及发展投入，以进一步融洽与客户的关系；客户开始信任企业，与企业业务往来次数逐步增加，并基于良好的购后感觉扩大使用企业产品或服务的范围，满意度、忠诚度不断提高。处于提升阶段的客户已经开始为企业做贡献，企业从客户交易获得的收入已经大于投入，开始盈利。在此阶段企业的主要任务是让客户对企业产品或服务有进一步的了解，充分挖掘客户潜力，通过交叉销售提高企业客户份额，增加客户的满意度和忠诚度。

3．维护阶段

维护阶段是企业与客户关系进入稳定期、忠诚度继续加强的阶段。在这一阶段，企业进入收获季节，对客户的投入较少，客户则为企业带来最大限度可能获得的市场份额，做出较大贡献，为企业带来经营性收入和交叉销售收益。该阶段中，企业与客户双方或含蓄或明确地对持续长期关系做了保证，并体现如下明显特征。

（1）双方对于对方提供的价值均高度满意。

（2）为能长期维持稳定的关系，双方都做了大量有形和无形投入。

（3）高水平的资源交换，即大量的交易。

因此，在这一时期双方的交互水平达到整个关系发展过程中的最高点，双方关系处于一种稳定和紧密状态。在此阶段企业的主要任务是维持客户的满意度和忠诚度，尽可能延长维护阶段的时间。

4．挽留阶段

挽留阶段是企业与客户关系的回落阶段。在这一阶段，出于竞争者的挑战和客户自身经营因素的影响，曾经与企业关系密切的客户业务开始收缩，交易量开始逐渐下降，客户忠诚度降到容忍水平以下，企业需要对客户情况进行详细分析，并有针对地投入挽留成本。在此阶段企业的主要任务是通过产品或服务创新重新使客户需求得到满足，或加大对客户的投入恢复与客户的关系，确保忠诚度；或者权衡投入产出后，调低对这些客户的营销目标。

5．退出阶段

退出阶段是企业与客户关系的终止阶段。在这一阶段，企业与无法挽留的客户关系终止，或者根据客户定位结束与客户的关系，客户关系生命周期告一段落。在此阶段企业的主要任务是对由于企业无法挽留而终止关系的客户应继续跟踪客户，寻找机会，重新开始新一轮客户关系生命周期。

10.2 CRM 系统的构成

10.2.1 CRM 系统的结构组成

客户关系管理系统的目标是本着对客户进行系统化研究的指导思想，完整地认识整个客户生命周期，管理与客户之间的所有交互关系，提供与客户沟通的统一平台，改进对客户的服务水平，提高员工与客户接触的效率和客户忠诚度，并因此为企业带来更多的利润。对 CRM 基本架构的认识，在产业界和理论界虽备受关注，但迄今尚未达成统一的观点。在系统研究客户关系管理的内涵和外延并对客户关系管理的定义做出准确的分层界定后，全面、系统地研究目前业内众多客户关系管理解决方案的思路、结构和体系，从而综合各种不同认识，对客户关系管理应用系统的基本架构定义如下。

一个完整、有效的 CRM 应用系统中，由如下四个子系统组成，分别是：业务操作管理子系统；客户合作管理子系统；数据分析管理子系统；信息技术管理子系统。

在业务操作管理子系统中，客户关系管理应用主要是为实现基本商务活动的优化和自动化，主要涉及三个基本的业务流程：市场营销、销售实现、客户服务与支持，因此 CRM 的业务操作管理子系统的主要内容包括营销自动化（Marketing Automation，MA）、销售自动化（Sales Automation，SA）和客户服务与支持（Customer Service & Support，CS&S）。

在客户合作管理子系统中，客户关系管理的应用主要是实现客户接触点的完整管理，实现客户信息的获取、传递、共享和利用及渠道的管理，实现具体涉及企业不同职能部门的管理信息体系、渠道的集成和处理。因此，主要有业务信息系统（Operational Information System，OIS）、联络中心管理（Contact Center Management，CCM）和 Web 集成管理（Web Integration Management，WIM）三个方面。

在数据分析管理子系统中，客户关系管理的应用主要涉及实现商业智能（Business Intelligence，BI）的客户数据库的建设、数据挖掘，知识库建设等工作，其内容包括数据仓库建设、知识仓库建设（Knowledge-Base，KB）及依托管理信息系统（Management Information System，MIS）的商业智能等。

在信息技术管理子系统中，由于客户关系管理的各功能模块和相关系统运行都必须由先进的技术、设备、软件来保障，因此，对于信息技术的管理也成为 CRM 的有机组成部分，主要可以分为：

（1）基础软件管理，如数据库管理系统（Database Management System，DBMS）、电子软件分发系统（Electronic Software Distribution，ESD）等。

（2）中间件和系统工具，如中间软件系统（Middleware System）、系统执行管理（System Operation Management）等。

（3）企业级系统集成，如 CRM 与企业管理信息系统的集成，乃至整个的企业应用集成（Enterprise Application Integration，EAI）方案，与 ERP、SCM 等其他系统紧密地集成起来。

（4）电子商务技术和标准，如 Internet 技术及应用、EDI 技术及标准、通信标准管理等。

10.2.2 CRM 系统的功能组成

CRM 系统主要有以下一些模块组成：市场营销管理（Marketing Management）、销售管理（Sales Management）、服务与技术支持管理（Service Management）、现场服务管理（Field Service Management）、呼叫中心管理（Call Center Management）等。这些模块可以集成在一起也可以单独的存在。

1．销售管理子系统（Sales Management）

在 CRM 系统中销售管理子系统要管理商业机遇（Opportunity）、客户账号（Account）及销售渠道等方面。该模块把企业的所有销售环节有机地组合起来，使其产品化，这样在企业销售部门之间、异地销售部门之间及销售与市场之间建立一条以客户为引导的流畅工作流程。它缩短了企业的销售周期，同时提高了销售的成功率。随着销售周期的缩短，销售人员将有更多的时间去与客户进行面对面的销售活动。

销售管理模块能确保企业的每一个销售代表（包括移动和固定销售代表）能及时获得企业当前的最新信息，包括企业的最新动态、客户信息、账号信息、产品和价格信息及同行业竞争对手的信息等。这样销售代表在同客户面对面的交流中将更有效，成功率将更高。

2．市场营销管理子系统（Marketing Management）

市场营销管理子系统帮助市场专家对客户和市场信息进行全面的分析，从而对市场进行细分，产生高质量的市场策划活动，指导销售队伍更有效的工作。在市场营销子系统中可以对市场、客户、产品和地理区域信息进行复杂的分析，帮助市场专家开发、实施、管理和优化他们的策略。

市场营销管理子系统为销售、服务和呼叫中心提供关键性的信息，如产品信息、报价信息、企业宣传资料等都由市场营销管理模块提供。呼叫中心的智能化呼叫脚本的制作也在市场营销管理模块编制。市场营销管理子系统通过数据分析工具，帮助市场人员识别、选择和产生同目标客户列表。市场营销管理系统能和其他的应用模块相集成，确保进行新的市场活动时，自动地发布给合适的销售、服务人员手里，使活动得到快速的执行。

3．服务管理子系统（Service Management）

服务管理子系统可以使客户服务代表能够有效地提高服务效率，增强服务能力，从而更加容易捕捉和跟踪服务中出现的问题，迅速准确地根据客户需求分解调研、销售扩展、销售提升各个步骤中的问题，增长每一个企业中的生命周期。服务专家通过分解客户服务的需求，并向客户建议其他的产品和服务，来增强和完善每一个专门的客户解决方案。

服务管理子系统提供易于使用的工具和信息，包括服务需求管理、服务环境配置及多种问题解决方案；这些方案包括相关案例分析，问题的分析诊断（包括横向决策树），用于在巨大的科技文档库、产品标示、操作步骤，FAQ 数据库和已有的客户服务解决方案中进行查找的强有力的集成文本检索工具。

基于客户、话务员、服务渠道和服务许可等广泛的信息，客户咨询通过合适的渠道被发送给合适的话务员进行处理。服务管理子系统可以从空闲的话务员中选择最称职的话务员来解决客户咨询。通过对服务许可管理的全向支持，采用自动的工作流，增强对每一个咨询的路由、监控和解决，服务子系统可以确保客户的要求及时满意地得到解决。

服务子系统可以采用不同的方式（包括 Internet、电子邮件、FAX、IVR-交互式语音应答、电话）来与客户进行交流。通过与呼叫中心的持久连接及与包括第三方服务提供商、商业伙伴和客户在内的 Internet 客户的间断性连接，服务子系统全面支持客户服务专家在机构扩展方面所进行的全方位的运作。

4．现场服务管理子系统（Field Service Management）

现场服务管理子系统提供了一个移动解决方案，允许公司有效地管理其服务领域的方方面面。现场服务的组织主要以预防的维护计划、中断/安装服务事件、返回物料许可（RMA）、高级的区域资源调配、提供与确保客户问题在第一次访问过程中得到解决所需的资源（包括工具、部件和技能等相关的全面信息）来实现。

现场服务管理子系统提供服务请求管理、服务活动管理、账号管理、智能分配和发送、组件使用、主要清单、和以有问题及解决方案的知识基础。数据驱动的工作流、路由和鉴权机制确保现场服务组织遵循许可的行业习惯。

5．呼叫中心管理（Call Center Management）

呼叫中心子系统将销售子系统与服务子系统的功能集成为一个单独系统，使一般的业务代表能够向客户提供实时的销售和服务支持。通过此系统，业务代表能够处理客户、账户、产品、历史订单、当前机会、突出的应用、服务记录、服务级别许可等业务。

呼叫中心业务代表在与客户的联系中应迅速、准确、有效地响应每一位客户的需要。业务代表在迅速解决了客户的服务咨询后，还可以对客户动态地推荐产品和服务，或者可以使用基于智能脚本的工作流来服务咨询客户。根据客户的概况、个性化特点和当前需求，动态地推荐合适的产品及服务，对客户进行扩展销售以促进其他附加产品和服务销售。

呼叫中心采用计算机电话集成技术（CTI），实现被叫号码识别（DNIS），自动号码识别（ANI）和交互式语音应答（IVR）等功能，来为客户提供智能化的服务。

10.3 CRM 的系统功能

10.3.1 销售自动化

销售自动化主要围绕着客户和联系人的全面管理，通过理顺销售流程和加强销售过程管理，提高潜在客户的成交率。针对客户的商机，销售员展开一系列的跟踪活动，最终促成签单。

销售自动化提供产品信息查询和产品报价，为销售员提供个人日历助理、计划总结日常活动、费用统计报告。

与传统的销售经验相比，通过业务流程的自动化，大大提高了销售员的工作效率；同时，管理层通过系统，能够实时监控业务进展情况，能够针对业务情况做出及时反应。

销售自动化提供静态和动态完整的客户信息，不再是简单的联系资料，还包括了与客户接触的活动、客户的商机、客户的动态、竞争对手的动态、联系人的信息等，随着 CRM 系统的深入使用，客户的相关信息将滚雪球式的增长，客户信息将不断完善，从而为企业决策分析提供有效的信息保证；企业不再是单一点去接触客户，而是通过网状结构，从多个维度进行观察客户、分析客户、捕捉客户需求、分析客户状况。

销售自动化的功能包括线索管理、机会管理、客户管理、日历管理、报价管理、订单管理、消息管理、销售分析、销售预测等。

1. 销售业务流程图

销售业务流程图如图 10.1 所示。

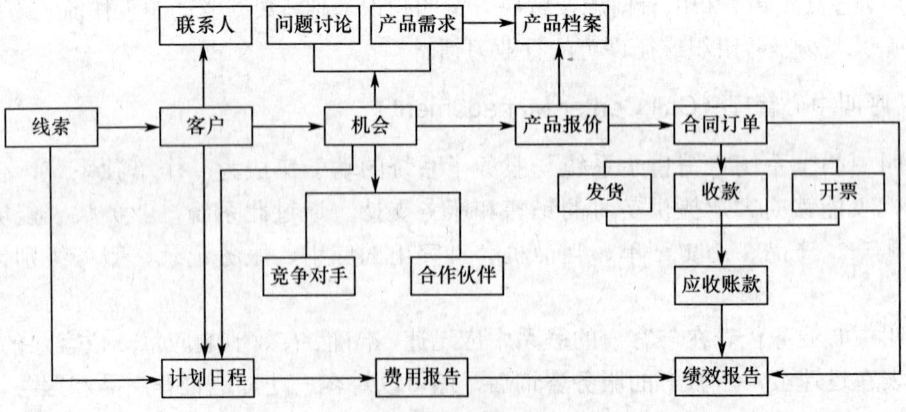

图 10.1　销售业务流程图

2. 线索

对各种潜在的销售机会进行统一的管理，线索是销售期望或一个潜在的销售机会，来源于市场活动、销售活动及客户服务过程，属于销售机会的初始阶段。

3. 机会管理

对各种商机信息进行统一管理，机会就是正在进行或已经关闭的交易和销售。

根据登录用户在企业中的不同职位、不同权限，拥有不同的机会信息。通过机会共享和转移的操作，保证机会信息的单独保密，又实现销售团队的协同工作。机会信息包括了相关的客户、联系人、竞争对手、合作伙伴、跟踪活动、机会报价、机会附件等各类信息的全面记录，同时提供有关商机跟踪情况的分析，包括商机销售阶段的分析、竞争频率分析、销售机会排行、销售活动统计、销售趋势分析、关键问题分析、签单和丢单分析等图表与报告。

通过机会管理，销售员可以同时跟踪多个机会，通过机会的不断增加可以营造机会管线；在业务设置中管理者可以将机会的发展进程划分多个阶段，每个阶段与机会成功率直接关联，通过销售漏斗图，决策者和管理者可以准确预测销售。

4. 报价管理

对报价信息进行统一管理，实现与产品资料的高度集成，使产品资料的通用报价资料、商机的报价版本资料等相互共享与集成。销售人员只能查看个人的报价信息，销售经理通过小组报价，了解销售团体内各个销售人员的报价情况。

通过报价管理可以让销售员对客户每次报价的内容和过程一目了然，缩短了产品的销售周期，有效避免报价混乱的局面。针对每个商机和客户的历史信息，便捷查询，同时保证多个销售人员对外报价的一致性。

可以通过产品价格库搜索结果和当前报价相结合，产生实时的报价单，同时与 Word 的高度集成，可直接转化为 Word 文档，产生报价单。

5. 客户管理

对企业各部门通过各种渠道所接触的广义客户资料进行统一管理。

通过登录用户的权限，查看到权限范围内的客户信息。系统对客户等级的划分，实现不同等级客户的不同管理；同时记录客户基本信息、企业销售人员的跟踪记录、相关机会、相关合同协议、产品报价、注释建议等，发送电子邮件。

提供有关客户分析的图表，包括客户构成分析、重点客户统计报表、客户需求分析、客户销售趋势分析等功能。

在业务管理中，用户可以设置客户不同级别的跟踪频率，系统可以根据客户的跟踪情况自动产生消息提醒用户进行跟踪。

6. 联系人管理

联系人管理是对客户、竞争对手、合作伙伴、供应商及介绍人等所有联系人进行全面管理。记录与联系人相互活动的情况与相关商机、客户情况，以及对联系人的分析评价，提供联系人注释建议，实现与联系人发送电子邮件。

7. 订单管理

对跟踪成功的商机，产生订单，实现对订单的管理，包括货款明细、发货条款、收货条款、订单附件等；同时针对订单，提供发货管理、收款管理及发票管理。

实现对订单的全面统计与分析，生成统计图表，包括销售人员销售统计报表、销售团体分析报告、销售机会签单分析、销售趋势分析、销区销量分析、产品销售分析、产品结构分析等。

8. 分析决策

系统自动产生各类销售分析的图表，简洁明了地将统计和分析的信息以饼图、直方图和曲线图等多种方式显示。系统提供与 Word 集成的报表，通过简单的报表模板自定义，使用户不论在报表的内容和显示方式上，能根据自己的要求实现报表的统计，达到报表的完全客户化，包括机会失败原因分析、销售成本统计、订单销售统计、同一个客户的订单统计、历年销售业绩比较（年度、季度、月度）、应收款统计、个人工作汇报、未按时间跟踪客户的列表、成功交易列表、错过交易列表、销售员的销售对比。

9. 销售预测

销售漏斗是销售自动化（CRM for SFA）的核心。通过设定跟单的不同状态相对应的成功率，把所有销售任务按照状态进行排行，预测出在一段时间以内的销售额。

通常漏斗的顶部是所有的销售机会，随着销售工作的进展，一些有丢单可能的机会逐渐被排除，所以整个机会管理呈现漏斗的状态。

通过业务管理，用户可以为每个销售阶段设定成功率，当销售机会的阶段升迁的时侯，机会的成功机率也将随之改变。

企业决策层通过销售漏斗，保障最终的成单额可从两个方面来管理：一是扩大漏斗的顶部，扩大销售机会的来源；二是控制每个机会的流程，提高在每个阶段的成功率。

10.3.2 营销自动化

营销自动化能够帮助市场部门策划和管理营销活动，收集各种市场信息、产品消费信息、竞争对手信息等，并对收集的信息进行筛选、提炼和分析，如产品比较、市场区域分析等。

通过营销自动化，企业可以有效了解市场、竞争对手，如可以随时查阅竞争对手当前信息，包括近期有哪些活动、在哪些单子上竞争、产品比较结果等；可以通过电子营销模块，向特定的目标客户发送营销信息，系统可生成电子邮件或传统信函等。

营销自动化的主要功能是为企业提供市场活动策划及市场分析，包括市场活动、竞争对手管理、合作伙伴管理、线索管理、价格管理、电子营销、市场分析等。

1. 营销业务流程图

营销业务流程图如图 10.2 所示。

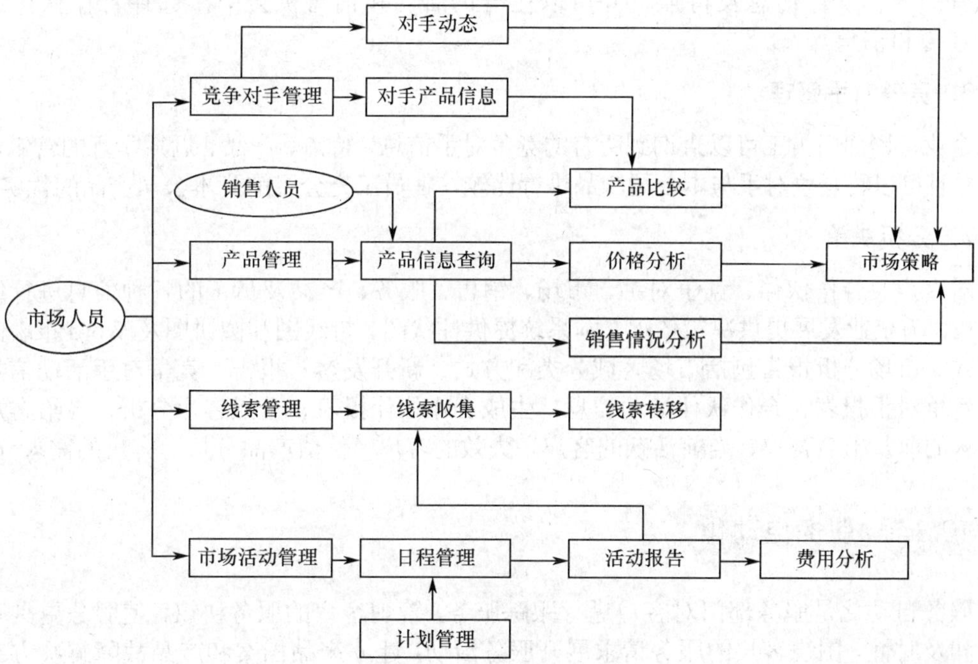

图 10.2　营销业务流程图

2. 电子营销

用户可以根据客户的各个要素，进行筛选过滤，最终向选定的客户群发邮件，实现电子营销；发送邮件时，用户可自行录入信件内容和附件。对于一些常用的用户群体，系统提供自定义邮件列表将他们的这些条件保存起来（数量不做限制），避免每次都重复进行条件筛选。例如，用户可以为顺德电子行业营业额在 1 亿以上的客户创建一个邮件列表，用户向这批客户发送营销资料时无须再做条件的选择。

3. 营销活动管理

营销是指根据市场需要，组织生产产品并通过销售手段把产品提供给需要的客户。营销活动始于生产之前，终于销售之后，贯穿整个销售。营销活动管理就是对各种营销活动进行统一管理。

营销活动管理模块不区分人员权限，以实现营销团队的协同工作。活动信息包括了活动进行的状态和相关的计划等各类信息的全面记录。

通过营销活动管理，营销部门所有人员可以同时跟踪一个营销策划活动，通过活动的不断升级，营销人员可以实时了解到营销活动的进展情况。

4. 线索管理

对于从市场活动中收集回来的各种潜在的销售机会进行统一管理，属于销售机会的初始阶段。营销部门经理可以将线索转移给销售部进行跟踪，经过跟踪判断能够将其相关信息升迁成客户、联系人和机会。

5．伙伴管理

合作伙伴是企业在市场、销售、服务时进行合作的企业。营销部门员工可以查询到所有的合作伙伴信息及特点，并可以在营销活动和销售机会中，选择合作伙伴进行联合宣传和销售。

6．竞争对手管理

企业营销部门员工可以查询到所有的竞争对手信息、特点、产品、近期举行的营销活动等，并且可以将竞争对手与本公司产品进行比较，使员工充分了解到本公司产品的优劣势。

7．分析决策

对客户、合作伙伴、竞争对手、市场、销售、服务、产品及员工的各种信息进行统计和分析，为企业发展提供决策依据。本系统提供柱状图、折线图和圆饼图及 Word 报表的输出形式。市场分析报告包括市场区域分类和方式、新开发客户报告、竞争对手活动信息，生成竞争对手报表、合作伙伴活动信息，生成合作伙伴报表、重点客户分析、带给客户主要收入的前几十名客户、当前活跃的客户、失效的客户、价值产品分析、客户的需求分析。

10.3.3 服务自动化

服务自动化是服务部门对客户进行跟踪服务，管理客户的服务协议，使服务更具有针对性和及时性，围绕客户的服务请求展开服务活动；建立产品档案和产品故障解决方案知识库，快速响应客户请求；接受客户投诉，及时处理客户问题，提高客户满意度。

服务自动化主要功能包括：客户管理、问题库、客户咨询、客户投诉、售后服务等。

1．服务业务流程图

服务业务流程图如图 10.3 所示。

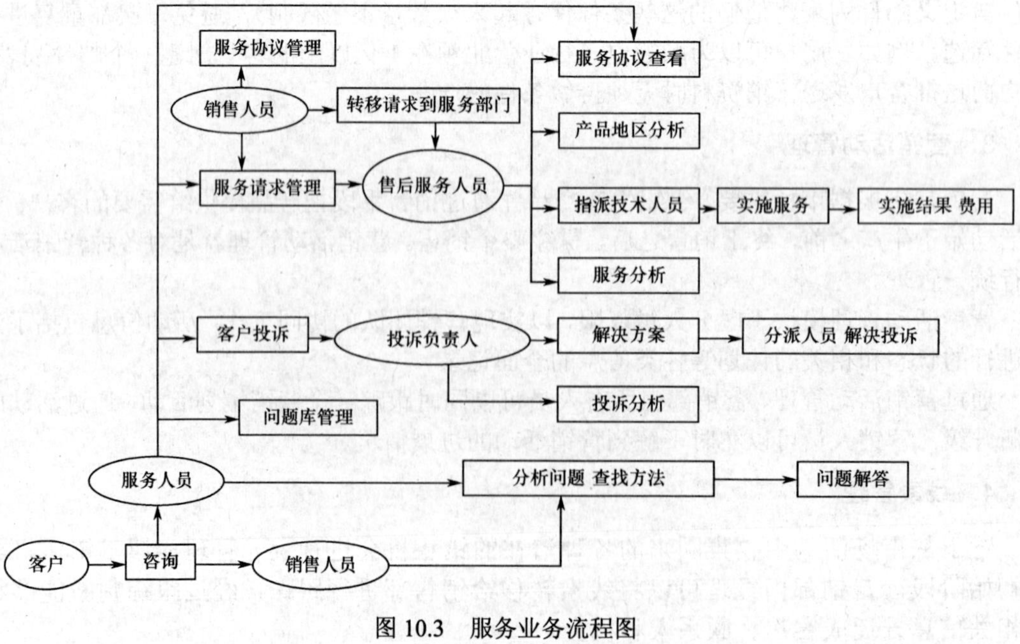

图 10.3 服务业务流程图

2．客户管理

客户管理就是以客户为中心，对客户相关的投诉、服务协议、服务请求进行管理，服务人员可以查看到该客户的所有投诉、服务请求、服务协议等情况，员工可以向自定义的客户群体发送信函进行客户关怀。

3．客户咨询

客户咨询中的问题库是企业知识库的共享平台，企业通过问题库对客户提出的咨询问题进行归纳总结，以便以后快速回答类似问题。员工通过录入有关产品、服务知识，经过日积月累、不断丰富，最终建立成企业完善的客户问题库。

4．客户投诉

客户投诉用来对客户投诉和解决状况的统一管理，服务部所有员工可以查询所有投诉和自己管理的投诉信息。

5．客户服务协议

企业与客户签订的服务合同管理，在该模块可以查询到客户所有服务协议；系统提供搜索视图进行自定义搜索。通过服务协议管理模块，服务人员可以明确知道应该向客户提供哪些服务。

6．客户服务请求

管理客户的服务请求，服务人员可以在该模块查询到所有的服务请求，并且服务部员工可以根据自身条件、素质、专长预定服务请求。

通过服务请求管理模块，管理层可以了解到服务内容、响应时间、客户反馈、故障产品等信息。

7．分析决策

系统自动产生各类分析图表，简洁明了地将统计和分析的信息以饼图、直方图和曲线图等多种方式显示，提供直观的分析结果给决策层作为决策辅助，包括投诉报表、服务请求报表、服务响应时间分析、零件更换分析。

10.3.4　日常办公

日常办公主要是用来为企业提供一个沟通和办公的平台，支持移动办公、集团办公，可用来安排日常工作、电子邮件收发代理、收发企业内部消息、企业讨论区、文献知识库等。

1．时间管理

时间管理贯穿了 CRM 系统的功能，是用户对日常活动的计划和安排。通过跟踪销售人员与客户的联系情况及商机发展的跟踪记录，可以对销售人员的日常活动设置提醒功能，实现活动的提前预警，使得活动有计划地执行。

上级领导可对下级进行活动的分派和活动进度的跟踪，通过登录用户的权限，实现对销售团体小组活动、个人活动的管理。

系统提供日历、周历、月历等日程视图，记录销售员的工作计划和工作总结，自动产生工作周报和工作月报；用户还可以自选条件制订计划和日程视图，允许上级查阅下级的日程安排；系统提供工作计划报告、工作总结报告、关键活动报告、活动分析报告等多种报告。

2. 消息管理

消息管理是用来实现系统自动化和企业内部的沟通工具。各实体产生变化时产生消息通知和提醒用户，如在机会阶段的升迁、机会的增加、机会的关闭、客户级别的变化、计划状态的变化等；而且系统只将信息发送到有权限的相关用户。用户可以选择发送的对象直接发布信息。

3. 文献管理

文献管理是企业知识库的共享平台，企业通过文献管理进行知识共享。用户通过建立有关行业资料、技术动态、产品文献、技术指标、产品故障档案、故障解决方案、规章制度、投标资料等，为企业的员工提供一个学习和提高的知识平台。系统支持文献知识的日积月累，不断积累、不断丰富，最终建立成企业完善的知识中心。

文献管理中实现了权限控制，对于私有的文献，只有通过文献所有者授权之后才可浏览；上传文献的文件类型不限；可以通过作者、标题、关键字进行查询搜索。

4. 企业论坛

企业论坛是企业自己的BBS，通过企业论坛实现内部的沟通和交流。实现团队之间的热点话题讨论，行业动态信息共享，相关行业知识的积累等功能。

用户在企业论坛相应的板块中发表主题，并可对主题进行回复，实现在论坛上的相互沟通和交流。论坛统计作者的发帖数的情况，鼓励用户在论坛中发表主题。

5. 邮件收发代理

邮件收发代理为用户提供邮件收发代理功能，用户配置好个人的邮件地址、密码、POP3 服务器地址、SMTP 服务器地址之后，就可以通过 TJ_eCRM 进行邮件的收发。

10.3.5 分销管理

分销管理是指对分销渠道上的物流、资金流和业务流进行计划和管理。DRP 的管理对象主要包括销售订单、工程订单、虚拟库存、财务往来核算、合同管理、工程管理等方面的内容。

1. 分销体系

分销体系包括总公司、分公司、办事处、代理商、经销商等各级机构管理、分销仓库设置、分销财务科目等相关设置，同时包括分销机构的部门、人员、物品等相关基础信息的初始化管理。

2．订单管理

订单管理是对下属机构的销售订单、工程订单进行录入、审核、跟踪、作废、删除、汇总、统计、核算处理，管理各级分销机构的订单状况与订单执行情况。同时，提供全面的库存和物流查询，并实现各级机构的接单处理。具体功能包括订单录入、订单审核、订单修改、订单作废、订单相关发货记录、相关退货信息、相关收款记录、相关开票信息。

3．物流调度

物流调度中心根据订单情况和库存量及全国库存分布情况，调配货物发送到订单工程施工现场、办事处、分公司等地。同时，依据库存限量与当前库存分布状态决定安排生产计划，确保库存存货量合理及生产均衡。具体功能包括查看库存、订单列表、出库申请修改、出库申请。

4．仓库管理

仓库管理是指总部仓库和各分销机构仓库进行当前库存查询，以及各种出库、入库、盘点操作等。具体功能包括：创建入库单、入库单作废、创建出库单、出库申请确认、出库单作废、库存查询、安全库存设置、库存警告、过期警告、库存盘点。

5．合同管理

合同管理就是管理公司各级分销机构的工程合同、经销合同及其他合同协议等的合同正文、合同条款及合同附件等，包括相关文本与进度跟踪、合同变更情况。具体功能包括合同录入、合同修改、合同删除、合同变更、合同文本。

6．工程管理

工程管理就是按照项目管理思想，管理工程项目计划、施工、收款等的相关信息，包括项目人员安排、项目进度计划、项目执行情况、项目风险分析、项目采购管理等相关信息管理，具体功能包括工程录入、工程修改、工程进度计划录入、工程进度计划修改、升迁当前工程进度、删除当前进度、收款计划录入、收款计划修改、余料管理、相关发货、相关收款记录、相关开票信息、工程总结，对每个工程项目完成后，进行总结与综合评价。

7．货款核算管理

货款核算管理就是集中统计管理各级销售机构之间、销售机构与客户之间的各种发货、收货、退货、收款、开票等信息。具体包括：发货统计、收货统计、退货录入、退货修改、退货删除、退货统计、收款录入、收款修改、删除、收款统计、开票录入、开票修改、开票删除、开票统计、客户对账单等。

10.4 CRM 系统的实施

CRM 的应用在制造业不是一朝一夕的事情，实施阶段只能是铺路搭桥，要想企业的营销服务快车跑起来，需要企业长期坚持。下面以 HP Consulting 的 CRM 系统实施方法为例，来介绍 CRM 系统的实施步骤。HP Consulting 的 CRM 系统实施方法包括六大步骤：拟订 CRM 战略目标、确定阶段目标和实施路线、分析组织结构、设计 CRM 架构、实施 CRM 系统、评估实施效果。

1．第一步，拟订 CRM 战略目标

企业在上 CRM 项目之前，首先必须要明确目标，其次才是如何实现这一目标，并策划实现的步骤和方法。

2．第二步，确定阶段目标和实施路线

CRM 作为一个复杂的系统工程，其实施并非一蹴而就，它需要分阶段来实施。

先定位顾客的关心点。企业关心的是顾客，而顾客的关心点又回到了企业本身，他们会关心什么：产品的质量、出货的时间、响应速度、还有解决问题的能力，据此拟订出 CRM 实施进程中的阶段目标。

量化评估 CRM 项目实施的效果。很多企业将实施 CRM 的目标确定为：提高客户满意度，提高顾客忠诚度，提高企业运营效率。这些目标都很正确，但是却难以量化。

HPC 提供一种叫 Index 的量化方式，即根据客户关心度定义各元素所占的比重。例如，对于顾客满意度，设定产品的质量占 30%，当产品合格率达到 99.9%时该指标可得 30 分；出问题时的响应时间占 10%，如响应时间不超过 5 分钟，该指标可得 10 分……以此类推，就可以量化制订的阶段目标。

确定 CRM 的入口。这需要根据企业具体的情况而定，有的企业可能从 Call Center 入手比较好。但是要改变一种偏见，即认为实施 CRM 一定要有呼叫中心。

从历史的角度来看，CRM 的发展是从呼叫中心和销售自动化开始起步的，人们对 CRM 的了解也大多数是从呼叫中心开始的。无疑，呼叫中心是 CRM 中的重要部分，但不是实施 CRM 的充分必要条件。呼叫中心只是 CRM 信息沟通多渠道中的一个部分而已，现在还有很多诸如 PDA、手机和传真等多种接通方式。

3．第三步，分析组织结构

目前，商业模式发展的大趋势是：从以前的“产品是企业的主要利润来源”、“服务是为了让产品卖得更好”逐渐转移到“产品是提供服务的平台”、“服务是获得利润的主要来源”，也即是从“以产品为中心”转移到“以客户为中心”。要想完成这样的转移，企业的组织结构就需要做出相应调整。

以 HP 为例，它已将按产品线划分的组织结构重组为按客户划分的组织结构。此外，

企业也可根据自己的情况按客户行业、客户所在区域等划分组织结构，这几种方式都可以说都是以客户为中心的，就看哪种方式最适于企业的运营特点。

因此这一阶段的主要工作就是根据行业特性和企业特点，在“以客户为中心”这一根本原则的指导下，分析企业组织结构，确定要增加哪些机构，哪些机构可以合并，然后再与客户共同分析每个组织单位的业务流程。

4．第四步，设计 CRM 架构

一般说来，CRM 的功能可以归纳为三个方面：对销售、营销和客户服务三部分业务流程的信息化；与客户进行沟通所需手段（如电话、传真、网络、Email 等）的集成和自动化处理；对上面两部分功能产生的信息进行加工处理，产生客户智能，为企业的战略决策提供支持。

5．第五步，实施 CRM 系统

要实施 CRM，其关键到底在哪？

首先是企业观念的转变。CRM 是建立在以客户为中心的管理理念上的企业管理系统软件，CRM 在企业的实施也必须建立在这一理念的基础上。

其次，树立以客户为中心的经营理念。在电子商务时代，客户才是企业最为重要的资源。

最后是企业领导的重视。CRM 涵盖企业的营销、销售、客户服务和决策支持等多个领域，要求 CRM 的实施不仅需要企业多个部门的协同作战，而且更需要一位能够调动企业各个部门资源的企业高层领导的参与和支持。

6．第六步，评估实施效果

这是很重要的一步，同时也是常常为企业所忽视的一步。可以从以下几个方面的效果来衡量。

（1）CRM 的实施是否帮助企业实现管理观念的转变。CRM 不仅仅是销售自动化、市场活动管理或者是呼叫中心，CRM 真正的是一种工具，通过这种工具，企业可以透过多种渠道为客户提供全方位的服务，实现企业管理的转变。

（2）企业的客户通过多种方式（电话、传真、Web、无线接入）访问企业并进行业务往来时，是否畅通有序。

（3）与客户交往的员工是否都能够全面了解客户关系，根据客户需求进行交易，了解如何对客户进行纵向和横向销售，并记录自己获得的客户信息。

（4）能否对市场活动进行规划和评估，并对整个活动进行全面透视，并能够对各种销售活动进行追踪。

（5）能否拥有对市场和销售活动的分析能力，能够从不同角度提供成本、利润、生产率、风险等信息，并对客户、产品、职能部门、地理区域等进行多维分析。

（6）最终的检验结果，即是否提高利润、增加收入和提高客户的满意程度。

总之，CRM 并非万能，更不是一个模式就是“放之四海而皆准”的，只有结合自己的实际情况，恰当的实施，并得到真正资深和实践经验丰富的专家进行量身定做，绝不可盲目“上马”。

10.5 CRM 实施时应注意的问题

企业在实施 CRM 项目的过程中所有出现的问题可以归结为三大类：思想问题、管理问题和技术问题，这些问题对于绝大多数企业而言，都会或多或少的遇到。很多公司为了实施 CRM 系统，在购买软件、集成和实施花费数百万美元，实施过程中却经常出现一些问题，结果不能成功地实现 CRM 流程。失败和放弃的比率经常出现在各种 CRM 出版物和网站上，这是为什么呢？关键的原因在于：企业在快速实施 CRM 应用系统的过程中，把许多潜在的缺陷和问题给忽视了。

以下几个方面是影响 CRM 获得成功的关键。

（1）正确理解 CRM 的内涵。无论是 20 世纪 80 年代的 MRPⅡ、90 年代的 ERP，还是现在的 CRM，不管厂商给些企业和管理方法赋予什么样的名字，考察一种耗资巨大、涉及部门和人员众多的管理软件是否能够对企业的经营和竞争力带来好处，必须先搞清楚管理软件所包含的管理思想。伴随着关系营销的产生和它的科学性不断被证实，它的核心内容——客户关系管理理论越来越被企业重视。经过分析，客户关系管理是建立在两个经济学论据基础之上的，具有重大的经济意义。第一个论据：保持一个老客户的费用远远低于争取一个新客户的费用。第二个论据：公司与客户的关系越持久，这种关系对公司就越有利可图。很多企业重视与客户的双赢关系，因此企业把管理好自身的客户、拥有更多的客户信息及更好地为客户服务当成企业营销管理的重要过程来抓。这样，为了提供更加全面、系统的信息，就诞生了 CRM，从而为企业更好地管理客户信息、更好地为客户服务提供了保证。但是有一点，应用 CRM 的企业一定要注意 CRM 只是一个工具，只有在企业进行科学管理的基础上，只有在企业建立以客户为导向营销观念的基础上，只有在企业注重产品质量和售后服务等条件的基础上，才能获得理想的效果。

（2）将 CRM 作为一个过程。CRM 和财务软件都是一种应用软件，但却有本质的区别，财务软件的通用性很强，企业所需要的功能都是一样，因此，企业购买财务软件后就可以立即应用，但是 CRM 却不一样，CRM 是指使用信息技术（IT）建立、保持和维护客户资源的一种手段，不同的企业对维护客户资源的理解不一样，而且对应用 CRM 所要达到的功能的看法也不一致。因此，企业首先应该将 CRM 作为一个过程看待，理解它是一个需要不断修改、完善和补充的过程。CRM 具有巨大的功能，很多企业在应用之初都只是应用其中很少的几种功能，但随着企业对 CRM 认识的不断深入，CRM 的功能也就在不断地被挖掘，而且已录入 CRM 中的信息也需要进行不断的补充和修正，这就需要 CRM 的实施团队不断对 CRM 实施过程进行评估和针对新的需求进行各种功能的挖掘，因此 CRM 是一个不断修改、完善的过程，企业只有把 CRM 作为一个过程来看待才不会急功近利，影响实施的效果。

（3）企业全员参与原则。企业通过使用 CRM 可以更好地为客户服务、改善与客户关系及确保客户对企业的忠诚，这就要求企业必须及时了解客户的需求，保质保量地为客户提供所需产品并更好地为客户服务。虽然很多企业在实施 CRM 时由市场部门（销售部门）统一负责，但是 CRM 的实施过程中需要制造部门、财务部门和物资部门等共同的努力及企业高层领导的关心与帮助。例如，财务部门一定要对合同的回款情况与市场部门/销售部门进行及时的沟通，制造部门对产品的进度情况要及时与市场部门/销售部门沟通，物资部门要将库存产品及时与市场部门/销售部门进行沟通。只有企业各部门的齐心协力和领导的充分重视才能保证 CRM 的实施达到理想的效果。

（4）与供应商的共同努力。企业在实施 CRM 时，为了达到预期的效果，需要与 CRM 软件供应商进行不断的沟通，包括在项目实施前把自己的需求和单位的基本情况向供应商进行详细的介绍，在实施过程中对出现的各类问题和产生的新需求及时请供应商给予修改，多与供应商保持联系，这样才能使供应商按照企业的需求更好地为企业服务。但是，应用 CRM 的企业不能过分地依赖于供应商，因为，任何 CRM 的供应商，都不可能满足企业的所有要求，企业在实施 CRM 的过程中，要加大投入力度，不断地对 CRM 的功能进行挖掘、完善。因此企业应用 CRM 的成功与否，取决于企业与供应商之间的沟通能力、CRM 质量以及企业在 CRM 项目上的投入程度。

上面所讲述的四个方面就是企业在实施 CRM 过程中应该注意的问题，如果应用 CRM 的企业能够处理好以上问题，那么就一定能够通过 CRM 而提高企业的经济效益。

CRM 实施的七大误解及真相。

误解一：CRM 是用来管理客户的。

真相：今天的 CRM 并非是用来管理客户的，说它是用来管理数据的更确切。管理的标准定义是控制，在企业中我们随时都可以看到经理们企图“控制”直接向他们汇报的职员。在 CRM 的管理方面花费太多的时间是一个失败的处方。

客户不希望被控制。他们不愿意有人告诉他们要做什么或怎么买，然而一个客户管理手段恰恰集中在这一点上。企业不能管理他们的客户，客户希望自己管理自己。事实是如果企业将注意力放在 CRM 的关系方面，他们将会更加成功。

误解二：分析是成功的关键。

真相：分析仅仅是分解数据的另一种方式。可以肯定，它可以针对客户购买习惯、接触行为等提供特定描述，但是它不能提供客户想要什么和需要什么的信息。

分析能够准确地确定一个客户过去买了什么，未来可能喜欢买什么，以及他们为什么要买，然后，系统出现广告或购买建议以图激发客户的购买兴趣。但是，这真的是客户想买的东西吗？

客户更需要人性化的接触。他们更希望与人交谈，希望与一个热情的人交流，从而使他们的问题得到解决或者购买一个真实的人推荐的东西。分析对于 CRM 的成功是很重要的，但只想不断收集更多的数据，把赌注完全押在数据上，取代与顾客交流的人，结果将是悲哀的错误。

误解三：技术构成关系。

真相：拥有先进的技术的企业并不一定拥有良好的客户关系。那种“只要你用了 CRM，良好的客户关系自然出现”的哲学是完全不恰当的，很容易令人误解。笔者知道一些企业花费数百万美元购买技术，却让那些软件“坐板凳”，也有一些企业花了数目相当的钱，但却不比之前更了解他们的客户。有好的技术既不能保证客户买你的东西，也不能保证你真的比使用稍差的技术更了解客户。企业应该永远记住，技术和客户关系没有关系，关键因素是人。

误解四：CRM 成功来自全方位的实施。

真相：这可能是为什么那么多 CRM 实施没有达到预期目的的原因。企业是那样热衷于追逐技术流行风潮，他们购买整套的软件，企图以最新的技术来弥补在 CRM 方面失去的时间，其实全方位实施 CRM 并不适合所有的企业。一些著名的 CRM 专家会告诉你分阶段实施才是最好的办法，这样可以确保在进入下一个 CRM 购买阶段之前，前面的阶段都能正常工作并取得相应的投资回报。

全方位实施的另一个问题是，仅进行全员软件培训就会花费相当长的时间，更不用说让员工适应企业的文化变革了。多数人认为 CRM 也包含变革管理，我们需要遵循变革管理的原则，即分阶段实施，取得来自员工的内部认可和来自客户的外部认可，以便顺利推行新的工作方式。

误解五：人们总是能适应并采用新技术。

真相：既然是人使 CRM 程序运行，那么人必须学会怎样使用新技术。不幸的是，并非所有人都适应技术变化，有些人根本不准备采用新技术。事实是在企业能够期望员工接受新的 CRM 技术之前，文化变革和习惯变革就已经发生了。并不是说这些人将怠工，更大的可能是他们会竭力避免采用新的工作方式。一个企业期望 CRM 实施成功之前，必须首先确定所有的员工将会同心协力。

误解六：由于失败率高，CRM 正在走下坡路。

真相：CRM 正在不断发展，并将更加普遍。CRM 并不是新的概念，50 年或 60 年以前街角的杂货店都了解顾客的一切：他们买过什么、赊欠过多少、何时再来购买等。我们只是用技术来帮助我们记住同样的事情。

笔者认为 CRM 实施的高失败率主要归于三个因素。

（1）企业在确定合适的 CRM 战略计划、适当的业务流程和 CRM 实施人员之前，过早地采用技术平台。

（2）企业没有让员工做好迎接新的工作方式的准备，也没有积极引导员工度过文化变革，而是直接向他们“投下 CRM 炸弹”。

（3）企业一味地把主要精力放在 CRM 实施的内部工作上，而没有让客户参与进来制定一个客户愿意接受的业务流程。

误解七：企业都要 CRM。

真相：至少，这是许多软件商和咨询顾问要让你相信的事情。事实上不同的 CRM 产品适合不同类型的企业，高水平的 CRM 并非适合所有企业。许多企业仅仅通过关注客服质量、客户保持力和客户忠诚度就可以生存并获得发展。笔者个人认为，这也是 CRM 软件，只是另一个形式而已。或许，我们不得不去看这些没有高技术的企业是如何成功地实施它们的“CRM”的。

本 章 小 结

本章介绍了客户管理系统的基本概念、核心思想、管理原则、功能与结构组成。

从销售理念、业务流程和技术支持三个层次，可将 CRM 定义为：CRM 是现代信息技术、经营思想的结合体，它以信息技术为手段，通过对以“客户为中心”的业务流程的重要组合和设计，形成一个自动化的解决方案，以提高客户的忠诚度，最终实现业务操作效益的提高和利润的增长。

客户关系管理是以客户为中心，收集、研究和使用各种客户信息，以便建立积极的客户关系，更好地满足客户需求，提高客户满意度和忠诚度。客户关系管理的核心内容包括以客户为中心；客户是企业发展最重要的资源之一；客户的差别化管理；对客户信息资源的整合与共享；对业务流程再造，降低企业成本。

客户关系生命周期一般划分为：获取、提升、维护、挽留、退出五个阶段。

销售自动化主要围绕着客户和联系人的全面管理，通过理顺销售流程和加强销售过程管理，提高潜在客户的成交率。功能包括线索管理、机会管理、客户管理、日历管理、报价管理、订单管理、消息管理、销售分析、销售预测等。

营销自动化能够帮助市场部门策划和管理营销活动，收集各种市场信息、产品消费信息、竞争对手信息等，并对收集的信息进行筛选、提炼和分析，如产品比较、市场区域分析等。通过营销自动化，企业可以有效了解市场、竞争对手，功能包括市场活动、竞争对手管理、合作伙伴管理、线索管理、价格管理、电子营销、市场分析等。

服务自动化是服务部门对客户进行跟踪服务，管理客户的服务协议，使服务更具有针对性和及时性，围绕客户的服务请求展开服务活动；建立产品档案和产品故障解决方案知识库，快速响应客户请求；接受客户投诉，及时处理客户问题，提高客户满意度。服务自动化主要功能包括客户管理、问题库、客户咨询、客户投诉、售后服务等。

日常办公主要是用来为企业提供一个沟通和办公的平台，支持移动办公、集团办公，可用来安排日常工作、电子邮件收发代理、收发企业内部消息、企业讨论区、文献知识库等。

影响 CRM 获得成功的关键：①正确理解 CRM 的内涵；②将 CRM 作为一个过程；③企业全员参与原则；④与供应商的共同努力。

习　　题

一、判断题

1．只有大企业才需要实施客户关系管理。（　　）

2．维持老顾客的成本大大高于吸引新顾客的成本。（　　）

3．在大客户分析中，消费品客户与商业客户采购的金额是相同的。（　　）

4．客户满意度高表明客户的忠诚度也高。（　　）

5．客户关系管理的产生是企业管理模式更新、企业核心竞争力提升、电子化浪潮和信息技术的支持四方面背景所推动与促成的。（　　）

6．客户关系生命周期管理的目的主要是根据不同的客户不同的生命阶段合理配置企业资源。（　　）

7．CRM 系统有大量有关客户和潜在客户的信息，企业应该充分地利用这些信息，对其进行分析，使得决策者所掌握的信息更完全，从而更及时地做出决策。（　　）

8．通过呼叫中心，企业能在产品之外向客户提供更多的附加价值，如个性化咨询服务、24 小时不间断电话服务，这些附加价值有助于提升客户满意程度。（　　）

9．CRM 系统中最基本的功能模块是销售自动化。（　　）

10．CRM 系统实现的第一步骤是拟订 CRM 战略目标。（　　）

二、多项选择题

1．CRM 主要包括的三个要素是人、技术和____。

A．流程　B．信息　C．客户　D．数据

2．CRM 是指____。

A．客户关系管理　B．企业资源计划　C．供应链管理　D．人力资源管理

3．在客户关系管理里，客户的满意度是由下列____因素决定的。

A．客户的期望和感知　B．客户的抱怨和忠诚

C．产品的质量和价格　D．产品的性能和价格

4．在客户关系管理战略的实施层次中，处于最高层的是____。

A．公司远景和公司战略　B．企业价值

C．业务流程设计　D．企业文化

5．CRM 营销的核心是____。

A．以客户为中心　B．集成　C．数据库应用　D．数据挖掘

6．在客户关系管理系统的功能当中，以下____不在客户关系管理的范畴之内。

A．销售管理　B．采购管理　C．呼叫中心　D．数据挖掘

7．在客户关系管理里，客户的满意度两个决定因素是____。

A．客户的期望　B．客户的感知　C．产品的质量和价格　D．抱怨和忠诚

8．客户忠诚体现在____。

A．客户满意度提高　B．客户关系的持久性

C．客户对企业很深的感情　D．客户花在企业的消费金额提高

E．客户购买企业的所有类型的产品

9．客户关系管理的核心目标是____。

A．提高客户满意度　B．加强客户识别、细分、获得、忠诚

C．提高客户忠诚度　D．加强对组织及其服务的理解

10．CRM 的概念集中于具体的企业经营管理模式中，主要体现在____。

A．市场营销　B．销售实现　C．客户服务

D．决策分析　E．战略管理

三、论述题

1．你认为提高客户忠诚度的关键因素是什么？为什么？

2．试述客户生命周期的理论及企业对策。

3．企业怎样在 E 时代更好地维系客户关系？

4．试举例说明客户关怀手段的主要方式。

5．试以“忠诚度为基础的管理模式”为理论依据，举例说明实现客户、员工和投资者三位一体的价值创造过程。

6．选择一个你熟悉的行业，分析企业如何为客户提供增值服务？

第11章 电子商务系统及应用

电子商务是Internet和其他数字技术在企业业务流程管理和控制方面的应用，其涉及范围宽广到计算机网络所能到达的任何管理活动，尤其是指那些能突现网络系统优越性的跨组织跨地域商务活动的管理，具有整个企业电子化的含义。电子商务中企业内部各部门之间、相关企业之间、企业和消费者之间发生的商务单证或交互数据都以电子方式在网络上传输和处理，由此从根本上改变了企业业务处理和管理的进行方式。

电子商务也是一类信息系统，在内容上与ERP系统和CRM系统存在一定的重叠之处，但在概念上和侧重点上电子商务与其他信息系统有所不同。首先，电子商务突出的是电子化的交易处理手段，这与ERP系统侧重交易流程管理不同；其次，电子商务突出交易相关企业之间、企业和消费者之间的电子交互方式，这与CRM系统侧重相关方的关系管理不同；最后，电子商务突出不受地域和时段限制的交易与合作，其他信息系统侧重的是业务的处理和管理问题的解决。

根据前瞻网《2013－2017年中国电子商务行业市场前瞻与投资战略规划分析报告》数据显示，“十二五”时期，我国电子商务行业发展迅猛，产业规模迅速扩大，电子商务信息、交易和技术等服务企业不断涌现。2010年中国电子商务市场交易额已达4.5万亿元，同比增长22%。2011年我国电子商务交易总额再创新高，达到5.88万亿元，其中中小企业电子商务交易额达到3.21万亿元。

2012年第一季度，中国电子商务市场整体交易规模1.76万元，同比增长25.8%，环比下降4.2%。2012年第二季度，我国电子商务市场整体交易规模1.88万亿，同比增长25.0%，环比增长7.3%。

国家发展改革委2013年5月28日表示，13个部门将出台系列政策措施，从可信交易、移动支付、网络电子发票、商贸流通和物流配送共五个方面支持电子商务发展。产业洞察网发布的《中国电子商务行业调研》报告显示，2011年中国内地电子商务持续快速增长，交易额突破8万亿元，同比增长31.7%。

国家发展改革委2013年5月28日表示在可信交易方面，国家工商总局正在会同有关部门，推进电子商务交易主体、客体和交易过程中基础信息的规范管理和服务；质检总局也在着力研究建立电子商务交易产品基础信息的规范化管理制度，建立基于统一产品编码体系的质量公开制度；商务部着力推进信用监测体系的建设。

在移动支付方面，中国人民银行正在针对当前移动支付快速发展的需求，研究制定移动支付发展的具体政策，引导商业银行、各类支付机构实施移动支付的金融行业标准。

在网络电子发票方面，国家税务总局正在进一步研究推进网络电子发票试点，完善电子发票的管理制度和标准规范；财政部研究完善电子快捷档案的管理制度。

在商贸流通领域，商务部会同有关部门进一步完善交易、物流配送、网络拍卖领域的电子商务应用的政策、管理制度和标准规范。

在物流配送方面，国家邮政局正在重点研究建立重点地区快递准时通报机制，健全电子商务配送系列保障措施，同时创新电子商务快递服务机制。

11.1 电子商务的概念

电子商务系统是保证以电子商务为基础的网上交易实现的体系。市场交易是由参与交易双方在平等、自由、互利的基础上进行的基于价值的交换。网上交易同样遵循上述原则。作为交易中两个有机组成部分，一是交易双方信息沟通，二是双方进行等价交换。在网上交易，其信息沟通是通过数字化的信息沟通渠道而实现的，一个首要条件是交易双方必须拥有相应信息技术工具，才有可能利用基于信息技术的沟通渠道进行沟通。同时要保证能通过 Internet 进行交易，必须要求企业、组织和消费者连接到 Internet，否则无法利用 Internet 进行交易。在网上进行交易，交易双方在空间上是分离的，为保证交易双方进行等价交换，必须提供相应货物配送手段和支付结算手段。货物配送仍然依赖传统物流渠道，对于支付结算，既可以利用传统手段，也可以利用先进的网上支付手段。此外，为保证企业、组织和消费者能够利用数字化沟通渠道，保证交易顺利进行的配送和支付，需要由专门提供这方面服务的中间商参与，即电子商务服务商。

电子商务可以划分为广义和狭义的电子商务。广义的电子商务定义为使用各种电子工具从事商务活动；狭义电子商务定义为主要利用 Internet 从事商务或活动。无论是广义的还是狭义的电子商务的概念，电子商务都涵盖了两个方面：一是离不开互联网这个平台，没有了网络，就称不上为电子商务；二是通过互联网完成的是一种商务活动。

狭义上讲，电子商务（Electronic Commerce，EC）是指：通过使用互联网等电子工具（这些工具包括电报、电话、广播、电视、传真、计算机、计算机网络、移动通信等）在全球范围内进行的商务贸易活动。是以计算机网络为基础所进行的各种商务活动，包括商品和服务的提供者、广告商、消费者、中介商等有关各方行为的总和。人们一般理解的电子商务是指狭义上的电子商务。

广义上讲，电子商务一词源自于 Electronic Business，就是通过电子手段进行的商业事务活动。通过使用互联网等电子工具，使公司内部、供应商、客户和合作伙伴之间，利用电子业务共享信息，实现企业间业务流程的电子化，配合企业内部的电子化生产管理系统，提高企业的生产、库存、流通和资金等各个环节的效率。

联合国国际贸易程序简化工作组对电子商务的定义是：采用电子形式开展商务活动，它包括在供应商、客户、政府及其他参与方之间通过任何电子工具，如 EDI、Web 技术、电子邮件等共享非结构化商务信息，并管理和完成在商务活动、管理活动和消费活动中的各种交易。

电子商务是以计算机网络为基础，以电子化方式为手段，以商务活动为主体，在法律许可范围内所进行的商务活动过程。是运用数字信息技术，对企业的各项活动进行持续优化的过程。电子商务涵盖电子商务的范围很广，一般可分为企业对企业（Business-to-Business），或企业对消费者（Business-to-Consumer）两种。另外还有消费者对消费者（Consumer-to-Consumer）这种大步增长的模式。随着国内 Internet 使用人数的增加，利用 Internet 进行网络购物并以银行卡付款的消费方式已渐流行，市场份额也在迅速增长，电子商务网站也层出不穷。

电子商务的形成与交易离不开以下三方面的关系。

1）交易平台

第三方电子商务平台（以下简称第三方交易平台）：指在电子商务活动中为交易双方或多方提供交易撮合及相关服务的信息网络系统总和。

2）平台经营者

第三方交易平台经营者（以下简称平台经营者）：指在工商行政管理部门登记注册并领取营业执照，从事第三方交易平台运营并为交易双方提供服务的自然人、法人和其他组织。

3）站内经营者

第三方交易平台站内经营者（以下简称站内经营者）：指在电子商务交易平台上从事交易及有关服务活动的自然人、法人和其他组织。

11.2 电子商务的分类

按照商业活动的运行方式，电子商务可以分为完全电子商务和非完全电子商务；

按照商务活动的内容，电子商务主要包括间接电子商务（有形货物的电子订货和付款，仍然需要利用传统渠道，如邮政服务和商业快递车送货）和直接电子商务（无形货物和服务，如某些计算机软件、娱乐产品的联机订购、付款和交付，或者是全球规模的信息服务）；

按照开展电子交易的范围，电子商务可以分为区域化电子商务、远程国内电子商务、全球电子商务；

按照使用网络的类型，电子商务可以分为基于专门增值网络的电子商务、基于互联网的电子商务、基于 Intranet 的电子商务；

按照交易对象，电子商务可以分为企业对企业（B2B），企业对消费者（B2C），个人对消费者（C2C），ABC（代理商/Agents、商家/Business、消费者/Consumer），企业对政府（B2G），线上对线下（O2O），商业机构对家庭消费（B2F），供给方对需求方（P2D），门店在线（O2P 模式）等模式。

1. 企业对企业（Business to Business，B2B）

商家（泛指企业）对商家的电子商务，即企业与企业之间通过互联网进行产品、服务及信息的交换。传统的企业间的交易往往要耗费大量资源和时间，无论是销售、分销还是采购都要占用大量成本。通过 B2B 网站的交易方式使买卖双方能够在网上完成整个业务流程，从建立最初印象、到货比三家、再到讨价还价、签单和交货……最后到客户服务。B2B 使企业之间的交易减少许多事务性的工作流程和管理费用，降低了企业经营成本。这些过程包括发布供求信息，订货及确认订货，支付过程，票据的签发、传送和接收，确定配送方案并监控配送过程等。

2．企业对客户（Business to Customer，B2C）

B2C 模式是中国最早产生的电子商务模式，以 8848 网上商城正式运营为标志，如今的 B2C 电子商务网站非常的多，比较大型的有天猫商城、京东商城等。适合开展 B2C 电子商务的销售型企业和个体，通过互联网为消费者提供一个新型的购物环境，B2C 网络购物模式减少了交易的中间环节从而减低成本和增加效益，这种模式节省了客户和企业的时间和空间，大大提高了交易效率。同时又能有效的控制“商场”运营的成本，开辟了一个新的销售渠道。传统企业，特别是具有优势产品的生产企业，通过搭建购物网站，建立运营系统，进行网络营销和推广，提供在线客服和咨询，一方面可以降低生产成本，一方面还可以将产品以一定的利润销售出去，而消费者则可以购买到低于实体店铺价格且质量有保证的产品。

3．个人对个人（Consumer to Consumer，C2C）

C2C 同 B2B、B2C 一样，都是电子商务的几种模式之一。不同的是 C2C 是用户对用户的模式，C2C 商务平台就是通过为买卖双方提供一个在线交易平台，使卖方可以主动提供商品上网拍卖，而买方可以自行选择商品进行竞价。

4．企业对管理者（Business to Manager，B2M）

B2M 是相对于 B2B、B2C、C2C 的电子商务模式而言，是一种全新的电子商务模式。而这种电子商务相对于以上三种有着本质的不同，其根本的区别在于目标客户群的性质不同，前三者的目标客户群都是作为一种消费者的身份出现，而 B2M 所针对的客户群是该企业或者该产品的销售者或者为其工作者，而不是最终消费者。

5．企业对政府（Business to Government，B2G（B2A））

B2G 模式是企业与政府管理部门之间的电子商务，如政府采购、海关报税的平台、国税局和地税局报税的平台等。

6．管理者对客户（Manager to Consumer，M2C）

M2C 是针对于 B2M 的电子商务模式而出现的延伸概念。B2M 环节中，企业通过网络平台发布该企业的产品或者服务，职业经理人通过网络获取该企业的产品或者服务信息，并且为该企业提供产品销售或者提供企业服务，企业通过经理人的服务达到销售产品或者获得服务的目的。

7．线上对线下（Online to Offline，O2O）

O2O 是新兴起的一种电子商务新商业模式，核心概念是线上成交线下交易，即将线下商务的机会与互联网结合在了一起。线上订购、线下消费是 O2O 的主要模式，指消费者在线上订购商品，再到线下实体店进行消费的购物模式。这种商务模式能够吸引更多热衷于实体店购物的消费者，传统网购的以次充好、图片与实物不符等虚假信息的缺点在这里都将彻底消失。传统的O2O核心是在线支付，是将O2O经过改良，把在线支付变成线下体验后再付款，消除消费者对网购诸多方面不信任的心理。消费者可以在网上的众多商家提供的商品里面挑选最合适的商品，亲自体验购物过程，不仅放心有保障，而且也是一种快乐的享受过程。

另一种O2O是线上宣传，线下付款与成交，此项目主要针对大型或必须详细知道产品质量的行业，如大型机械类。

O2O让互联网成为线下交易的前台。该模式最重要的特点是：推广效果可查，每笔交易可跟踪。

8．消费者对企业（Customer to Business，C2B）

C2B是电子商务模式的一种，即消费者对企业。最先由美国流行起来的消费者对企业（C2B）模式也许是一个值得关注的尝试。C2B模式的核心，是通过聚合分散分布但数量庞大的用户形成一个强大的采购集团，以此来改变B2C模式中用户一对一出价的弱势地位，使之享受到以大批发商的价格买单件商品的利益。

9．供给对需求（Provide to Demand，P2D）

P2D是一种全新的、涵盖范围更广泛的电子商务模式，强调的是供应方和需求方的多重身份，即在特定的电子商务平台中，每个参与个体的供应面和需求面都能得到充分满足，充分体现特定环境下的供给端报酬递增和需求端报酬递增。

10．企业对团队（Business to Team，B2T）

B2T是继B2B、B2C、C2C后的又一电子商务模式，即为一个团队向商家采购。团购B2T，本来是“团体采购”的定义，而今，网络的普及让团购成为了很多中国人参与的消费革命。所谓网络团购，就是互不认识的消费者，借助互联网的“网聚人的力量”来聚集资金，加大与商家的谈判筹码，取得最优价格的一种购物方式。根据薄利多销的原则，商家可以给出低于零售价格的团购折扣和单独购买得不到的优质服务。

团购作为一种新兴的电子商务模式，通过消费者自行组团、专业团购网、商家组织团购等形式，提升用户与商家的议价能力，并极大程度地获得商品让利，引起消费者及业内厂商，甚至是资本市场关注。团购的商品价格更为优惠，尽管团购还不是主流消费模式，但它所具有的爆炸力已逐渐显露出来。团购的主要方式是网络团购。尽管网络团购的出现只有短短两年多的时间，却已经成为在网民中流行的一种新消费方式。据了解，网络团购的主力军是年龄25～35岁的年轻群体，在北京、上海、深圳等大城市十分普遍。

11.3 电子商务的功能

企业通过实施电子商务实现企业经营目标，需要电子商务系统能提供网上交易和管理等全过程的服务。因此，电子商务系统应具有广告宣传、咨询洽谈、网上订购、网上支付、电子账户、服务传递、意见征询、业务管理等各项功能。

1．网上订购

电子商务可借助 Web 中的邮件或表单交互传送信息，实现网上的订购。网上订购通常都在产品介绍的页面上提供十分友好的订购提示信息和订购交互格式框。当客户填完订购单后，通常系统会回复确认信息来保证订购信息的收悉。订购信息也可采用加密的方式使客户和商家的商业信息不会泄漏。购物车就和现实中的超市篮子一样，方便一次性付款。

2．货物传递

对于已付了款的客户应将其订购的货物尽快地传递到他们的手中。若有些货物在本地，有些货物在异地，电子邮件将能在网络中进行物流的调配。而最适合在网上直接传递的货物是信息产品，如软件、电子读物、信息服务等。它能直接从电子仓库中将货物发到用户端。

3．咨询洽谈

电子商务借助非实时的电子邮件、新闻组和实时的讨论组来了解市场和商品信息，洽谈交易事务，如有进一步的需求，还可用网上的白板会议来交流即时的图形信息。网上的咨询和洽谈能超越人们面对面洽谈的限制，提供多种方便的异地交谈形式。

4．网上支付

电子商务要成为一个完整的过程，网上支付是重要的环节。客户和商家之间可采用多种支付方式，省去交易中很多人员的开销。网上支付需要更为可靠的信息传输安全性控制，以防止欺骗、窃听、冒用等非法行为。

5．电子银行

网上的支付必须要有电子金融来支持，即银行、信用卡公司等金融单位要为金融服务提供网上操作的服务。

6．广告宣传

电子商务可凭借企业的 Web 服务器和客户的浏览，在 Internet 上发布各类商业信息。客户可借助网上的检索工具迅速地找到所需商品信息，而商家可利用网页和电子邮件在全球范围内做广告宣传。与以往的各类广告相比，网上的广告成本最为低廉，而给顾客的信息量却最为丰富。

7．意见征询

电子商务能十分方便地采用网页上的“选择”、“填空”等格式文件来收集用户对销售服务的反馈意见。这样，使企业的市场运营能形成一个封闭的回路。客户的反馈意见不仅能提高售后服务的水平，更能使企业获得改进产品、发现市场的商业机会。

8．业务管理

企业的整个业务管理将涉及人、财、物多个方面，如企业和企业、企业和消费者及企业内部等各方面的协调和管理。因此，业务管理是涉及商务活动全过程的管理。

11.4 电子商务应用系统的构成

电子商务整体结构分为电子商务应用层结构（简称应用层）和支持应用实现的基础结构（三层），基础结构一般包括三个层次和两个支柱。三个层次自下而上分别为网络层、传输层和服务层，两个支柱分别是安全协议与技术标准、公共政策与法律规范。前三个层次为基础层次，其上就是各种特定的电子商务应用，可见三个基础层次和两个支柱是电子商务应用的条件。为不失一般性，在此仅对电子商务的基础结构做概括说明。电子商务的一般模型如图 11.1 所示。

1. 网络层（网络平台）

网络层是电子商务的硬件基础设施，是信息传输系统，包括远程通信网（telecom）、有线电视网（cable TV）、无线通信网（wireless）和互联网（internet）。远程通信网包括电话、电报，无线通信网包括移动通信和卫星网，互联网是计算机网络。

2. 传输层（信息发布平台）

网络层提供了信息传输的线路，线路上传输的最复杂的信息就是多媒体信息，它是文本、声音、图像的综合。

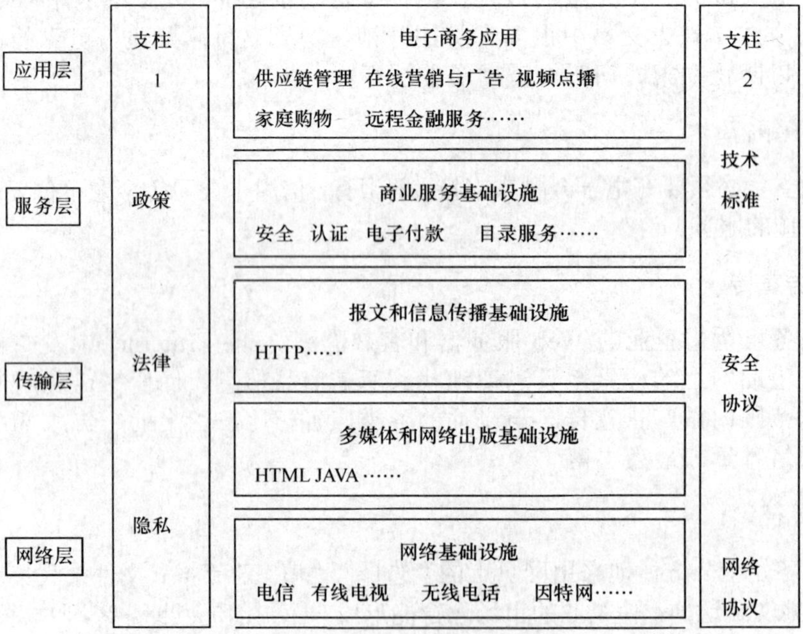

图 11.1 电子商务的一般模型

3. 服务层（电子商务平台）

服务层实现标准的网上商务活动服务，以方便交易，如标准的商品目录/价目表建立、电子支付工具的开发、保证商业信息安全传送的方法、认证买卖双方的合法性方法。

4．应用层（电子商务各应用系统）

除了前面所提到的业务服务层，另外在电子商务交易活动过程当中，衍生了一系列的相关配套的服务，如仓储，快递等业务，共同支撑电子商务系统的运转。

5．公共政策与法律法规

公共政策包括围绕电子商务的税收制度、信息的定价（信息定价则围绕谁花钱来进行信息高速公路建设）、信息访问的收费、信息传输成本、隐私问题等，需要政府制定的政策。

法规维系着商务活动的正常运作，违规活动必须受到法律制裁。网上商务活动有其独特性，买卖双方很可能存在地域的差别，他们之间的纠纷如何解决？如果没有一个成熟的、统一的法律系统进行仲裁，纠纷就不可能解决。那么，这个法律系统究竟应该如何制定？应遵循什么样的原则？其效力如何保证？如何保证授权商品交易的顺利进行，如何有效遏止侵权商品或仿冒产品的销售，如何有力打击侵权行为，这些都是制定电子商务法规时应该考虑的问题。法规制定的成功与否直接关系到电子商务活动能否顺利开展。

6．安全协议与技术标准

安全问题可以说是电子商务的核心问题。如何保障电子商务活动的安全，一直是电子商务能否正常开展的核心问题。作为一个安全的电子商务系统，首先必须具有一个安全、可靠的通信网络，以保证交易信息安全、迅速地传递；其次必须保证数据库服务器的绝对安全，防止网络黑客闯入盗取信息。电子签名和认证是网上比较成熟的安全手段。

技术标准是信息发布、传递的基础，是网络上信息一致性的保证。如果没有统一的技术标准，这就像不同的国家使用不同的电压传输电流，用不同的制式传输视频信号，限制了许多产品在世界范围的使用。EDI 标准的建立就是电子商务技术标准的一个例子。

电子商务的基本组成要素有：网络、用户、物流配送、认证中心、银行、商家等。

（1）网络。企业内部活动的场所，是进行商务活动的纽带。

（2）用户。电子商务用户可以分为个人用户和企业用户。

（3）认证中心（CA）。认证中心是受法律承认的权威机构，负责发布和管理数字认证，是网上交易的各方能互相确认身份。

（4）物流配送。物流配送企业接受商家的配送要求，组织运送无法网上直接得到的商品，跟踪商品的流向，将商品送到消费者手中。

（5）网上银行。网上银行在 Internet 上实现传统银行的业务，为用户提供 12 小时实时服务；发放电子钱包，提供网上支付手段，为电子商务交易中的用户和商家服务。

电子商务的任何一笔交易都包含了三种基本的“流”，即物资流、资金流和信息流。

物资流主要是指商品和服务的配送和传输渠道。对也大多数商品和服务来说，物流可能仍然经由传统的经销渠道传输，然而对有些商品和服务来说，可以直接以网上传输的方式进行配送，如各种电子出版物、信息咨询服务、有价信息等。

资金流主要是指资金的转移过程，包括付款、转账，兑换等过程。

信息流既包括商品信息的提供、促销营销、技术支持、售后服务等内容，也包括询价单、报价单、付款通知单、转账通知单等商业贸易单证，还包括交易方的支付能力、支付信誉、中介信誉等。

11.5 电子商务的业务流程

电子商务通用交易过程可以分为以下四个阶段。

1. 交易前的准备

这一阶段主要是指买卖双方和参加交易各方在签约前的准备活动。

（1）买方根据自己要买的商品，准备购货款，制订购货计划，进行货源市场调查和市场分析，反复进行市场查询，了解各个卖方国家的贸易政策，反复修改购货计划和进货计划，确定和审批购货计划。再按计划确定购买商品的种类、数量、规格、价格、购货地点和交易方式等，尤其要利用 Internet 和各种电子商务网络寻找自己满意的商品和商家。

（2）卖方根据自己所销售的商品，召开商品新闻发布会，制作广告进行宣传，全面进行市场调查和市场分析，制订各种销售策略和销售方式，了解各个买方国家的贸易政策，利用 Internet 和各种电子商务网络发布商品广告，寻找贸易伙伴和交易机会，扩大贸易范围和商品所占市场的份额。其他参加交易各方有中介方、银行金融机构、信用卡公司、海关系统、商检系统、保险公司、税务系统、运输公司也都为进行电子商务交易做好准备。

2. 交易谈判和签订合同

这一阶段主要是指买卖双方对所有交易细节进行谈判，将双方磋商的结果以文件的形式确定下来，即以书面文件形式和电子文件形式签订贸易合同。电子商务的特点是可以签订电子商务贸易合同，交易双方可以利用现代电子通信设备和通信方法，经过认真谈判和磋商后，将双方在交易中的权利、所承担的义务、对所购买商品的种类、数量、价格、交货地点、交货期、交易方式和运输方式、违约和索赔等合同条款，全部以电子交易合同作出全面详细的规定，合同双方可以利用电子数据交换（EDI）进行签约，可以通过数字签名等方式签名。

3. 办理交易进行前的手续

这一阶段主要是指买卖双方签订合同后到合同开始履行之前办理各种手续的过程，也是双方贸易前的交易准备过程。交易中要涉及有关各方，即可能要涉及中介方、银行金融机构、信用卡公司、海关系统、商检系统、保险公司、税务系统、运输公司等，买卖双方要利用 EDI 与有关各方进行各种电子票据和电子单证的交换，直到办理完可以将所购商品从卖方按合同规定开始向买方发货的一切手续为止。

4. 交易合同的履行和索赔

这一阶段是从买卖双方办完所有各种手续之后开始，卖方要备货、组货，同时进行报关、保险、取证、信用等，卖方将所购商品交付给运输公司包装、起运、发货，买卖双方可以通过电子商务服务器跟踪发出的货物，银行和金融机构也按照合同，处理双方收付款、进行结算，出具相应的银行单据等，直到买方收到自己所购商品，完成了整个交易过程。索赔是在买卖双方交易过程中出现违约时，需要进行违约处理的工作，受损方要向违约方索赔。

参加交易的买卖双方在做好交易前的准备之后，通常都是根据电子商务标准规定开展电子商务交易活动，电子商务标准规定了电子商务交易应遵循的基本程序，简述如下：

客户方向供货方提出商品报价请求（REQOTE），说明想购买的商品信息；

供货方向客户方回答该商品的报价（QUOTES），说明该商品的报价信息；

客户方向供货方提出商品订购单（ORDERS），说明初步确定购买的商品信息；

供货方向客户方对提出的商品订购单的应答（ORDESP），说明有无此商品及规格型号、品种、质量等信息；

客户方根据应答提出是否对订购单有变更请求（ORDCHG），说明最后确定购买商品信息；

客户方向供货方提出商品运输说明（IFTMIN），说明运输工具、交货地点等信息；

供货方向客户方发出发货通知（BESADN），说明运输公司、发货地点、运输设备、包装等信息；

客户方向供货方发回收货通知（RECADV），报告收货信息；

交易双方收发汇款通知（REMADV），买方发出汇款通知，卖方报告收款信息；

供货方向客户方发送电子发票（INVOIC），买方收到商品，卖方收到货款并出具电子发票，完成全部交易。

现以 B2B 为例，来描述电子商务的一般的业务流程，如图 11.2 所示。

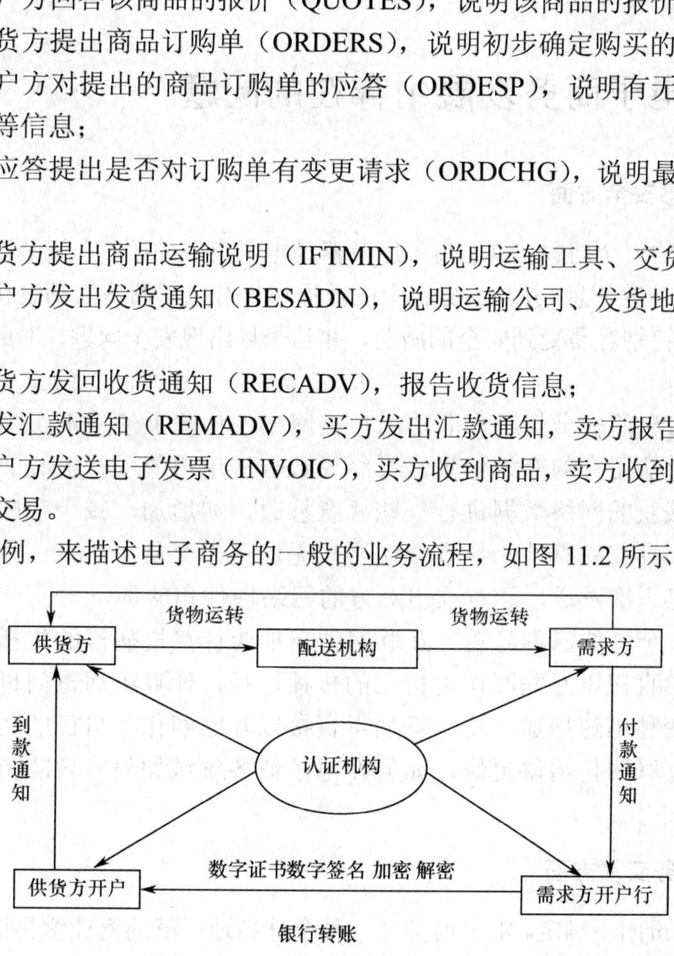

图 11.2　B2B 电子商务流程

（1）签订商务合同。供应方和需求方在网上相互寻求合作伙伴，明确合作意向。双方分别向对方出示认证机构颁发的数字证书，声明身份。通过网上谈判，草拟商业合同。双方要在合同的最后文本上加上各自的数字签名，以表示该合同的真实性、有效性和不可撤销性。

（2）付款。如果合同规定供货方收到货款后发货，则需求方要向所在的开户银行发出加密的、附有需求方数字证书和数字签名的付款通知书，将供应方的企业名称、开户银行以及支付金额、货款用途等告诉银行，要求银行按通知付款。

（3）银行转账。要求开户银行收到需求方的付款通知后，根据需求方提供的数字证书，确认需求方所声明的身份是真实有效的，就向供应方开户银行发出转账凭证。

（4）发货陪送。供应方开户银行收到转账凭证后，增加供应方账户的余额，并向供应方发出到款通知。然后供应方根据合同，通过陪送机构向供应方发货。需求方收到货物后，通过陪送机构向供应方出具收据。

11.6 电子商务发展中存在的问题

1．网络信息安全方面

（1）服务器的安全问题。电子商务服务器是电子商务的核心，安装了大量的与电子商务有关的软件和商家信息，并且服务器上的数据库里有电子商务活动过程中的一些保密数据。因此服务器特别容易受到安全的威胁，并且一旦出现安全问题，造成的后果也是非常严重。

（2）网络信息的安全问题。非法用户在网络的传输上使用不正当手法，非法拦截会话数据获得合法用户的有效信息，最终导致合法用户的一些核心业务数据泄密或者是非法用户对截获的网络数据进行一些恶意篡改，如增加、减少和删除等操作，从而使信息失去真实性和完整性，导致合法用户无法正常交易，还有一些非法用户利用截获的网络数据包再次发送，恶意攻击对方的网络硬件和软件。

（3）网络安全中的病毒问题。互联网的出现为计算机病毒的传播提供了最好的媒介，不少新病毒直接以互联网作为自己的传播途径，计算机病毒问世十多年来，各种新型病毒及其变种迅速增加，不少新病毒直接以互联网作为自己的传播途径，还有众多病毒借助于互联网传播得更快，如何在电子商务领域如何有效防范病毒也是一个十分紧迫的问题。

2．电子商务交易方面

（1）交易身份的不确定。电子商务是一种全球各地广泛的商业贸易活动在开放的网络环境下，基于浏览器/服务器应用方式，在买卖双方不谋面的情况下进行各种商贸活动，实现消费者的网上购物、商户之间的网上交易和在线电子支付以及各种商务活动、交易活动、金融活动和相关的综合服务活动。正是基于这个特点攻击者可以通过非法的手段盗窃合法用户的身份信息，仿冒合法用户的身份与他人进行交易。

（2）交易协议安全性问题。企业和用户在电子交易过程中的数据是以数据包的形式来传送的，恶意攻击者很容易对某个电子商务网站展开数据包拦截，甚至对数据包进行修改和假冒。TCP/IP 协议是建立在可信的环境之下，缺乏相应的安全机制，这种基于地址的协议本身就会泄露口令，根本没有考虑安全问题；TCP/IP 协议是完全公开的，其远程访问的功能使许多攻击者无须到现场就能够得手，连接的主机基于互相信任的原则等这些性质使网络更加不安全。

（3）电子商务的税收问题。当前电子商务的蓬勃发展，让人思考是否应该给电子商务征税，如何实现税收征纳的问题。主要存在的技术性和政策性的难点有：交易地点难以确定，导致处理与电子商务相关的国际税收问题时，找不到征税依据；电子商务中交易性质难以确定，导致适用的税种和税率的差异；电子数据增加了收集纳税凭证的难度。

（4）电子商务中的法律问题。电子商务的许多法律问题是由于其技术特性造成的，主要有：电子合同的法律问题；交易双方身份确认的法律问题；货款支付的法律问题。

本 章 小 结

本章介绍了电子商务的概念、分类、功能、电子商务的功能构成和结构构成、电子商务的一般流程。

电子商务是 Internet 和其他数字技术在企业业务流程管理和控制方面的应用，电子商务从根本上改变了企业业务处理和管理的进行方式。

电子商务也是一类信息系统，电子商务突出的是电子化的交易处理手段，电子商务突出交易相关企业之间、企业和消费者之间的电子交互方式，电子商务突出不受地域和时段限制的交易与合作。

电子商务可以划分为广义和狭义的电子商务。广义的电子商务定义为使用各种电子工具从事商务活动；狭义电子商务定义为主要利用 Internet 从事商务或活动。

电子商务的形成与交易离不开交易平台、平台经营者、站内经营者。

按照商业活动的运行方式，电子商务可以分为完全电子商务和非完全电子商务。

按照商务活动的内容，电子商务主要包括间接电子商务和直接电子商务。

按照开展电子交易的范围，电子商务可以分为区域化、远程国内、全球电子商务。

按照使用网络的类型，电子商务可以分为基于专门增值网络的电子商务、基于互联网的电子商务、基于 Intranet 的电子商务。

按照交易对象，电子商务可以分为企业对企业（B2B）、企业对消费者（B2C）、个人对消费者（C2C）、ABC（代理商/Agents、商家/Business、消费者/Consumer）、企业对政府（B2G）、线上对线下（O2O）、商业机构对家庭消费（B2F）、供给方对需求方（P2D）、门店在线（O2P 模式）等模式。

电子商务系统应具有广告宣传、咨询洽谈、网上订购、网上支付、电子账户、服务传递、意见征询、业务管理等各项功能。

电子商务整体结构分为电子商务应用层结构（简称应用层）和支持应用实现的基础结构（三层），基础结构一般包括三个层次和两个支柱。三个层次自下而上分别为网络层、传输层和服务层，两个支柱分别是安全协议与技术标准、公共政策与法律规范。

电子商务的基本组成要素有：Internet、Interanet、Extranet、用户、物流配送、认证中心、银行、商家等。

电子商务通用交易过程可以分为四个阶段：交易前的准备、交易谈判和签订合同、办理交易进行前的手续、交易合同的履行和索赔。

电子商务发展中存在着网络信息安全方面及电子商务交易方面的问题。网络信息安全方面问题包括服务器的安全问题、网络信息的安全问题、网络安全中的病毒问题。电子商务交易方面的问题包括交易身份的不确定、交易协议安全性问题、电子商务的税收问题、电子商务中的法律问题。

习　题

一、名词解释

电子商务，网络营销，电子货币，电子支付

二、填空

1．商务主要是指企业的________。（经营活动）

2．电子商务活动按其对象类型进行分类，可分________、________和________的电子商务。

3．电子商务系统的安全问题主要包括：______、______、______、______和________。

4．电子商务运作过程的参加者主要有：________、________、________、________。

5．电子商务运作过程涉及的交易活动主要有：________、________、________、________四个环节。

6．网络营销的内容有：________、________、________。

7．网络营销的过程包括：________、________、________、________。

8．电子货币的形式主要有：________、________、________、________。

9．企业介入网络经营一般有三种选择：________、________、________。

三、选择题

1．电子商务的任何一笔交易都包含着____。

A．物流、资金流、事务流　　B．资金流、物流、信息流

C．资金流、物流、人才流　　D．交易流、信息流、物流

2．Internet 上常用的网上支付方式是____。

A．电子现金　B．电子支票　C．信用卡　D．其他

3．电子商务中大量使用 EDI，其中文意思为____。

A．电子数据交换　B．电子数据库　C．电子数据系统　D．增值网络

4．下列选项中，____是电子商务的主要功能。

A．企业网络经营　B．企业信息发布　C．网上购物

D．网上招投标　E．网上聊天

5．驱动电子商务发展的主要因素有____。

A．现代工业的发展　　B．信息产业的发展

C．各国政府的推动　　D．新闻媒体的炒作

E．军事竞争的需要

6、无形商品的电子商务运作模式有____。

A．网上订阅模式　B．付费浏览模式　C．广告支付模式　D．网上赠与模式

四、简答题与论述题

1．简述网上银行的特点。

2．电子商务系统对信息安全的要求有哪些？

3．网上市场调查的主要手段有哪些？

4. 什么叫合同，电子商务合同与传统合同的效力一样吗？电子合同怎样算“收到”？

参考文献

[1] 王恩波. 管理信息系统实用教程［M］. 北京：电子工业出版社，2002.

[2] 薛华成. 管理信息系统［M］. 6版. 北京：清华大学出版社，2012.

[3] 罗超理等. 管理信息系统原理与应用［M］. 3版，北京：清华大学出版社，2012.

[4] 黄梯云，李一军. 管理信息系统［M］. 4版. 北京：高等教育出版社，2009.

[5] 张金城. 管理信息系统［M］. 北京：清华大学出版社，2012.

[6] 劳顿等著，薛华成编译. 管理信息系统［M］. 11版. 北京：机械工业出版社，2011.

[7]［美］詹姆斯·奥布莱恩，乔治·马拉卡斯. 李红，姚忠，译. 管理信息系统［M］. 7版. 北京：人民邮电出版社，2007.

[8]［美］斯蒂芬·哈格，梅芙·卡明斯，埃米·菲利普斯. 严建援，等译，信息时代的管理信息系统（原书第6版）［M］. 北京：机械工业出版社，2007.

[9] 陈晓红. 管理信息系统［M］. 北京：高等教育出版社，2006.

[10] 麦克劳德，谢尔. 管理信息系统（英文版）［M］. 北京：北京大学出版社，2006.

[11] 李一军. 管理信息系统案例集［M］. 北京：高等教育出版社，2005.

[12] 王珊. 数据库系统概论［M］. 北京：高等教育出版社，2006.

[13] 左美云，等. 信息系统的开发与管理教程［M］. 2版. 北京：清华大学出版社，2006.

[14] 周玉清，等. ERP原理与应用教程［M］. 北京：清华大学出版社，2010.

[15] 罗鸿. ERP原理、设计、实施［M］. 3版. 北京：电子工业出版社，2005.

[16] 用友软件股份有限公司. ERP应用指南［M］. 北京：机械工业出版社，2002.

[17] 朱道立，龚国华，罗齐. 物流和供应链管理［M］. 上海：复旦大学出版社，2005.

[18] 甘仞初. 管理信息系统［M］. 2版. 北京：机械工业出版社，2008.